行誉編『壒嚢鈔』の研究

小助川元太 著

三弥井書店

行誉編『壒嚢鈔』の研究 目次

序 論 7
一．『壒嚢鈔』とその研究 7
二．本書の目的 8
三．本書の方法 10
四．使用テキストについて 12
五．本書の構成 14

第一編 編者自身の言葉 21
第一章 『壒嚢鈔』の勧学性 23
はじめに 23
一．『壒嚢鈔』諸本と奥書の位置 24
二．巻一の奥書と『東山往来』 27
三．巻二の最終条「学《ヒ》レ道ヲ志《ス》賢人アラハ、一言一句ヲモ尋聞ヘシ」 32
四．巻四の最終条「予《カ》所《ハ》レ志《サス》併ラ是為《メ》二勧学《ノ》一也」 34
おわりに 36

第二章　『壒嚢鈔』における知　43
はじめに　43
一．答えの〝脱線〟と世相批判　43
二．世相批判と政道論　46
三．勧学と政道論　49
四．用意された〝脱線〟　53
おわりに　56

第二編　行誉の政道観　61
第一章　『壒嚢鈔』と式目注釈学　63
はじめに　63
一．『壒嚢鈔』の政道論と『御成敗式目』　64
二．奉行人・評定衆と式目講釈　65
三．式目注釈書のテキストと系譜　69
四．『壒嚢鈔』と式目注との関わり　70
五．式目注釈学の政道観と『壒嚢鈔』　76
おわりに　77
第二章　『壒嚢鈔』の『神皇正統記』引用　83

はじめに　83
一．『壒嚢鈔』における『神皇正統記』引用　83
二．勧学・忠孝・院政批判　86
三．撫民思想と神孫君臨思想　93
四．『神皇正統記』享受と背景　98
おわりに　99
第三章　『壒嚢鈔』の后宮婦人論　103
はじめに　103
一．「子推恨」の構成　105
二．〝脱線〟への胎動　106
三．理想の后妃論　108
四．後嗣問題と政治容喙　110
おわりに　118
第三編　緇問に見る成立背景　121
第一章　『壒嚢鈔』の〈観勝寺縁起〉　123
はじめに　123
一．『壒嚢鈔』巻七―24条の〈観勝寺縁起〉　124

二．『壒囊鈔』巻七における〈観勝寺縁起〉の位置づけ　128
三．『壒囊鈔』成立前後の観勝寺　131
四．『元亨釈書』『沙石集』からの引用　136
五．禅宗への対抗意識　140
おわりに　147
第二章　『壒囊鈔』における神と仏　153
はじめに　153
一．緇問上における王法・仏法関係記事　154
二．禁中仏事の正統性　156
三．なぜ大神宮は僧を忌むのか　159
おわりに　164
第三章　『壒囊鈔』の王法仏法相依論　169
はじめに　169
一．「僧不可礼神明ト云ハ」の構成　170
二．心覚『鵝珠抄』引用　171
三．『法苑珠林』の賓頭盧尊者説話　176
四．慧遠「沙門不敬王者論」の引用　178
五．「訖哩枳王ノ夢」　182

おわりに　185

第四編　『壒囊鈔』と雑談　191
『壒囊鈔』と雑談　193
はじめに　193
一．『壒囊鈔』の問答展開　194
二．雑談における問答展開　196
三．教育としての雑談　200
四．「注」の依頼と雑談　204
おわりに　206

第五編　行誉書写本『梅松論』　211
第一章　天理図書館本『梅松論』考　213
はじめに　213
一．「入道」の語りと「法印」の批評　214
二．「情欲」の戒め・「無欲」の勧め　220
三．尊氏批判と直義賛美　223
四．『神皇正統記』による増補　226

五・『神皇正統記』の受容と思想的背景　232
おわりに　234
第二章　翻刻　天理大学附属天理図書館蔵『梅松論』上下　243
『梅松論』上　245
『梅松論』下　271
結　語　297
初出一覧　305
あとがき　307
索　引　i

序論

一・『壒嚢鈔』とその研究

『壒嚢鈔』は文安二年から三年（一四四五〜六）に京都東山の真言寺院、東岩蔵山観勝寺の住侶行誉によって編述された。広範で種々雑多な事項を注釈したこの書物は、中世文学や国語学を研究する人間ならば一度は利用したことのある、よく知られたものであろう。だが、従来中世の百科辞書、古辞書の一種としての認識から、語彙資料として利用されてはきたものの、研究の対象にはならず、常に脇役として扱われてきた。そればかりか、『塵添壒嚢鈔』（釈氏某比丘編、天文元年〈一五三二〉成立）と混同される場合が多い。『塵添壒嚢鈔』は鎌倉時代の『塵袋』と『壒嚢鈔』を取り合わせた後の時代の編纂物であり、『壒嚢鈔』の本当の姿を伝えてはいない。それにもかかわらず、混同されることが多いのは、資料として利用されるにとどまり、まともに読まれてこなかったことの現れであろう。

『壒嚢鈔』を始めから通読してみると、他の辞書的編纂物と違い、編者行誉の個性や主張が随所に見られることに気づく。もちろん同時代の他の古辞書にも自ずから編者の個性は出ているのであろう。だが、『壒嚢鈔』の場合は行誉自身の言葉が随所に見られる点で、他の辞書的編纂物とは一線を画すのである。しかも、古辞書として研究する場合、『壒嚢鈔』は非常に扱いにくい書物である。なぜならば、『壒嚢鈔』は巻一から四までの素問（一般的な質問）と巻五から七までの緇問（仏教に関する質問）の二部に大別されるよりほか、辞書あるいは類書としての分類を持たないからである。古辞書の研究の中においても、『壒嚢鈔』が単独で取り上げられたことがほとんどないのは、このように他の辞書的編纂物とは異質な形態を持つことによるものと思われる。

それでは『壒嚢鈔』はいかなる書物なのであろうか。先に『壒嚢鈔』には行誉自身の言葉が見られると述べたが、それらのほとんどは、話題が主題から脱線し、行誉自身の主張や評論が述べられる部分にある。しかも、その場合、多くは説話を挙げながら自説を展開するという形をとっている。その説話の用い方は典拠からの単なる引き写しではなく、文脈に即して加工がされている。これらの特徴から、『壒嚢鈔』は行誉という室町時代を生きた僧が、百科事典的な「知」の供給という実用書のスタイルをとりながら、そこに自らのメッセージを込めた一つの作品と見ることができそうである。

『壒嚢鈔』を研究する際には、まず、それが辞書的編纂物であるという認識から一度離れ、編者である行誉のメッセージに耳を傾ける必要があろう。そして、それらを文学・思想・歴史の視点から捉え直すのである。中世の知識の宝庫であり、説話を豊富に載せる『壒嚢鈔』が、いかなる目的のもとに、どのような層に向けて制作されたのかを考えてみることは、決して意味のない作業ではないはずだ。

二．本書の目的

本書の目指すところは、従来資料的に扱われてきた『壒嚢鈔』を、編者行誉による一つの作品として再評価し、さらには『壒嚢鈔』を生み出した室町時代の思想的、文化的な状況を明らかにすることにある。

そこで、そのような視点から、近代以降の数少ない『壒嚢鈔』の研究の中で、とくに注目すべきものを概観してみる。

まず、最初に取り上げなければならないのは、川瀬一馬氏の大著『古辞書の研究』（雄松堂、一九五五年）と『塵添壒嚢鈔・壒嚢鈔』（臨川書店、一九六七年）の笹川祥生氏の解説であろう。基礎的な調査は両氏によってほぼ固められた観があり、現在のところ、それを超えるものはないと思われる。また、両氏によって重要な指摘もなされている。川瀬氏は、

而して各項の中にその関連的な事項をも併せて記載し、百科事彙的な効用を増大する様に意図して編纂せられている点が注意せられる。これ等は当時の往来物、新撰消息や庭訓往来などにも見られる同一現象であって、それ等の中には特に参考となる事項も少なくない。

とされ、往来物との関係を示唆された。また、川瀬氏が岡田希雄氏の『塵袋』大円作者説[1]を支持され、行誉が先住大円の『塵袋』に倣って『壒嚢鈔』を編んだとするのに対して、笹川氏は『壒嚢鈔』の書名が『塵袋』を意識したものであり、『壒嚢鈔』の記事の中に『塵袋』を原拠とする記述が存在することを認められながらも、「もっとも行誉は『塵袋』の存在に刺激されて、撰述を思い立ったのではなく、特定の人物に要望されたことが直接の契機となったものである」とそれまでの説を訂正された。また、「『塵袋』からの摂取の態度は無批判な引写しではなく、『壒嚢鈔』がより文学的に消化しているという点を注目すべきであろう」と、『壒嚢鈔』の引用態度を評価される。ただし、残念ながら笹川氏のこの貴重な御指摘は現在あまり省みられてはいないようである[2]。

次に挙げられるのは、濱田敦氏と佐竹昭広氏の御指摘であろう。『塵添壒嚢鈔・壒嚢鈔』の「はしがき」において濱田氏が『壒嚢鈔』を「一種の文学作品」と位置づけられたことと、佐竹氏が同書の「編者のことば」において、『江源武鑑』の例を挙げられ、室町時代における大名と儒者の夜咄しという場に『壒嚢鈔』に見られるような問答があったであろうことを指摘されたことは、『壒嚢鈔』という作品を正しく理解する上で大変貴重な御指摘と思われる。

比較的新しいところでは大隅和雄氏による御指摘がある。大隅氏は『壒嚢鈔』が、「引く辞典」ではなく「読む事典」であることを指摘されたうえで、その特色を「鎌倉時代までの文化の中にあった和・漢・仏の知識の間にあった一線をすべて取り払って、三つの分野を同じ次元に並べようとしている」とされ、これらの和・漢・仏のさまざまな知識が、読む人にとっては、「まったく等価値のもの」であり、「すべて知っておくことが望ましいものなのであった。」ものとする。(3) さらに、『壒嚢鈔』のもう一つの特色として「学問・知識が、経典や古典の抽象的な論議や観念的な理解として伝えられるのではなく、すべて生活の次元に現れる具体的なものとの関連でとらえられているという点」に注目された。

最近では、小秋元段氏が『壒嚢鈔』における説話引用について、行誉が原拠を熟知したうえでそこからの引用を避け、わかりやすく説き直されたわが国の『太平記』や他の説話集所載の本文を採用していることを指摘されている点(4)が注目されよう。

このように、一部先学の慧眼によって、『壒嚢鈔』の実態が次第に明らかにされ、それを辞書的に利用するのではなく、室町時代に生まれた一つの個性ある作品としてとらえてゆく必要があることが指摘されてきた。だが、前述のとおり、これらの指摘が現在まで『壒嚢鈔』の理解にはほとんど生かされてこなかったことも事実であろう。

そこで、私は先学による研究成果を踏まえながらその方向性をさらに強く押し進める。すなわち、『壒嚢鈔』を編者行誉の思想を表明するところの作品として捉え直し、『壒嚢鈔』という作品の輪郭を提示したい。

三．本書の方法

『壒嚢鈔』は基本的には編纂物である。おそらく行誉の目指すところはさまざまな事物の由来や用法などを説明し、読み手の知識を増やすことにあったのであり、その姿勢は同時代の辞書・類書と変わらない。だから、このような辞書的編纂物の研究は、収録語彙の種類や配列、音韻、典拠などを中心に進めるのが一般的な方法であろう。だが、本書ではそのような研究方法は採っていない。これはもちろんそれらが著者にとって専門外の研究方法であるため慎重にならざるをえなかったという理由もあるが、むしろ、『壒嚢鈔』の語彙資料としての側面ではなく、あくまでも編者行誉の個人的な思いを表明する作品としての側面に迫ることに主眼を置いたためである。

筆者の研究は編者行誉の意図や主張、思想などを表す言葉を分析することから始まる。その手がかりとなるのは、『壒嚢鈔』が問答体からなる作品であるという特徴をもつことと、その問いの多くが誰かから依頼されたものであるという事情である。問いと答えの対応関係を丁寧に分析すると、そのずれや前後の問答との繋がりが見えてくる。行誉は具体的な読み手を知っているためか、ともすれば答えに依頼主（読み手）へのメッセージを込めてしまうようである。そして、そこにこそ行誉の思想や主張が顔を出すのである。また、言葉のみならず、問答の配列のしかたや説話の選択のしかたなどに行誉の主張や思想は反映されるであろう。

本論ではこのような方針により、『壒嚢鈔』にとくに多く見られる勧学の姿勢や政道への関心を示す条項を中心に取り上げる。そして、『壒嚢鈔』が編述された時代の社会的状況や思想的状況を参考に、行誉の主張や関心、あるいは『壒嚢鈔』の形態とそれらとの関わりを確認することで、『壒嚢鈔』がいかなる作品であったのかを明らかにしたいと考える。

もちろん、本来ならば行誉の思想を知るためには行誉の人となりや事跡についての知識があるのが望ましいが、残念ながら行誉の事跡については観勝寺の真言僧であること以外は全く知られていない。

だが、手がかりが全くないわけではない。まず、『壒嚢鈔』以外にも行誉による奥書を持つ書物が残されている。(5)

以下『壒嚢鈔』を加えて奥書の年代順に示すと、

・続群書類従本『長谷寺霊験記』（永享七年〈一四三五〉奥書）
・京都国立博物館蔵阿刀家本『八幡愚童訓』上下秘巻三冊（嘉吉元年〈一四四一〉奥書）
・天理大学附属天理図書館蔵本『梅松論』上下巻（嘉吉二年〈一四四二〉奥書）
・『壒嚢鈔』全七巻（文安二年〈一四四五〉～三年〈一四四六〉奥書）
・西教寺正教蔵蔵本『舎利講式聞書』巻上（文安五年〈一四四八〉奥書）

となる。書名からわかるように、基本的に『壒嚢鈔』以外はみな行誉の著作ではなく、行誉による書写本であるが、調査の結果、『八幡愚童訓』、『梅松論』、『舎利講式聞書』の三冊は、すべて同筆と認められ、行誉自筆本である可能性が極めて高いことがわかった。中でも天理図書館本『梅松論』については著しい増補、改変が施されているため、行誉の思想を窺う参考資料となる。この点については第五編にて論じた上で、翻刻本文を掲載する。

また、行誉の所属していた東岩倉山観勝寺については、ごく僅かではあるが記録が残っている。『壒嚢鈔』においても観勝寺についての言及がされるため、主に第三編において『壒嚢鈔』の内部徴証と併せて、行誉がいかなる立場にいたのかを窺うことにする。

四．使用テキストについて

ところで、研究を進めるにあたって、使用するテキストについて触れておかなければならない。『壒嚢鈔』の伝本は少なく、『国書総目録』に記載されているものでも実際には現存しない場合が多いことが、笹川祥生氏の調査によって明らかにされている。

現存テキストは、『塵添壒囊鈔』を一異本と見なしても六（七）種類に過ぎない[6]。それらの詳細は第一編第一章に譲るが、慶長年間を溯るものはなく[7]、行誉自筆本は残っていない。大きく分けると七巻本の写本系と十五冊本の刊本系とに分けられる。ただし、十五冊本は本来七巻であったものを十五冊に分けたものであり、両者の内容にはほとんど差が見られない。ちなみに現在よく利用されている正保三年の整版本は十五巻からなるが、『塵袋』によって増補された『塵添壒囊鈔』二十巻も、その分け方から十五冊本をもとにしていることがわかるため、『塵添壒囊鈔』成立の天文元年（一五三二）には十五冊本の『壒囊鈔』が存在していた可能性が高い。ただし、基本的に現存する伝本はすべて同一の書写本をもとにしており、多少の異同はあるものの、文明十年（一四七九）に行誉の自筆本を書写した槎安（査安）という僧の書写奥書を持つ。諸本の間に異同があまり見られないのはそのためであろう。槎安がいかなる僧なのかは未詳である。このように、伝本が少なく、しかも現存テキストがすべて同じ書写本をもとにしているという事実は、文安三年の成立以降写本が登場する慶長年間までの間、『壒囊鈔』の名が記録にほとんど見られないこと[8]に照らして、その伝承経路がごく限られたものであったことを示しているものと思われる。

以上のように、後の編纂物である『塵添壒囊鈔』は措くとして、本文にそれほど差がないのであれば、論を進める際には七巻本の写本を用いるのが望ましいように思われる。だが、本論では十五冊本である正保刊本をテキストとして用いることとする。これは正保刊本が通行本であることにもよるが、最大の理由は写本には問いの形が不完全な部分が見受けられるからである。前述のとおり、私は『壒囊鈔』の本質を明らかにするためには問答体に注目すべきであると考える。ゆえに問答体が不完全なテキストは底本としては相応しくないと考える。正保刊本は本文に誤りが多いことが指摘されているが[9]、適宜写本や『塵添壒囊鈔』によって校訂しながら論を進めてゆくこととする。

五．本書の構成

本書は五編十一章（序論・結語を除く）から構成される。その概要は以下の通りである。

第一編

まず、第一章では、『壒囊鈔』が何のために、どのような意図に基づいて編述されたのかという問題を明らかにする手がかりとして、『壒囊鈔』の諸本を確認したうえで、奥書の位置とその内容に注目する。なぜならば、編者による序文や奥書はその作品の編述に至った事情や理由を述べるものであるからである。さらには行誉自身の編述意図を表す言葉を、読み手に対するメッセージと捉え、その内容の分析を行う。

次に、第二章では『壒囊鈔』が問答形態を持つことに着目し、答えの部分が問われている内容から脱線して自らの主張を述べる、いわば答えの〝脱線〟部分を分析する。答えの〝脱線〟部分では既存の説話集などからの説話を巧みに配置しながら自説を展開する傾向が見られるため、そこを中心に『壒囊鈔』編述の動機に繋がる行誉の主張の志向性を明らかにする。

第二編

第二編では、第一編で指摘した『壒囊鈔』の政道論を同時代の社会的な背景や思想との関係から分析する。それらはともすれば一般的な儒教思想に基づく政道論として片づけられてしまう危険があるが、そもそも「一般的な儒教思想に基づく政道論」というもの自体、この時代に存在したのかという疑問がある。いかなる政道論も、同時代の思想的傾向の中に位置づけられるものであり、行誉の政道論も例外ではないはずである。たとえ現代の我々から見れば陳腐な言説であったとしても、その時代においてはそれなりの意味をもっていたはずである。高見に立った人間の世の中に背を向けたものと決めつける前に、それらが書かれなければならなかった事情を考えることが必要であり、そこにこそ、この百科全書的知識の集成の誕生の背景を見るべきではないだろうか。当時の社会状況や思想的動向と密接に関わっているのであれば、行誉がいかに現実社会と向き合い、自分の与えられた状況を懸命に生きたかということの証ともなろう。

以上を踏まえ、第一章では巻一―44条から51条までの一連の条項に注目する。これらは当時の法制関係に関わる内容であった。とくに巻一―45条は答えが問いの内容から大きく逸れて政道論へと繋がっていくものであり、しかも、そこには『御成敗式目』を聖典化するような言葉が見られる。そこで、まずは中世における『御成敗式目』の注釈書〈式目注〉との比較を中心に、当時盛んに成りつつあった式目注釈学と『壒嚢鈔』・行誉との関わりを考察する。

第二章では、行誉が『壒嚢鈔』にしばしば引用する『神皇正統記』に注目する。『神皇正統記』は、『壒嚢鈔』の政道論にとって重要な論拠となっているが、行誉の引用態度は決して『神皇正統記』の内容を盲信するものではない。本章では『神皇正統記』が、『壒嚢鈔』の政道論の中でも最も長い巻五―74条〈巻⑨―42〉に引用されることから、それが先に述べた行誉の思想と整合性を持つものかどうかを検証し、当時の政治的状況との関わりを確認する。

さて、『壒嚢鈔』に展開される政道論が他の文学作品と密接に関わっているのは巻四―5条〈巻⑨―42〉「怨深子推恨ト云ハ、何事ソ」であった。この条が流布本『保元物語』や『太平記』、和漢朗詠集注との関係が深いことは既に指摘されてきたが、実は『壒嚢鈔』の政道論の中で二番目に分量が多いことは注目に値するであろう。分量が多いということは、それだけ強調されているということであり、行誉がその問題にいかに強い関心を抱いていたかということであろう。当条で説かれるのは后宮婦人論であり、説話と評論が巧みに組み合わされながら展開している。そこで、第三章では、当条の説話と評論の関係と展開のしかたを検証することで、当条における行誉の主張を明確にし、当時の社会的状況とそれがいかに関わっているかを論じる。

第三編

第二編では、『壒嚢鈔』の政道論と当時の思想的状況や社会的背景を照らし合わせながら、行誉の『壒嚢鈔』編述の動機を考察しているが、第三編では視点を変え、『壒嚢鈔』という作品が誕生した背景を、真言寺院観勝寺の僧としての行誉に注目する。

まず、第一章で取り上げるのは、『壒嚢鈔』巻七―24条〈巻⑭―10〉「当寺建立ハ何比ソ。并本願上人御事如何」である。これは行誉が所属していた東岩倉山観勝寺の草創と歴史を説明した、いわば〈観勝寺縁起〉である。行誉が『壒嚢鈔』を編述した背景には、彼が所属した宗派寺院の立場や環境が大きな影響を及ぼしているはずである。そこで、この〈観勝寺縁起〉について、正式な観勝寺縁起の有無と『壒嚢鈔』の縁起の独自性の問題を検証する。そして、従来日本仏教史と考えられていた巻七が、決して均質な仏教知識の供給を目指していたのではなく、観勝寺および真言宗の素晴らしさを称揚することを目的として編述されたことを、全体の配列の仕方と〈観勝寺縁起〉の位置から論証する。さらに、現在は廃寺となり資料にも乏しい観勝寺が、当時いかなる立場にあったのかを、『壒嚢鈔』の記述と限られた外部資料を突き合わせながら浮き彫りにしてゆく。

次に注目したのが『壒嚢鈔』に見られる神仏関係記事である。第二章では、中世における真言僧による大神宮参詣記、『通海参詣記』の引用や慈遍の『豊葦原神風和記』などを巧みに加工して引用し、宮中における仏教儀礼の正統性を主張する行誉の姿勢に注目する。また、第三章では、中国における僧不敬王者論をテーマとした「僧不可礼神明」という言葉の解説から、それが単なる蘊蓄ではなく、行誉の真言僧の立場からの当時の仏教のあり方およびそれを助長させる政道のあり方への批判が込められていることを明らかにする。

第四編

第四編では、行誉を取り巻く文化的状況と『壒囊鈔』の特徴を照らし合わせるという視点と方法により、『壒囊鈔』がいかなる状況のもとに誕生したのかを明らかにする作業を進めてゆく。

『壒囊鈔』の特徴である、問答体と辞書的分類意識の稀薄さは、当時の文化的状況に起因するものという視点から、同時代の「雑談」に注目する。室町時代には問答体によって雑多な知識を述べてゆくという手法を持つ作品がいくつも生まれた。それらを見ると、『壒囊鈔』と同趣の問いや答えが見られる。『壒囊鈔』よりも半世紀以上後の成立であるが、『旅宿問答』ではこのような行為を「雑談」とする。当然のことながら、それらの作品群成立の背景には実際に行われていた「雑談」があったものと思われる。そこで、『壒囊鈔』と同時代の諸資料からそのような「雑談」の例を探し、それらの話題の展開のしかたや問答の内容、それらが当時、どのような意味を持つのかを確認する。そして、それらと『壒囊鈔』との接点を探ることによって、当時における行誉の『壒囊鈔』編述の意味を考察する。

第五編

行誉の政道観がいかなるものであり、いかに同時代の社会状況を踏まえていたかを検証するうえで参考になるのは、行誉が『壒囊鈔』の四、五年前に改作を行った天理大学附属天理図書館蔵本『梅松論』である。天理本『梅松論』は『梅松論』の研究史の中であまり重視されてこなかった。それは『壒囊鈔』の行誉による特殊な改作がされていることによる。そこで、天理本『梅松論』が他の古写本とは違った構成を持ち、独特の言葉や評論を加えている点、さらには『神皇正統記』による増補が行われている点に注目し、その改作の意味を考察する。歴史的、思想史的背景に鑑みて、このような『梅松論』改作の方向性は決して趣味的なものではなく、当時行誉が置かれていた社会状況に密接に関わっていたものと考えるからである。この一連の作業によって、行誉が『壒囊鈔』において政道論を説く意味が見えてくるであろう。

なお、本編第二章では行誉書写本である天理図書館本『梅松論』の翻刻を掲載している。古態を残している点、また、改作の方向性が行誉という一個人の思想に止まらず、室町時代中期における思想状況や、軍記の享受のありかたを考える上で貴重なものであると判断し、所蔵者である天理大学附属天理図書館の許可を得て全文を紹介することにした。

さて、本書では、上述のような方針に従い、次の要領によって論述を進めている。

1．各章において、『壒嚢鈔』本文の引用の際には、問答体であることが作品の個性であり、本質を表しているという判断から、基本的には目録に見られる題名（例「五節句ノ事」）は用いず、問い（例「五節句トハ何々ソ」）を用いて示す。ただし、文章の冗漫さを避けるために省略する場合もある。また、問いを本文とともに引用する場合、問いと答えを区別しやすいように、問いはゴシック体で表している。

2．各条の内容を典拠や論の展開によって私に段落に分けることがあるが、その分け方は『壒嚢鈔』の目録の小見出しとは必ずしも一致しない。

3．使用テキストについては、前述の理由から通行本である正保三年整版本（臨川書店刊『塵添壒嚢鈔・壒嚢鈔』の影印）を用い、写本の大東急記念文庫本（古辞書叢刊『壒嚢鈔』、川瀬一馬解説、雄松堂書店、一九七八年）および『塵添壒嚢鈔』によって校訂を加えた。ただし、論を進めるに当たっては『壒嚢鈔』が本来七巻本の形態であることを考え、巻数およびそれに伴う条項番号を七巻本の分け方で表示する。その際、通行本にて確認しやすいように〈 〉内に十五冊本の丸付き数字の巻数と条項番号とを示して付記する。

〈例〉写本巻五の七十四条＝刊本巻九の四十二条→巻五―74条〈巻⑨―42〉

4．『壒嚢鈔』本文の引用に際しては、異体字は基本的に通行の字体に改め、「ヿ」や「〆」などは「コト」「シテ」などに改める。また、句読点は文脈に応じて適宜訂正を行う。

5．『壒嚢鈔』の文体については、作品の性質上引用資料によって文体が異なるため、漢文体と認められる部分については基本的にはそのままにして、書き下さないこととする。

6．引用資料についても『壒嚢鈔』本文の引用と同様、異体字は基本的に通行の字体に改め、句読点については訂正を加える場合もある。典拠はそのつど記しておく。

7．論の展開上、引用した『壒嚢鈔』本文や他の資料に傍線を施したり、字体をゴシック体に改めたりしている。

（1）「『塵袋』の作者についての憶測」（『文学』十七号、岩波書店、一九三二年）。

（2）『日本古典文学大辞典』（岩波書店、一九八六年）の『壒嚢鈔』の解説（安田章氏文責）には、

　編纂の直接の動機が「舜公」（素問）・「増印」（緇問）という緇素の所望だったにせよ、行誉が意識したのは前住大円の『塵袋』の存在であり、書名の「壒（塵）嚢（袋）鈔」はもとより、内容も『塵袋』に倣ったのは明らかであって、事実、『塵袋』を踏襲して成っている条もある。

とあり、また、西崎亨編『日本古辞書を学ぶ人のために』（世界思想社、一九九五年）の第二章第二節「鎌倉時代の辞書」（江口泰生氏担当）の「塵袋」の条には、

　（『塵袋』は）後に、同じ観勝寺の行誉が『塵袋』を見て刺激を受け、『壒嚢抄』（文安年間・一四四四～一四四九年）を編し、更に下って『塵添壒嚢鈔』（一五三二年）に引用される（二〇一条）など、与えた影響も大きい。

として、『塵袋』大円説を踏まえ、行誉が『塵袋』に刺激を受けたことを『壒嚢鈔』編述の動機とする。

（3）「『塵袋』と『壒嚢鈔』――知的体系を模索する――」（『事典の語る日本の歴史』、そしえて、一九八八年）。

（4）「『壒嚢鈔』の中の『太平記』（下）」（『駒木原国文』七号、一九九六年三月）

（5）牧野和夫氏（「釈家を中心とした注釈（学問）と文学の交渉の一端――中世注釈研究の動向と展望――」、中世文学会編『中世文学研究の三十年』、一九八五年）および、黒田彰氏（「驪姫外伝――中世史記の世界から――」、『中世説話の文学史的環境』、和泉書院、一九八七年）の御指摘による。

（6）川瀬一馬氏によって慶長二年の奥書を持つ伝本の出現が伝えられている（古辞書叢刊『壒嚢鈔』「解説」、雄松堂書店、一九七八年）が、所蔵者不明のため現在のところその存在が確認できず、伝本のうちの一本と数えることが憚られる。また、川瀬・笹川両氏が触れておられない写本の伝本が日光山天海蔵に存在するが、未見である。ただし、所在は明らかであり、しかも長澤規矩也氏編『日光山「天海蔵」主要古書解題』（日光山輪王寺、一九六六年）に載せる書写奥書によって、京都大学付属図書館清家文庫蔵本と同一の写本であることが窺えるため、一本として数える。

（7）京都大学付属図書館清家文庫蔵本は二巻までだが、慶長十五年の書写奥書を持ち、大東急記念文庫本は慶長十六年の書写奥書を持つ。（6）の慶長二年本が確認されればそれが一番古い伝本となる。

（8）室町時代の『壒嚢鈔』享受の例はあまり見出せない。『壒嚢鈔』の名前を出して引用するのは、天文十二年（一五四二）成立の『太平記賢愚抄』および、室町後期成立とされる吉田幸一氏蔵『古事因縁集』（古典文庫に影印）である。とくに、後者は『壒嚢鈔』の抜き書きが中心となっている点で注目される。日記資料では『言経経記』慶長三年六月十三日条に「一、寿命院ヨリ壒嚢抄一之巻借給了、」が初見である。その「寿命院」（秦宗巴）の『徒然草寿命院抄』（慶長六年頃成立、古典文庫に影印と翻刻）に「壒嚢抄ニ」「壒嚢抄ニモ」と『壒嚢鈔』の説を引く。現存テキストが見出されないが、慶長古活字版で『壒嚢鈔』が出版されたことから、慶長前後あたりから『壒嚢鈔』がその時代の医家を中心とした知識人達に読まれ始めたことがわかる。

（9）『塵添壒嚢鈔・壒嚢鈔』笹川氏解説。

第一編

編者自身の言葉

第一章　『壒嚢鈔』の勧学性

はじめに

『壒嚢鈔』は中世、とくに室町期の文学を注釈する際に頻繁に引用される。「五百卅五箇条」（実際は五百三十六条）という広範で種々雑多な事項を注釈したこの書物は、川瀬一馬氏が大著『古辞書の研究』[1]の中で解題をされて以来、漠然と古辞書に類するものと考えられてきたようである。現在ではいちおう「事典」[2]・「類書」[3]として扱われているようであるが、研究史の中では「いわば中世版百科事典」[4]「いわば中世版百科辞書」[5]という言い方ではっきりとした定義付けは避けられてきた。それは、百科辞典的な側面を持ちながらも、同時代やそれ以前の古辞書のような配列意識を持たない、つまり、辞書として引くための機能を持たないことによるようである。

だが、この疑念を解くヒントは、濱田敦氏によって早くから指摘されていた。[6]

本書は、形式的には、一応『素問』『緇問』に二大別されて、一種の類書と見られるが、二つ位の大ざっぱな分類は、無きに等しく、実質的には、むしろ雑纂・随筆の類というべきものである。（中略）また、後の江戸時代に盛行した、文人墨客たちの随筆類のさきがけをなすものと言えるであろう。（中略）従って、本書は一種の文学作品として、国文学者によっても、もっと利用されるべき価値を持つものと言える。（傍線は私による）

ところが、現在まで『壒嚢鈔』そのものが一つの作品として取り上げられたことはなかった。また、語彙資料として利用される回数が多い割に、『壒嚢鈔』を取り上げた研究自体も決して多かったとはいえない(7)。しかも、それらは説話集・軍記の異本調査のための資料価値に注目したものがほとんどであった。

本章では『壒嚢鈔』を資料としてではない、一つの作品として位置づけることから始める。そして、それがいかなる作品なのかという問題を明らかにする第一段階として、勧学の書という視点から素問（巻一〜巻四）に見られる編者行誉の奥書およびそれに準ずる最終条を分析する。

一・『壒嚢鈔』諸本と奥書の位置

『壒嚢鈔』全七巻はその奥書により、文安三（一四四六）年五月に京都東岩蔵山観勝寺の住侶行誉によって編述されたことわかる。全体の構成は巻一から巻四までが素問（一般的な問題）、巻五から巻七までが緇問（仏教に関する問題）と二部に分けられるが、それ以外の分類はなされず、古辞書特有の部門立ては見られない。

『壒嚢鈔』がその膨大な量にもかかわらず他の類書や辞書のような分類を持たない雑纂的な構成をもつ理由の一つに、あまり計画的とはいえない編述事情が考えられる。そこでまず、川瀬一馬氏、笹川祥生氏ら先学による解題(8)を踏まえながら、『壒嚢鈔』の巻構成と行誉による奥書の位置とを今一度確認することにする。

現存する諸本は

〈写本〉

1・京都大学附属図書館清家文庫蔵本（二冊）

2・慶長十六年写大東急記念文庫蔵本（七冊）

3・内閣文庫蔵本（七冊）

4・日光山天海蔵本（七冊）

〈版本〉

5・正保三年整版本（十五冊）

6・無刊記整版本『塵添壒嚢鈔』（二十冊）

の六種[9]である。詳細は笹川氏の解題に譲るが、行誉の奥書によって2、3の七巻構成が本来の形であることがわかる。1は2、3に近いが二巻までしか残っていない。4は未見だが、長澤規矩也氏の解題[10]に挙げられた奥書が1の奥書と同じであることから、1の全冊揃った形のテキストであろうと思われる。5の正保刊本のみ十五巻から成るが、これは本来七巻であったものを十五冊に分冊した形態である。また、5の『塵添壒嚢鈔』は後の時代の編纂物であり、純粋な『壒嚢鈔』とはいえない。だが、『塵添壒嚢鈔』に載る『壒嚢鈔』の本文は正保刊本に比べて誤りが少なく、対校テキストとしての役割を充分に果たしてくれるので、異本の一つとして扱う。ちなみに、本文の異同から見て『塵添壒嚢鈔』編者の依った『壒嚢鈔』のテキストは正保刊本と同系統である。しかも《表1》に示したとおり、『塵袋』の記事が加わっている部分、すなわち写本の一・三・四・五巻に相当する部分を除くと、巻の分け方が正保刊本と一致する。つまり、『塵添壒嚢鈔』は正保刊本と同じ十五冊本の『壒嚢鈔』のテキストに『塵袋』を加えたものであると見ることができる。

《表1》

	写本	正保本	塵添本
素問	一（奥）	①（奥）	①②③（奥）
	二（奥）	②	④
		③	⑤
	三	④⑤	⑥⑦⑧
	四（奥）	⑥⑦（奥）	⑨⑩⑪（奥）
緇問	五	⑧⑨	⑫⑬⑭
	六	⑩	⑮
		⑪	⑯
		⑫	⑰
	七（奥）	⑬	⑱
		⑭	⑲
		⑮（奥）	⑳（奥）

以上の五本のテキストは、書写奥書によって1～3の写本系統（七巻本）と4・5の版本系統（十五冊本）の二系統に分けられるが、本稿では本文の引用には十五冊本の正保刊本を用い、巻数およびそれに伴う条項番号については七巻本に従うことにする。その理由については本書の序論に述べたとおりである。

さて、『壒嚢鈔』が素問・緇問という二部構成を持つことには『壒嚢鈔』の制作過程の問題が深く関わっている。すでに指摘されていることであるが、[11] 巻四〈刊本巻⑦〉の奥書に、

于時文安乙丑年十二月十日上下本末四帖書功終之者也比興々々

とあり、また、巻七の行誉による奥書に「右一部応于印僧之所問所レ令二註集一也。則以加壒嚢鈔之末。故爰二分二緇素両問一者也。」とあることから、本来は巻一から巻四まで、すなわち上巻本末、下巻本末の四巻で『壒嚢鈔』として完結していたものに、「印増」なる人物の所望によって、新たに仏教に関する問答を集めた三巻を緇問として付け加え、七巻構成としたのである。その際に最初の四巻を素問と命名したものであろう。

このように、現在のところ『壒嚢鈔』は二段階の制作過程を経ていることが確認されているが、それは巻四と巻七にある行誉の奥書からであった。行誉による奥書が成立過程での一区切りであるならば、他の巻の奥書についてはどうであろうか。それらの奥書の存在も成立過程上の切れ目を表すものと考えることはできないだろうか。

現存する奥書は《表1》にも示したとおり、巻一（文安二〈一四四五〉年十月十三日）・巻二（同年十一月三日　※ただし写本のみ）・巻四（同年十二月十日）・巻七（文安三〈一四四六〉年五月二十五日）に存し、巻一・四・七にはそこに編述事情や編述の意図が記される。それらに共通する編述の意図は勧学のためというものであった。また、素問・緇問の末尾である巻四・巻七のそれぞれの最終条にも勧学が説かれることは、『壒嚢鈔』の構成や編述の動機を考える上でもっと注目されてもよい。[12]

ところで、勧学を説く最終条は、同じく行誉の奥書を持つ巻二にも見られる。また、最終条ではないが、巻一においても最終条に近い81条「十五ヲ志学ト云ハ十五以前ニハ学問ハスマシキヤラン」に、八歳以前からも学問をするべきである由を説く。巻二の奥書は日付のみで他の奥書のように制作の事情や目的は記されないが、最終条が学問に関する問いで締め括られる点には、奥書を持つ他の巻との共通性を見いだすことができ、『壒嚢鈔』の構成を考える上でも重要であろう。さらに、奥書を持つ巻すべての締め括りが勧学を説くものであるという事実は、『壒嚢鈔』がいかなる書物を目指して制作されたのかを物語るものといえよう。以下、素問に見られる奥書と最終条を見ていくこととする。

二．巻一の奥書と『東山往来』

巻一の奥書を見ると、

夫学ハ外典不ハレ及二内教一是如下雖レ渡二兔川一ヲ不上レ赴二象河一ニ、学トモ二大教一ニ不ハ二知二小事一ヲ又如シ下雖レ捕二猛虎一ヲ還テ恐カ中蜂蠆《ホウタイ》上ニ。云然而大小内外都テ絶シ二頑質一ヲ。曽以雖レ無二所見一依二難レ去所望一ニ聊カ所レ令レ註也。先賢有レ言コト、求メテモ二純金一ヲ人莫レ軽コト二泥砂一ヲ、貴ル二大海一ヲ者勿レ侮コト二少水一ヲ。予募テ二此言一ニ而述二愚註一ヲ者也。

（傍線は私による）

として、「夫学ハ外典不ハレ及二内教一……如シ下雖レ捕二猛虎一ヲ還テ恐カ中蜂蠆《ホウタイ》上ニ」という編述の意図や「依二難レ去所望一ニ聊カ所レ令レ註也」という編述の事情が記される。この内容から考えられるのは、当初、行誉の『壒嚢鈔』編述はここで終了するはずであったという可能性である。

ここにその可能性を示唆するものがある。平安後期、康和から嘉承（一〇九九～一一〇八）のころの成立と目される、定深著『東山往来』『東山往来拾遺』である。正編の方は四十三双八十六通、拾遺は五十七双百十四通の手紙文で構成され、西洛の「檀主」と東山の「師僧」との問答形式により、当時の京都における日常生活百般のことがらについて記してある。[13] 実は、『壒嚢鈔』の奥書は大部分をこの『東山往来』『東山往来拾遺』の序文に依っているようなのである。以下、それぞれの序を挙げる。[14]

集ト者ハ序シテ曰ク。古人有レ言コト、求メン二純金ヲ一人、莫レレ軽コト二泥砂ヲ一。貴マン二大海ヲ一者ハ、勿レレ侮コト少水ヲ一。誠哉《カナ》斯ノ言。爰ニ東山ニ有二師僧一、頗ル存セリ才気ヲ一。西《セイ》洛ニ有二檀主一、常ニ致ス問訊ヲ一。彼此互ニ飛ス二短札ヲ一、内外陳フ二長契ヲ一。檀那問《ト》フ二不審ノ事ヲ一、師僧報ス二所問ヲ一義。其久(久)雖二異体ト一、其旨為《タ》リ二世要一。豈ニ捨二其跡ヲ一哉。余居シテ二中間ニ一、常ニ見二往来ノ書一、拾テレ要写スレ是ヲ。已ニ成ス二巻軸ヲ一。今寄ス二私家之小生ニ一。不三敢テ為二大人ノ所要一ト。夫胎《ノコ》スニレ文有リレ由、誰(請)知ラム二所念ヲ一。嗚ア、呼、雖トモレ埋二身骨於泥中ニ一、欲フレ留トニ要言於後代ニ一。皆是利生巧耳。筆有レ切、乞勿レレ隠コト。謹序ス東山消息状。所レ拾得タリ四十三双一。問書答合テ為ス二一双ト一。檀那捧クレハ問状ヲ一、師僧出ス二勘文ヲ一。是故文広シ。

（『東山往来』序）

夫聞。住古ノ賢人、共ニ知リ浅深一。近代凡人、未兼《カネ》大小ヲ一。所以或披テ大教ヲ一、不スレ学二小事ヲ一、互ニ有得失一。如下雖モ捕ウト二猛虎ヲ一、還テ恐ルルカ中蜂蠆《ホウタイ》ニ上。或辨テ外事ヲ二不及ス内通ニ一。復有リ優劣一。如下雖レ渡ルト二莵川ヲ一不中カレ趣象ノ河ニ上。昔田人ハ誘ヘテレ子ヲ、令レ住二叡岳ニ一。子ハ学《マナ》ンテ二聖教ヲ一、不レ了ラ二世路ヲ一。同伴来謁シテ言ク、汝子ハ如文殊一也。父聞テ歓喜ス。子適《タマタマ》来到セリ。父歓テ令レ書借《カ》リ文ヲ一。又問フ二世法ヲ一。子不レ書不答一。父瞋テ曰、汝為タリ愚人一。豈是文殊哉。子還更学テ世間ノ雑事ヲ一。遂ニ成ル内外達者ト一云々。近代ノ学者、須下共求内外法ヲ一、浅深同学ス上矣。爰東西ニ有師檀一。常問答ス要事ヲ一。其往来書、頗潤ヘリ内外ニ一。余已ニ拾件書ヲ一、成巻軸ヲ一畢。其中所載一、四十三雙状也。問書報状、合八十六章也。寄於私少生ニ一。漸以流布ス、今復拾取浅之書等ヲ一、捨レ疎ヲ一取要ヲ、更成巻軸。復欲貽後代一。是則非為二勝他名聞一。唯是為レ令三少人開二内外悟一也。謹序

東山往来書拾遺所擇取五十七双　合前巻即成百双

（『東山往来拾遺』序）

『東山往来』の傍線部分と『東山往来拾遺』の波線部分を見ると、先に挙げた『壒嚢鈔』巻一の奥書とほぼ同文関係にあることが見て取れる。『拾遺』の方には『壒嚢鈔』と若干語句の異同が見られるが、その主旨はほぼ同じである。もしも一方だけが共通するのであれば、たまたま同じ典拠のものを引用したに過ぎないという可能性も出てこようが、『東山往来』『東山往来拾遺』両書の序文と共通する表現が見られ、しかもそれらが奥書の三分の二以上を占めているというのであれば、『壒嚢鈔』巻一の奥書がこれらを典拠とした可能性は濃厚となる。さらに、先に述べたように、これらの共通部分が『壒嚢鈔』巻一奥書においては制作意図に当たることは注目に値する。その制作意図をわかりやすく説明しているのが、『拾遺』の序文に見られる説話である。「昔田人誘子」以下の部分では、比叡山にわが子を入れた田夫が、文殊のごとしと賞賛されたわが子が世事に疎いことを怒り、「世間雑事」を学ばせたところついに「内外達者」となった話を挙げ、仏法の知識ばかりではなく、それ以外の知識も同様に学ばなければならないとする。おそらく行誉の『壒嚢鈔』制作意図もここにあるのであり、序と奥書の共通性、そして「檀主」と「師僧」との問答形式というスタイルから見て、行誉がこの『東山往来』『東山往来拾遺』を意識していたことがわかる。

もちろん『壒嚢鈔』が依っているのは序だけではない。以下、『壒嚢鈔』と『東山往来』『東山往来拾遺』（以下『東山往来』正・拾とする）との共通記事を表にして挙げてみる。[15]

これらの中には『壒嚢鈔』の一つの条項がそのまま『東山往来』正・拾の記事である場合と、『壒嚢鈔』がそれらに他の記事を付け加えてさらに詳細な説明としている場合とがあるが、いずれにしても両者はほぼ同文関係にあり、『壒嚢鈔』が『東山往来』正・拾を引用したことは明らかである。行誉にとって『東山往来』正・拾は自家薬籠中の

《表2》

写本		版本		『壒嚢鈔』問い	『東山往来』（正）・『東山往来拾遺』（拾）正拾	条	題目
一	1	①	1	五節供ト云ハ何々。并其由来如何。	正	五	年内五節供状
	5		5	五月生ル、子二親不利也ト云ハ実歟。	正	一	五月生子状
	30		30	柑類ヲ俗家不植ト云何因縁ソ。	正	二十四	大甘子菓初生有凶状
	31		31	人名依テ吉凶アリト申ハ実サルヘキ歟。	拾	五十七	依名致善悪状
	37		37	俗謡ニモ、夫婦並居親族立雙間ヲハ通去ケヌ云ハ実カ。	正	三十一	二人中不可別過状
	58		58	於鳥雌雄易知アリ、其別不見アリ、如何シテ可弁哉。	拾	四	知鳥雄雌状
二	47	③	9	夕部ニ乞食ヲ供養セスト云人アリ。其義如何。	拾	二十七	夕部不可副乞食人状
五	25	⑧	25	施主ヲ檀那ト云、檀越ト云。或ハ檀主ナト云儀。	拾	二十二	施主名檀越状
	26		26	諸臣朝服皆玄袍ナルヲ俗素ト云。僧侶ノ内衣必白色ナルヲ緇徒ト云、又黒衣ト云。	拾	十五	僧着黒衣状
	70	⑨	38	僧位與俗位相当アルト云。	拾	十二	僧伝灯往位満位状
	71		39	施主段ナントノ位所書様。并加行字守字事、如何。	拾	十一	俗位下行・守字差別状
	75		43	仏名懺悔。	拾	二十三	御仏名時、称三千仏加万字状
六	6	⑩	6	持仏堂ノ仏像ノ床ノ下并花机ノ下ニ経巻ヲ安置スルヲ有過スルハ何事ソ。		四十三	仏像下、并花机下不可置経状
	7		7	桃柳石榴等ノ樹下ニシテ、神供并施餓鬼ヲセヌハ何ソ。	拾	五十五	桃柳等木下不作祭状
	10		10	作善ノ庭ニ、多以法華経供養之。書写・摺写中ニハ、以何ヲ為能ソヤ	拾	十九	書経・摺経勝劣状
	11		11	就読経、訓音ノ間、何ヲ勝タリトセンヤ	正	十二	読経音訓両種何佳状
	12		12	於五部大蔵経、巻数多少アリ。其義如何。又於料紙、大般若并彼経等多分黄紙也。其故如何。	正	三十八	書経可用黄紙状
	13		13	西域ノ経典ヲ唄葉ノ文ト云ハ、何事ソ	拾	二十一	経典名唄葉文状
	14		14	俗人モ千手尊勝陀羅尼・随求光明真言等ヲ受ケテ、為滅罪誦持スル事、常ノ習ヒナルニ、或人ノ云、染浄道異也。豈以俗形。持仏咒哉。授之人大有咎ト云云。其義如何。	拾	十六	在俗人持尊勝千手陀羅尼状
	15		15	於曼陀羅、常ニ種子・尊形ノ二種ノ中ニ、種子ハ聊尓ノ思アリ。以尊形可勝歟。	拾	十八	形像曼陀羅、梵字曼陀羅無別状
	18		18	毘沙門ノ塔婆ヲ持スルニ付テ、左ニ捧グルアリ、右ニ持スルアリ。何レヲ可正哉。	拾	五十二	不動尊、毘沙門立左右相論状
	19		19	塔婆ノ本尊ニ、常ニ以二仏。尓ルヲ仏匠ノ云、左ヲ釈迦ト。又或人ノ云、左ヲ多宝ト。以何可本哉。	拾	九	塔中釈迦多宝左右論状
	51	⑪	11	万灯会トテ、多火ヲ焼ヲ、俗人常ニ由緒ヲ尋ヌト云共、未ダ其所由ヲ不知。其義如何。	拾	四十一	万灯会状

物であったのである。ところが、『壒嚢鈔』には『明衡往来』や『庭訓往来』の書名は引用されていても[16]『東山往来』という書名がまったく出てこない。これは『東山往来』が『明衡往来』や『庭訓往来』ほど流布していなかったという事情にもよるであろうが、穿った見方をすれば、行誉が自らの知識の供給源の一つとして『東山往来』を利用していたことを隠すためであったかもしれない。

ところで、《表2》によると、『壒嚢鈔』巻一が五条、巻二が一条、巻五が五条、そして巻六に至っては十一条を『東山往来』正・拾から引用している。それらの引用は素問ではほとんどが巻一であり、あとは緇問である巻五と巻六に集中している。とくに、『壒嚢鈔』の一番最初である巻一の第一条が、『東山往来』のからの引用記事で始まっているという事実は、巻一の奥書の問題や問答形式という類似と併せて考えると非常に興味深いものである。

そして、このような往来物と『壒嚢鈔』との接点を考えた際に気づかされるのは、巻一―58条（鳥の雌雄の見分け方）・59条（「魚ノ一コン」という字について）・61条（「ヒウチ」の字について）などに見られる、その条のテーマとなっているものと同類、もしくは関連する単語を列挙する特徴が、『庭訓往来』などの往来物に見られる特徴でもあるということである。

従来、『壒嚢鈔』編述の動機については『塵袋』との関係ばかりが取り沙汰されてきた感があるが[17]、このように見てゆくと、むしろ行誉にとって『東山往来』の存在が『塵袋』と同等以上に強くあったのではなかろうかと思われるのである。もちろん、『塵添壒嚢鈔』に見られるように、『塵袋』の問答形態と『壒嚢鈔』のそれとは見分けがつかないほど似通っており、後の時代の『壒嚢鈔』が『塵袋』を模倣した可能性は否定できない。だが、どのような書物を目指したかという『壒嚢鈔』という作品の本質に関しては、古辞書に準ずる配列意識のあった『塵袋』とは自ずから違ってくる。つまり、『東山往来』のような往来物に近い童蒙書を書簡による問答という形ではなく、『塵袋』のように、直接言葉を交わすような問答形態で作ろうという試みで編述されたのが、『壒嚢鈔』巻一であったのではないだろうか。

三．巻二の最終条「学ヒレ道ヲ志ス賢人アラハ、一言一句ヲモ尋聞ヘシ」

『壒嚢鈔』が当初から童蒙書として編述されたのであれば、それは本格的な学問のための入門書的な役割を担っていたはずである。その意味で、巻一に続く巻二の最終条もその延長線上にあるものと見てよい。以下挙げるのは、巻二最終条「一向蒙昧ノ身ハ如レ形学文モ不可叶歟」という問いに対する答えである。

文学ノ道、庸俗ヲ勧《ス丶ムル》ヲ以テ本意トセリ。強チ是ヲ本トセス共、世俗ノ習ヒ、サナラヌ徒事《イタツラ》、狂言ニ暇《ヒマ》ヲ入モ常ノ習ナレハ、時々ニテモ有ンレ情《コヽロ》朋友ニ交リテ、先賢ノ物語、君子ノ所ロレ志スヲモ尋ネ問ヒ、吾意ニモ思案シテ其趣キヲ弁ヘハ、カヲモ不レ費ソ、心ヲモ不労シテ、積テハ道ニ至ルヘシ。少スモ文道ニ望《ノソマ》ズシテハ、壁案ナラン条疑ナシ。（中略）第一ニ先ツ自心ノ源ヲ能々尋ネ明ラムヘシ。其本性ハ天地神明聖人賢者ト一点モ違ヘヌ本分ニテ、其本源ニハ害シレ物ヲ、恣《ホシヒマ》ニシテレ欲ヲ、放逸妄情ハ全ク以テ不ニ現前一也。サレハ孟子ニハ本善無悪ト談スル也。今モ聖学ノ一理ヲ聞テ深ク信シ勇《イサ》ンテ進マバ、縦ヒ一悪ヲ不レ止シテ一善ヲモ不レ行《ヲコナハ》ト云共、其志ハ既ニ向ニ聖城一ニ、仰クニ天理一ヲ人ナルヘキ間、或益友ノ一言ニモ感シ、或ハ書伝ノ一句ヲモ聞カハ、此理リ自然ニ開当シテ、雖レ有ニ遅速一必ス可帰聖源也。天下ノ万水ハ行テ遂ニ入レ海ニ、人間ノ万事皆各道ヨリ出タル故也。縦ヒ一巻ノ文書不レ蓄《タクハヘ》ト云共、此趣ヲ思ハン輩ハ則学フルレ道ヲ人ナルヘシ。論語ニ曰、子夏曰、事ルニ父母一ニ能ク竭シニ其力一ヲ、事テレ君能致シニ其身一ヲ、與ニ朋友一交言有ラハレ信、雖レ曰ニト未学一、吾ハ必謂シニ之学タリト一矣ト。サレハ只忠孝ヲ存シ、朋友ニ信アラハ、更ニ一巻ノ書ヲ不レ読共、是ヲ学ヒタル人ト云ハント也。孔子モ、行有ニ余力一則以テ学レトレ文ヲ示シテ、先ツ忠孝ヲ勤トシテ、其余ノ暇ニハ文ヲ学フヘシト教ヘ給ヘリ。若其志アラハ、君ハ下問ヲ不レ恥ト云ハ、少シモ道ニ志サン人ノ言行ヲ可レ学也。深山ニシテ路ニ迷ヒ、巨海ニシテ舩ヲ覆サハ、樵牧蒭蕘《セウホクスウセイ》ノ賤キ者モアレ、彼ニ路ヲ問ヒ跡ヲ尋テ行ヘシ。釣叟《ソウ》漁子ノ破タル舟成共、悲テレ溺ヲ束《ツカ》ネレ手ヲ可ニ取付一様ニ、学ヒレ道ヲ志ス賢人アラハ、一言一句ヲモ尋聞ヘシ。（後略）

巻二の最終条はかなりの分量を持ち、『尚書』『孟子』『論語』あるいは内典からの金言佳句を引用しながら、道を志す者の精神と学問の勧めを説くものであるが、その根底に流れているのは「蒙昧ノ身」であっても学ぼうとする姿勢が何よりも大切なのだとする考え方である。だが、ここで問題にしたいのはその学び方である。

問いに対する直接の答えは最初の傍線部「時々ニテモ……壁案ナラン条疑ナシ」である。これは単なる学問の勧めではなく、問答による学習を推奨しているものである。このことは、次の傍線部「今モ聖学ノ一理ヲ……則学フルレ道ヲ人ナルヘシ」という記述によってさらに明確となる。「縦ヒ一巻ノ文書不トレ蓄《タクハヘ》云共」すなわち、一巻の書を持っていなくても、不明なことを少しでも道に志している人に尋ね、「聖学ノ一理」をも聞いてそれを自ら弁えれば、たとえ「蒙昧ノ身」であっても道に至ることを得る。これは問答による良質な耳学問を賞揚することのみならず、そのような学習の場を再現したかのような問答展開を見せる(18)『壒嚢鈔』そのものの価値を強調することにも繋がる。もちろん、厳密にいえば『壒嚢鈔』素問に記されるのは日常生活百般のことがらが大半を占め、「先賢ノ物語君子ノ所志」ばかりではない。だが、『壒嚢鈔』の中で行誉が例証として『論語』『礼記』『孝経』ほかの「書伝ノ一句」を度々引用する姿勢はこの条の主旨に通じるものである。また、この耳学問の勧めの根本には「道を学ぶ」という目的があることがこの条から読み取れるが、行誉がしばしば問答の中心テーマから逸れて儒教的な政道論を語る姿勢は、まさにこの目的に合致するものといえよう。その意味で、この条は巻一、巻二と続いてきた問答を締めくくる役目を果たしているのである。

四・巻四の最終条「予カ所ハレ志サス併ラ是為ニメ勧学一ノ也」

素問の終わりである巻四の最終条にも、やはり勧学が説かれる。だが、巻四の最終条と巻二の最終条を比べると、そこに多少の変質が見られる。次に巻四の最終条（「本朝仏法ノ来ル事ハ、如来入滅ヨリ幾程ニ当リ侍ルラン。并震旦ヘ渡テヨリ何年計リ有テ此国ヘハ伝レルヤラン」の問いに対する答えが終わった後の部分）を挙げる。

此等ノ趣キ已上四帖ノ条目一向ノ推量多シ。以テ知ヌ。謬《アヤマ》リ定テ多カルベシ。只願ハ失ヲ捨テ徳ヲ取テ僻《ヘキ》案ノ答詞《タツシ》ヲ責メ給事ナカレトナン。惣ヘテ問答相違スクナキニシモ非ス。三千世界ノ主《アルシ》ニテ御座大梵天王ダニモ、身量容皃《ヨウメウ》威徳光明余天ニ勝レ給ヘルニ誇《ホコツ》テ、梵衆梵輔等ノ諸天已下、皆我カ所生也、我カ進士也ト思ヒ給ヘリ。然ルニ馬勝比丘ト云仏子来テ、四大種ノ無余滅ノ位ト云事ヲ問奉リシ時、其事ハ知給ハズ、我ハ一切衆生ノ父母也主也ト猥《ミダリ》ガハシク麁事《ソヾロゴト》ヲ答ヘ給ヘリ。是ヲ矯乱答《ケウランタウ》ト名ルニヤ。況ヤ薄地ノ凡夫、蒙昧《モウマイ》ノ僻案《ヘキアン》、争カ誤リナカルベキ。殊ニ端《ハシ》多侍レハ、謬《アヤ》マル処ヲバ後見ノ人々潤色セラルヘキ也。長途ノ一歩ノ蹪《ホツマツキ》、豈ニ千里ノ行ヲ妨《サマタ》ケン哉《ヤ》ト。深林ノ一枝枯《カレタル》、何ソ万株ノ陰ヲ薄シトセン哉《ヤ》ト。中セバ過《アヤマリ》ヲ捨《ステ》テ要ヲ取リ給ベシ。（中略）唯是レ難レキ去リ依テ二所望一ニ、徒ニ暇《イトマ》ニ註シ置侍リ。且ハ依リ二親昵ノ懇望一ニ、且ハ為メニ二同朋ノ之記念《カタミ》一ノ所レ令レ書《シヨ》如レ此。予カ所ハレ志サス併ラ是為メニ二勧学一ノ也。敢テ勿レ責ルコト二綺語《キゴ》ノ罪ヲ一。又世ノ間《ナカ》ノ習ヒ、人上世上ノ無益ノ事ヲ語リ、仏法僧法ノ有ルレ益事ヲ傍ハ、尤モ以テ大罪也。必ス地獄ニ堕《オツ》ト云。加レ之ラス、万ツ益キナキ事ヲ云ハ無義語ト申テ罪障也。以テ可レ被二斟酌一セ。加様ノ間《マヽ》ニ聊モ学文ニ趣キ給ヘシ。倶舎ニハ妄語ヲハ虚誑語《コソウコ》ト云、両説ヲハ離間語《リケンコ》ト云、悪口ヲバ麁悪語《アクコ》ト云、綺《キ》語ヲバ雑穢《サウヱ》語ト云。共ニ以テ咎《トガ》多キ事也。能々謹《ツヽ》シミ給ベシ。サレバ往生要集ニモ、麁強惑業《ソカウワクコウ》ハ人シテ令《シ》ム二覚了一セ。但《タヽ》無義ノ語《コトハヽ》其過《トカ》不レ顕シテ、常ニ正道ヲ礙《サ》フ。能ク是ヲ可レ治スト云リ。庶幾《コヒネカハク》ハ無義ノ雑談ヲ相止《アヒトヾメ》、一巻ノ文書ニモ向ヒ給ハバ、是則庶悪修善基ヒ、成仏得道ノ縁ナル者歟。麁《ソ》言煙語皆ハ帰二シ第一義一ニ、狂言綺《キ》語ハ悉ク成二讃《サン》仏乗ノ縁一ト故也。

巻二と巻四との違いとしてまず挙げられるのは、後者には自らの答えに「推量」が多いことへの危惧が見られることである。もちろん、本文中の「推答也（推量也）」という記述は巻三以降に増えたわけではない。巻一にも存在し（28条・66条）、巻二にも存在する（10条）。それにもかかわらず、巻一や巻二の奥書や最終条からはそのような危惧を見いだすことはできない。また、巻二の最終条に記されていたのは「縦ヒ一巻ノ文書不レト蓄《タクハヘ》云共」という耳学問の勧めであった。ところが巻四では「一巻ノ文書ニモ向」うことを勧める。一見すると、両者の勧学の姿勢は矛盾するように見える。

だが、これを真実への厳しい姿勢と考えれば、それは巻一から一貫している。たとえば、巻一―66条では「普ク人ニ問給へ。問タランニ、若シ覚悟無ハ面目ナカラント思フ事、故実ニ似タル共アルマシキ事ナン。若又人ニ問レン時モ不レトヌ知云《イ》ハンヲカタクナニ思テ、当ラヌ返事アルヘカラス」とし、知らないことを恥じずに人に聞いて明らかにすること、逆に知らないことは知らないとはっきり言うことを勧める。[19] これは巻四最終条の勧学の姿勢と共通しており、基本的な部分での変化はない。変化したのは、人に問うか自ら書を読むかという、行誉の勧める学習方法である。なぜそのように変化したのだろうか。

傍線部「予カ所レハ志サス併ラ是為二メ勧学一ノ也」とあるように、行誉は巻四最終条で『壒嚢鈔』編述の目的を「勧学」のためとする。それゆえ、読み手に対し、これまで自分が「註」として書いてきた行為を「綺語」の罪と責めてくれるなと乞う。傍線部の最後の結びに見るように、「無義ノ雑談」をやめ、「一巻ノ文書」に向かうことによって、「麁言煙語」はことごとく究極の真理に帰一し、「狂言綺語」も「讃仏乗」の縁となるからである。

実はこの巻四最終条は、『沙石集』の序文と末尾の「述懐事」を下敷きにしたものと思われる。その『沙石集』「述懐事」に「多くは僻事も侍るらめども」「覚悟せぬ事多し。後賢、直し明らめて、弘通し給はば、望む所なり」とあるように、『壒嚢鈔』のこの部分は自らの書いた書物の締めくくりとして、謙遜を込めて読み手への希望を述べた部分と見ることができる。ただし、若干異なるのは、無住が後人に『沙石集』の手直しを求めているのに対し、行誉は『壒嚢鈔』読了後の学習方法を指示しているという点であろう。つまり、行誉は読者に対し、次のステップとして本格的な書物を読ませることを目論んでいたということ、そして『壒嚢鈔』をあくまでもそのための入門書として位置づけていたということである。敢えて自らの「推答」の多さを引き合いに出したのは、『沙石集』における無住の謙遜とは異なり、それを次のステップに進むための踏み台とさせるためであったといえよう。

巻四の最後に行誉が説いたのは、耳学問から一歩進めたワンランク上の書を読む学習の勧めであった。そしてこのことは、行誉がここを『壒嚢鈔』全体の最終条と意識していたことを物語る。巻四最終条は、いわば『壒嚢鈔』の「後書き」として書かれたものであったのである。(20)

おわりに

『壒嚢鈔』を通読してみると、編者行誉がところどころに顔を出す。そして、そこからは百科事典的な側面の裏に隠れて見えなかったさまざまな姿が浮かび上がってくる。本章では巻一から巻四までの奥書と最終条を素問の成立過程を表すものとして辿ってみたのだが、その作業の中で、往来物である『東山往来』が、単なる引用書にとどまらない影響を『壒嚢鈔』に与えていたことを確認することができた。それはあらゆる知識に通じることが道を志すものには必要であり、それらを問答による良質な耳学問によって身につけることが大切であるという、『壒嚢鈔』の根幹に関わる考え方であった。また、素問の最後に当たる巻四最終条は、『壒嚢鈔』がここで終わることを示す後書きとでもいうべき性格を持つものであり、しかも、そこには学習過程における『壒嚢鈔』の位置づけと、読み手への期待が込められていた。

次の段階として明らかにしなければならないのは、行誉の「勧学」の根底にある「道」を志すとはいかなることなのか、学問で得た「知」と「道」とがいかに関わるのか、という問題であろう。この問題に関しては、次章において述べてゆくこととする。

（1）雄松堂、一九五五年・増訂版　一九八六年。

（2）『日本古典文学大辞典』（文責安田章氏、岩波書店）。

（3）最近のものでは『国文学　解釈と教材の研究』第四二巻一〇号臨時号「編年体古典文学一三〇〇年史」（一九九七年八月）の「一四四一（嘉吉元年）～一四五〇（宝徳二年）」（文責小林直樹氏）に「お伽草子とその周辺」として、次のような形で紹介されている。（傍線小助川）

ところで、お伽草子の中には、さまざまな説話や故事を引用し、綴り合わせる形で一篇が成り立っているような一群の作品が存するが、そこに見られる、説話や故事の列挙や雑多な知識の披露は、お伽草子作者たる知識層の教養の水準を示すものである。その点で、この時期、彼らの知識・教養の供給源となった辞書や類書の編纂が相次いで行われたことも注目に値する。文安元年には分類体辞書の『下学集』が成り、翌二年には類書の『壒嚢鈔』が行誉の手で編まれた。ことに後者は、和漢の故事来歴や事物の因縁など、実に多様な事柄に関して説明・考証が為されており、雑学的知識の一大宝庫となっている。こうした広範雑多な知識に通じていることが、この時代の知識層の教養のあり方であり、お伽草子に示される教養の水準もそれと照応するものであった。

（4）今野達「壒嚢鈔と中世説話集――付、三国伝記成立年代考への資料提起――」（『専修国文』四号、一九六八年九月）。

（5）小泉弘「宝物集と壒嚢鈔」（『語学文学』九号、一九七一年）。

（6）引用は濱田氏による『塵添壒嚢鈔・壒嚢鈔』（臨川書店、一九六八年）のはしがきによる。

（7）前掲（1）川瀬一馬氏による解題および笹川祥生氏による解題（『塵添壒嚢鈔・壒嚢鈔』前掲（6））という基礎的研究の他、高橋貞一「壒嚢鈔と太平記」（『国語と国文学』三六巻八号、一九五九年八月）・同氏「壒嚢鈔と流布本保元平治物語の成立」（『国語国文』二二巻六号、一九五三年六月）・釜田喜三郎「更に流布本保元平治物語の成立に就いて補説す」（『神戸商船大学紀要』一号、一九五三年三月）・前掲（4）今野氏論文及び（5）小泉氏論文。近年は小秋元段氏による研究「『壒嚢鈔』の中の『太平記』（上）」（『江戸川女子短期大学紀要』一一号、一九九六年三月）、「『壒嚢鈔』の中の『太平記』（下）」（『駒木原国文』七号、一九九六年三月）がある。

（8）前掲（1）および（7）。

（9）諸本については次の通り。

1は京都大学付属図書館のマイクロフィルムによる。巻一に慶長十五年の書写奥書あり。

2は古辞書叢刊『壒嚢鈔』（川瀬一馬氏解説、一九七八年）による。慶長十六年の書写奥書あり。

3は内閣文庫蔵本を閲覧し、さらに写真で確認している。近世後期写と見られる。

4は未見。ただし、現存するとのこと。江戸初期写本。

5・6は『塵添壒嚢鈔・壒嚢鈔』（前掲6）による

また、川瀬一馬氏によって慶長二年の書写奥書を持つ伝本の存在が報告されたが（古辞書叢刊『壒嚢鈔』解題）、所蔵者不明につきその所在が確認できず。よって伝本の数には加えていないが、書写奥書のとおりであれば、『壒嚢鈔』の伝本の中で最も古い伝本となる。

（10）『日光山「天海蔵」主要古書解題』（日光山輪王寺、一九六六年）による。

（11）前掲（7）笹川氏による解題。

（12）巻五～七までの細問については、今回ほとんど触れていないが、本論第三編第一章「『壒嚢鈔』の〈観勝寺縁起〉」において、不充分ではあるが緇問の問題に言及している。緇問の三巻は依頼人が前四巻とは違う可能性があり、行誉の中では『壒嚢鈔』編述は素問で一旦終わったものと考えられる。また、緇問の方は最初の依頼主にも献上されたようである。

ちなみに、緇問三巻の最後である巻七の最終条は「出家ノ本意ハ利二益ル衆生一ヲ也。生ヲ利セン事尤モ智ニアリ」という基本的姿勢から「只初心ノ行者ハ先ツ内外ノ学問ヲ事トシテ、不レ徒年ヲ累《カサネ》、必ス其ノ益《エキ》可レ有ル者ノ也」という初心の行者に向けての勧学を説くものであった。以下、参考までに最終条と奥書を挙げておく。

《巻七最終条「諸経説時如何」の答えにあたる部分》

今此緇問百八十八箇条又素問三百四十七箇条其数合テ五百卅五箇条歟。其内ニ含所又莫太也。此緇問ハ是増印之所望也。只併ラ真隆仏法ノ媒チ出離生死ノ謀也。所願自然ニ一覧ノ人、従レ外入レ内ニ、従レ浅入レ深ニ。只鎮ヘニ勿レ空スルコトレ隙ヲト也。又ハ一分ノ為二檀施一ノ所二註シ置一ク也。（中略）出家ノ意ハ利二益ル衆生一ヲ也。生ヲ利セン事尤モ智ニアリ。得レ智ヲ事不ハレ因レ学ニ不レ可レ有ルト云リ。又但智恵ハ強チ不レ依二多聞一ニ。一言ニ開悟シ一宗ニ契証スル機モ可レ多タルト云。サレ共多聞ハ智恵ノ源也。イカニモ兼備スベキニヤ。大論ニ智恵多聞ヲ釈シ分ルニハ、多聞ハ如クレ明ノ智恵ハ如シレ眼ノ。多聞ナレ共無ハ二智恵一処明ノ中ニ如シレ無キカレ眼。有モ二智恵一多聞闕《カケ》ヌレバ如レ在カ二闇室一ニ。多聞智恵共ニ有ル人ノ所説ヲ可シレ信ス。無ク二多聞一モ無ハ二智恵一モ似《ニタル》二人身一ニ牛也ト云リ。又有トモ二智恵一無ハ二慈悲一、利益モ闕ケ自証モ無ト云。又自証ハ有智ノ者勝レ、化他《ケタ》ハ慈悲ノ者勝ル共云リ。智悲具足スル則ハ大乗ノ菩薩也。何ニモ有チレ智慈悲ヲ為シレ地ト利益ヲ可ヲレ先ト哉。何レノ宗ニモ孝二養父母一ニ奉レ事二師長一ニ慈心不レ殺具ヲ二諸戒行読誦大乗勧進《クハンジン》ノ行者等ヲ一三福ト説キ、出家ノ輩地トスヘキ事也。サレハ善導《ゼンタウ》ノ釈ニハ三福無分ハ著ル二人皮一ヲ畜生《チクシヤウ》也ト云リ。只初心ノ行者ハ先ツ内外ノ学問ヲ事トシテ、不レ徒《イタツラ》年ヲ累《カサ》ネハ、必ス其ノ益《ヤク》可レ有ル者ノ也。

《巻七奥書》

右ノ一部応二于印僧之所問一所レ令二註集一也。則以加二壒嚢鈔之末一。故爰ニ分二緇素両問一者也。是只昆弟昵不レ浅、断金契深故ニ、恣註二羊僧之詞一、恣黷二魚網之面一。外人之嘲難レ脱、後見之誤多レ之。庶幾披覧之後生、執要捨僻、而勿レ責愚註之訛謬一耳。

（13）『日本古典文学大辞典』（文責石川松太郎　岩波書店）及び石川謙『日本教科書大系往来編』第一巻「古往来（一）」（講談社、一九六八年）参照。

(14) 引用は山内潤三『応永十一年書写本　東山往来――解題・翻刻・校異――』（古典刊行会、一九七三年）所収の本文による。

(15) なお、最近、萩原義雄氏が『壒嚢鈔』の『東山往来』利用やその他の資料の引用のしかたについて詳細に調査され、行誉の編集能力に言及されている。併せて参照されたい。（畠山恵美子・萩原義雄「『壒嚢鈔』に於ける「佛名懺悔」記載典拠について――行誉の編纂構成へのアプローチ――」、『日本語辞書研究』第1輯、港の人、二〇〇三年および、萩原「『壒嚢鈔』巻第一「五節供」の典拠資料について――『東山往来』『拾芥抄』『太平記』『下學集』等からの引用姿勢――」、『日本語辞書研究』第2輯、港の人、二〇〇三年）。

(16) 往来物と『壒嚢鈔』との関係については、夙に川瀬氏前掲（1）に指摘がある。

(17) 岡田希雄氏の「塵袋の作者についての臆測」（『文学』十七号、岩波書店、一九三二年十月）以来、『塵袋』の作者が観勝寺前住大円（良胤）であるとの説が定着しつつあるようだが、確たる証拠はない。現在、この説と一体となった形で大円作『塵袋』に刺激されて行誉が『壒嚢鈔』を編んだとする見方も定説化しつつあるようである。『塵袋』による影響は否定しないが、それを『壒嚢鈔』制作の動機にまで結びつけるのはどうであろうか。『塵袋』の作者については、木村紀子氏が『塵袋』大円作者説を否定され、「江家の人物の手になる」ものである可能性を指摘された（「『塵袋』の中世――言語意識をめぐって――」、『国語国文』第五〇巻八号、一九八一年）。それに対しては山崎誠氏が疑問を提示され、大円作者説も強ち否定はできず、再考の余地があるとされる（『印融自筆本重要文化財　塵袋とその研究』（下）「解題」、勉誠社、一九九八年）。だが、『塵袋』がいかに限られた伝承経路をもっていたにせよ、大円でなければならない必然性は今のところない。魅力的な説ではあっても、それを定説化することには躊躇せざるをえない。

(18) この問答、耳学問による学習形態については本書第三編第二章「『壒嚢鈔』と雑談」において詳しく述べる。

(19) その他、巻一―28条「思ドチ四五人会合スルヲコバミ遊ト云ハ何事ソ」に対する答えもやはり「一向推答也」である。興味深いことに、この条では問いに対する答えに当たる部分はこの条全体の十四分の一程度であって、大部分を占めているのは「イカニモ若《キ》程《ハ》何事ヲモ知《ル》ラン人《ニ》尋ネ習フヘキ也」として三つの故事・説話を挙げる耳学問の勧めである。これは自らが答えられないことへの弁解のように見えるが、勧学の書としての『壒嚢鈔』の側面を如実に表している部分であろう。

本書第四編「『壒嚢鈔』と雑談」参照。

(20) 今回取り上げなかった巻四の奥書を挙げると、

右条々耽了賢問而註於拙詞者也。夫高祖者事懿親封、太宗者呈建親章。以知。親戚異于他、類族同于身。仍而不能黙止而欲述愚報故、掇先賢撲擲ノ散木、納古人糟粕之塵壒。今補于尊問以助於卑答。此故欲名壒嚢鈔。伏乞、莫嫌蕫芥詞已而。

という内容であるが、巻四の最終条と併せて注目すべきことは、『壒嚢鈔』制作の直接のきっかけが記される部分である。巻四最終条「唯是レ難レム去リ依二テ所望一ニ」とあるのは巻一の奥書「依難去所望」と共通するが、その「難去所望」とはいかなる人物によるものだったのかを僅かながら伺わせるのが「依二リ親昵ノ懇望一ニ」という巻四最終条の言葉と、この奥書の傍線部分である。この記述から察するに、行誉にこのような書物の制作を依頼をしたのは、他ならぬ行誉に血のつながりのある身内の者ではなかったか。資料に乏しいためこれ以上の推測は控える。大東急本巻四の奥書に「本云」として「依舜公之所望」という記述があるため、素問は「舜公」なる人物の依頼とする見方もあるが、緇問の「増印（印増）」のように本文にも記されず、すべての伝本に見られるわけではないことから、慎重に扱うべきであろう。もちろん「舜公」が有力な手がかりとなりうることは否定できないが、今のところ不明である。あとは内部徴証と外部資料によって、『壒嚢鈔』がどういう読者を想定して制作されたのかを考察するということになろう。

第二章　『壒嚢鈔』における知

はじめに

『壒嚢鈔』全七巻は従来から中世の百科事典として、主に中世文学や国語学の分野で利用されてきたが、『壒嚢鈔』そのものに言及した論文はあまり見られない。まして、編者行誉がなぜこのような膨大な書物を為すに至ったかということについて論じられたことはほとんどない。『壒嚢鈔』を評して、「こうした広範雑多な知識に通じていることが、この時代の知識層の教養のあり方[1]」であったといわれるが、そうであれば、この雑多な知識の集積がいかなる意図に基づいて編述されたのかを明らかにすることは、室町時代における知の問題を考えるうえで重要であろう。

筆者は前章において、『壒嚢鈔』を編者行誉の教育的姿勢の強く反映した童蒙書の一種と見る視点を提示した[2]。本章では前章に続いて、『壒嚢鈔』の特徴である問答形式に注目し、答えの脱線部分に見られる行誉自身の言葉や志向を中心に、『壒嚢鈔』における知のあり方とはいったい何であったのかを考察する。

一．答えの〝脱線〟と世相批判

『壒嚢鈔』は「五節句ト云ハ何々。并其由来如何」「端午トハ何ソ」「五月ニ生ル、子ニ親ニ不レ利也ト云ハ実歟」などの問いに対して、和漢の書や仏典、説話を挙げながら考証し回答するという形態をとっているが、このように問答形式によって読者を啓蒙する形態は、『壒嚢鈔』が影響を受けたと思われる『塵袋』や『東山往来』などにすでに見られるものである。ところが、『壒嚢鈔』の問答にはそれら先行の作品には見られない特徴がある。答えの内容が問われていることとは別の方向に脱線していく事例が散見するのである。

足モ無クテ大ナル太刀ヲ野太刀ト云ハ鷹野ナトニ持太刀歟。

(1)　野太刀書事不見及。三宝名義鈔并ニ順カ和名ニ短刀又ハ野劔ト書テ、ノダチトヨム。野ニ持義ニアラス。野ノ字ニ目云ハ、論語云、先ッ進ムハ二礼楽ニ一野人也、後ニ進ムハ二礼楽ニ一君子也ト。貴キヲハ君子トシ、賤ヲハ野人トス。又野僧ト云ハ卑キヲ云。無二容儀一ナル事歟。尓ルニ太刀ハ身ニ佩物《ヲブル》ナレハ、足以下ノ襞束アルへキニ、韠韄《ヲビトリ》ナトモ無クテ異体ナレハ、卑劣ノ義ヲ以テ野劔ト云歟。但シ先短刀ト書ク。太ヲ略スル也。殊短ノ字アリ。豈大太刀ナランヤ。倩《ツラ〳〵》是ヲ思フニ今ノ打刀ナルへキ歟。和名等其外古キ物ニ打刀ト云名ナシ。近比云出セルニヤ。結句是ヲ内《ウチ》刀ト書ク。内ニテ指ニ刀ノ大ナルへキ歟。推テ是ヲ云ハ、建武ノ比ヨリ大太刀多成ト云フ。サレハ太平記ニモ元弘元年ニ山徒《サント》ノ都へ寄《ヨセ》タリシニ、丹波国人佐治孫三郎カ太刀ヲバ、其比曽テナガ、リシ、五尺三寸ノ太刀ト書リ。知ヌ、建武ヨリ多ク成ト云事ヲ。当時ハ天下一向大太刀也。是ニ引レテ古へノ短刀《ノタチ》ヲ長ク成シテ。野太刀ト云故ニ昔ノ短刀ヲハ今打刀ト名クル歟。

(2)　角大太刀ノミ多キ事、ヨモ人ノ力ノ悉ク昔ニ勝《マサ》ル事ハ侍ラシ。只人毎花《クワ》ヲ為本故歟。若花《クワ》ヲ先トシテ是ヲ好マハ、文集云、花ヲ重《ヲモン》ズル事、直《タヽ》ニ牡丹芳ニアリト。以テ知ヌ。自余ノ事ニ実《ジツ》ヲ重ンスト云事ヲ。太刀ハ是生涯ノ所用、一命ノ守禦《シウキヨ》也。花《クワ》ヲ先トシテ身ニ不レ叶ル具足ヲ所持セン事、豈虚ナラサランヤ。夫武ノ道ハ虚実ヲ以テ勝負ヲ定ム。サレハ兵書云、兵ノ形チハ象《カタトル》レ水ニ、々ノ行《ユク》コト避《サツ》テレ高ヲ而就クレ下レルニ。兵之形ハ避テレ実《ミナルヲ》而撃ツレ虚《ムナシキヲ》ト。

(3)　云ヨリ是一向推量也。普ク人ニ問給へ。問タランニ、若シ覚悟無ハ面目ナカラント思フ事、故実ニ似タル共アルマシキ事ナン。若又人ニ問レン時モ、不スレト知云ハンヲカタクナニ思テ当ラヌ返事アルヘカラス。孔子既ニ子路ニ、不レ知ヲハ不レト知セヨ、是知ナリト教給ヘリ。

(4)　サレハ或時、院ニテ信西入道、敦親ユ、シキ博士カナ。物ヲ問ハ不レ知々々ト云ト申サレケレハ、信頼卿不レト知云ンハ何ノイミシキカランソトノ給ヒケレハ、身ニ才智アル者ハ不レト知云事ヲ不レル恥也。実ニ才無キ者ノヨロツノ事ヲ知顔ニスル也。都テ学問ヲスレハトテ皆ノ事ヲ知明ムル事ト思ヘルハ愚人ノ慮《ヲモンハカリ》短才ノ態也。大小事ヲ弁マデスルヲ学問ノ極メト云也。其ヲ知リヌレハ難議ヲ問レテ不知ト云ヲ恥トセヌ也トソ申サレケル。（後略）

（巻一―66条）

問いは「野太刀」についてだが、(1)の傍線に見られるように、行誉は自らの答えに確信を持てないようである。先行資料を引きながらの厳密な考証の末、昔の「短刀」を長くしたものが「野太刀」であろうという結論を出す。(2)ではその考証過程で触れた大太刀が話題となる。そこに述べられるのは、傍線の華美なことを重視して非実用的な太刀を持つ人々に対する批判である。注意したいのはここで引用される「文集云」以下の傍線部分である。これは白楽天「新楽府」五十首の中の「牡丹芳」の一句であるが、詩の中では前の句「人心重華不重実」と合わせてはじめて「人の心は華美を重んじて質実を重んじなくなった。そして、その華美を重んずる風潮がそのまま牡丹の芳しいのを愛することになって現れた[3]」という意味となる。つまり、この引用の仕方は諷諭詩「牡丹芳」の内容を踏まえたうえでの引用であることを表している。行誉の批判は当時の多くの武士に向けられたものであろう。ちなみに、次の傍線部分に「太刀ハ是生涯ノ所用」という、僧侶である行誉には似つかわしくない記述が見られ、その後に「兵書云」として『孫子』「虚実」の一部が引用される。これは『壒嚢鈔』素問（巻一～四）が武家の子弟のために書かれたことを表す証拠ではなかろうか。

さて、(3)では一転して、(1)で述べた答えが「推量」であることから、他の人に尋ねることを勧める。そして、それを、人に問うことを恥じず、また、知らないことは知らないと言える姿勢が学問には大切だという教訓に結びつける。(4)はその例証であるが、これは『続古事談』二第十六話によるもので、知らないことを「不知」と言える敦親を信西が褒めるという説話である。(3)(4)は一見満足な回答を出せない行誉が自分を正当化しているようにも読めるところだが、これが学問への姿勢を説く教訓となっている点に注目したい。

以上のように、(2)(3)(4)は問いに対する答えではなく、問答の内容にことよせて世相批判や教訓を挿入した余談のようなものであることがわかるが、このような答えの〝脱線〟にこそ辞書的な回答には見られない編者の関心を見ることができるのである。

二、世相批判と政道論

ところで、世相批判を主意とした〝脱線〟は、他にも見られる。

当時俗人ノ着シ二法衣ヲ一出家ノ現スル二俗形ヲ一有、其義如何。

(1) 更ニ不得心一其意。尤不可然事一歟。

(2) 但先ツ俗人ノ着法衣、在世ノ婆羅門酒ニ酔テ僧ノ真似ヲシタリシ功徳ニ依テ、仏ヲ見奉事ヲ得テ、蓮華色女カ戯レニ尼ノ袈裟ヲ掛タリシ縁ニ依テ仏法ヲ聞事得ト云ヘハ、若逆縁トヤ成侍ランナレ共、猶仏法ヲ軽クシ法衣ヲ垢《ケカ》ス罪深カルヘシ。何ニ況ヤ出家ノ俗形ヲヤ。

(3) 孝経ニ賤キカ服スル二貴服ヲ一謂二之ヲ僭上ト一僭去声イツワル。僭上ヲハ為二不忠ト一。貴カ服スル二賤キ服ヲ一謂二之ヲ偪下《ヒヨクカ》ト一偪セマル。偪下ヲハ為二失位ト一云ヘリ。俗ノ上ニ猶非ル二其位ニ一服ヲ誡ム。況ヤ一度成ル二仏弟子ト一者假ニモ着二俗衣ヲ一事、内外ノ道理ニ背ク上ハ冥ノ照覧尤可レ畏ル、可レ謹ム。

(4)　其上近比清水寺等、所々ノ制札ニ俗人之僧形出家之俗形ト侍レハ、世以テ誡ル事如レ此ノ。大キニ不可然一事也。夫政道ノ習ヒ、制法ヲ定ル事ヲ猶恥ツ。治マル世ニハ自ラ犯ス者無キカ故ニ。サレハ楽府ノ紫毫筆ノ段ニハ、以テ軽シク勿レ書コト二制詞ヲ一ト云リ。既ニ知ヌ、書スル二制詞ヲ一事ヲ猶痛ム。況ヤ背カン二制法ヲ一ヲヤ。何ニ矧ヤ。僧徒トシテ俗形ヲ現シテ内外ノ法ヲ違背センヲヤ。殊末世ノ比丘ハ衣躰ヲ以テ緇素ヲ分テリ。若シ假ニモ衣服ヲ乱ルヘクハ、豈ニ円珠ニ文質同キヲ虎豹之鞹ハ猶シト二犬羊之鞹ノ一云ルニ異ランヤ。犬羊ハ卑キ獣モノ、虎豹ハ貴キ獣也。於レテ皮ニ別クル二其品ヲ一事、因《ヨ》ル二毛ノ文ニ一也。若其毛ヲ失テ同クツクリカワトセハ、何ヲ以テ尊卑ヲ別ント云カ如シ。

(5)　又人ニ随フ儀ト云ハ、其猶愚《オロカ》也。楽天ノ泰中吟ハ天下令様ヲ誹ル詞ニ、但欲シテ二愚者ノ悦ンコトヲ一不レト思二賢者ノ嘲《アサケル》コトヲ一云リ。サレハ智者ノ敵トハ成共、愚者ヲ友トセサレト云也。争テカ愚人ノ心ニ伴ヒテ、賢者ノ慮ヲ恥サランヤ。加之《シカノミナラス》人ノ目ニ立行跡ハ、在家出家可レ有二斟酌一事也。漢土ニハ乱常ノ科トテ徳至ラヌ者ノ異相ヲ現スルヲ、被二罪科一也。人ヲ不レ憚ラ我カ心任ニ振舞輩ノ習ヒ、亡親モ角アリキ、先師モ兎ヲハシキナント善カラヌ例証ヲ引テ、我カ不義ヲ犯スノミナラス、無キ人ノ屍《カハネ》ヲ垢《ケカス》事、不孝ノ至リ。尤歎クニ余リアリ。

(6)　貞観政要ニ魏徴《テウ》カ大宗ヲ諫ル詞ニ、斉威王問ウ二淳于髠《ウコン》ニ一、寡人所レト好ム与トニ古帝王一同ヤ否ヤ。髠《コンカ》曰サク、古ノ聖王ノ所レ好玉フ有レ四。今ノ王ノ所レ好玉フ唯有リ二其ソ三ノミ一。古ニハ好玉フレ色ヲ、王モ亦好レ之。古ニハ好レ馬ヲ、王モ亦好レ之。古ニハ好レ味ヲ、王モ亦好レ之。唯有二一事不ルレ同カラ。古ニハ好玉フレ賢ヲ、王独不レ好。斉ノ王ノ曰ク、無シト賢可レ好也。髠カ曰サク、古之美色ニハ有二西施毛嬙、奇味ニハ即龍肝豹胎、善馬ニハ有二飛兎緑耳一。此等今既ニ無レ之王之厨膳後宮外厩ニハ今備《ツフサ》ニ具《ソナ》ハレリ。好ニハレ賢ヲ今以テ可レ有二其人一ト云ニ非スヤ。

（巻二――17条）

ここでは、「当時俗人ノ着法衣出家ノ現俗形有其義如何。」という問いに対して、「更ニ不心得一其意」と答えたあと、(2)では、『宝物集』には好ましい例として挙げられる波線部の説話[4]を、「猶仏法ヲ軽クシ法衣ヲ垢ス罪深カルヘシ」と罪深い例として挙げ、俗人の法師姿を批判する。続く(3)では『孝経』の説[5]を挙げながら、僧が俗形を現すことに対して痛烈な批判を浴びせる。(4)に「所々ノ制札」とあるが、『壒嚢鈔』が制作された文安年間よりも少し前の正長元年や嘉吉元年には、「俗人の法師なりの事」以下三ヶ条の禁制を載せた「制札」が立てられていた[6]ことから伺えるように、これらは当時現実に社会問題となっていたようである。ところで、この批判の中で注目されるのは、(4)の傍線部に見られる、「政道ノ習ヒ」として、治まっている世には罪を犯す者がいないのだから、制法を定めなければならない事態は恥ずべきことなのだという説である。ここでは制法に遵わぬ者への批判を強調するために書かれたようだが、敢えてその説を世相批判の前提として据えたことには何らかの意図があるように思われる。それを裏付けるのが、この説を補強するために挙げられた次の傍線部分、「楽府紫毫筆ノ段」の「以テ軽シク勿レレ書コト二制詞ヲ一」という句である。実際の白楽天の「紫毫筆」では、ここは「慎勿空将録制詞」（いい加減に天子のお言葉を記録したりすることのないように慎んでもらいたい[7]）となっており、詩の内容も自注に「誡失職也」とあるように、起居郎・侍御史など直言を職務とするものの怠慢をいましめたものであった[8]。前章で挙げた「牡丹芳」の引用態度から見て、行誉は「新楽府」を読んでいるはずであり、この引用の仕方はいかにも不自然である。ここは行誉の記憶違いによるものか、もしくは意図的に誤った引用をしたと考えるのが適当であろう。いずれにせよ、世相批判と同時に為政者のあるべき姿をも強調しておきたいという意図があったのではなかろうか。さらに、この姿勢は次の(5)(6)にも底通する。(5)で、やはり白楽天の諷諭詩「泰中吟」を引きながら、愚者には随うなという教訓を述べた後に、(6)では古の帝王が賢を好んだという話を載せる『貞観政要』を引用する。『貞観政要』は帝王経世の書であった[9]。つまり、世相批判から始まったこの〝脱線〟

には、政に携わる者に対するメッセージが込められているようなのである。

三．勧学と政道論

次に、勧学が〝脱線〟の中心となる典型的な例を見てみる。

当時起請ト云事ハ昔モアリケル歟。

(1) 此事イカ、答へ申サン。古へモ其趣キハ見へタリ。（中略）

(7) 当時普ク指南トスルハ、御式条ノ起請也。是ハ後堀河院ノ御宇、貞永元壬辰年七月ニ、鎌倉ノ将軍藤原ノ頼経摂政道家公ノ三男、時ニ十一歳也。後見前ノ武蔵ノ守平ノ泰時カ許トシテ、奉行評定衆ニ姦曲無ラン事ヲ誓ハシム。斉藤兵衛入道浄円カ草也。誠ニ政ヲ行フ道。正直為レ先。

(8) サレハ法意者為レ代為レ国、正判ハ為レ公ノ為レ民ト云リ。弘法ノ御詞ニモ、以二テ正理之薬一ヲ治二シ訴訟之病一ヲ、挑《カヽ》ケテ二憲法之灯一ヲ照二ス愁歎之闇一ヲト書給ヘリ。聖徳太子ノ憲法ニ、云二執事一ヲ群卿宜《ヨロ》シクヘシレ明カニス二賞罰一ヲ、又云二任官一者同シク知ルト二職掌一ヲ。ツカサトルコトトハ理非ヲ明メン事ナルヘシ。理非ヲ決断セン事、知無テハ不レ可レ叶。決断ノ徳ハ智ニアレハ、智無シテ理非ヲ弁ヘン事、弓無シテ鳥ヲ射、網無シテ魚ヲ取ランカ如ナルヘシ。

(9) サレハ善政ノ聞ヘアル　延喜・天暦・寛弘・延久ノ御門ハ、皆宏才博覧ニテ諸道ヲ知セ給シ故ニ、御政明カニ、民ノ恨モナカリシ也。但寛平ノ御誡メニ、帝王ノ御学問ハ群書治要ナントニテ足ヌヘシ。雑文ニ付テ政事ヲ妨ケ給ナトアルヤラン。群書治要マテ定メ給、豈ニ広学ニアラサラスヤ。此書ハ太宗ノ時、魏徴カ所レ有経史諸子マテノ名文ヲ載タル也。数已ニ五十巻也。本経云史ノ御学文ノ上、此書ヲ御覧セン事頗以広学ナルヘシ。

(10) 角テソ政道行レン。賞罰正シカラサル時怨ムル者多シト云。是ヲ以テ史記云、賞空ヲ獲則労臣怨ム。罰妄《ミタリ》ニ加ル則直士恨ムト云リ。学問ヲ先トスルモ政道ノ為ナルヘシ。

(11) サレハ信西入道出家ノ比、院ニテ宇治ノ左府未タ若クヲハシケル時、相奉リテ申シケルハ、己カ出家ノ暇申テ、既ニ法師ニ成侍リナン。其ニ付テ思置ノ侍ル也。才智身ニアマル者ハ、遂ニ不運ナルト人申テ、学問ヲ物憂センスル事ノ悲シキ也。君ハ摂禄ノ家ニ生レテ、前途恃《タノミ》ヲハシマス。必ス学問才智ヲ極メテ、而モ人臣ノ位ヲ極サセ給テ、己レ故人ノ発シタラン邪執ヲ破リ給ヘト申シケレハ、倩《ツラ〳〵》面ヲ守テ御涙ヲ浮ヘ給ヒケルカ、果シテ御才覚朝家ニ比ヒ無シテ、廿四ノ御早彼入道ノ許可ヲ蒙リ給ト也。

(12) 誠ニ此信西入道ハ無双ノ才者ナレハ、文談ノ高名ハ不レ及レ申スニ。鳥羽院ノ御共ニテ或所《熊野》ニ唐人ノアリケルニ、通士モ無テ色々ニ問答シテアイシラヒケレハ、院奇《アヤ》シミ給テ、イカニシテ角ハト被仰ケレハ、若シ唐ヘ御使ナト被レ遣《ル、》事モヤトテ、彼国ノ詞ヲ習テ侍也ト申シケリ。遣唐使ノ用意マテシツラン事ノイカメシサヨ。

(13) サテモ通憲入道、已カ不運ニテ出家スル故人ノ学問ニヲコタリナシトテ宇治殿ヲ勧メ奉ル所存ト、宇多ノ御門ノ雑文ニ付テ世務妨ケ給ナト延喜帝ヲ誡ヲハシマス御心ハ難レ有事ニ非スヤ。勧メ進スルト制シ給ト、詞ハ替ルト云共、名ノ道ヲ思フ志ノ深キ事ハ一致ナル者也。

(14) サレハ古文真宝載タル仁宗皇帝ノ勧学云、

朕観ニ二無学ノ人一、無物ノ堪タル二比倫一ニ、若比スレハ二於草木一ニ、草ニ有リ二霊芝一、木ニ有レ椿。若比レハ二於禽獣一ニ、有二鸞鳳一、獣ニ有レ麟。若比レハ二於糞土一、糞ハ滋《シゲ》ラシ二五穀一ヲ、土ハ養レ民ヲ。世間ニ無レ限物ハ、無レ比スルハ二無学ノ人一ニ。

ト侍ル也。学問ヲス、ムル心、其身正直ニシテ政務ニ邪シマナカラシメンカ為也トナン。

（巻一—45条）

「当時」、すなわち室町時代における「起請」のようなものが昔にもあったのかという問いに対する答えは、全部で十四段に分けることができる。省略した部分は、⑵「湯起請」の例として弟の讒言によって誅伐されそうになった武内宿祢が探湯によって無実を証明する説話、⑶允恭天皇のときに行われた探湯の話、⑷天竺において犯罪の実否を判定する四法の話、⑸告文のこと、⑹漢朝における起請の起源について、という内容である。そのうち、⑵⑶⑷は『塵袋』巻六の「探湯」の答えとほぼ同じ内容で[10]、とくに⑶⑷は『塵袋』の説話と同文関係にある。『塵袋』の場合、それらは「探湯トイフ事ハイカナル心ソ」という問いに対する説明として挙げられたものであるが、『壒嚢鈔』も⑵〜⑹までは昔の起請の例であり、問いの内容に対応していることがわかる。

さて、問題の〝脱線〟は⑺をきっかけとして起こる。⑺ではそれまでの古代の起請の話から、「当時」（室町時代）の起請に話題が移る。それは、今の起請については「御式条」（『御成敗式目』）のものが手本となるというものであったが、この話題は「誡ニ政ヲ行道、正直為ㇾ先」という主張に結びつけられる。この主張は『御成敗式目』を政道のための規範とする認識に基づくものであろう[11]。そして話題の中心は「政ヲ行道」へと移行する。⑻では「政ヲ行道」を受ける形で、「理非」の決断には「知」が必要であるとし、⑼ではその例証として、日本の聖帝たちは「宏学博覧」であったがゆえに理想的な政ができたとする。そして、それらの例外となりそうな、『群書治要』で学問は事足りるとする「寛平ノ御誡メ」については、『群書治要』を読むことこそが広学への道であるとの主張にすり替える[12]。続く⑽では、⑻⑼を受けて「学問ヲ先トスルモ政道為ナルヘシ」との結論に至るが、⑾ではそれを『続古事談』の信西入道の説話[13]を引用しながら強調する。信西の説話は⑿⒀と続くのであるが、これらはすべて『続古事談』からの引用である。注目したいのは説話の利用のしかたである。⑿の説話の最後には「イカメシサヨ」という信西への好意的な評語がある。これは勧学を主旨とする文脈からは当然の帰結といえようが、出典となった『続古事談』二の二十話では、この部分は「イトコチタシ」という、どちらかというと批判的な評語であった[14]。同じように『続古事談』二の十六話を要約した⒀の前半では、信西が宇治左府頼長に学問を勧めた話のみを載せているが、出典である『続古事談』にはこの後に続きがあった。亀卜と周易のいずれが深遠かという論議に負けた信西が、頼長に対して「今ハ御才智スデニ朝ニアマラセ給ニケリ。御学問候ベカラズ。若猶セサセ給ハヾ、一定身ノタ、リトナルベシ」と忠告したというエピソードである。ここが『続古事談』からの抄出であり、話の後半が意図的に削除されたことは、同じ『壒嚢鈔』巻二―88条〈巻③―55〉の「悠紀主基」の説明の際に、この話が『続古事談』とほぼ同文の形で全文引用されることからもわかる。つまり、この巻一―45条の場合は勧学を説く行誉にとって都合の良いものだけを巧みに利用した例といえる。『壒嚢鈔』には既存の説話集からの説話引用が多いことが知られているが、[15]それらは辞書的な用例のサンプルとしてそのまま引用されているのではない。あたかも唱導の場における説話のように、行誉の主張にとって都合のいいように形や主旨が変えられているのである。

さて、最後の⒁は、「学問ヲス、ムル心、其身正直ニシテ政務ニ邪シマナカラシメンカ為也トナン」という、「起請」に不可欠な「正直」と、政道のための学問とを半ば強引に結びつけたような最終結論だが、これは⑺の「誠ニ政ヲ行フ道、正直為レ先」に呼応しているのである。⒁で正直と学問とを結びつけなければならなかったのは、⑺から⑻の間に、『御成敗式目』をきっかけとした行誉自身の政道論への移行が行われたためであろう。⑻〜⒁の説話引用を含めた話題の〝脱線〟に一貫して流れているのは、室町時代においては、理非の決断には知の裏付けが必要であり、それゆえ理非を明らかにする者、すなわち政を行う者には学問が必要であるという主張であった。

この「起請」をきっかけとして政道論へと移行する〝脱線〟からは、多少強引な印象を受けるが、〝脱線〟の強引さはすなわち伝えずにはいられないという強い衝動の為せる業であろう。ここに行誉の『壒嚢鈔』編述意図を垣間見ることができるのである。

つまり、行誉の『壒嚢鈔』編述は勧学のためであったが、その姿勢は単なる「知」の供給ではなく、「知」のあり方にまで踏み込んだ思想的な啓蒙へと向かうものであり、その基本にあるのは政道のための知、すなわち帝王経世の学とでもいうべきものであったといえる。

四．用意された〝脱線〟

ところで、答えの〝脱線〟は、問いに対する答えを考証しているうちについ起こってしまったかに見える。この場合、『壒嚢鈔』の問答が依頼主からの質問に対する行誉の回答であるという前提が必要なわけだが、たしかにそれを思わせる説明は見られる。巻三―69条〈巻⑤―42〉「盂蘭盆ト云ハ」の答えの末尾に、

　此二箇条ハ年中行事ノ所ニ付ルヘケレ共、名字ニ付テ別シテ御尋ノ間、此ニ註シ侍リ

とある。だが、もちろんすべての問いがそのように生まれたわけではない。

巻四―44条〈巻⑦―4〉「ツス、チヤツナント、云字ハ、何ソ」は、禅宗の隆盛による言葉の乱れを嘆き、自らを「三閭大夫」（屈原）にたとえる真言僧行誉の思いがよく現れている条項であるが、その末尾に、

　御尋ニ漏タル事共ヲモ、聞得ニ随ヒ、見合ニ任テ少々注シ侍リ

という言葉が見られることから、行誉による問答の創作が行われたことも確かである。[16] その際、純粋な創作ではなく、すでに問答の形を持つ先行文献がそのまま利用されることもあったようである。ところが興味深いことに、そのようなもともと問答体であった典拠を引用したはずの問答の答えが典拠の内容を飛び越して〝脱線〟してゆく例が見られる。

　御行行幸ノ義并幸ノ字ヲ用ル故如何。

(1)　仙院渡御《トギョ》ヲハ御行《ゴカウ》ト云、帝皇ノ御出ヲハ行幸ト云也。御行元ヨリミユキ也。行幸モ又ミユキトヨム。文集ニハ幸一字ヲモミユキトヨム。行幸ニ幸ノ字ヲ用ル謂レハ大方ニハ沙汰ナキニヤ。所謂ル本文アリ。天子ノ行《ユク》処必有レ幸、依レ之是用。御行ニハ只行ノ字ヲ用ル事、小野宮北山ナント云古キ日記ニ見タリトナン。然ルニ円融院ナントヨリヤウ〳〵院中ノ御政務アリテ勧賞アレハ幸ノ字ヲモ可レ用ニヤ。

(2)　円融院、大井河ニテ御遊アリケルニ、摂政時仲三位ヲ召テ院ノ仰ヲ伝ヘテ参議ニナサレケリ。人々傾キテ、主上ノ御前ニ非ズ、忽チニ参議ニ成ル、事不可然、今日御遊イミシカリケルニ、此事故ヘ興醒《ケウサメ》タリト申サレケル事アリ。

(3)　シカアレトモ、後三条ノ御比マテハ護国ノ後、院中ニテ正シク政務アリトハ不見。白川ノ御時ヨリシテ始テ院ニテ政ヲ知セ給ヒケル。是朝儀ノ廃ル、体、政道ノ乱ル、姿也。サレハ此比ヨリ公家廃レ武家ハ盛也。

(4)　既ニ脱屣ト申上ハ、古ワラクツノ足ニカ、リテステマホシキヲ捨ル如クコソ思食ヘキニ、結句新主ニ禅リ給ヘル国ヲ又立帰政務アルヘキ事、道理ニモ背キ、王者ノ法ニモ違ヘリ。誠ニ天下次第ニ衰テ、朝儀皆絶タルニコソ。

(5)　平城天皇ノ御宇マテモ此国ニモアサマツリ事シ給ヒケリ。（中略）嵯峨天皇ヨリ以来、此儀廃レタレトモ、猶儀式ハ行ハレケリ。五位ノ蔵人ニ人ヲ指テ御倚子ノ傍ラニ居テ、愁ヲ聞シメ群義ヲ令レ聞テ後、聞食テ成敗セサセ給。是今ノ職事ノ始也。

(6)　凡ソ天下ヲ持タン事、智仁勇ノ三徳ニアリ。尤智無《ナク》テハ治《タモ》チ難シ。サレハ尭王重華《テウカ》ヲ孝門ノ中ヨリ尋出シテモ、先ツ其ノ智ヲ知ンカ為ニ、娥皇女英二女ヲ妻トスルニ、二人共ニ嫉ミ妬ム事無テ嬪《ヨメツカ》ヒシケレハ、舜ノ心ノユウナル事ヲ知テ位ヲ譲給。舜帝是也。誠ニ二人妻ヲ並テ而モ其心ヲ令レ喜事、極メテ難キ事ナルヘシ。是レ智ノ深故也。

(7)　仁ト云ハ慈悲ナレハ、窮民ニ憐テ国煩ヲ止、民ノ愁ヲ断ルヘシ。姫旦ノ髪ヲ洗ニ訴人来レハ、髪ヲ握テ逢ヒ、食スル時愁人到レハ、哺ヲ吐テ対面シ給シ、只《タ》人愁ヲ悲《ム》故也。哺ヲ吐ト云ハ、已《ニ》口ニ入テカム物ヲ飲入事ヲ遅《ク》思テ吐出スナルヘシ。是慈悲ノ義ニ非ヤ。

(8)　勇トハイサミ也。仁義無シテ下シモ凌《キ》上乱ル時《ハ》、武ヲ以《テ》是ヲ治《ム》。周武、殷《ノ》紂ヲ討、漢祖《ノ》秦国ヲ治シカ如シ。（中略）

(9)　若此器ニ叶ハサレハ、倹約《ヲ》以テ治セント見タリ。誠ニ己《レ》約《ツヽマヤカ》ニシテ民ノ費ヘヲ思《ハ》、国治ル源也。是《レ》仁《ノ》心ナル故歟。サレハ和漢《ノ》名王皆倹約ノ心イマス。漢《ノ》文帝ハ国ヲ安シ民ヲ治メン事、倹約ニアルヘシトテ、万事倹ヲ好給余《リ》、上書《ノ》袋《ヲ》縫集《メ》テ、帳《ニ》乗テソヲハシケル。上書《ノ》袋トハ、賢臣ノ君ヲ諫《メ》奉ル文ヲハ、ウルハシクハ白布ニ縫含《ミ》テ、縫目《ニ》封ヲ書テ奉ル也。文一ツヌイク、ミタル袋ナレハ、何《ニ》広シト云共、二三寸ニハヨモスキシ。其ヲヌイツヾケテ内裡ノ帳《ニ》乗ラレテン心ハセ、ヲホケナラン事ニヤ。（後略）

（巻二―5条）

これは「御行行幸ノ義并幸ノ字ヲ用ル故如何。」という問いに始まる問答であるが、この問いと答えの(1)の部分は次に挙げる『続古事談』二の第二十一話を引用したことが明らかである。

四条大納言隆季、或人ニ問云、「行幸ノ幸ノ字、コレヲモチヰル、ナニノ故ゾ」。其人、エコタエザリケリ。ソバニテ梅小路中納言長方、「ソレハ本文アリ。天子行処必有幸、トイヘリ。故ニ幸ノ字ヲ用ルナリ。御幸ニハタヾ行ノ字ヲ用ル。小野宮水心抄ナムド云[17]、古キ日記ニハ、皆御行ト、カキタル也。タヾシ世ノ末ザマニハ、上皇ノ御ユキ、ミナ勧賞アリ。サレバ幸ノ字用ルモ、議タガハザル事也」

ところで、『壒嚢鈔』が『続古事談』と大きく異なるのは、『続古事談』において「世ノ末ザマ」には「上皇ノ御ユキ」にも「勧賞」があったとする波線部の記述を、円融院をその嚆矢とするという形に変え、帝を無視して勝手に勧賞を行った円融院の説話(2)に繋げ、(3)(4)という激しい院政批判へと展開するところである。(2)の説話は(1)と同じ『続古事談』からの引用だが、本来両者は関連のない話であった。にもかかわらず、あまりにも自然に繋がるのは、行誉がかなり『続古事談』を読み込んでいたらしいことに加えて、(1)の説話自体が出典たる『続古事談』の段階から院政批判に向かう内容だったことによる。すなわち、波線部「世ノ末ザマニハ」という言葉には退位したはずの上皇が天皇と同等の権威を振るうことへの批判が込められているのであり[18]、『壒嚢鈔』の円融院個人に集約させる改変はその延長線にあるのである。行誉は『続古事談』の主意を理解したうえで、周到にそれを利用したといえる。

さて、その後も答えの〝脱線〟は続き、理想の帝王像を挙げる(5)(9)と『続古事談』を出典とする説話に繋がるが、その間には政に携わる者に必要な「智・仁・勇」の徳を説く(6)〜(8)が入り込む形で自然に配置されている。ここは行誉の説話運用の卓抜さに注目したい。また、(6)の傍線部の「智」を最も重要とする説と、その例として理想の帝王である舜の説話が引用される点は前節での結論を裏付けるものといえる。

ところで、『壒嚢鈔』が依頼人からの質問事項以外に必要と思ったものを加えて問答形態で編集したものであるならば、行誉はこの「行幸」に関する問答を必要と判断して入れたことになる。そして、すでに院政批判の内容を備えていた典拠を巧みに利用して政道論に結びつけたことを考えると、行誉がそれを選んだ時点で、政道論へと繋がる〝脱線〟は用意されていたということになる。このことは、『壒嚢鈔』編述動機が単なる勧学ではなく、学問で得た知識を政道にまで応用できる人物を養成するためであった可能性を裏付けるものとはいえないだろうか。

おわりに

かつて笹川祥生氏が行誉の編述態度を「動揺する社会に背を向けた行為としかいい方がないのかもしれない[19]」とさ

れたことがあった。もちろん氏の発言の真意は「現代人には懐古趣味の発露としか考えられない記事もよく検討すればまた違つた結論が出るかもしれない[20]」というところにあったのだが、残念ながら、それが誤解されてしまったところもあるようだ。もちろん本書で述べてゆくように、『壒嚢鈔』は趣味的に作られたものではない。この膨大な書物の編述には相当のエネルギーが必要であり、何らかの強い動機がなければ為しえないはずである。これまで見てきたように、『壒嚢鈔』は誰かからの依頼によって編述されたのであり、そこには単なる知的好奇心を超えた、何かを伝えようとする強い力が横溢している。行誉に『壒嚢鈔』制作を促したのは、不安定な社会に終止符を打ってくれる新たな指導者を希求する心であり、そうした人材育成のため、正しい政道に必要な知、すなわち先人の知恵に学びかつ新しい問題にも対処できる知を供給したいという情熱のようなものではなかっただろうか。

（1）『国文学　解釈と教材と研究』第四二巻一〇号臨時号「編年体古典文学一三〇〇年史」（一九九七年八月）の「一四四一（嘉吉元年）～一四五〇（宝徳二年）」（文責　小林直樹氏）。

（2）本論第一編第一章「『壒嚢鈔』の勧学性」。

（3）近藤春雄『白氏文集と国文学　新楽府・秦中吟の研究』（明治書院、一九九〇年）一九九頁。

（4）吉川本『宝物集』巻第四に、

　はやくかの梵土のおもひをなして、たまく仏法にあひたてまつれるとき、出家遁世して、浄土をもとめ給ふべきなり。婆羅門、酒にゑいて僧の〔まねを〕したりし、をはりに仏をみたてまつる事ありき。蓮花女が、たはぶれに尼の袈裟をきたりしゆへに〔のりを〕きく事をえたりき。

とある。（引用は岩波新古典文学大系による。）

（5）『古文孝経』孔安国伝による。また、『明文抄』一や、『関東御式目』〈永仁四年〈一二九六〉成立。斉藤唯浄による『御成敗式目』の注釈書〉にもこの句が見られる。

（6）室町幕府追加法には、次の禁制を載せる。（『中世法制資料集』第二巻による。）

禁制

一　俗人の法師なりの事　付、法体の帽にて面をかくす事

一　博奕事

一　鴨河堀川の魚をとる事　付、さいとりの事

右条々、堅被二停止一訖、若有二違犯之輩一者、可レ処二罪科一之由、所レ被二仰下一也、仍下知如レ件、

正長元年十月廿三日　沙弥（赤松満祐）判

また、『建内記』嘉吉元年（一四四一）九月十五日条には、

十五日、昨日過妙荘厳域之処、見及制札三ヶ条也、鴨河白川捕魚事　付、さいとり、俗人法師の出立事、博奕事、右禁制之趣載之、年号月日下中務少輔源朝臣判在之、伝聞、此制札者、侍所新補之時必有此制、近代皆如此云々、京極新補之間如此云々

とある。

（7）前掲（3）二六〇頁。

（8）前掲（3）二六〇頁。

（9）『貞観政要』巻一「政体第二」第十四章からの引用。ただし、徳川家康の命によって慶長五年に開版され、我が国に流布した元の戈直による集論本（刊本）にはこの章はなく、唐朝から我が国に伝来し、藤原南家と菅原家とに伝承されたいわゆる真本系統の伝本（旧鈔本）にのみ見られる。なお、『壒嚢鈔』における『貞観政要』本文の引用は、やはり政道に関わる記事である巻四―63条〈巻⑦―23〉「人ノ我心ノ任ヲ、雅意ニ任ト云ハ、何ナル心ソ」にも見られる。

（10）『塵袋』の方は、「探湯トイフ事ハイカナル心ソ」という問いに対して、

ミコノユツカフトイフ事アリ。ソレテイノ事也。犯人ノトカアラカフ決シテ、イツハリアラハス、ハカリコト也。

という答えを述べた後、例証として（2）～（4）の説話に『万葉集』の歌に出てくる「湯小竹」に関する考証を加えたものを挙げる。なお、室町時代においても「湯起請」は検断の際に嫌疑の実否を判断する手段として、しばしば行われていたことが、可児光生氏によって報告されている。（「神判としての起請をめぐって」、『年報中世史研究』五号、一九八〇年）。

（11）『御成敗式目』を政道の規範とする認識については、新田一郎『日本中世の社会と法』（一九九五年、東京大学出版会）第三章「中世後期の『法』認識――『式目注釈学』学序説――」に、

「武家全盛」の「善政」の時代としてしばしば「延喜天暦の治」と並列して観念される義時・泰時の治世に制定された「御成敗式目」が、その「善政」の根本をなす規範として意識されたことなどに鑑みても、室町幕府において「御成敗式目」が「徳治」の正統性を証するための根本的な規範として位置づけられていたことは明らかといえる。

（第四節「中世後期の『法』」）

との指摘がある。なお、『御成敗式目』と『壒嚢鈔』との関係については、本書第二編第一章「『壒嚢鈔』と式目注釈学」に述べる。

（12）『明文抄』一に「寛平御遺誡」として、「天子雖不窮経史百家。而有何所恨乎。唯群書治要早可誦習。勿就雑文以消日月耳。」を載せるが、ここは論理の「すり替え」も含めて『神皇正統記』の「後宇多」によるものと思われる。『壒嚢鈔』の『神皇正統記』引用については、本書第二編第二章「『壒嚢鈔』の『神皇正統記』引用」に述べる。

（13）『続古事談』二、第十六話。

（14）神戸説話研究会『続古事談注解』（和泉書院、一九九四年）の、巻二第二十話の語釈および余説に寺川真知夫氏による御指摘がある。

（15）今野達「壒嚢鈔と中世説話集――付、三国伝記成立年代考への資料提起――」（『専修国文』四号、一九六八年九月）、および、小泉弘「宝物集と壒嚢鈔」（『語学文学』九号、一九七一年四月）。

(16) たとえば、『壒嚢鈔』巻一―32条「諸国地頭ト云名ハ何ナル故ソ」の問答は、『続古事談』二の二十二話を典拠としている。また、『塵袋』を典拠とする条や、前章にて指摘した『東山往来』を典拠とする部分のほとんどが、問いも含めた問答そのものを引用している。

(17) 『続古事談注解』によれば、ここを『壒嚢鈔』と同じ「小野宮北山抄といふふるき日記」などとする異本がいくつか存在する。

(18) 『続古事談注解』の巻二第二十一話の余説（木下資一氏文責）参照。

(19) 『塵添壒嚢鈔・壒嚢鈔』（臨川書店、一九六八年）解題。

(20) 前掲（19）。

第二編

行誉の政道観

第一章　『壒嚢鈔』と式目注釈学

はじめに

『壒嚢鈔』は説話を豊富に含む中世の百科事典としてよく知られているが、頻繁に利用されるわりには『壒嚢鈔』そのものがいかなる書物なのかということについては明らかにされてこなかった。私は第一編第一章において、『壒嚢鈔』が持つ問答形態と行誉自身の言葉から、行誉の勧学の姿勢に注目した。次の第一編第二章では、その問答の中に、しばしば答えの部分が問われている事項の考証からはみ出してしまうケース（答えの〝脱線〟）が見られることに注目した。勧学や世相批判を述べるそれらの多くは、最終的には政道論に結びつき、正しい政のためには「知」が必要であるとする主張へと向かう。(1) しかも、それらのほとんどは説話を伴って展開されており、行誉がこのような思想的啓蒙の手段として説話を積極的に活用したことが明らかになった。

ところで、このような答えの脱線を含めて勧学や世相批判、あるいは政道論の見られる条項を数えると、素問（巻一〜四）を中心に三十九条が確認される。(2) 全体から見ると数は少ないが、それに費やされる紙面は他の条項とは比較にならないほど多い。具体的には刊本の場合、『壒嚢鈔』全体の五百三十六条のうち三百八十五条、つまり全体の約七二パーセントが一丁を超えない分量であるのに対して、この三十九条のうち三十二条が一丁を超え、多いものになると十五丁にもわたるのである。(3) このことは、これら勧学・世相批判・政道論が編者行誉にとって非常に関心の高い問題であったことを示している。

本章では、これら行誉の言葉の基底にある政道観に影響を与えたものとして、『御成敗式目』の注釈活動、式目注釈学を想定し、『壒嚢鈔』に見られる式目関連の記事を中心に式目注釈学との接点を探ってみたい。このことは『壒嚢鈔』成立の背景を解明するための一つの手がかりとなるであろう。

一．『壒嚢鈔』の政道論と『御成敗式目』

巻一―45条は「当時起請ト云事ハ昔モアリケル歟」という問いとそれに対する答えを述べたものである。答えの途中までが「当時」すなわち『壒嚢鈔』の時代に盛んに行われていた湯起請[4]を中心とした起請の起源説話であったが、その後、答えの内容が政道論へと〝脱線〟してゆくことはすでに指摘した[5]。その脱線のきっかけは『御成敗式目』の起請文に言及したことであった。

当時普ク指南トスルハ、御式条ノ起請也。是ハ後堀河ノ院御宇、貞永元壬辰年七月ニ鎌倉ノ将軍藤原ノ頼経、摂政道家公ノ三男、時ニ十一歳也。後見前ノ武蔵ノ守平ノ泰時カ許トシテ、奉行・評定衆ニ姦曲無ラン事ヲ誓ハシム。斉藤兵衛入道浄円カ草也。誠ニ政ヲ行道。正直為レ先。

現在（「当時」）手本とするのは御成敗式目（「御式条」）の起請文であるという話題から、傍線を施した「誠ニ政ヲ行フ道、正直為レ先」という政道観へと繋げたわけだが、引き続き、「理非ヲ決断セン事、知無テハ不可叶。決断徳智ニアレハ、智無シテ理非ヲ弁ヘン事、弓無シテ鳥ヲ射、網無シテ魚ヲ取ランカ如ナルヘシ」と述べた後、『神皇正統記』後宇多からの引用である『宇多天皇御遺戒』のエピソードを挙げて、

角テソ政道行レン。賞罰正シカラサル時怨ムル者多シト云。是ヲ以テ史記云、賞ヲ空獲則労臣怨ム。罰妄《ミタリ》ニ加

ル則直士恨ムト云リ。学問ヲ先トスルモ政道ノ為ナルヘシ。

とする。つまり、政道に必要な理非の決断や正しい賞罰を行うには「知（智）」が必要であり、そのためには「学問」が必要だという主張である。次に『続古事談』を出典とする信西入道の説話が二つ続く[6]が、これらも先の『宇多天皇御遺戒』と同様、政道のための学問の必要性を説くための例証として挙げられたものである。そして、最後には『古文真宝』の「仁宗皇帝勧学」の一節を挙げ、「学問ヲス、ムル心、其身正直ニシテ政務ニ邪シマナカラシメンカ為也」と結ぶ。

つまり、この条で展開される政道論は「政ヲ行道。正直為レ先」という政道観に基づき、その「正直」によって理非の決断をするには「知」の裏付けが不可欠であるのだから、政道を行う者は学問に励む必要があるというものである。この政道論の出発点は『御成敗式目』であった。すなわち、この政道論は『御成敗式目』は正しい政を行うための基本法典であるという大前提に基づくものであることがわかる。起請から政道論・勧学へという〝脱線〟は『御成敗式目』へのいわば聖典意識から生じたものといえるだろう。

二、奉行人・評定衆と式目講釈

巻一―45条に続く46条「就二起請一失ヲ守ルト云。何事ヲ失トハスルソ」と47条「沙汰ヲ行付テタイサノ意見ト云ハ何事ソ」は「起請の失」と評定の際の「退座」について述べた条項だが、これは『御成敗式目』の追加法で、『吾妻鏡』や室町時代に編纂された追加法令集や後の式目注釈書に引用されるものに近い形のものである。ただし、それらの年記や退座の対象となる人物の点についてはそれぞれの資料によって違いが見られ、しかも、『壒嚢鈔』と同じ形を持つものはない[7]。これらの追加法は『御成敗式目』そのものではないが、これらが引用されることには三つの大きな意味がある。一つは『壒嚢鈔』の編纂意識の問題で、巻一―45条から47条までが関連する事項として意識的に繋げられている可能性が高いという点、二つ目はこの二つの追加法が、全く同じ形ではないにしても、後の式目注釈書に引かれる点(8)、三つ目は追加法がごく限られた伝承経路を持つものであった点である。

三点目については、笠松宏至氏や新田一郎氏によれば、追加法は『御成敗式目』本文とは違い、幕府奉行人家に伝わるものであり、『壒嚢鈔』編纂時においても幕府周辺の関係者以外には容易に見られない性質のものであったということである(9)。

ところで、47条に注目すると、

沙汰ヲ行付テタイサノ意見ト云ハ何事ソ

退座トハザヲシリゾク也。朝廷ノ旧儀ハイカ、アリケン。四条院御宇、鎌倉ノ正二位権大納言頼経卿ノ時、平ノ泰時等評定トシテ、延応二年四月廿五日ニ定ムル分者之、祖父　祖母　父母　子孫　兄弟　姉妹　婿　舅　伯叔父　甥　小舅　従母　兄弟　夫（妻訴紹之時可退者也）　烏帽子々等也。退座スル事モ贔屓ノ義アラセシカ為カ。又ハ自余人ノ意見憚アルカ故也。強《チ》退座ノ身ニハアラネトモ、人ノカタラヒヲ得テ贔屓スル事アリ。是政道ヲケカス基ヒ也。（後略(10)）　（巻一―47条）

というように、「タイサノ意見」という言葉についての問いに対して、答えの内容は贔屓が政道を汚すもととなるということを主張するものであった。問いに見られる「意見」については、足利義教の時代に評定衆による「意見」という制度が登場し、判決に大きな影響を及ぼしていたこと、また、義教の死後、すなわち『壒嚢鈔』編纂時には、細川や畠山などの管領が身内の被官人の「意見」を重視したために、訴訟の進行がしばしば遅れたことなどが知られている(11)。この条項の二つ後の49条は「訴訟」の決着が遅れることをあらわす「チチクル」という言葉を問うている条項であり、このことからもこれらの条項が当時の幕府周辺の状況を反映した問答となっていることがわかる。

ところで、「意見状」を提出した当時の評定衆の中には、当時の式目注釈学に関わっていたと思われる人物の名前が見られる[12]。

永享十一年（一四三九）の意見状の署名者の一人である飯尾為種は、古辞書の一種である『撮壌集』の編者といわれているが、清原業忠の式目講釈に連なっていたことが次の『康富記』の記事によって知られている。

其後向飯尾肥前入道許、清給事中官務等被坐、少納言御式条被読之、義理少々被談之、肥禅頻所望之故也、問注所孫右衛門与三左衛門等在座、自端至第十五段、有一盞、晩各退帰、（宝徳三年〈一四五一〉七月二日条）

「飯尾肥前入道」は飯尾為種[13]、「清給事」「少納言」とは業忠のことである。しかも、この講釈の場に連なっていた「問注所」は文安二年（一四四五）の評定衆であった町野加賀守淳康のことと思われる。

また、清原宣賢による式目講義の聞き書きである『倭朝論抄』[14]の記述から、業忠の式目講釈の座に連なっていたことが想定される二階堂行貳[15]は、故実家として有名な人物であったが[16]、その父親もやはり康正元年（一四五五）に評定衆であったことが確認される二階堂忠行であった。

ところで、『康富記』の記録は『壒嚢鈔』編纂時よりも五、六年後になるが、記録上、式目講釈が行われた最初の例で、後に清家流の式目注釈書を残す孫の清原宣賢も祖父業忠こそが式目講釈の祖であると主張する[17]。しかも、業忠の曾祖父良賢以来、清原家を師としてきた康富自身が『壒嚢鈔』成立翌年の文安五年（一四四六）に、すでに「御式条」に加点している事実を考えると[18]、業忠による式目注釈活動の時期はさらに溯ることができるであろう。その業忠に関して『壒嚢鈔』に注目すべき記事がある。

又主基ヲ。主紀ト書ク記録アリ。仍是ヲ当大外記清原業忠朝臣ニ尋処。主紀ト書事未レ知。乍レ去。桓武天皇天

応元年十一日ニ。以二越前国一為二由機一以二備前国一為二須機一ト由、昔ノ記録ニ見タレハ。主紀共書歟ト云。（後略）

〈巻二―88〈巻三―50〉「和歌集事書ニ大嘗会ノ悠紀方主基方アルハ何事ソ」〉

ここでは「和歌集」の詞書き中の「悠紀方・主基方」という言葉について問われた行誉が、その用字の問題を清原業忠に直接尋ねて教えてもらったという記述が見られる。つまり、追加法や「意見」など、当時幕府奉行人・評定衆の間で扱われていた式目・法制関連の知識に詳しい行誉と、幕府評定衆に式目講釈を行っていた清原業忠との間には交流があったのである。

そうなると、行誉も業忠を中心とした式目注釈学となんらかの接点を持っていたのではないかということが予想されるが、今回取り上げた巻一の条項の前後八箇条を改めて並べてみると、

○44条「平家ノ物語ニケイ老テ年ヲフレ共不レト用云ハ何事ソ」↓五刑（式目注にもあり）
○45条「当時起請ト云事ハ昔モアリケル歟。」↓式目・政道論
○46条「就二起請一ニ失ヲ守ルト云、何事ヲ失トハスルソ」↓追加法
○47条「沙汰ヲ行二付テ、タイサノ意見ト云ハ何事ソ」↓追加法・「意見」
○48条「人ヲ訴ヲ訴訟ト云ハ尓リ、沙汰ト云ハ何ソ」↓式目注
○49条「訴訟ナントノ落居ノ遅々スルヲ、チ、クルト云ハ何ソ」↓「意見」との関連
○50条「罪科ナトノ六親ニカ、ルト云ハ何々ソ」↓式目注にあり
○51条「人ノ子ヲ養フヲ養子ト云ハ然リ、ユウシト云ハ何ソ」↓式目注にあり

というように、式目注釈もしくはその周辺に関わる法令関係の用語についての問答であることがわかる。

三．式目注釈書のテキストと系譜

それでは『御成敗式目』の注釈活動とはいかなるものであったのか。その姿を具体的な形で伝えるのが、鎌倉から室町時代に制作された式目注釈書である。

現存する式目注釈書については、池内義資氏が調査された上で七類に分類されており、その中の代表的ないくつかのテキストは『中世法制資料集』別巻に翻刻されている。(19)近年、新田一郎氏は池内氏の分類に疑問を提示され、『御成敗式目』起草の中心となった斉藤浄円とその祖を同じくし、現存する注釈書の中でも鎌倉時代の制作年記を持つ斉藤家の注釈学こそが式目注釈学の祖型であったのではないかと指摘された。(20)この新田氏の見解に基づき、現存する式目注釈書の系譜を図式化してみると、《図》のようになる。

このように見ると、六波羅奉行人であった斉藤唯浄によると思われる『関東御式目』(21)から後の式目注釈書が登場するまでには二百年ほどの隔たりがあることがわかる。その空白期には鎌倉幕府の滅亡から南北朝、足利幕府の成立、応仁の乱などの政治的な転換期があったが、応仁の乱以降十五世紀末から十六世紀初頭にかけて、『職原抄』の注釈とほぼ同じような形で、京都の清原系と安保氏を中心とした関東の足利学校系の大きな学統に分かれて、盛んに行われるようになった。

このように、現存する式目注テキストから見る限り、式目注釈学が盛んになったのは『壒囊鈔』成立より半世紀から一世紀ほど後になるわけだが、『壒囊鈔』に先行する『関東御式目』の存在や、『建武式目』起草の中心となった明法家中原是円による注釈書で、後の式目注釈書にしばしばその名が見られる『是円抄』(22)の存在、行誉と同時代の清原業忠による式目講釈の記録、また、一条兼良による『樵談治要』(23)、『関東御式目』の書写奥書(24)や現存『塵袋』の書写者

《図—現存する中世式目注釈書の系譜》

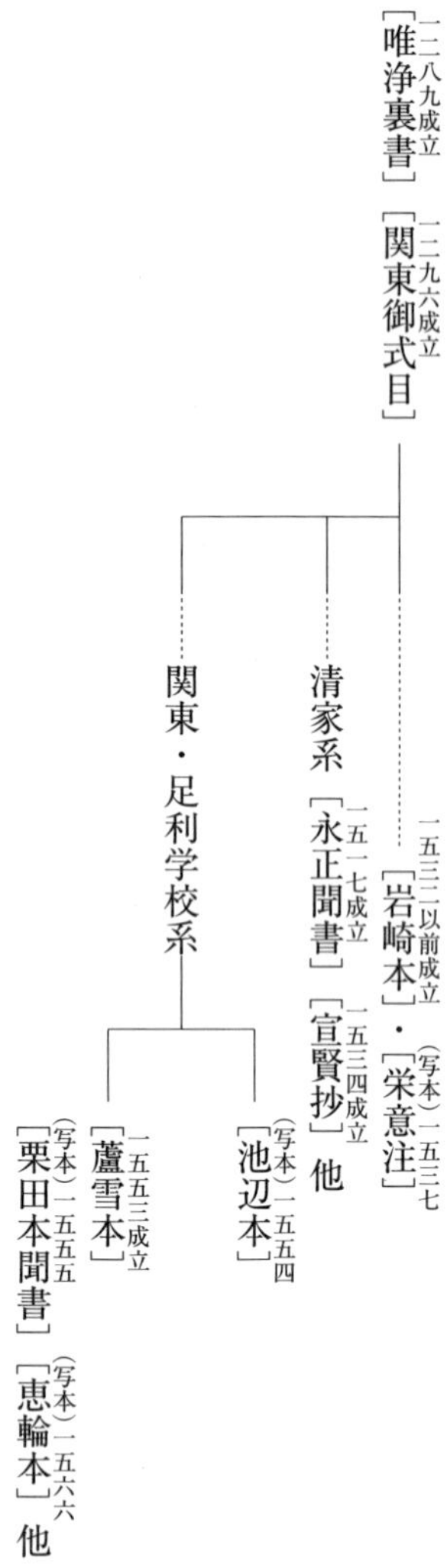

でもある印融の『訓釈得意抄㉕』に引かれる斉藤家系「式目注」などから、この空白期においても式目の注釈活動やテキストの伝授が盛んに行われていたことがうかがえる。

先に見たように、行誉が嘉吉・文安期の幕府評定衆・奉行人や清原業忠らと交流のある人物であるならば、『壒囊鈔』の式目関連の条項も当時の式目注釈学との関わりの中で生まれたものである可能性は高い。また、当時の式目注釈学の流れが室町後期まで続いていることを㉖勘案すれば、『壒囊鈔』より成立の新しい式目注テキストにも、当時の式目注釈の姿が残されている可能性は高いということになる。つまり、それらの注釈内容と『壒囊鈔』の記事とに共通するものが見出せるならば、『壒囊鈔』と同時代の式目注釈学との関わりがより明確となるであろう。

四・『壒囊鈔』と式目注の関わり

君臣文武共ニ陰陽ニ象ル、天四季寒暑ナス様ニ上下和合シテ賞罰ヲ明ニシ、正直ヲ先トセハ堯舜耳《ノミ》ナラス延喜天暦上世反、源右

幕下、武州禅門ノ徳政ニモ違哉、政道ノ義大意至要不審已散、式目ノ文ニ入テ義ヲ披クヘシ如何、
（『関東御式目』端書）

これは式目注釈書の祖型たる『関東御式目』の冒頭において、「政之大意」、つまり『御成敗式目』の根底にある政道思想を述べている箇所であるが、引用はその締め括りにあたる部分である。ここに見られる「延喜・天暦」と「源右幕下（頼朝）・武州禅門（泰時）」とを並置し、「尭・舜」の治世になぞらえる政道観は、『御成敗式目』が公家武家の両者を包み込み、天下・百姓をひろく捕捉するものとする法意識、いわゆる「律令・式目同源」説に基づくものである。(27) それは、いわば式目注釈学の枢要とでもいうべき思想であったが、ここで注目すべきは、この斉藤家系注釈書においては、そのような理想の政道の実現には「正直ヲ先トセバ」という条件が必要とされるという点である。これは先の『壒嚢鈔』巻一—45条において、『御成敗式目』を引き合いに出しながら「誠ニ政ヲ行フ道、正直為先」と主張する姿勢と全く重なるものであることがわかる。ちなみにそれと並置される「賞罰明」という政道観については、『壒嚢鈔』の政道論の中では二番目に長い巻四—5条（巻⑥—5）「怨深キコトヲ子推カ恨ト云ハ何事ソ」にも見られるもので、行誉にとってやはり強調すべき政道観であった。(28)

次に、注釈レベルの共通性を見る。

人ヲ訴ヲ訴訟ト云ハ尓リ。沙汰ト云ハ何ソ。
沙汰ト云字ヲハ、イサコヲソロフトヨム。汰《ソロフ》トハ選スル心也。沙ヲ汰テ金ヲ取ル如ク彼此ノ証文ヲ明ニ判断シテ道理ヲ取ヘキ也。サレハ小《ヲホロケ》ノ智恵ニテハ難キレ測《ハカ》リ事也。此ヲ以テ天下ニ諸ノ博士ヲ置テ難義ヲ決断セラル、ナリ。（後略）
（巻一—48条）

これは訴訟に関する「沙汰」という法律用語についての説明だが、式目注釈書では必ず問題となるものであり、現存するほとんどの式目注に見られるものである。その中でも、清原宣賢の式目講釈の聞き書きである『永正十四年清原宣賢式目聞書』（『永正聞書』(29)）を見ると、

沙汰トハ、沙　汰《イサコソロユル》ソ、日本ニ〔太平記〕勢汰《セイソロエ》ト云ニ書之、沙ハ水浅ケレハ沙見ユル也、故ニ水少《ス》ト書ソ、汰ハ洗也ト注ス、沙汰ノ二字ハ先ツ水ノ小石ヲチラシ洗フ心ソ、玉篇ニ水ノ散《チラス》ヲ石ヲ沙ト云、沙汰ノ二字ノ出処ハ、孫綽與習鑿歯カ問答ヨリソ、又般若ノ沙汰ノ教モ出処ソ、根本ハ汰《タイ》ノ音ナレトモ、汰《タ》ト読付タソ、此ノ言ハ是ハ是、是ハ非ト是非ヲ決シテ、非ノ中ヨリ是ト理トヲ取出ス事、沙ノ中ヨリ黄金ヲ汰《ソロエ》出スカ如シ、沙汰ト云心ハ、先沙ノ中沙金ヲ取ントテ沙ヲソロユルソ、迹ニ沙金カタマルソ、

（「可修理神社専祭祀事」）

とあり、傍線部が『壒嚢鈔』の注釈内容と共通することがわかる。

また、巻一―50条は、

罪科ナトノ六親ニカヽルト云ハ何々ソ

六親トハ父母妻子兄弟也。親類ノ中ニ取別キ親シキ物ナルヘシ。サレハ経ニモ六親不和天神不レ祐ト説ケリ。何ニモ和合スヘキ物ノ不和ナルニ依テ災難出来ル也。此時仏神ニ祈請スルニ験シナシトテ仏法ヲ軽クシ、神祇ヲ恨ル。是愚痴ノ至也。既ニ経文ニモ六親不和ナルトキハ天神モ不レ祐《タスケ》ト説ケリ。（後略）

（巻一―50条）

というものであるが、『池辺本御成敗式目注』（『池辺本』(30)）に、

縁辺之凶賊ト云ハ、内裏ト御所トヘ、入タルヌス人ヲハ、六親ヲ悉ク罪過ニヲコナウ、是ヲ縁辺之凶賊ト云ヘ

リ、口伝ニアリ、六親ト云ハ、父母《フホ》《チ、ハ、》伯叔《ハクシユク》《ヲチヲハ》兄弟《ケイテイ》《アニヲト、》是也、事林広記ニハ、父母、兄弟、妻子トアリ、伯叔ヲ除之也、

（「隠置盗賊悪党於所領内事」）

という注釈が見られ、「罪科（罪過）」と「六親」とが結びつけられている点、および「六親」の説明内容に式目注と『壒嚢鈔』との間に共通性を見出すことができよう。『池辺本』の二重傍線部「口伝ニアリ」がどこまでを指すのかは判然としないが、この言葉は少なくとも式目講釈の場において、「罪過（罪科）」が「六親」に及ぶという事態、および「六親」が誰を指すのかという問題が話題に上っていたことを示している。つまり、『壒嚢鈔』のこの問いも式目講釈の場で発せられたものであった可能性が高いのである。

同じような例は、次の条である51条にも見られる。

人ノ子ヲ養フヲ養子ト云ハ然リ、ユウシト云ハ何ソ。

他人ノ子ヲ養ハンヲハ。養子ト云ヘシ。猶子トハ甥《ヲイ》ノ事也。礼記甥ハ猶《ナヲシ》《コトシ》レ子《コ》ノト云リ。仍テ甥ヲ猶子ト云。サレハ千字文ニモ猶子《ユウシ》ノ比児《ヒシ》《ヲイハマコトノコトシ》ノト読リ。但猶子ノヤシナイ子ト点セル本アリ。頗ル誤歟。既ニ礼記ノ注ニ兄弟之子ヲハ比ス二己之子一ニ故曰猶子ト云リ。世流布ノ千字文点誤リ多ク侍リ。可レ有二用心一也。猶子ノ二字ヲイトヨム也。

（巻一—51条）

式目講釈の際に「猶子」の語義が問題となっていたことは、『清原宣賢式目抄』（『宣賢抄』(31)）や、次の『池辺本』の記述からも明らかである。

養子ト云ハ、他人ノ子ヲ養《ヤシナウ》ヲ養子ト云、親類ノ子ヲ養ヲ猶子《ユウシ》ト云ヘリ、本語ハ姪《ヲイ》ハ猶子《ナヲシコ》《コトシ》ノト云ヘリ、千字文云、猶子《ヤシナイコ》ノ比児《ヒジ》《ナラブコニ》ト云ヘリ、サレトモ、姪ニ限ス、親類ヲ養ハ、皆猶子ト云ヘリ、他人ノ子ヲ養ヲ養子ト云也、

（『池辺本』「女人養子事」）

この場合、注釈に用いているテキストこそ違うものの『千字文』を根拠とする注釈のしかたも含めて、傍線部の共通性には注目すべきであろう。しかも、『壒嚢鈔』では二重傍線部に見るように、『池辺本』の用いる『千字文』の訓を批判しているのである。これは当時の式目注釈にすでに『池辺本』のような「猶子」説を述べるものがあり、行誉がそれを正そうとしたことを示すものといえよう。

また、清家の式目注と『壒嚢鈔』との間には共通する記事がいくつも見られる。

施行ヲシ行共ヨムハ。何事ソ。

（前略）是ニ付テ管領ト申ハ。近比ノ事也。本ハ執事《シツシ》ト云キ。大御所ノ御時、高師直《カウノモロナフ》ノ朝臣久ク此職ニアリシ。執事ト号ス。サレハ執事ノ施行トシテ云。昔ハ高、上杉ノ人々ノ役タリキ。近比御一族ノ態ト成テヨリ以来。管領ト申也。

鹿苑院殿ノ御代ノ初方。斯波《シハノ》修理大夫高経《タカツネ》。号ス㆓霊源院ト㆒。法名道朝。始テ此職ヲ承リ給時。再三固辞シ給シカバ。只天下ヲ管領シテ。御計候ヘト。仰出サレシカハ。領状被申テ。四男治部太輔義将《ヨシユキ》ヲ以テ。此職ニ居《スヘ》給ト云云。号ス㆓法苑院ト㆒。法名道将。後ニ右衛門督《カミ》ニ任シ。正四位下ニ叙《ジョ》セラル。世ニ勘解由小路ノ金吾ト云是也。（後略）。

（巻四―57条〈七―17〉）

『壒嚢鈔』の管領の始まりを説明する記事が何を典拠にしたのかは今のところ不明であるが、その起こりを「鹿苑院殿御代」とし、斯波義将を「勘解由小路」とする点など、『壒嚢鈔』がしばしば引用する『太平記』からの知識とは考えられない[32]。ところが、同じ説が『宣賢抄』にも見られる。

義時ハ取分テ武威ヲ振テ、上ニ将軍マシマセトモ、只後見ノマ、也、異朝ニモ我朝ニモ陪臣トシテ、天下ヲハカラウ事ハアレトモ、久カラスシテ滅亡スル也、此時分ハ後見ト云、中比ハ執権ト云、後ニハ管領ト号スル事ハ

近キ事也、鹿苑院殿御代、斯波勘解由ノ小路義将以来云始也、管領ハスヘ領スルト云心也、（後略）

（『宣賢抄』端書）

時代的には『宣賢抄』の方が後であるから、宣賢が『壒嚢鈔』を参照した結果と見ることもできそうだが、単純にそう判断することはできない。次のように『宣賢抄』に見られる説を『壒嚢鈔』が引用した上で、批判している例が見られるのである。

百姓トハ、木火土金水ノ五行ヲ、春夏秋冬ニ、二十五ツ、加ハ百也、仍テ百姓ト云、日本四姓、源平藤橘分レテ、百姓トナル、其内二十氏ハ公家ニアリ、八十ハ武家ニアリ、百姓ト云ハ、土民ノ事ニハアラス、但、此ニイヘルハ土民ノ事也、（後略）

（『宣賢抄』「百姓逃散時、稱逃毀令損亡事」）

百敷ト云ハ。何ナル謂レソ。

（前略）但シ或人ノ説ニ百姓トハ。本朝ノ源平藤橘ノ四姓分レテ。百姓ト成ル其内。廿氏ハ。公家。八十氏ハ。武家也。仍テ物ノ武《フ》ノ八十氏ナント曰ト。此由注セル物モ侍ヘリ。然共難㆓信用㆒説也。物武ノ八十氏ハ。サモコソ侍ラメ。百姓ト曰事。日本ニ曰始ムル詞ニ非ス。漢朝ヨリ起テ。多ク文ニ載タリ。争カ本朝ノ四姓百ニ分ル、ニ依テ。百姓ト曰ハンヤ。

（巻三―20条〈④―20〉）

二重傍線部「或人ノ説ニ」「此由注セル物モ侍ヘリ」からわかるように、『壒嚢鈔』の時代にすでに『宣賢抄』の採用した説が存在しており、行誉はその説に学問的考証を加えた上で否定しているのである。宣賢が『塵芥』編纂の際に『壒嚢鈔』を利用していた可能性を安田章氏が指摘されているが、[33] 宣賢が『御成敗式目』を注釈する際に『壒嚢鈔』

を利用していたのであれば、少なくともこの「百姓」説に対して疑問を抱いたはずである。同じような事例は他にも見られることから[34]、『壒嚢鈔』から『宣賢抄』へという単純な図式は成り立たないであろう。そうなると、この食い違いは両者が同じような書物を参照した、もしくは同じ説を聞いた結果生じたものと見るのが穏当であろうが、『宣賢抄』の場合、その説を採用したのが宣賢自身とは限らないのである。

宣賢の注釈に祖父業忠以来の注釈内容がどれほど残されているのかは定かではない。だが、応永本『論語抄』と他の清家論語抄の共通性[35]に見られるように、清家の学問が父祖の所説を忠実に継承している例や、宣賢が清家の式目講釈の嚆矢は祖父業忠であることを主張する姿勢などから考えると、業忠による式目注釈が『宣賢抄』に残されている可能性は高い[36]といえる。そして、そうであれば『壒嚢鈔』と『宣賢抄』との共通部分は『壒嚢鈔』編述当時の式目注釈における言葉であり、行誉と業忠の式目講釈における接点をあらわすものである可能性も濃厚になる。

五．式目注釈学の政道観と『壒嚢鈔』

『壒嚢鈔』が政道の規範として『御成敗式目』を挙げ、しかも、その際に斉藤家系の式目注釈学に共通する「賞罰明」「正直ヲ先トス」という政道観を述べること、そして、その条項に近接する法令関係の条項が他の式目注釈書と共通する注釈内容をもつという事実からは、『壒嚢鈔』の政道観に当時の式目注釈学を支える政治思想[37]が影響を与えていた可能性がうかがえる。もちろん現存する式目注釈書と『壒嚢鈔』との間には細かい部分に思想的な差異も見られる[38]。だが、それらは初期の斉藤家系注釈書と後の清家の注釈書の間にも見られることであるから[39]、それぞれが成立した時代背景によるものとも考えられる。

むしろここで重要なのは、式目注釈学における「思考の枠組みとそれを取り巻く環境[40]」が『壒嚢鈔』の政道観にも反映されているのではないかということである。

新田一郎氏は、式目注釈学の登場とその浸透は、「律令・式目同源論」に象徴される公武の癒着をあらわし、武家の権威を帝徳論的な論理形式に帰着せしめる政道観を形成したとする。[41]とくに清原業忠によって幕府関係者に対する式目講釈が行われたのは、幕府による朝廷への綸旨発給の要請がしばしば行われた時代であった。それは幕府の「公的」な「権威」の源泉を「治天」を頂点とした観念的な国制モデルに求める認識が定着したことを意味している。[42]新田氏によると、業忠による式目講釈が行われた背景には、式目注釈学の「律令・式目同源」論的という発想が皇統思想と結びつき、このような国制モデルを裏付ける法思想として広く認識されたことが考えられるという。

ところで、業忠と行誉の間に交流があったことはすでに述べてきたところだが、『壒嚢鈔』の政道論にも武家の権威を帝徳論的な論理形式に帰着せしめる政道観は見られる。その最たるものは、武家による政治を肯定しながらも、その政道論の拠り所として『神皇正統記』をしばしば引用する点[43]である。また、行誉は『壒嚢鈔』編纂の少し前の嘉吉二年（一四四二）に『梅松論』を書写・改作しているが、その改作に当たってやはり『神皇正統記』を用いている。これらの引用、改作のされ方の特徴については次章と第五編にて述べるが、本章で指摘した『壒嚢鈔』と式目注釈との関わりから見ても、その政道観の枠組みの形成に式目注釈学が関与していた可能性は高いのである。

おわりに

以上、『壒嚢鈔』巻一の式目関連の条項を中心に、追加法や評定衆関係の用語、同時代の式目講釈などの『壒嚢鈔』編纂時の周辺事情や、現存式目注釈書の注釈との共通性、歴史的背景などから、『壒嚢鈔』に見る政道観の枠組みには当時の式目注釈学の影響が想定されることを指摘した。この問題については、『壒嚢鈔』成立当時の具体的な社会の動きとの関わりや行誉が引用する書物の問題などの視点から、さらに検証する必要があろう。

（1）本論第一編第二章「『壒嚢鈔』における知」。
（2）勧学・世相批判・政道論に関わる三十九条を巻別（七巻本）に示すと、
〔巻一〕6・7・10・24・25・28・33・34・36・44・45・46・47・48・64・66・81……（17条）
〔巻二〕1・5・9・10・17・38・87・93・96……（9条）
〔巻三〕20・73……（2条）
〔巻四〕3・4・5・57・63・77……（6条）
〔巻五〕8・34・74……（3条）
〔巻六〕51……（1条）
〔巻七〕38……（1条）
（3）巻五―74条〈巻⑨―42〉「政道正シキヲ以テ刹利居士懺悔ト云。天下政悪民塗炭堕ルト云」は正保刊本では、十五丁、三百二十九行にもわたって政道論を述べる。
（4）可児光生「神判としての起請をめぐって」（『年報中世史研究』五号、一九八〇年）。
（5）本論第一編第二章「『壒嚢鈔』における知」。
（6）『続古事談』二、第十六話。
（7）巻一―46条「就起請失ヲ守ルト云。何事ヲ失トハスルソ」
古キ趣不知付テ御式条起請　亀山院御宇文応二辛酉年六月ニ鎌倉将軍中務卿宗尊親王時後嵯峨院御子、前相模守平時頼号西明寺
後見時定ㇾ失事アリ
其条々

一鼻血出事　　　一書起請文病事
一鴉鳥屎懸事　　一為鼡被食衣裳事
一自身中令下血事但除用楊枝時并月水及痔病等
一重軽服事　　　一父子罪科事
一乗用馬斃事　　一飲食時咽事但被打背程可定失

ちなみに、『類従本御成敗式目追加』・『近衛家本追加』などの鎌倉幕府追加法令集や、『枝賢式目抄』・『栄意注』などの式目注釈書にほぼ同文が見出されるが、それらの年記は文暦二年閏六月二十八日である。また、『宣賢抄』・『吾妻鏡』は嘉禎元年閏六月廿八日とする。

（8）起請の失については『宣賢抄』・『枝賢式目抄』・『栄意注』に、退座の分限については『宣賢抄』に追加法が引用される。注（7）参照。

（9）笠松宏至「吾妻鏡と追加法と」（『日本中世法史論』第三章、東京大学出版会、一九七九年初版）。新田一郎「中世後期の「法」認識――「式目注釈学」学・序説――」第四節「中世後期の『法』」（新田『日本中世の社会と法』東京大学出版会、一九九五年）。

（10）この後、斉の威王が王の近習の者に諂わずに即墨の地を治めた大夫を勧賞し、近習の者に賄を送り政を怠った大夫を罰したという説話が引用される。

（11）笠松宏至「室町幕府訴訟制度『意見』の考察」（『日本中世法史論』第四章、東京大学出版会、一九七九年）。鳥居和之「嘉吉の乱後の管領政治」（『年報中世史研究』第五号、一九八〇年）。

（12）鳥居氏前掲論文（11）。

（13）従来この「飯尾肥前入道」は飯尾之種のこととされてきたが、之種は少なくとも寛正三年（一四六二）までは「左衛門大夫」であり（『東寺百合文書』、『蔭凉軒日録』など）、この当時の「飯尾肥前」は飯尾為種（永祥）である。ちなみに為種は康富と頻繁に行き来しており、連歌仲間でもあった。（『康富記』）

(14) 陽明文庫蔵。東大史料編纂所に謄写本がある。私は東大史料編纂所の本を参照した。

(15) 新田一郎「『式目注釈書』三題」（石井進編『中世の法と政治』吉川弘文館、一九九二年）。

(16) 後藤紀彦「沙汰未練書の奥書とその伝来」（『年報中世史研究』二号、一九七七年）。

(17) 『御成敗式目永正十四年聞書』に

此式目ヲ講スルコトハ、昔ハナシ、其謂ハ仮名斗ノ故ニ、不及講ソ、然ヲ寛正六年七月五日〔後花園院ノ御時至大永四年甲申已後五十九年〕就龍安寺殿所望、祖父常忠講之始也、其後一条殿モ講之也、

とある。ちなみに、龍安寺殿は細川勝元、一条殿は一条兼良である。

(18) 『康富記』文安五年七月二十七日条。

(19) 一九七八年、岩波書店。なお、池内氏「式目注釈書について」（『史林』四六―五、一九六三年九月）において式目注釈書は次のように分類される。

〈第一類〉問注所系式目に対する注釈で問注所の見解を伝えるもの。→〔池辺本〕〔硯蓋書聞書〕

〈第二類〉安保・上野両家の学説を重視し、それに他家の説や法意を引き合わせたもの。→〔恵輪本〕〔京大本式目私〕〔東洋文庫本式目私〕

〈第三類〉『蘆雪本御成敗式目抄』の系統。→〔蘆雪本〕

〈第四類〉斉藤家系の説を伝えるもの。→〔唯浄裏書〕〔関東御式目〕〔岩崎本〕

〈第五類〉斉藤家系の説を伝えながらも若干の重要な差異があるもの。→〔栄意注〕

〈第六類〉清原系学説を伝えるもの。→〔永正聞書〕〔宣賢抄〕〔和朝論鈔〕〔枝奥抄〕他

〈第七類〉安保・上野両家の学説を引くが、〈第二類〉とは所拠式目本が異なる。→〔栗田本聞書〕〔東史本式目私〕

(20) 前掲新田氏論文（9）第一節「『式目注釈学』の登場とその背景」の注（3）による。

(21) 義江彰夫「『関東御式目』作者考」（石井進編『中世の法と政治』、吉川弘文館、一九九二年）。

(22) 新田氏「〔補注〕『是円抄』系「追加集」の成立過程について」（『日本中世の社会と法』）。

（23）前掲新田氏論文（15）の注（6）。

（24）高野山三昧院本は奥書によると、応永五（一四一八）年の書写本を延徳四（一四九二）年に「筑前国鞍手郡粥田庄惣政西台仏子英舜」という人物が書写したものである。

（25）宝生寺蔵。山崎誠『印融自筆本重要文化財塵袋とその研究』下（勉誠社、一九九八年）に翻刻。

（26）たとえば、『藤貞幹本御成敗式目』や『運長本御成敗式目』は末尾に追加集を付し、『是円抄』奥書を載せるが、関東系の『蘆雪本御成敗式目抄』も同じ奥書を載せる。また、『宣賢抄』が斉藤家系の『唯浄裏書』を引用することも、式目注釈学の流れが続いていることを示す一例であろう。

（27）前掲（9）新田氏論文第二節「『式目注釈学』の展開とその周辺事情」。

（28）ちなみに、「御成敗式目」における政道の精神を「正直ヲ為先」という言葉で表すのは、今のところ『関東御式目』とその系統である『栄意注』のみであり、その他の注釈書には見られない。

（29）前掲新田氏論文（15）。

（30）奥書に「足利講席之裏書」「問注所之一流秘中之秘也」とある。

（31）『宣賢抄』では次の通り。

猶子ト云ハ、漢朝ニハ甥ヲ云也、礼記ニ兄弟ノ子ハ猶子ト云リ、日本ニハ他人ナレトモ我子ニスレハ猶子ト云、コレモ我子ノ如シト云心ニカナヘリ、其理アル歟、養子モ猶子モ字ノ心ハ替レトモ、我子トスルトコロハ同也、（「女人養子事」）

（32）『太平記』巻三十七「尾張左衛門佐遁世事」に類話があるが、「鹿苑院」（義満）ではなく二代目足利義詮のころのことであり、しかも『太平記』の中で義将を「勘解由小路」と呼ぶ例は見当たらない。

（33）「塵芥」（安田『中世辞書論考』、清文堂、一九八三年）。

（34）例えば、『宣賢抄』の三十九条に引用される「仁皇五十代桓武天皇ノ仰ニハ」以下の言葉は、第一章に挙げた『壒嚢鈔』巻一―四十五条に引用する『古文真宝』「仁宗皇帝勧学」の訓読文である。
また、『宣賢抄』に「或抄ニ、主君ノ仰ニハ、親ノ頸ヲキルコトナレハ、第一ニ奉公ノ道、第二親孝ノ道也、」として「忠」

を優先とする説を挙げるが、『壒嚢鈔』では同じ諺を挙げ、

俗人詞主仰親頸截ト云ハ。サル道理アルヘキ歟。大不可有。甚不可説義也。本文云、君至尊共至不親。母至親共至不尊。父尊親義兼タリト。サレハ母ヨリモ貴ク君ヨリモ親キハ只父也。然殺サン事アルヘカラス。（後略）　（巻一―7）

と「君」よりも「父」を尊いものとしてこの諺を激しく非難する。

(35) 抄物大系『応永二十七年本　論語抄』（勉誠社、一九七六年）の中田祝夫氏解説。

(36) 業忠の式目講釈の様子を伝える『倭朝論抄』や『宣賢抄』の奥書に「以祖父常忠御説」抄出した由を記すところなど、宣賢の注釈の多くが祖父業忠の所説に基づいていることを裏付ける。

(37) 前掲新田氏論文（15）。

(38) 前掲（34）。

(39) 例えば、忠孝のいずれを優先すべきかという問題については、初期の斉藤家系注釈書では触れることがなく、『孝経』の「求忠臣於孝子之門」を示すのみ（『関東御式目』十八）であるのに対して、『宣賢抄』には（34）に挙げたように、孝よりも忠を重視する「或抄」の説を挙げる。また、注釈内容が『関東御式目』を踏襲する『栄意注』十七では、「豈以一身全忠孝之二道耶、十七ヶ条式目之旨以忠攄厥道、故捐孝取忠歟、」として孝を捨て忠を取る説を述べる。

(40) 前掲（9）新田氏論文。

(41) 前掲（9）新田氏論文。

(42) 前掲（9）新田氏論文。

(43) 第二編第二章「『壒嚢鈔』の『神皇正統記』引用」。

第二章　『壒嚢鈔』の『神皇正統記』引用

はじめに

『壒嚢鈔』には語義の説明という枠を〝脱線〟した編者自身の思想的言葉が散見する。そして、それらの中で最も多いのが政道論である。しかも、政道論を展開するに当たって引用される資料は、単なる典拠からの引き写しの列挙ではなく、編者行誉の一貫した政道観に基づき選択されたものと思われる。

前章では、行誉の政道観には当時の式目注釈学の影響が想定されることを指摘したが、本章では行誉の政道観をより明確にするために、『壒嚢鈔』の政道論にしばしば引用される『神皇正統記』を分析し、『壒嚢鈔』における『神皇正統記』の位置づけや引用される意味について些か私見を述べたい。

一・『壒嚢鈔』における『神皇正統記』引用

まず、『壒嚢鈔』に見られる『神皇正統記』引用を次の《表1》にまとめた。書名を明記していないものもあるが、少なくともこの二十四ヶ条には確実に『神皇正統記』が引用されている。(1)

《表1》『壒囊鈔』の『神皇正統記』引用

巻	条	巻	条	問い	『神皇正統記』	書名
一	7			俗人詞主仰親頸截ト云ハサル道理アルヘキ歟	二条	
	31			人名依テ吉凶アリト申ハ実サルヘキ歟	継体	
	33			代ト世トハ同意歟	仲哀	○
	45			当時起請ト云事ハ昔モアリケル歟	後宇多	
	64			矢ヲ投矢トテ忌ハ何事ソ	饒速日尊・瓊々杵尊	
二	4			夢想ナントニ日ヲ見タルハ目出度事ト云ハ実歟	神代	
	5			御行行幸ノ義并幸ノ字ヲ用ル故如何	白河・順徳・後醍醐・後鳥羽・後三条	
	6			院ヲ太上天皇共太上皇共申何事	持統	
	7			摂政関白トハ何ナル事ソ替ル儀アル歟	清和・光孝	
	9			彼藤家氏神春日ノ御詠北藤波トアル何指ソ	皇極・文武・清和	
	10			左右大臣ヨリ諸官皆左ヲ上トス、然ニ政道ヲ始トシテ一切事正義ナルヲハ右ナルト云テ本トスル何ナル事ソ	嵯峨	○
	13			叢林ノ秉拂寮等両班寮ヲ賀スルヲノンリヤウト云何事ソ	嵯峨	
三	2	④	2	次地神五代事	瓊々杵尊・彦火々出見尊・鸕鷀草葺不合尊	
	3	④	3	三皇五帝ト申ハ如何ニ	神代・彦火々出見尊	
	18	④	18	此国ノ名ヲ秋津嶋ト曰磤馭盧嶋ト曰并扶桑国ト云ハ如何	神代	
	19	④	19	和語ヲ大和詞ト云ハ昔大和国久シク皇居ナル故歟	神代	
	20	④	20	百敷ト云ハ何ナル謂レソ	鸕鷀草葺不合尊	○
	64	⑤	37	束帯ノ人ノシヤクトテ持給ハ何ノ為ソ	元正	
	65	⑤	38	貂蝉トハ冠ノ名歟。又明衡ニ貂蝉七乗ノ家ト云ハ何事ソ	天武	○
	73	⑤	46	三種ノ神器トハ何事ソ	天津彦々火瓊々杵尊・大日孁尊・崇神	
四	61	⑦	21	同体ヲ尾籠ト云ハ難心得詞也。何ナル謂ソ	応神・彦火々出見尊・鸕鷀草葺不合尊	
	77	⑦	37	本朝仏法来事如来入滅ヨリ幾程當侍。并震旦ヘ渡テヨリ何年計有テ此国ヘハ伝レルヤラン	鸕鷀草葺不合尊	○
五	9	⑨	42	政道正シキヲ以利利居士懺悔ト云、天下政悪民塗炭堕ルト		

				云。	武烈・応神・後醍醐・孝霊・応神・孝霊
七	13	⑬	7	日本仏像ノ最初ハ何レソ	皇極

（上の「巻・条」は七巻本、下の「〈巻・条〉」は十五冊本）

これらの特徴としては、記事の切り接ぎや順序の入れ替え、要約などが行われ、引用部分も『神皇正統記』全体に及ぶ。つまり、行誉がいかに『神皇正統記』を読み込み、自家薬籠中のものとしていたかがわかる。しかも、行誉がその引用にあたって『神皇正統記』の内容を無批判に受け入れていたのではないことは、次の例を見ればあきらかである。

親房卿正統記ニハ、周ノ世第四代ノ主昭王廿六年甲寅マテハ、周起テ二百廿年、此ノ年ハ葺不合ノ尊御世八十三万五千六百六十七年ニアタレリ。今年天竺ニ釈迦仏出生シマシマス。同キ八十三万五千七百五十三年ニ、仏御年八十ニシテ入滅シ給ケリ。唐シニハ昭王ノ子穆王五十三年壬申ニ当レリ。其後二百八十九年有テ、庚申ニ当ル年、此神隠給ト云云。

然ニ周ノ世ハ文王ヲ始トスト云共、不即正位ニ間年記ヲ不レ注、武王ノ即位元年ヨリ治世ノ年ヲ註セリ。仍テ武王治七年、成王ノ治四十七年、康王ノ治廿六年、照王ノ治五十一年ノ内、廿六年甲寅マテハ周起テ一百六年ニ当レリ。此ノ周ノ起リ、又日本ニハ葺不合尊八十三万五千五百七十一年己巳ニ当レル者也。（後略）

（『塵嚢鈔』巻四―77条〈巻⑦―37〉）

二重傍線部は『神皇正統記』の記事内容に対する訂正となっている。[2] 同じように政道論における引用についても、その影響を受けつつも取捨選択がなされているのである。

二、勧学・忠孝・院政批判

『壒嚢鈔』の政道論は、問いに対する答えが問われている内容からはみ出した部分、すなわち答えの〝脱線〟部分に多く見られ、(2)そこにはしばしば『神皇正統記』が引用される。本章ではその代表的な例を、勧学・忠孝・院政批判の三つの観点から挙げる。

《勧学》

当時起請ト云事ハ昔モアリケル歟。

〔A〕（前略）理非ヲ決断セン事、知無テハ不レ可レ叶。決断ノ徳ハ智ニアレハ、智無シテ理非ヲ弁ヘン事、弓無シテ鳥ヲ射、網無シテ魚ヲ取ランカ如ナルヘシ。

〔B〕サレハ善政ノ聞ヘアル延喜・天暦・寛弘・延久ノ御門皆宏才博覧ニシテ諸道ヲ知セ給シ故ニ、御政明カニ、民ノ恨モナカリシ也。但寛平ノ御誡メニ、帝王ノ御学問ハ群書治要ナントニテ足ヌヘシ。雑文ニ付テ政事ヲ妨ケ給ナトアルヤラン。群書治要マテ定メ給、豈広学ニアラサラスヤ。此書ハ太宗ノ時、魏徴カ所有経史諸子マテノ名文ヲ載タル也。数已五十巻也。本経云史御学文上此書ヲ御覧セン事頗以広学ナルヘシ。

〔C〕角テソ政道行ハレン。賞罰正シカラサル時ハ怨ムル者多シト云。是ヲ以テ史記云、賞空ヲ獲則労臣怨ム。罰妄ニ加ル則直士恨ムト云リ。学問ヲ先トスルモ政道ノ為ナルヘシ。

〔D〕サレハ信西入道出家ノ比、院ニテ宇治ノ左府未タ若クヲハシケル時、相奉リテ申シケルハ、（中略）君ハ摂禄ノ家ニ生レテ前途恃《タノミ》ヲハシマス。必ス学問才智ヲ極メテ、而モ人臣ノ位ヲ極サセ給テ已レ故人発シタラン邪執ヲ破リ給ヘト申シケレハ、倩《ツラ〳〵》ト面ヲ守テ御涙ヲ浮給ヒケルカ、果シテ御才覚朝家ニ比ヒ無シテ、廿四ノ御早彼入道ノ許可ヲ蒙リ給ト也。

（中略――信西入道が通訳なしで唐人と話したという説話）

〔E〕サテモ通憲入道已《ニ》不運ニテ出家スル故人《ノ》学問ニヲコタリナシトテ、宇治殿ヲ勧メ奉《ル》所存ト、宇多《ノ》御門ノ雑文ニ付テ世務妨《ケ》給ナト、延喜帝ヲ誡ヲハシマス御心《ハ》難《レ》有事《ニ》非スヤ。勧メ進スルト制シ給ト詞ハ替ルト云共、名ノ道ヲ思《フ》志ノ深《キ》事ハ一致ナル者也。（後略）

（『壒囊鈔』巻一―45）

この条では正しい政道のためには学問が必要であるという主張が中心に述べられる。便宜上、条項の後半を抜き出し〔A〕～〔E〕の五つの段落に分けたが、明君の誉れの高い天皇はみな学問をしていたという例を挙げる〔B〕段落は、以下に挙げた『神皇正統記』からの引用である。

寛平ノ御誡ニハ、帝王ノ御学問ハ群書治要ナドニテタリヌベシ。雑文ニツキテ政事ヲサマタゲ給フナトミエタルニヤ。サレド延喜・天暦・寛弘・延久ノ御門ミナ宏才博覧ニ、諸道ヲモシラセタマヒ、政事モ明ニマシ〳〵シカバ、先ノ二代ハコトフリヌ、ツギテハ寛弘・延久ヲゾ賢王トモ申メル。和漢ノ古事ヲシラセ給ハネバ、政道モアキラカナラズ、皇威モカロクナル、サダマレル理ナリ。（中略）。寛平ノ群書治要ヲサシテノ給ケル、部セバキニ似タリ。但此書ハ唐太宗、時ノ名臣魏徴ヲシテエラバセラレタリ。五十巻ノ中ニ、アラユル経・史・諸子マデノ名文ヲノセタリ。全経ノ書・三史等ヲゾツネノ人ハマナブル。此書ニノセタル諸子ナンドハミル者スクナシ。ホト〳〵名ヲダニシラヌタグヒモアリ。マシテ万機ヲシラセ給ハンニ、コレマデマナバセ給コトヨシナカルベキニヤ。本経等ヲナラハセマシ〳〵ソマデハアルベカラズ。已ニ雑文トテアレバ、経・史ノ御学問ノウヘニ此書ヲ御覧ジテ諸子等ノ雑文マデナクトモノ御心ナリ。（後略）

（「後宇多」）

政道のための勧学は『壒嚢鈔』ではよく説かれるものだが、その中でもこの記事は、日本における理想的な為政者の学問に言及している点で、最も説得力を持つ事例と思われる。ところで、ここで注目すべきなのは、『壒嚢鈔』の二重傍線部に『神皇正統記』には見られない「民ノ恨モナカリシ」という言葉が付け加えられている点である。もちろん撫民思想は『神皇正統記』の中でも説かれるものではあるが、あえてこの部分に入れたところに、行誉の政道観において撫民思想が大きなウエイトを占めていたことを窺い知ることができる。

《忠孝》

俗人ノ詞ニ、主ノ仰ニ親ノ頸ヲ截ト云ハ、サル道理アルヘキ歟。

〔A〕大キニ不可有一。甚不レ可レ説ク義也。

〔B〕本文ニ云、君ハ至テ尊ケレ共至不レ親カラ。母ハ至テ親シケレ共至テ不レ尊カラ。父ノミ尊親ノ義ヲ兼タリト。サレハ母ヨリモ貴ク君ヨリモ親キハ只父也。然ヲ殺サン事アルヘカラス。不忠ヲハ君ニ取リ、孝ヲハ父ニ取ル。若シ忠ヲ面ニシテ父ヲ殺サンハ不孝ノ至極ナルヘシ。百孝ノ中ニハ孝行ヲ以テ先トスト云ヒ、又三千ノ刑不孝ヨリ大ナルハナシト云ヘリ。

〔C〕其上孟子ニ諭ヘヲ取テ云、虞舜ノ天子タリシ時、父瞽瞍人ヲ殺害スル事アランニ、時ノ大理ナレハ、皐陶是ヲ捕ヘテ罪ヲ奏セン時ハ、舜ハ如何カ為給ヘキ。正シク大犯ヲイタセル者ヲ父トテ助ケハ、政道ヲ黷サン。天下ハ一人ノ天下ニ非ス。若シ政道ヲ正シクシテ刑ヲ行ハヽ、忽ニ孝行ノ道ニ背カン。明主ハ孝ヲ以テ天下ヲ治ム。只父ヲ置テ位ヲ捨テ去マシトソ判セル。

〔D〕孟子ヲハ大賢ト云。亜聖トハ、セイニ次トテ聖人トト云マホシケレ共、暫ク恐アリ、賢人ト云ントスレハ亦餘アル間、是ヲ大賢ト云フ。大賢ノ教ヘ、豈ニ忠孝ニ背カンヤ。誠ニ面白コソ伝ヘレ。

〔E〕大義ニ滅親ト云ヲ、オヤヲホロホス義トスルハ大ナル誤リト云也。是ハ石碏ト云人、其子ノ悪キヲ害シタリシ事也。滅ホス親アリキ。恩愛習ヒ子ニ増ル悲ミナケレ共、不忠ノ子ヲハ害スル理リアル也。（後略）

（『壒嚢鈔』巻一—7）

これは主君の仰せによっては親の首をも斬るという言葉に対する激しい批判を述べ、忠孝の道を説く条(4)であるが、〔B〕と〔C〕は流布本『保元物語』において、保元の乱で義朝が親の為義を斬った事件を批判する際に用いられるものである(5)。ところで、『壒嚢鈔』の〔C〕〔D〕〔E〕は『孟子』尽心章句上の舜の孝に関する説をその源としているが、直接的には次に挙げる『神皇正統記』に拠っている。

義朝重代ノ兵タリシウヘ、保元ノ勲功ステラレガタク侍シニ、父ノ首ヲキラセタリシコト大ナルトガ也。古今ニモキカズ、和漢ニモ例ナシ。（中略）其比名臣モアマタ有シニヤ。又通憲法師専申ヲコナイシニ、ナドカ諫申ザリケル。

大義滅親云コトノアルハ、石碏ト云人其子ヲコロシタリシガコト也。父トシテ不忠ノ子ヲコロスコトハコトハリナリ。父不忠ナリトモ子トシテコロセト云道理ナシ。孟子ニタトヘヲ取テイヘルニ、「舜ノ天子タリシ時、其父瞽叟人ヲコロスコトアランヲ時ノ大理ナリシ皐陶トラヘタラバ舜ハイカヾシ給ベキトイヒケルヲ、舜ハ位ヲステテ父ヲオヒテサラマシ。」トアリ。大賢ノヲシヘナレバ忠孝ノ道アラハレテヲモシロクハベリ。

保元・平治ヨリ以来、天下ミダレテ、武用サカリニ王位カロク成ヌ。イマダ太平ノ世ニカヘラザルハ、名行ノヤブレソメシニヨレルコトトゾミエタル。

（二一条）

興味深いことに、流布本『保元物語』同様『神皇正統記』においてもやはり保元の乱に対する評論部分であったわけだが、親房はこの乱が「天下ミダレテ、武用サカリニ王位カロク」なったきっかけと捉えている。その意味で二重傍線部の帝を諌めなかった信西（通憲）に対する批判は大きな意味を持っている。『神皇正統記』を典拠にしながらも、一般的な忠孝論として引用する『壒嚢鈔』には、当然のことだが信西批判は見られない。だが、行誉は前の《勧学》の〔D〕に見られるように、政道のために学問を重視した人物として信西を高く評価している。(6) 行誉が『神皇正統記』を熟読し、しかもこの部分を読んでいることは間違いないのだから、行誉は親房による信西批判を知っていながら採らなかったということになる。

《院政批判》

御行行幸ノ義并ニ幸ノ字ヲ用ル故如何。

〔A〕仙院渡御《トギヨ》ヲハ御行《ゴカウ》ト云、帝皇ノ御出ヲハ行幸ト云也。御行元ヨリミユキ也。行幸モ又ミユキトヨム。文集ニハ幸ノ一字ヲモミユキトヨム。行幸ニ幸ノ字ヲ用ル謂レハ大方ニハ沙汰ナキニヤ。所謂本文アリ。天子ノ行処必有レ幸、依之是用。御行ニハ只行ノ字ヲ用ル事、小野宮北山ナント云古キ日記ニ見タリトナン。然ルニ円融院ナントヨリヤウ〳〵院中ノ御政務アリテ勧賞アレハ幸ノ字ヲモ可レ用ニヤ。

〔B〕円融院、大井河ニテ御遊アリケルニ、摂政時仲ノ三位ヲ召テ院ノ仰ヲ伝ヘテ参議ニナサレケリ。人々傾キテ、主上ノ御前ニ非ズ、忽チニ参議ニ成ル、事不可然、今日ノ御遊イミシカリケルニ、此事故ヘ興醒タリト申サレケル事アリ。

〔C〕シカアレトモ、後三条ノ御比マテハ譲国ノ後、院中ニテ正シク政務アリトハ不レ見。白川ノ御時ヨリメ始テ院ニテ政ヲ知セ給ヒケル。是朝儀ノ廃ル、体、政道ノ乱ル、姿タ也。サレハ此比ヨリ公家廃レ武家ハ盛也。

〔D〕既ニ脱屣《ヌキシワラクツ》ト申上ハ、古ワラクツノ足ニカ、リテステマホシキヲ捨ル如クコソ思食ヘキニ、結句新主ニ禅リ給ヘル国ヲ又立帰テ政務アルヘキ事、道理ニモ背キ、王者法ニモ違ヘリ。誠ニ天下次第ニ衰テ、朝儀皆絶タルニコソ。

（『壒嚢鈔』巻二―5）

これは院政批判という歴史評論ともいうべき部分になる。〔A〕〔B〕は『続古事談』を典拠にしているが、[7]〔B〕については『神皇正統記』にも共通部分が見られ、しかも、〔C〕の白河院から始まった院政が政道を乱し、朝儀を廃れさせた原因であるとの批判は、次のように『神皇正統記』で繰り返される院政批判に基づいていると思われる。

オリヰニテ世ヲシラセ給コト昔ハナカリシナリ。孝謙脱屣ノ後ニゾ廃帝ハ位ニヰ給バカリトミエタレド、古代ノコトナレバタシカナラズ。嵯峨・清和・宇多ノ天皇モタヾユヅリテノカセ給。円融院ノ御時ハヤウ〳〵シラセ給コトモアリシニヤ。院ノ御前ニテ摂政兼家ノオトヾウケ玉ハリテ、源ノ時中朝臣ヲ参議ニナサレタルトテ、小野宮ノ実資ノ大臣ナドハ傾申サレケルトゾ。サレバ上皇マシマセド、主上ヲサナクオハシマス時ハヒトヘニ執柄ノ政ナリキ。（中略）マシテ此御代ニテハ院ニテ政ヲキカセ給ヘバ、執柄ハタヾ職ニソナハリタルバカリニナリヌ。サレドコレヨリ又フルキスガタハ一変スルニヤ侍ケム。執柄世ヲオコナハレシカド、宣旨・官符ニテコソ天下ノ事ハ施行セラレシニ、此御時ヨリ院宣・廳御下文ヲオモクセラレシニヨリテ在位ノ君又位ニソナハリ給ヘルバカリナリ。世ノ末ニナレルスガタナルベキニヤ。

（「白河」）

シカレド白河・鳥羽ノ御代ノ比ヨリ政道ノフルキスガタヤウ〳〵オトロヘ、後白河ノ御時兵革オコリテ奸臣世ヲミダル。天下ノ民ホトンド塗炭ニオチニキ。（後略）

（「順徳」）

ところで、親房の院政批判は領地支配の問題に及び、武家による守護・地頭の設置への批判に繫がるものでもあった。

白河・鳥羽ノ御時ヨリ新立ノ地イヨ〳〵オホクナリテ、国司ノシリ所百分ガ一ニナリヌ。後ザマニハ、国司任ニオモムクコトサヘナクテ、其人ニモアラヌ眼代ヲサシテ国ヲオサメシカバ、イカデカ乱国トナラザラン。況ヤ文治ノハジメ、国ニ守護職ヲ補シ、庄園・郷保ニ地頭ヲオカレシヨリコノカタハ、サラニ古ノスガタト云コトナシ。政道ヲオコナハル、道、コト〳〵クタエハテニキ。（「後醍醐」）

源頼朝・北条泰時の政道は例外的に評価するものの、武家政権自体を基本的には認めない立場に立つ親房[8]によれば、守護・地頭の設置は朝廷の王権を衰えさせ、政道を乱す基ともいえるものであった。ところが、『壒嚢鈔』では、

今思ヘハ鎌倉ノ源二位頼朝卿、平家ノ乱ヲ静メテ、文治ノ始ニ新補シテ地頭ト云フ。是則武士ヲ勇メテ海内ノ守禦全セン為ノ義ナレハ、地頭銭ノ心相諧者哉。（巻一―32条「諸国地頭ト云名ハ何ナル名ソ」）

というように、地頭は頼朝が武士に国内を守らせるために作った制度との理解を示すのである。

以上のように、『神皇正統記』の記事は『壒嚢鈔』の政道論の中でも、その柱ともいうべき重要な位置に引用されている。つまり、『神皇正統記』で展開される政道論が『壒嚢鈔』に大きな影響を与えていることは間違いない。しかし同時に、信西や武家政治制度への評価のしかたには微妙な違いも見られ、『神皇正統記』の主張を決して無批判に受け入れるのではなく、自らの判断で取捨選択を行っていることがわかる。

三．撫民思想と神孫君臨思想

玉懸博之氏によると、『神皇正統記』に見られる親房の政治思想は天照大神の子孫が世を治め、神代からの契約により藤原氏がそれを補佐するという神孫為君説を不変の原則として強調すると同時に、その枠組みの中で徳を備えていない為政者が交代を余儀なくされるという儒教的徳治主義思想を展開させる構造を持つものであった[9]。

ところで、『壒嚢鈔』の中で最も長く政道論を述べる条項は、巻五―74条〈巻⑨―42〉の「政道正シキヲ以テ刹利居士懺悔ト云。天下ノ政コト悪キヲ民ノ塗炭ニ堕ルト云。」である。問い自体が撫民思想に関わるものではあるが、単なる語義の説明に止まらないのは前章で挙げた条項と同様である。これは刊本では三二九行にもわたる長大なもので、長短合わせて十七、八話の説話を引用しながら撫民思想に基づく政道論を展開する。いわば、行誉が自らの政道観をはっきりと表明している条項といってよい。内容や説話、典拠などに基づいて《表2》のように三十五の段落に分けたが、後半（25）から（33）までは『神皇正統記』からの引用、抄出が中心となる。

本章ではこの条の展開を追いながら、『壒嚢鈔』の政道論の中で親房の政治思想がどのように消化されていったのかを分析する。

まず、問いは「刹利居士の懺悔」と「塗炭に堕つ」という語義についてであるが、（2）の「刹利居士の懺悔」の定義及び（5）と（7）は『宝物集』を典拠とする。ただし、（2）の定義については、

（2）刹利居士ノ懺悔トハ、正法ヲ以テ政道ヲ正クシテ、治レ国養レヒ民ヲ百姓ヲ憐愍スルヲ申也。政コト正シカラザレハ、天下乱。天下乱レハ、万民歎アリ。民ノ歎ハ則罪業也。此故ニ政道正路ナルヲ、刹利居士ノ懺悔トハ云也。（巻五―74条〈巻⑨―42〉）

とするが、『宝物集』の本文[10]と比較すると、

刹利居士の懺悔と云は、正法をもて国を治し、六斎日にものの命をころさず、境のうちの殺生をとゞめ、父母に孝養するを申たる也。政、正法ならざれば、天下みだれぬ。天下みだれぬるは民の歎き。則、罪業なり。（『宝物集』巻六）

《表2》巻五―74条〈巻⑨―42〉

	内容	典拠・類話		内容	典拠・類話
1	有想・無想・刹利居士の三懺悔		19	政道悪キヲ民ノ塗炭ニ堕ルト云	『太平記』三五
2	刹利居士の懺悔とは	『宝物集』六	20	史記周武討殷紂救民堕塗炭云	『太平記』三〇
3	尭・舜の譲位		21	箕子の『尚書』洪範伝授	
4	周大王の説話	『太平記』三五	22	洪範について	
5	尚書天子有道則守有于海外ト云	『宝物集』六	23	周の十乱臣の一人召公の政道	『唐鏡』（類話）
6	政違時ハ後生先置。必ズ其身ヲ亡		24	周の十乱臣について	『唐鏡』（類話）
7	伍子胥・介子推の例。	『宝物集』六	25	日本でも悪王は断絶する	『神皇正統記』序
8	伍子胥の両眼を門に懸ける話		26	武烈天皇の皇胤断絶	『神皇正統記』武烈
9	斉襄公が斉国を失う説話	『太平記』一〇	27	桀・紂、弗沙密多羅王の例	『神皇正統記』武烈
10	楚霊王が謀反に遭う説話	『胡曽詩抄』（類話）	28	道ハ須臾モ不可離	『神皇正統記』応神
11	「微官賤職」の善政について		29	只人ノ心ノ不謹	『神皇正統記』後醍醐
12	劉寛の仁恕を示す説話	『後漢書』	30	日本ニ文書渡ル事	『神皇正統記』孝霊
13	孟嘗、譏訴の女を罰する説話	『後漢書』	31	聖徳太子の頃の経史	『神皇正統記』応神
14	許荊傳の許荊の祖父許武の説話	『後漢書』	32	今の経史は吉備大臣が伝えた	『神皇正統記』孝霊
15	許荊の説話。	『後漢書』	33	此国君子不死ノ国トモ云	『神皇正統記』応神
16	魯恭の説話。	『後漢書』	34	まとめ	
17	愛人仁心達天通神吉祥佳瑞不至乎		35	「嗚呼」という謂われ	
18	天竺・唐・日本の四姓				

というように、二重傍線部は本来仏教的な定義付けであったが、『壒嚢鈔』では儒教的な撫民思想による説明に替え

られていることがわかる。説話によってその例が挙げられた後、（6）では「政違時ハ後生先置。必ズ其身ヲ亡。是定レル様也」という易姓革命思想に基づくと思われる主張が述べられ、その例証として呉王夫差が伍子胥の諫言を斥けたために滅びた例を初めとして、（9）（10）と政道を誤ったために王の座を追われた者たちの故事を挙げる。次に、（11）では、一国の王ではない地方官吏のような者でも、君子ならば撫民思想に基づく徳政を行うものであるとして、（12）から（16）までの『後漢書』を源とする説話を列挙する。

次に続く（17）（19）には、

（17）誠ニ愛レ人ヲ仁心達シレ天ニ、通セハレ神ニ、吉祥佳瑞不ンヤレ至乎。然ニ愚俗ハ愛レ人ヲ、仁政ヨリ起トハ不シテレ思、別シテ求二異術ヲ一、尋ヌ二奇方ヲ一。貪レ利ヲ損レ人ヲ故ニ、天ノ成二妖恠ヲ一見テモ、政道ノ違《タガ》フトハ曽不レ知レ助ケ。（後略）

（19）民ノアヤマル所ハ吏ノ罪也。吏ノ不善ハ国主ニ帰ス。君良吏ヲ不レ択ハシテ貪リ、吏ヲシテ百姓ヲ令レ煩ラハ。民ノ患レヘ天ニ上リテ災変時ニ作リ、国土騒乱ヲナス。是上ミノ不ルレ謹マヨリ起ル物也。仍テ政道ノ悪キヲ、民ノ塗炭ニ堕ルト云。（後略）

（巻五―74条〈巻⑨―42〉）

という言葉が見られる。ここで強調されるのは、為政者が民を愛し仁に基づく徳政を行う場合は、それが天に通じ「吉祥佳瑞」をもたらすが、悪政を行った場合も民の憂いが天に通じ「国土騒乱」をもたらすという撫民思想である。

さて、（19）からは「塗炭に堕つ」の説明に移るのだが、（20）から（24）まで殷の紂王の悪政により塗炭の苦しみに堕ちた民を救い、周王朝を立てた武王に関する故事が述べられた後、

（25）日本ハ一流ノ王氏トシテ、他種ヲ交ヘサレ共、其中ニ於テ、政コト善ハ長久ニ、悪ハ子孫断絶シ給也。

として、日本の場合は天照大神の子孫が王であり、他種に王権を奪われることはないが、天皇家の中でも不徳の王の

子孫は絶えてしまうのだと述べる。これは悪王として名高い武烈天皇とその類例を挙げた（26）（27）への繋がりから見て『神皇正統記』の序の「唯我国ノミ天地ヒラケシ初ヨリ今ノ世ノ今日ニ至マデ、日嗣ヲウケ給コトヨコシマナラズ。一種姓ノ中ニヲキテモヲノヅカラ傍ヨリ伝給シスラ猶正ニカヘル道アリテゾタモチマシ〳〵ケル。」の主意を採ったものと思われる。つまり、それまでの易姓革命思想的な論調にもかかわらず、やはり『壒嚢鈔』も神孫為君説という枠組みをその政道論の大前提としているということが理解できよう。

さて、続く（28）では、

（28）特ニ此国ハ神国也。神ト者仏ノ慈悲ノ余リノ光ヲ和ケテ、塵ニ雑リ給御姿也。争カ民ヲ哀ム心ナクテハ、天命ニ叶ン。上ヲナイカシロニスル心少モアラハ、必ス身ヲ亡スヘシ。神道ニ左ノ物ヲ右ニ不トレ移サ云モ、詮ハ只万事掟ヲ勿レトレ違コト云義也トナン。少シノ事モ心ニ緩クスル所アレハ、大ニ誤ル基ト成ル也。去ハ周易ニ霜ヲ履テ堅氷ニ至ルトヤラン云事ヲ、孔子釈シテ曰ク、積善ノ家ニハ余慶アリ、不善ノ家ニハ余殃アリ。殺シレ君弑スレ父事モ一朝一夕ノ故ニアラスト云ヘリ。毫釐モ君父ヲイルカセニ思心ヨリ起テ、必ス乱臣賊子ト成也。此故ニ古ノ聖人ハ、道ハ須臾モ不レ可レ離ル。可キハレ離ル非ストレ道ニ説リ。（後略）

（巻五―74条〈巻⑨―42〉）

この典拠となった『神皇正統記』（応神）では、神国たる我が国では天照と八幡の二所の宗廟の心を知るために正直に徹し、神意に沿って生きることに努めよという、神道に基づく人としての実践倫理を説くものであった。[11]『壒嚢鈔』では表現の省略が多少見られるものの、基本的な枠組みは『神皇正統記』と変わらない。だが、二重傍線を施した「神者」以下の言葉は『壒嚢鈔』独自のものである。この言葉は、直前の「此国ハ神国也」を巧みに利用して、神は仏が光を和らげて塵に混じり給う姿であるという本地垂迹説を用い、塵としての民を憐れむ心のない者はそのような仏の心に反するものであり、すなわち天命に叶わない者であるから其の身は必ず滅びるであろうという、革命思想に裏打ちされた撫民思想を述べるものである。この挿入によって、『神皇正統記』における倫理的な戒めは撫民思想に基づく君徳涵養論として文脈の中に組み込まれたのである。

次の（29）以下では、『神皇正統記』（後醍醐）の末世は慎みを無くした人の心にこそあるのだとする主張に、「僧俗稽古ノ廃故ニ、僻案ニノミ随テ、諸道ノ衰フル所ヲ云ト申セリ」という自身の解釈を加えた上で、日本に早くから経史が伝わっていた説（孝霊）、孔子が日本を高く評価していたという説（応神）などを組み合わせて、政道のための勧学を暗に主張する。勧学は前章でも触れた行誉の政道論の柱の一つであり、ここも『神皇正統記』を巧みに利用した例といえる。

この条全体を通して見ると、『壒嚢鈔』の政道論には一貫して革命思想に裏打ちされた撫民思想があり、さまざまな資料や説話を駆使してそれを主張していることがわかる。その中でも『神皇正統記』の引用は、後半のまとめの部分、つまり日本における政道のあり方を述べた部分に集中している。

『壒嚢鈔』において行誉が頻繁に政道のための勧学を説く姿勢からは、その政道論が決して絵に描いた餅ではなく、現実の我が国の政道において実践されることを意図したものであったことが窺える。そのためには、自らの主張する儒教的な政道論を、「一種王氏」として「他種」を交えないことを原則としてきた日本の王権の特殊性の中に組み込む必要があった。つまり、行誉の政道論にとって、神孫為君説の枠組みの中で儒教的徳治主義を展開させる『神皇正統記』は最も都合の良いものであったのである。

四．『神皇正統記』享受と背景

前章では行誉が革命思想的な撫民思想を強く主張しながらも、あくまでも皇統思想の枠組みにこだわったのは、自らの政道論を現実の日本の政治に適応させるためであったと述べた。それでは『壒嚢鈔』編纂当時の日本の政治的状況とはいかなるものであったのだろうか。本説では『神皇正統記』享受史にも関わる当時の政治的、思想的状況を確認したい。

『神皇正統記』は基本的には南朝の正統性を説く立場で書かれているが、それを貫く神孫為君説や儒教的徳治論は北朝側の人間にも共感されるものであったようである。そのことは岩佐正氏が指摘されるように、意図的な改竄の加えられた白山系統のようなテキストが生まれたことや、後に小槻晴富によって南朝の皇統を否定した『続神皇正統記』が作られたことからも窺える(12)。

ところで、『神皇正統記』を享受したという記録や事例として、『神皇正統記』写本の奥書を除けば、天理本『梅松論』（嘉吉二年〈一四四二〉、行誉写）と『壒嚢鈔』（文安二〜三年〈一四四五〜六〉）は時期的にかなり早い方である。そして、その後の応仁の乱の前後あたりから日記にもしばしばその書名が見られるようになり(13)『続神皇正統記』が成立する。

行誉が『梅松論』を改作し『壒嚢鈔』を編纂したのは、鎌倉公方が幕府に反乱を起こした永享の乱や、将軍横死という前代未聞の事件である嘉吉の乱の起こった時期である。

新田一郎氏は、足利義満による王権簒奪計画は公武を一括した国制の頂点に治天が位置し、政務を執るというモデルの確立を促したが、この治天制（天皇制）が幕府の権力を根拠づけるという国制モデルは義持の時代に定着し、その死後皇室権威の相対的回復という現象に繋がったとする[14]。新田氏はその顕著な例として、永享の乱の鎌倉公方追討や嘉吉の乱における赤松氏追討のために行われた、幕府による朝廷への綸旨発給の要請を挙げられた[15]。幕府がその支配正当性の源泉を天皇制的な枠組みに求めたことを顕わす象徴的な出来事であるが、行誉が『梅松論』の改作や『壒嚢鈔』編纂の際に『神皇正統記』を用いたのはまさにその時期にあたるのである。

つまり、行誉が政道論を展開するに当たって、あくまでも皇統思想の枠組みにこだわり『神皇正統記』を引用した背景には、混乱する世を治め善政を行える指導者が希求されたという事情に加え、皇室権威の相対的回復という当時の政治的状況があったものと思われる。

おわりに

『壒嚢鈔』の『神皇正統記』引用態度は、親房の思想である神孫為君説の枠組みと儒教的徳治主義を継承するというものであったが、それはその後の『神皇正統記』享受史の先駆けとなるものであり、当時の政治的状況と深く関わっていたものと思われる。だが、『壒嚢鈔』には『神皇正統記』の説を鵜呑みにするのではなく、当時の武家政治にも適応させようとする姿勢が見られる。それは、その政道論が具体的に誰に向けられたものなのかという問題に関わってくるが、現段階ではそれを解明するのは難しい。だが、これまでの論の中で、方向性は見え始めている。行誉の政道論が当時の社会的状況といかに関わり、どのような論を提示しているのかを、さらに分析してみる必要があろう。

（1）『神皇正統記』本文の引用は旧岩波古典大系の本文（国学院大学所蔵、旧猪熊本）による。

（2）『壒嚢鈔』が『神皇正統記』を引用しながらも年数がところどころ一致しておらず、別の資料に依っている可能性が高いことについては、小秋元段氏の「『壒嚢鈔』の中の『太平記』（上）」（『江戸川女子短期大学紀紀要』第一一号、一九九六年三月）にすでに指摘がある。

（3）第一編第二章「『壒嚢鈔』における知」。

（4）なお、『壒嚢鈔』〔B〕のように君への忠よりも父への孝を優先させるべしという主張は、『神皇正統記』によるものではない。前半に「本文云」として引くのは『孝経』の説であり、この説は太子伝四歳条に見られる（藤井奈都子氏御教示）。内閣文庫蔵『太子伝宝物集』や万徳寺蔵『聖徳太子伝』太子伝四歳条などに引用されることが確認される。

（5）高橋貞一「壒嚢鈔と流布本保元平治物語の成立」（『国語国文』二二巻六号、一九五三年六月）、釜田喜三郎「更に流布本保元平治物語の成立に就いて補説す」（『神戸商船大学紀要』一号、一九五三年三月）参照。

（6）『壒嚢鈔』巻一―45条の〔D〕で省略した信西入道が通訳なしで唐人と話したという説話は、『続古事談』二の第十六話からの引用であるが、『続古事談』では信西の行為を「イトコチタシ」と批判的に評するのに、『壒嚢鈔』では「イカメシサヨ」という好意的な表現に替えている。一方、『神皇正統記』二条には、

通憲モオ学アリ、心モサカシカリケレド、己ガ非ヲシリ、未萌ノ禍ヲフセグマデノ智分ヤカケタリケン。信頼ガ非ヲバイサメ申ケレド、ワガ子共ハ顕職顕官ニノボリ、近衛ノ次将ナンドニサヘナシ、参議已上ニアガルモアリキ。カクテウセニシカバ、コレモ天意ニタガフ所アリト云コトハ疑ナシ。

とあり、親房は信西をあまり評価していないことがわかる。『壒嚢鈔』との立場の違いが見られる点で興味深いところと言えるであろう。

（7）『続古事談』二、第二十二話。

（8）玉懸博之氏は「『神皇正統記』の歴史観」（『日本中世思想史研究』、ぺりかん社、一九九八年）において、親房が基本的には武家による政権を認めていないことについて、親房にとっての武家政権について、

武家政権は、院政以来の朝廷の失敗から生じた非常時に成立したものであり、神意の道徳性要求の側面に合致しないが

故にそれなりの必然性はもっていたにしても、他のより基本的な超人為的側面（私注――天照太神の子孫と天児屋の子孫とが相依って政権を執ること）に合致しないが故に、一時的かつ不完全な政権でしかありえなかった
と説明される。

（9）「中世における普遍と特殊――南北朝期の政治思想の形成をめぐって――」（『日本思想史――その普遍と特殊――』ぺりかん社、一九九七年）。

（10）引用は新岩波古典大系の本文（吉川泰雄氏蔵、七巻本）による。

（11）天皇のための君徳涵養論と解釈する説もある。たとえば我妻建治氏はここを、

　親房は、上述したところ、およそ人としての実践倫理を述べている。そして、とくに、天皇としての「天照太神ノ御心」にかなうべきあり方、「正直」「正道」を実現すべき基本を述べているのである。すなわち、ここに、天皇の日々の生活実践、いわば君徳涵養の倫理を表現しているわけである。

と解釈される。（「『神皇正統記』の理法」、我妻『神皇正統記論考』第三章、吉川弘文館、一九八一年）。

（12）旧岩波古典大系解説、および、岩佐氏「神皇正統記伝本考」（『国文学攷』三十五号、一九六四年十一月）

（13）『臥雲日件録抜尤』文正元年（一四六六）七月十二日

　十二日、外記常忠居士来（中略）、予又問、前有三房、後有三房、皆本朝博物之士也、某人々、未審名字、如何、曰、後三条院代、匡房・惟房・為房、三人同時出、又后醍醐天皇代、有宣房・定房・親房云々、親房乃今伊勢・飛騨国司之先也、神皇正統記、此今作也、

『宣胤卿記』文明十三年（一四八一）二月五日

　五日庚戌　雨降、自内裏、神皇正統記令書写可進之由被仰下。

（14）新田一郎「中世後期の「法」認識――「式目注釈学」学・序説――」第二節「『式目注釈学』の展開とその周辺事情」（新田『日本中世の社会と法』、東京大学出版会、一九九五年）。

（15）新田氏前掲論文（14）。

第三章　『壒嚢鈔』の后宮婦人論

はじめに

『壒嚢鈔』は文安二年から三年（一四四五〜一四四六）に、京都東山の真言寺院観勝寺の住侶行誉によって編述されたが、それは六代将軍義教が赤松満祐によって殺害された嘉吉の乱後から四、五年後にあたる。室町時代じたいが政治的に不安定な時代ではあったのだが、比較的足利将軍家が力を持ち得た時代が、近臣による将軍殺害という前代未聞の事件によって終焉を迎え、さらなる混乱の時代を迎えようとしていた時期であった。

ところで、嘉吉の乱の二年後、朝鮮から七代将軍義勝襲位の祝賀と前将軍義教の致祭の名目で通信使が来日した。ところが、京都では一行を受け入れるかどうかで賛否の論があった。諸大名が使節応対の費用を負担することが困難なので、当時の管領畠山持国に対して朝鮮人の入京を拒否していたのである[1]。この件について、中原康富の『康富記』嘉吉三年五月六日条には、管領畠山持国の意向を受けた幕府奉行人飯尾為種が、時の大外記清原業忠に意見を求めている様子が記される。幕府の方針を決めるのに、朝廷の実務官僚に意見を求めたという事実は注目に値するが、これには背景があった。

『康富記』によれば、為種は康富と連歌を通じて親しく交際していたことがわかる[2]。康富は清原業忠の弟子に当たり、権大外記にまでなった人物である。彼らはお互いに身分こそ高くはないが、故実や先例の知識に通じ、当代の公武の政治家たちの知と政治思想の源泉ともいうべき立場、いわゆるブレーンであった。そして、このような公武の実務家同士の私的な交流が、公的な政策決定の場に力を発揮したのが、先の朝鮮使節の事例であろう。また、当時清原業忠による、畠山氏や細川氏、斯波氏ら武家に向けての『論語』『大学』講釈や『御成敗式目』講釈が行われていたことが知られる[3]。これは幕府の中心にいる者たちが政治を行うための智恵として、朝廷の実務官僚である業忠から君子論、政道論のような政治思想を学ぼうとしていたことを示す例として注目される[4]。

ところで、『壒嚢鈔』の中の記述や『康富記』の記事から、編者行誉および観勝寺が、業忠や康富ら朝廷の実務官僚たちとの交流を持っていたことは明らかである[5]。しかも、行誉の『壒嚢鈔』編述に彼ら実務官僚たちとの交流が影響を与えていた可能性も高いのである。たとえば、巻一―45条「起請事」や巻五―74（巻⑨―42）「刹利居士懺悔」は分量が多く、説話を多用しながら政道論を説くという特徴を持っていたが、その政道論の内容は、業忠による武家への『御成敗式目』講釈という現象に象徴される、式目注釈学の思想に通じるものであった[6]。

さて、このような政道論を述べる条項で、『壒嚢鈔』の中で二番目に分量が多いのが巻四―5（巻⑥―5）「怨深子推恨ト云ハ、何事ソ」（以下「子推恨」とする）である。当条は「子推恨」という諺の由来を、春秋戦国時代の晋を舞台にしたいわゆる驪姫説話から説き明かし、その関連から女人と政道を主題とした説話を列挙するという、一貫した関心のもとに構成されている。その意味で、行誉の思想や『壒嚢鈔』編述姿勢、時代状況との関係などを窺うには恰好の素材といえる。

本章では行誉の政道観を明確にするための作業の一環として、巻四―5「子推恨」における説話とその主題、説話の選択や加工のしかたなどを確認したい。

一・「子推恨」の構成

『壒嚢鈔』巻四—5「怨深子推恨ト云ハ、何事ソ」は中国は戦国時代、晋文公の忠臣介子推の故事を話題としたものである。その内容から私に段落を分けたのが次の《構成表》である。これによると、当条は実質的な問いの答えに当たる、(1)の晋文公遍歴譚を出発点として、十七の説話・評論から構成されていることがわかる。

《『壒嚢鈔』巻四—5(巻⑥—5)の構成》

		内容	原拠	流『保元』
1	説話	晋文公遍歴譚(驪姫説話・介子推説話)	『国語』・『左伝』・『史記』	
2	評論	忠臣への恩賞の必要性	『尚書』	
3	評論	「凡世ノ乱ルル事ハ、和漢共后宮婦人之故也。」		
4	説話	梁孝王・竇大后のこと	『漢書』・『史記』	
5	説話	後醍醐の准后阿野廉子の内奏のこと	『太平記』	
6	評論	婦人の長舌が国を乱すこと	『魏誌』	○
7	評論	后妃のあるべき姿について	『周易』	○
8	説話	無塩君のこと	『新序』・『古列女伝』・『蒙求』	○
9	評論	「然ヲ今ハ只顔色ニ耽リ、寵愛ヲ先トシテ後宮多キ故ニ国家乱ル、也」		○
10	評論	後宮と後嗣問題が天下混乱の基となること		○
11	説話	周幽王と褒姒	『史記』など	○
12	説話	殷紂王と妲己	『史記』など	○
13	評論	婦人が政に容喙すると国家が滅ぶこと	『毛詩』『史記』	○
14	説話	漢武帝が皇太子の母鉤弋(鈎弋)を殺したこと	『漢書』・『史記』	
15	説話	漢高祖崩御後の呂大后	『漢書』・『史記』	
16	説話	平原君が躄者を笑った婦人を殺したこと	『史記』『蒙求』	
17	評論	女人尊重はすべての乱れの基であること		

※下段は流布本『保元物語』との共通部分

ところで、さらにこの《表》を見ると、この条が一つから三つの説話と評論とが交互に配置されるという特徴を持っていることに気づく。そして、それらが説話の後にその主題に関わる評論を述べ、そこから関連する次の問題を論じ、その例証としてさらに新たな説話を二、三例挙げるという展開方法をとっていることがわかる。そこで、それぞれの説話の典拠との差異、評論部分との繋がりを中心に検討を加えることで、行誉の主張と説話運用の仕方の特徴を明らかにしたい。

二　〝脱線〟への胎動

（1）段落は「子推恨」の説明である。その梗概を示すと、

晋の先代献公の寵妃である驪姫は我が子奚齊を跡継ぎに据えるため、先后の太子申生を自殺に追い込み、その弟の公子重耳（文公）と夷吾（恵公）を追放し晋の国を混乱に巻き込む。重耳は諸国を遍歴後、晋に戻り王位を継いで文公となるが、諸国放浪の際、飢えた自分を救うために自らの股の肉を割いて献上した介子推を恩賞から漏らしてしまう。それを恨んだ子推は「龍蚆ノ歌」を残し、綿上山にて焼死する。子推の死を嘆いた文公は国中に火を絶つことを命じたため、多くの老人が凍え死んだ。これが寒食の由来である。

というものである。さて、その後に続く（2）は忠臣への恩賞の必要性を説くものであった。問われているのは介子推の故事であるから、その評論はこれで事足りるはずであった。ところが、行誉はこの後に、さらに「是モ其源ヲ云ハ、只女人ノ態也」という言葉を続ける。すなわち、この悲劇の根本的原因を我が子を王位に就けようとした驪姫の謀略に求めたのである。そして、続く（3）では「凡世ノ乱ルル事ハ、和漢共后宮婦人之故也」としてこれを普遍化する。つまり、ここを起点として行誉の政道論は女人と政道の関わりについての問題へと発展するのである。

（3）の評論を「和漢」の説話を使って説明したのが表の（4）と（5）である。（4）は漢景帝の母竇大后が帝の弟孝王に帝位を継がせることを望んだことから国が混乱したという「漢」の故事であった。それに対して（5）は「和」の故事である。

後醍醐ノ院モ準后ノ内奏ヨリ、国乱レテ、天下ヲ失ヒ御座ストソ。昨日決断所ニテ得理セシ者、今日準后ノ内奏ニ依テ、敵方ニ付ラレ、朝ニ裁許ヲ蒙ル所、暮ヘニ弃置セラレケルト申メリ。

これは準三后阿野廉子の政治容喙が政治の混乱を招いたという説話であるが、『太平記』の記事を要約したものと見られる。[7]

去ハ御前之評定、雑訴之沙汰マテモ、**準后之御口入トタニ云ヒテケレハ**、上卿モ忠ナキニ賞ヲ與へ、奉行モ理アルヲ非トセリ、

（西源院本『太平記』巻一「中宮御入内事」）

同（元弘三年）八月三日ヨリ、軍勢恩賞之沙汰可有トテ、洞院左衛門督実世卿ヲ上卿ニ被定、（中略）事正路ニ非スシテ聽召返サレニケリ、サラハ上卿ヲ改メヨトテ、万里小路藤房卿ヲ上卿ニ成テ、申状ヲ付渡サル、藤房是ヲ請取テ、忠否ヲシ、浅深ヲ分チ、各申与ヘムトシ給ケル処ニ、**内奏ノ秘計ニ依テ、只今マテ朝敵ニ成ツル者ノ安堵ヲ給リ、更ニ無忠輩モ五ヶ所十ヶ所之所領ヲ給ケル**間、（中略）此外相州之一族ノ一跡、関東家風之輩之所領ヲハ、指タル事モ無郢曲歌道ノ家、蹴鞠能書ノ輩、乃至衛府諸司女官僧ニ至マテ、一跡二跡ヲ合テ、内奏ヨリ申ケル間、今ハ六十六ヶ国之中ニ、立錐ノ地モ軍勢ニ行ヘキ闕所ハ無ケリ、（中略）

又雑訴沙汰之為トテ、郁芳門ノ左右ノ脇ニ**決断所ヲ作ラレタリ**、其議定ノ人数ニ才学優長之卿相雲客、紀伝明法ノ外記官人ヲ三番ニ分テ、月ニ六ヶ度之沙汰ノ日ヲソ被定ケル、凡事ノ体厳重ニ見テ堂々タリ、サレ共是モ猶

理世安楽ノ政ニアラサリケリ、或ハ内奏ヨリ訴人勅裁ヲ蒙レハ、決断所ニテ論人ニ理ヲ付ラル、亦決断所ヨリ本主安堵ヲ給ケレハ、内奏ヨリ其地ヲ恩賞ニ行ハル、如此互ニ錯乱セシ間、所領一所ニ四五人之給主付テ、国々動乱静リ難シ、

（西源院本『太平記』巻十二「公家一統政道事付菅丞相事」）

『太平記』では戦の恩賞や雑訴における裁許の際に「準后之御口入」や「内奏」があったため、正しい恩賞が行われなかったことを述べる。ところで、（1）段落の前半の驪姫説話も『太平記』からの引用であったが、[8]『太平記』における驪姫説話もやはり準三后阿野廉子の政治容喙とそれを用いてしまった後醍醐天皇を批判したものであった。このことから、「子推恨」という言葉の説明という本来の主旨から考えれば、正当な賞罰の重要性を説く（2）段落で終わりだったはずの政道論が、突然女人政治容喙批判へと転じたのは、『太平記』による一連の阿野廉子批判がその背景にあったためと思われる。

三　理想の后妃論

さて、次に続く（6）段落は『明文抄』や『管蠡抄』などの金言佳句集に見られる言葉の引用で、（4）（5）の説話の主旨を受けて、婦人の言葉を用いることが国を乱す基となることを述べる。だが、次の（7）段落では一転して（6）段落の批判を踏まえ、后のあるべき姿を説く。そして、その理想的な皇后の例として挙げられるのが（8）段落の無塩君説話である。

斉ノ国ニ婦人アリ。無塩ト名ク。容醜シテ色黒ク、喉結フレ、項肥《ウナシコヘ》タリ。腰ハ折タル如ク、胸突出セルカ如シ。高臣トマカブラダカニシテ、隅目《クホク》トマスミタテリ。サレバ卅ニ及フマテ、敢テ妻取者ナシ。或時宣帝ノ宮ニ詣テ

申サク、妾、君王ノ聖徳有事ヲ聞ニ、后宮ノ数ニ列ラン事ヲ願テ、詣テ来レリト。宣帝則漸台ニ、酒肴ヲ儲テ、是ヲ召ス。時ニ左右ノ見ル人、口ヲ掩《ヲヽイ》目ヲ引テ咲フ。帝未ダ言ヲ不ニ出シ給一ハ、婦人睢盱《キク》トメミハテ、胸ヲ打テ、危哉、危哉ト四度ヒ申サク。

宣帝、何事ヲ謂《イフ》ニカ。願ハ其ノ由ヲ聞ント。女答テ云、大王ハ今天下ニ君タレ共、西ニ衛秦ノ憂アリ。南ニ強楚ノ敵有リ。外ニハ三国ノ難アリ、内ニ姦臣集レリ。既ニ今秋四十七ニ至マテ、太子立チ給ハテ、只継嗣ヲ忘レテ婦人ヲノミ集ム。好ム所ヲ恣ニシテ、可レ憑ム所ヲ緩クセリ。若シ一旦ニ事出来ラム、社稷不レ定《シ》ラ。是一ツ。五重ノ漸台ヲ造テ、金ネヲ敷キ、玉ヲ鏤テ、国中ノ宝ヲ盡シ、万民悉ク疲レタリ。是二ツ。賢者ハ山林ニ隠レ、佞臣ハ左右ニアリ、偽リ曲レル者ノミ進テ、諫メ覚ス者ナシ。是ツ。酒ヲ嗜ミ女ニ溺、夙夜ニ思ヲ蕩、志シヲ恣ニシテ、前ニハ国家ノ治ヲ不レ思ハ、後ヘニハ諸侯礼ヲ不レ納メ。是四ツ。危哉危哉ト申セバ、

宣帝聞給テ、今寡人カ言所、是到レル理リ也。誠ニ我カ謬マリノ甚キ也。身ノ不レ全《ラン》カラ事ハ、近ニ有トテ、立所ニ漸台ヲ壊捨テ、彫琢ヲ止メ、諂ヘル臣ヲ退ケ、賢者ヲ招キ、女楽ヲ遠ケ、沈酔ヲ禁シ、遂ニ太子ヲ選ヒ立。此ノ無塩君ヲ拝シテ后ト定メ給ヒシカハ、斉ノ国大ニ安シ。是レ醜女ノ功也ト云リ。

（『壒囊鈔』巻四―5〈巻⑥―5〉）

これは流布本『保元物語』にもほぼ同文で引用され[9]、また、『三国伝記』にも見られる説話であるが、世にも稀な醜女「無塩」が、斉の宣王に四つの危機を挙げて諫言したところ、王がそれを受け容れ無塩を妃としたという説話である。一見（6）段落の、婦人の言葉を用いてはならないとする主張と矛盾するようであるが、説話の主旨は、個人的な思いから国の政道や王嗣の問題に容喙する「長舌」の婦人とは対照的に、国の安泰を第一に考え王に諫言する賢女の功を描いたものである。無塩君説話の源流は『新序』や『古列女伝』に溯ることができるが、『古列女伝』では

弁術によって禍を避けた才知ある女性の伝を集めた「弁通伝」の中にあるものであった(10)。

ところで、その四つの危機の内容は政道批判である。とくに「既ニ今秋四十七ニ至マテ、太子立チ給ハテ、只継嗣ヲ忘レテ婦人ヲノミ集ム」とする一つ目の「危」は、いわば『壒嚢鈔』の「子推恨」に展開される后宮婦人論の柱ともいうべき批判である。女人の政治容喙批判を柱とした后宮婦人論の中で無塩君説話が引用された理由は、それが「顔色」とは縁遠い「醜女」が帝王論・政道論を説き后に選ばれるという主旨を持つ説話である点と、後嗣問題を最重要課題として指摘したところにあったものと思われる。それは、次に続く（9）段落、「然ヲ今ハ只顔色ニ耽リ、寵愛ヲ先トシテ後宮多キ故ニ国家乱ル、也」という批判と、（10）段落の「后キ多シテ、同年ノ太子、アマタ御座サバ、天下必ス乱ルヘキニヤ。」という後嗣をめぐる問題へと繫がることから明らかである。

以上のように、政道論としての后宮婦人論を説く『壒嚢鈔』の中で無塩君説話が果たす役割は、政道の乱れの基となる後宮惑溺と後嗣決定における迷いや誤りへの批判を説くというものであった。それは、ちょうどその直前に引用された（4）段落の竇大后による後嗣問題への容喙と（5）段落の内奏による混乱を生んだ阿野廉子嬖幸という二つの説話の対局にある理想像を例示した形となり、さらには両方の問題を備えた悪い例である（11）の幽王説話を導き出すことになる。

四．後嗣問題と政治容喙

次に、行誉が『史記』を原拠とする説話を巧みに自らの政道論の中に位置づけていった例を、我が国の漢故事説話集『唐鏡』との関わりを中心に確認する。

（3）段落の「凡世ノ乱ルル事ハ、和漢共后宮婦人之故也」を受けて展開する政道論の最初に引用される説話が、

（4）の漢景帝・梁孝王説話である。

梁之孝王ハ孝文皇帝ノ子景帝同母ノ弟也。母ヲハ竇大后ト申テ。イミシキ后宮ナリキ。或時景帝ト孝王ト后ニ随テ酒宴アリケルニ、竇大后ノ曰ク、君千秋万歳ノ後ヲ、孝王ニ伝給ヘト。景帝大底領状ノ体也。竇嬰ト云者、其座ニアリケルカ、高祖ノ遺命ニハ、此後ハ、次第ニ嫡々ニ伝給ヘトコソ有シニ、何ソ大弟ニ禅リ給ハント申ケレハ、大后是ヲ聞テ、口惜ク覚シテ、時々竇嬰ヲ讒シ、孝王ヲ位ニ即給ハン由ヲソ、勧給ヒケル。此事天下ノ重事ナル間、諸臣ニ尋給ニ、人皆何ト申間、遂ニ太子ニモ立給ハテ、我子ノ武帝ニ定メ給ケリ。其時孝王憤テ、潜カニ人ヲシテ、此人々ヲ害サセケリ。景帝定メテ孝王ノシ態ト心得テ、使ヲ遣シテ其趣ヲ責ラレケレハ、孝王落テ有ノ任過テ候ケリト申サレシカバ、景帝漸ク御腹居テ、先ツ梁ノ国ヘソ被レ返ケル。母后加様之事ヲ、本意ナクヤ覚シケン。何ト無クヤミ給ヒシカバ、孝王梁国ヨリ都ヘ参リ給ヒ、母后ノ看病ヲモ致サントノ給ヘ共、景帝猶疑ヒヲボシケレハ、サウナシ共アリナント、答ヘ給ヘバ、無クテレ力本意ヲ背キテ、梁ノ国ヘソ被レ返ヘケル。加様ノ事共ヤ、心ニ懸リケン、病付テ幾程無シテ、失給ヒケリ。是ヲ聞テ、母后大ニ恨ミ給ヒシカハ、病ヒ弥ヨ大事ニ成テ、一向物モ食ハザリケレハ、景帝騒、妹トノ内親王ト相計ヒテ、梁ノ国ヲ五ニ分ケテ、孝王ノ五人之子共ニ封、又女子五人有ケルニモ、封体ノ事、宛行ハレケレバ、母后悦テ、露許リ物食メシケル云リ。ユ、シキ国ノ煩ヒニテ、アリケルト申メリ。

（『壒嚢鈔』巻四―5〈巻⑥―5〉）

出典は『史記』巻五十八「梁孝王世家第二十八」であるが、分量が多いため、直接の典拠はもっとコンパクトに纏められた説話であったと思われる。その典拠の存在を思わせるのが、次に挙げる『唐鏡』[11]である。

第五ノ主ヲハ、孝景皇帝〔と〕申キ、諱ハ啓、文帝ノ太子也、御母竇皇后ト申キ（中略）帝ノ御弟ニ、梁ノ孝王ト申ス親王オハシマシキ、御同母也、帝孝王ト母后ノ御モトニテ酒宴ノアルニ、御門ノ玉ハク、千秋万歳ノ後ニハ、朕カ位ヲ伝ヘシト、

竇嬰ト云物、其座ニアリテ云ク、高祖ノ約束ニハ、子ノ後ハ、次第ニ嫡孫伝ヘシトコソ有シカ、何故ニ其約ヲ背テ、弟ニ伝ヘシトノ給フト、母后是ヲ聞テ、口惜トオホシテ、オリコトニハ、構テ、孝王ヲ位ニ付ハヤト、御門ニ申サセ給、帝人々ニ問ナトシテ、マシキ天下ノ大事ニテアリケレトモ、人々イカ、ナト申ケレハ、終ニ伝ヘ玉ハス、

カク申人々ヲハ、孝王憤リテ、シノヒヤカニ殺サセテケリ、帝孝王ノシワサニヤト疑テ、尋玉フニ、果シテ爾也、ヤカテ、使ヲ遣シテ、イカニカクハ〔と〕責ラレケレハ、孝王オチテ、母后ニ申テ、誤ニケリト申サセ給ケレバ、御門オロ〳〵御ハラヰニケリ、

其後ニ、孝王梁国ヨリ都へ参タルニ、母后ノ御病ナトニモ、看病ヲモセントテ、都ニ侍ラント申サル、ニ、帝ハラクロキ心ヲ疑テ、サコソ有ナント、被仰ケレハ、心ユカスナカラ、梁国へ還給ヌ、安キ心ナクシテ、終ニ病付テ、失給ヌ、母后是ヲ聞給テ、事モナノメナラス、歎ワヒ給ヌ。

（『唐鏡』第三、漢第五孝景皇帝）

『壒嚢鈔』と比較すると、表現の違いはあるものの、構成はほぼ同じであることがわかる。ただし、『唐鏡』の場合、最初の二重傍線部に「御門ノ玉ハク」とあるように、帝位継承の問題は景帝自身が口にしたことになっており、『壒嚢鈔』の「竇大后ノ曰ク」のように母の竇大后が最初から容喙したのではない。『漢書』列伝十七や『蒙求』巻下「梁孝牛禍」では景帝自身の言葉となっており、『唐鏡』はそちらに近いものといえる。ただし、『史記』[12]においては、

竇皇后心欲以孝王為後嗣。大臣及袁盎等有所関説於景帝。竇皇后義格。亦遂不復言以梁王為嗣事。由此、以事

秘世莫知。

（梁孝王世家）

とあり、竇大后が孝王を後嗣にしたいと思ったが、それを袁盎ら臣下が内々に阻止したことになっている。その意味では『壒嚢鈔』のほうが『史記』に近い解釈であるといえるが、この違いはむしろ、『壒嚢鈔』が「凡世ノ乱ルル事ハ、和漢共后宮婦人之故也」の例として竇大后の容喙を重視したことによるものと考えられる。なお、景帝に諫言したために梁孝王に暗殺される臣下は、『史記』や『漢書』、『蒙求』では「竇嬰」ではなく「袁盎」となっている。その意味でも、『壒嚢鈔』が『唐鏡』と同じ竇嬰説を採る点は注目に値する。

同様に『唐鏡』と共通する説話が、（11）段落である。

サレハ周ノ幽王ハ褒姒ヲ愛シテ、本ノ后キ、申后并ニ其腹ノ太子ヲ弃テ、褒姒ヲ后トシ、当腹ノ伯服ヲ以テ太子トセシカバ、申后怒ヲ成テ、繒綵ヲ西夷犬戎ニ與ヘテ、幽王ノ都ヲ責メシカハ、烽火ヲ挙レ共、兵モ不レ参シテ、幽王討レ給テ、周ノ国亡ケリ。

（『壒嚢鈔』巻四―5〈巻⑥―5〉）

（11）段落は周幽王が褒姒を、（12）段落は殷紂王が妲己を寵愛したという故事であり、両者ともに婦人嬖幸のために国を滅ぼした悪王の先例としてよく引用されるものだが、これらは（10）段落で述べられる、

書ニ曰ク、聖人ノ成礼、其ノ嫡ヲ貴テ、世ヲ令継有。太子卑シテ、庶子尊キハ乱ノ首メ也。必ス危亡スルニ至ルト。又伝ニ云ク、后キ多シテ、同年ノ太子、アマタ御座サバ、天下必ス乱ルヘキニヤ。

（『壒嚢鈔』巻四―5〈巻⑥―5〉）

という、后宮婦人と後嗣をめぐる問題を受けたものであった。とくに（11）は『史記』にその源流を見ることができ

るものの、幽王の後嗣問題における失策を中心に取り上げた点は、我が国における他の作品の周幽王説話にはほとんど見られない。だが、『唐鏡』には、

次ノ年、王、褒姒ヲ愛シ玉フ、褒姒、伯服ヲ生メリ、王、申侯ノ女ヲステヽ、褒姒ヲ后トシ、伯服ヲ太子トシ玉ヘリ、世ハ既ニウセヌトソ、群臣歎申ケル、此褒姒、咲事ヲコノマス、王イカニカナシテ、咲セントテ、オホシテ、万方スレトモ咲給ハス、熢トテ、敵ノ至ル事アル時、此火ヲ挙レハ、事イテキタリトテ、諸侯トモ参集ル、王、万ノ事ヲシ玉フ余、此熢ヲアケ玉フニ、ソコラノ人々、国々ヨリ参集ルニ、何事モナカリケルヲ、褒姒大ニ咲玉ヘハ、王喜テ、常ニ熢ヲ挙玉ケリ、余ニ繁クナリケレハ、後々ニハ参ラス成ニケリ、先ノ后ノ父、申侯、嗔ノ余、西夷ヲトモナヒテ、王ヲ責奉ル、王熢ヲアケテ、兵ヲ召トモ、先々ニ習テ、独モマイル物ナシ、防戦人モナクシテ、麗山ノ下ニ、ハカナク成給ヌ、

（第二、周幽王）

とあるように、説話の主題と表現に共通性が見られることがわかるのである。

さて、その後、（13）段落では「史記ニ云、牝鶏朝則、其郷里必滅。サレハ蚩ノ時ヲツクレハ、所ノ怪異ニテ、其里忽ニ亡ブルカ如ク、婦人ノ政ヲイロヘハ、国家必ス乱ル、トナリ。」という評を述べる。そして、その女人政道台頭への危惧に基づいた故事（14）段落へと続く。

漢ノ武帝ハ。前漢第六ノ主トハ申セ共。正キ高祖ノ彦景帝ノ次男ニテ。政正シカリシ御門也。此武帝ノ后キニ、鈎弋夫人ト云ハ。殊ニ寵姫也キ。則孝昭帝ノ母也。然ニ武帝我後ニハ。此子ニ位ヲ即ントノ曰ヒケルカ。其事トナキ咎ヲ云懸テ、鈎弋夫人ヲ迫殺シ給ヒケリ。其時大風吹テ。塵ヲ挙ル事生便カリシカハ。人人只事ニ非スト申ケリ。其後御門。此事臣下ハ如何ニ云ト問給ヘハ。其子ヲ位ニ即ントヲホス許ニテ。何ソ其ノ母ヲ殺サル、ヤト

ソ。傾申合ヒ侍ルト申ケレバ。武帝ノ曰ヒケルハ。是誠ニ然リ。乍レ去従レ昔天下ノ乱ニ。国土ノ傾ハ。君若クシテ母盛ニナル故也。母后ノ僻事ハ。何ニモ世ノ乱ル、端也。汝ヂ呂后ノ事ヲ不レ見トソ。ノ曰ヒケル。

（『壒嚢鈔』巻四―5条〈巻⑥―5〉）

これも『史記』にその源流を見ることができる。ただし、夫人の名は正しくは釣弋ではなく「鉤弋」（鉤翼とも）である。『壒嚢鈔』所引の説話はその構成をほぼ『史記』に倣っているが、これもおそらく『唐鏡』のような典拠に依った可能性が高いと思われる。

第六ノ主ヲハ孝武皇帝ト申キ。諱ハ徹、景帝ノ中子也、（中略）

釣弋夫人ト云人アリケリ、帝ノ寵妃也、趙婕妤ト申ス、皇子ヲウミ玉ヘリ、孝昭皇帝是也。帝我後ニハ、此御子ヲニ位ニツケント思食テ、其事トナキ咎ヲ云付テ、釣弋夫人ヲ責殺シツヽ、其時ニ、俄ニ大風吹テ、塵ヲ吹上ク、暮行く事無限、人共ユ、シキ也ト、アサミ合ケリ、帝人々ニ、世ノ人イカ、云合タルト問給ヘハ、人々申サク、其御子ヲ位ニ即奉ラントテ、何ソ其母ヲコロサル、ヤト、帝被仰様、誠ニ然也、サレトモ、昔ヨリ天下ノ乱事ハ、君若クシテ母サカリナル故也、女主ノヒカ事ハ、イカニモ世ノ乱事也、汝等呂后ノ事ヲミスヤト也

（『唐鏡』第四「漢第六孝武皇帝〈漢武帝〉」）

『唐鏡』と比較すると、二重傍線部のように表現に多少の違いはあるものの、構成はほぼ『壒嚢鈔』と同じであり、「鉤弋夫人」を「釣弋夫人」とするところ[13]も含めて、先の梁孝王・竇大后説話以上に『唐鏡』との近似性が指摘できる。ところで、この説話は咎のない「釣弋（鉤弋）」を帝王の後継ぎの母というだけの理由で殺すという一見残酷な話であるが、これは後嗣をめぐる紛争を未然に防ぐための行為であり、自分が退いた後まで考慮に入れた漢武帝の深謀遠慮をあらわすエピソードとして引かれたものと思われる。そして、それは傍線部で武帝自身が「呂后ノ事」を引

き合いに出して説明し、行誉が次の（15）段落にその呂大后の話を補足的に挙げることからも明らかなように、先帝亡き後にまだ幼い新帝の母后が権力を振るうことへの警告でもあった。

そして、後の禍を防ぐために后（婦人）を犠牲にした漢武帝の故事を受けて引用された説話が、続く（16）段落である。

又平原公ト云シ人ハ、家富才高クシテ、能《キ》人共集ケリ。尤イミシキ人ナリシカ、婦人ノ勧ニ依テ、楼ヲ作テ彼ト共ニ常ニ遊ケルカ、或時片足蹇《ナヘ》タル者ノ、水ヲ汲テ、ヲカシキ体ニテ通リケルヲ、此婦人事外ニ咲ヒケリ。翌日水汲ツル片輪者来テ申様、君ノ徳ヲ慕ヒテ、サシモ才者達、千里ヲ遠シトセズシテ、来《リ》仕ル事ハ、義ヲ本トシテ、賢人ヲ重シ、女人ヲ軽クシ給故也。然ニ我カ足ノ蹇タル事ハ、無《レ》力《ラ》生《レ》付ノ事ナルヲ、婦人ノ咲ヒ給事、尤《モ》口惜ク侍リ。実トニ其儀重クシ給ハヽ、速ニ其《ノ》人之首ヲ斬テ、我ニ与《ヘ》給ヘトテ、腹立《チ》モタヱケリ。平原公、ケニトハ云ナガラ、サスカ殺スニハ不《レ》及《ハ》。カ許ノ事ヲ是程ニ腹立申ヨト、浅猿《アサマシ》ク思テ過ケルニ、婦人ハ又是ヲ聞テ、憤リテ色々ニ訴ヘケリ。半年許ノ後、日来有ツル者共、半《ハ》過テ出去ヌ。平原公恠テ、此人共ニ、我ハ無頼ナル事ナカリツルニ、コハ何ニト云。皆人ノ云ケルハ、是ハ彼《ノ》足蹇ノ咲レテ、訴ヘ申《セ》シ事ヲ、君用給ハスシテ、還テ婦人ノ憤リヲ恐レ給バ、只色ヲ好ミ給フ故ニヤ、然ラハ日ニ随テ、此国衰ヌベシトテ、歎シ人々、皆逃去ヌト申シカハ、忽ニ彼婦人ヲ殺シテ、足蹇ノ許ヘ送ケリ。サレハ失ニシ人々、又聴テ帰リケルト申事侍リ。

（『壒嚢鈔』巻四―5条〈巻⑥―5〉）

平原君趙勝は孟嘗君らと並ぶ戦国時代の四君の一人であり、数千人の食客を集めたことで知られる。この故事は『史記』平原君虞卿列伝およびそれを抄出した『蒙求』趙勝謝躄に見られるものであるが、足の悪いことを婦人に笑われて腹を立てた食客のために、平原君が婦人の首を斬ったという話である。平原君にその決意をさせた他の食客の言葉が傍線部であるが、二重傍線部の「此国衰ヌベシ」という後患への恐れから敢えて婦人を犠牲にした為政者の例として挙げられたことは明らかである。次に挙げた『史記』の本文を見ると、『壒嚢鈔』が『史記』の内容をほぼ忠実に和文化したものであることが判明する。(14)

平原君家楼臨民家。民家有躄者。槃散行汲。平原君美人居楼上、臨見大笑之。明日躄者至平原君門請曰、臣聞君之喜士。士不遠千里而至者、以君能貴士而賤妾也。臣不幸有罷癃之病。而君之後宮、臨而笑臣。臣願得笑臣者頭。平原君笑応曰、諾。躄者去。平原君笑曰、観此豎子。乃欲以一笑之故殺吾美人。不亦甚乎。終不殺。居歳余、賓客・門下・舎人、稍稍引去者過半。平原君怪之曰、勝所以待諸君者、未嘗敢失礼、而去者何多也。門下一人前対曰、以君之不殺笑躄者、以君為愛色而賤士、士即去耳。於是平原君乃斬笑躄者美人頭、自造門進躄者、因謝焉。其後門下乃復稍稍来。

（平原君虞卿列伝）

ただし、『壒嚢鈔』の二重傍線部「婦人ハ又是ヲ聞テ、憤リテ色々ニ訴ヘケリ」や「還テ婦人ノ憤リヲ恐レ給バ」「然ラハ日ニ随テ、此国衰ヌベシ」は『史記』や他の類話には見られないものである。『壒嚢鈔』が女人による政治容喙を批判する文脈のもとでこの故事を引用していることを考えると、これらの言葉は行誉によって新たにつけ加えられた可能性が高いといえる。

ところで、この平原君説話は冒頭に述べたように、(14)段落と同趣の主題を扱ったものといえるが、今までの説話と大きく違うのは、この説話のみ后宮婦人ではなく諸侯の婦人を扱っている点である。そのことと呼応するように、続く(17)段落の評論は「家ニテモ国ニテモ」と女人政治容喙の範囲を広げる。このような展開は説話の主題に引きずられた偶然の産物のようにも見えるが、そうではないようである。たとえば、『壒嚢鈔』の中でも最も長く政道論を述べる巻五―74（巻⑨―42）の「剎利居士懺悔」では、帝王の例だけではなく、「古ノ良吏」の例を列挙する。行誉の政道論が天皇や将軍のような天下国家レベルの為政者にのみ向けられていたわけではなかったことが、このことからわかる。しかも、当条の場合、（17）段落は結論に当たるのである。つまり、これは行誉の読者を意識した現実的対応の現れと見るべきであろう。

おわりに

以上、『壒嚢鈔』巻四―5（巻⑥―5）「怨深子推恨ト云ハ、何事ソ」の分析を通して、そこに展開される政道論は、一貫して「凡世ノ乱ルル事ハ、和漢共后宮婦人之故也」という、女人政治容喙批判を基調とする后宮婦人論であったこと、その中では、后宮婦人による内奏の弊害、理想の后妃像、後宮に起因する後嗣問題などについての評論が、それぞれ巧みに選択され加工された説話を例証とし、その説話の内容を受けて微妙に力点を移動させながら次の評論へと展開していること、そして、最終的には天下国家のみならず、「家」の問題においても女人重視が危険であることを警告して結んでいることを確認した。

ところで、『壒嚢鈔』の中ではしばしば政道論や世相批判が展開されるが、それらは『壒嚢鈔』が書かれた当時の社会的状況と密接に関わっていた。このことは当条においても例外ではないはずである。

そこで、『壒嚢鈔』を編述した文安期の政治的状況を見てみると、加賀両流相論に代表される守護家の家督争いが世の中を混乱させていた[15]。また、将軍不在の空白期（嘉吉三〜文安六）であり、その間政権を実質的に握っていたのは夭折した前将軍足利義勝及び次期将軍となる義政の母、日野（裏松）重子であった。重子はその権限を以てしばしば政治介入を行っており、そのため幕政が混乱したことが指摘されている[16]。行誉は、守護家における家督争いが世の中の混乱を招いているという現実と、それを治めるべき将軍権力が正常に機能していない現状を見たときに、その元凶を将軍生母重子の政治容喙に象徴される女人政治容喙に求めたのではないだろうか。『壒嚢鈔』において展開される政道論の中でもこの后宮婦人論が比較的長いのは、政道に携わる者にとって家や国の安定が最重要課題であることを身に染みて実感し、女人尊重がそれを乱す最も大きな原因であることを伝える必要性に迫られたためと思われる。

（1）田中健夫『前近代の国際交流と外交文書』（吉川弘文館、一九九六年）、および、金光哲『中近世における朝鮮観の創出』（校倉書房、一九九九年）参照。
（2）嘉吉二年六月十四日条ほか。
（3）和島芳男『中世の儒学』（吉川弘文館、新装版一九九六年、初版一九六五年）。
（4）新田一郎氏は「中世後期の『法』認識――『式目注釈学』学・序説――」（新田『日本中世の社会と法』、東京大学出版会、一九九五年）において、

実務処理の面でなく政治理念の「学問」的な面で清原家学の直接の影響が幕府政策において確認されるのは以前には見られなかったことであり、ましてや宿老から奉行人層に至るまで幕府関係者がその教養として「式目注釈学」など清原家系の諸学問の講席に広く連なるようになるのは、どうやら業忠の代以降のことであったらしい。

と指摘される。
（5）本書第三編第一章「『壒嚢鈔』の〈観勝寺縁起〉」、および第四編「『壒嚢鈔』と雑談」。
（6）本編第一章「『壒嚢鈔』と式目注釈学」、および、本編第二章「『壒嚢鈔』の『神皇正統記』引用」。
（7）小秋元段氏は、『壒嚢鈔』の中で行誉が用いた『太平記』が古態本を基調としながらも古態本よりも新しい本文形態をとるテキストであったとされる。（「『壒嚢鈔』の中の『太平記』（下）」、『駒木原国文』第七号、一九九六年三月）よって、『太平

記』引用にあたっては、とりあえず古態本に依るのが穏当と判断し、西源院本を用いた。
（8）黒田彰「驪姫外伝―中世史記の世界から―」（『中世説話の文学史的環境』和泉書院、一九八七年）。
（9）釜田喜三郎「更に流布本保元平治物語の成立に就いて補説す」（『神戸商船大学紀要　文科論集』一号、一九五三年三月）および、高橋貞一「壒嚢鈔と流布本保元平治物語の成立」（『国語国文』二二巻六号、一九五三年六月）。最近では松尾葦江氏が論じられている。（「流布本保元物語の世界」、軍記物語研究叢書3『保元物語の形成』、汲古書院、一九九七年）。
（10）『古列女伝』の小序に「惟若弁通、文詞可従。連類引譬、以投禍凶。推摧一切、後不復重。終能一心、開意甚公。妻妾焉則、為世所誦。」とする。
（11）引用は彰考館文庫蔵本（吉田幸一・平沢五郎校『唐鏡』、古典文庫、昭和四十二年）による。
（12）引用は新釈漢文大系の本文による。
（13）ただし、松平文庫本、内閣文庫本は「鈎弋」、吉田文庫本は「鉤弋」とする。だが、彰考館本や蓬左文庫本のように書写年代の古いテキストが「鈎弋」と記している点は、『壒嚢鈔』の典拠を考える上で極めて示唆的である。
（14）この他にも、平原君とともに四君子の一人として有名な孟嘗君の説話が巻一―33「代ト世トハ同意歟」に見られるが、これもやはり『史記』孟嘗君列伝の内容をほぼ忠実に和文化したものである。
（15）加賀両流相論に関する先行研究については、井上鋭夫『一向一揆の研究』（吉川弘文館、一九六八年）、館残翁『冨樫氏と加賀一向一揆史料』（石川史書刊行会、一九七三年初版、一九八三年復刻版）、今谷明『室町幕府解体過程の研究』（岩波書店、一九八五年）などがある。
（16）高橋修「日野（裏松）重子に関する一考察――その政治介入を中心として――」（『国史学』一三七号、一九八九年四月）。

第三編

緇問に見る成立背景

第一章　『壒嚢鈔』の〈観勝寺縁起〉

はじめに

『壒嚢鈔』は文安二年（一四四五）に編述された巻一～四（刊本①～⑦）の素問と翌年三年（一四四六）に編述された巻五～七（刊本⑧～⑮）の緇問に分けられるが、仏教に関する質問である緇問は、奥書や奥書のある巻の最終条の記述内容から、素問の時とは別の人物からの依頼により、新たに付け加えられた部分であると考えられる。(1)

今此緇問百八十八箇条又素問三百四十七箇条、其数合《テ》五百卅五箇条歟。其内《ニ》含所又莫太也。此緇問《ハ》是増印之所望也。只併《ラ》真隆仏法《ノ》媒《チ》出離生死《ノ》謀也。願所、自然《ニ》一覧《ノ》人、従レ外《ヨリ》内《ニ》入、従レ浅《ヨリ》深《ニ》入。只鎮《ヘニ》隙《ヲ》勿《レ》レ空《スルコト》ト也。又ハ一分《ノ》為二檀施一《ノ》所二註《シ》置一《ク》也。

（『壒嚢鈔』巻七—38条〈刊本⑮—9〉「諸経説時如何。」）

筆者は『壒嚢鈔』巻一から巻四までの素問を中心に、問答体の答えの脱線部分を手がかりにして、『壒嚢鈔』の制作動機を考えてきた。(2) 素問については、政道のための勧学という行誉の姿勢及び『御成敗式目』の注釈との関係や『神皇正統記』の引用から、今後政道に関わっていく者、おそらくは武家の子弟あたりに向けて書かれた可能性が高いものと思われるが、(3) 素問と同様、緇問の場合も行誉をその制作に駆り立てる何らかの強い動機や目的があったものと思われる。たとえば、素問と同様、緇問にも政道論が説かれることは注目すべきであろう。また、緇問の後半部分は、日本における仏教文化の始源を問う内容が中心となっているが、単純に日本仏教史とは言い難い[4]、ある意味で偏った内容となっている。そこで、とくにその偏りの最たるものである、いわゆる〈観勝寺縁起〉の分析を通して、緇問の中に底流する行誉の意図を明らかにしたい。

一・『壒嚢鈔』巻七―24条の〈観勝寺縁起〉

巻七―24条〈刊本巻⑭―10〉は、行誉が所属していた真言寺院、東岩蔵山観勝寺の草創と歴史を説明した部分である。その内容から、仮に〈観勝寺縁起〉と名づけたが、後に述べるように本来の観勝寺の縁起は別に存在したようである。観勝寺（東岩蔵寺）は現在の南禅寺の東南にある大日山にあったが、応仁の乱で焼失してしまう。その後再建されるが、寺領はしばしば違乱に遭い、寺領の維持は思わしくなかった。江戸時代に入り安井門跡の兼帯となったため、東山安井に移されるが、明治維新後衰退し、大覚寺に移された後、廃寺となった[5]。このような事情によって大覚寺には東岩蔵寺関係の文書が残されているが[6]、それほど多くはなく、また、他の資料にもその名が出てくることは稀であり、観勝寺については不明な部分が多い。近世に出版された地誌においてもいくつか関係資料が調査されてはいるが[7]、結局のところまとまった縁起はこの『壒嚢鈔』巻七―24条しか残っていないのが現状である。

さて、〈観勝寺縁起〉は主に観勝寺中興の祖大円房良胤の伝記が中心となっている。紙面の都合もあり、本章では全文の引用はせず、『壒嚢鈔』の目録をもとに私意を加えて区切った〔A〕～〔Z〕までの段落ごとの要約を表にし、問題となる箇所のみ随時本文を引用しながら論を進めたい。

さて、十七世紀後半から十八世紀頃（元禄・宝永ごろか）に制作された真言宗の高僧伝である『伝灯広録』[8]（醍醐寺の祐宝編。享保十一年書写奥書あり）の「大円伝」は、順序は違うものの、『壒嚢鈔』の〈観勝寺縁起〉とほぼ同じ内容と

《表1》『壒嚢鈔』巻七—24条（刊本巻⑭—10）「当寺建立ハ何比ソ。并本願上人御事如何」

	内容	『伝灯広録』
A	行基菩薩の草創、荒廃の後三井寺の行円による再興。	
B	再び荒廃した観勝寺を大円が再興。	
C	亀山院の勅願寺となる。	
D	本尊は行基一刀三礼の千手千眼観音菩薩、中に聖徳太子作の正観音像を修める。また、鎮守は白山・清滝・熊野の三所権現。	
E	後嵯峨院の勅願寺であったが、行有阿闍梨に正観音像が盗み出されため、寺が退転。	
F	大円、後宇多院の祈りの師となる。	○
G	山科左大臣実雄、後宇多院が大日如来の化身であること示す夢を見る。	○
H	弘安四年の蒙古襲来（元寇）の際に大円の祈祷が効力を見せる。	○
I	異国降伏のために大円、五大尊を造立。亀山院からの料所を固辞。	○
J	亀山院の移住及び寺領の下賜と大円の固辞。	○
K	亀山院、無関和尚に相談して禅院（南禅寺）建立。	○
L	大円と弟子の隠遁生活。	
M	大円、盗人に仏具の白米を施す。	
N	左女牛若宮別当実深、大円に青鳬三十緡を寄付。	
O	青鳬で定肇作の阿弥陀三尊像を観勝寺に移し、阿弥陀堂建立。	
P	残りの青鳬で貧人施行をする。	
R	六度の中における施捨の功徳。	
S	大円、酔って狼藉を働いた稚児を許す。（付「被酒」の説明。）→『元亨釈書』大円伝	△
T	大円の宝篋院陀羅尼の効験。（『沙石集』）	
U	狂女、大円の真言呪符を拝む。（『沙石集』）	
V	大円、人々の要望に応えて呪符を書く。（『浄円上人十二品ノ作法ノ裏書』）	
W	大円の出家のこと。醍醐寺実賢の弟子となり、金剛王院・三宝院の二流を授かる。	○
X	後深草院の請雨法。及び大円、観勝寺に移住のこと。	○
Y	第二上人良日、足利義満の祈祷の師となり、寺領の経営が安定。	
Z	現在、各地から修行僧が集まる寺院となったこと。	

なっている。

ただし、『壒嚢鈔』では【S】は『元亨釈書』の引用となっていたが、『伝灯広録』の方は『元亨釈書』とは内容を異にしている。また、最後に大円の伝法灌頂を受けた者の名を記すが、これらは「野沢大血脈」「血脈記」などの真言宗の血脈からの情報と思われる。さらに、やはり同時期に妙心寺の師蛮によって制作された『本朝高僧伝』(元禄十五年〈一七〇二〉脱稿、宝永二年〈一七〇四〉出版)の中の大円伝は『塵添壒嚢鈔』をもとにしたものであるが、『伝灯広録』の大円伝とは直接的な関係はないようである。

『伝灯広録』の大円伝が『壒嚢鈔』に基づくものか、それとも別の資料に基づくのかは定かではないが、真言宗側の資料であるため、本来観勝寺に伝わっていた縁起もしくは大円伝に基づくものである可能性もある。

実際に観勝寺には『壒嚢鈔』のものとは違う、本来の縁起が伝わっていたことが、【B】・【E】の記事から窺える。

【B】然共又零落年深シテ、止住僧侶モ無カリシニ、亀山院御宇、文永五年戊辰九月ノ比、大円上人不慮ニ此山ニ登テ令二住持一給ヘリ。其ノ子細寺家ノ記録ニ見タリ。同十月廿日ヨリ、本堂ヲ今ノ地ニ可二改メ造一ルトテ、事始ヲ成シ、翌年五月廿日ニ朝夕ノ勤行ヲ始シヨリ、五相三密ノ窓ノ前ニハ、春ノ花初テ開キ、四曼六大ノ床ノ下ニハ、秋ノ月弥ヨ明カニ、五瓶之智水ニハ湛ヘ二青龍之法流ヲ一、三密之恵炬ニハ、挑ケ二丹鳥之窓ノ光ヲ一給フ。仍漸ク慈悲ノ室ノ中ニ稟ル二明訓ヲ一人競ヒ来リ、遂ニ忍辱ノ衣ノ下ニ預ル二顧眄ニ一輩群リ居ル。然レ共、専ラ観二栄耀ノ因縁浅キコトヲ一、偏ヘニ愛シ二困閑ノ気味ノ深キコトヲ一、特ニ厭ヒ二朝家ノ採用ヲ一、同ク嫌ヒ二世俗ノ情閙ヲ一御座スト云共、柔和受レ情ニ、智行修レ身ニ給ヘハ、徳不レ孤、必ス有ルレ隣リ理ヲ以テ、法友多ク到リ訪ネ、檀越挙テ昵ヒ親ム。

【E】是以前ニ行有律師ト云人アリキ。其時、後嵯峨ノ上皇建長七年乙卯十二月廿三日、法勝寺ノ阿弥陀供養ノ次テニ、当山ニ臨幸有テ勅願寺ニ成サレ、院主行有阿闍梨ヲ権律師ニ任セラルト云共、又俄ニ院主職ヲ範誉法師ニ被レ補セ。

依レ之ニ、行有悲歎鬱憤ノ余リ、本尊ノ御身ニ所レ納ル霊像ヲ盗出シ奉テ、持チ去。又、是ニ依テ無レク程仏宇亡壊シケルカ、上人住持ノ後、不レ測ラ霊尊ノ示現ニ依テ、返リ入給者也。委細ノ記有レ別。

（『壒嚢鈔』巻七―24条〈⑭―10〉）

また、もともとの観勝寺縁起の内容を窺わせる外部資料として、『東岩蔵寺僧衆等申状案』（『大覚寺文書』一二一）がある。

「当寺建立様并知行分申」

東岩蔵寺僧衆等申

当寺者行基菩薩建立之浄場、千年観音利物之聖跡也、本尊者則行基自作之尊客、安三国三生之秘仏於腹中、施済度済生之巨益於眼前、覚賢僧正之致祈精之顕補陀羅久山之瑞相於堂中之密場行円法橋之凝懇念也。現不動毘沙門之尊位於寺内之両石、先師大円上人之時八幡大菩薩示影向之霊異自尓以来、上従仙院后宮下至黎元黠首無不帰敬、同茲去元三年六月廿七日、後京極女院以近江国播磨田郷地頭職為結縁灌頂之用脚御寄済千当寺宣政所女院以参川国碧海庄内上戸中曾弥牧内市　本一色并丹波国六人部庄内草山大内　保村行枝名等地頭職重所有御寄進也、而今依天下之擾乱殊可抽精誠之由、去七月同九月両度被下御教書之間、専列薜劦数口之禅襟奉祈御営万歳之嘉運御願已成就抽賞盍被行乎、就中於観世音之霊威者、今度殊有御尊崇者歟、当寺又千手千眼利生方便之霊地無終無始久　練行之精舎也、所詮為本知行之地上者、早被停止武士之違乱、可全寺用之員（旨）被下御教書者、弥抽無貳心之棘誠奉祈億裁之於　而已

此本年　箱在之応永卅二七廿書之

傍線部を見ると、行基菩薩草創及び行基自作の観音像が本尊であること、「三国三生之秘仏」が聖徳太子作である

かは不明だが、その腹中に秘仏を持つ点、行円による再興、大円による再興は『壒嚢鈔』の〈観勝寺縁起〉と共通しており、それに加えて「仙院后宮」、とくに後京極女院・宣政門女院による帰依と寺領寄進などが書かれており、『壒嚢鈔』成立の二十年前の応永三十二年ごろには、すでにそれらの内容を備えた縁起が存在していたことがわかる。

また、『東岩蔵山観勝寺関係文書』1「観勝寺寺領目録」（『大覚寺文書』一二〇）によると、「堀川院・亀山院・後宇多院・後光厳院」らの勅願所となっていたことが知られる[9]。ただし、〔H〕〔I〕のような、元寇の際に大円の祈祷の効験があったという話は『壒嚢鈔』と『伝灯広録』ぐらいにしか見えないものであり、後に作られたエピソードである可能性もある。また、『元亨釈書』『沙石集』の引用・抄出は正式な縁起に記載されていたとは考えられず、明らかに行誉が挿入したものであろう。つまり、『壒嚢鈔』の〈観勝寺縁起〉は本来の観勝寺縁起をもとに行誉が削除や加筆を行ったものであることがここから窺えるのである。

二、『壒嚢鈔』巻七における〈観勝寺縁起〉の位置づけ

次に、『壒嚢鈔』の中における〈観勝寺縁起〉の位置付けを確認してみる。

〈観勝寺縁起〉は『壒嚢鈔』巻七にあるが、巻七の問いのみを取り出して順番に並べてみると、以下のようになる。

《表2》『壒嚢鈔』巻七（刊本⑬〜⑮）の問いの配列

1	我朝ニ仏法ノ始リケル事ハ、何比ソ。
2	日本ノ出家受戒ノ始ヲハ誰トカ為ル哉。
3	本朝ニ於、戒壇建立ハ何比ソ哉。
4	出家受戒スルヲ得度ト云。是ヲ許サル、ヲ度者ヲ賜ルト云ハ何ソ。
5	度縁ヲ解クト云ハ何事ソ。

6	出家ノ輩僧正等ノ官ニ任スル事、誰ヲ始トシ何比ノ事ソ。
7	日本ノ仏像ノ最初ハ何レソ。
8	本朝ノ仏閣并ニ勅願寺ハ、何レカ最初ソ。（答……向原寺・四天王寺・薬師寺。向原寺の由来）
9	（四天王寺）
10	（元興寺）
11	（大安寺）
12	（法華山）
13	（薬師寺）
14	四箇ノ大寺ハ、何ノ御願并ニ年記如何（答……先ツ東大寺ハ、）
15	（興福寺）
16	（延暦寺）
17	（園城寺）
18	密宗ノ本寺大方存知ベキ哉。先東寺ハ如何。
19	神護寺ハ何レノ御願ゾ。
20	高野ノ建立ハ何比ソ。
21	室生ハ如何。
22	仁和寺ハ如何。
23	醍醐寺ハ、何レノ御願ソ。
24	当寺（観勝寺）ノ建立ハ何比ソ。并ニ本願上人ノ御事如何。
25	今本朝ノ諸宗ノ中ニハ、何レカ先ナル。其ノ次第如何。（答……三論宗歟）
26	（法相宗）
27	（華厳宗）
28	（律宗）

29	（天台宗）
30	（真言宗）
31	（浄土門）
32	（禅門〈仏心門〉） ※「今此ノ日本ニ弘ル所、以前ノ八宗ニ浄土、仏心ノ二宗ヲ加テ、十宗也。但シ早ヤ成実宗絶タリトナン。震旦ニ弘ル所ノ一十三宗トハ、（中略）涅槃宗トハ、（中略）地論宗トハ、（略）」
33	大日経ハ是大師御渡唐以前ニ披見有ト云云。（善無畏三蔵来日、久米道場）
34	真言伝来一向弘法大師ヲ以テ元祖ト為。然ルニ石渕ノ大徳求聞持法ヲ受給。知ヌ。以前ヨリアル事ヲ。
35	日本ニ密教伝テ灌頂ノ始ハ、何レノ寺、受者誰人ソ。※（答）「夫レ本朝伝法灌頂ノ始ハ高雄ノ道場ニ於テ……（後略）」
36	東寺ノ恒例ノ結縁灌頂ト云事、古キ物ニ多キハ如何。
37	真言ノ一宗我国唯三国ニ越タリト云ハ何事ソ。
38	諸経ノ説時ハ如何。

このように並べてみると、『壒嚢鈔』巻七の問いは我が国における仏教関係事項の始源を問うものとなっていることに気づく。そして、8の「本朝ノ仏閣并勅願寺ハ、何レカ最初ソ」をきっかけとして24「当寺（観勝寺）ノ建立ハ何比ソ并ニ本願上人ノ御事如何」、すなわち〈観勝寺縁起〉に至るまで、諸寺の縁起が語られることになる。ちなみに、8の問いに対する答えは8だけでは終わらず、13の「薬師寺」まで続いている。また、次の14の問い「四箇ノ大寺ハ、何ノ御願并ニ年記如何」についても、「四箇ノ大寺」が東大寺・興福寺・延暦寺・園城寺の四寺を表すのは同時代の諸書からも明白であるから、14から17までがひとまとまりの項目であることがわかる。さらに、18は「密宗ノ本寺大方存知スベキ哉」と始まることから、以下23までは東寺・神護寺・高野山・室生寺・仁和寺・醍醐寺という、真言宗の主だった寺院の縁起を配列したものであることがわかる。そして、25が「今本朝ノ諸宗ノ中ニハ、何レカ先

ナル。其ノ次第如何」という問い、つまり、我が国における仏教宗派の伝来の順番を問うものであり、24の〈観勝寺縁起〉が諸寺縁起の締め括りとなる。

さて、25では三論宗が最も早く伝来したとし、32の禅門に至る宗派伝来の歴史を説いていくが、33、34では、実は大日経および真言が弘法大師以前に既に伝来していたと説き、以下37・38は結局真言宗の優位性を主張して締め括ることになる。

このように、25以下の宗派伝来の文脈を参考にすれば、8以下で展開される諸寺縁起の配列意識も理解できよう。つまり、当時一般に知られていた知識、あるいはその事項の始源とされてきたものを先に説明したあとに、編者行誉にとってその優位性を主張したいものを最後に持ってきて強調するのである。諸寺縁起の後半に自らが所属する真言宗の寺院を配列し、その締め括りとして〈観勝寺縁起〉を置いた行誉の意図は明白であろう。

ところで、行誉の所属する観勝寺が四箇大寺や東寺以下の主だった真言寺院とともに並べられるほどの有力かつ著名な寺院ではなかったであろうことは、先に述べたように、同時代の資料に観勝寺の名がほとんど見いだせないという事実からも明らかである。(10)

三．『壒嚢鈔』成立前後の観勝寺

『壒嚢鈔』以外の観勝寺に関する記録のほとんどが『壒嚢鈔』以降のものであり、特に近世以降に集中している。(11)ちなみに、『塵添壒嚢鈔』や『壒嚢鈔』が刊行されるまでは、観勝寺に関する記録以上に『壒嚢鈔』そのものの享受がほとんど確認できない。(12)

観勝寺に関する情報が極めて少なく、しかも、その情報源が限られているということは、観勝寺が行誉の時代以降隆盛することなく、むしろ衰退の一途を辿ったことを物語っている。これは応仁の乱での罹災という不幸にもよるだろうが、同じく応仁の乱に焼失した醍醐寺が後に豊臣秀吉によって再興された事実を思えば、罹災後に大々的な再建がなされなかった当時の観勝寺の位置づけにも要因がありそうである。

もちろん、『壒嚢鈔』成立当時の観勝寺はまったくの無名寺院ではなかった。加賀元子氏のご報告によれば、西大寺本『妻鏡』の書写奥書から、当時の観勝寺には諸国の寺院から修行僧たちが学問のために集まってきたとする『壒嚢鈔』の【Z】の記述が裏付けられる[13]。また、行誉が『壒嚢鈔』という百科全書的な編纂物を依頼され、しかも、編述することができた背景には、観勝寺に所蔵されていたかなりの数に渉る聖教および和漢の書物の存在が窺える[14]。さらに、先に挙げた「観勝寺寺領目録」によれば、当時の観勝寺は堀川院、亀山院などから寄進された寺領を京・山城を含めて十五カ国に持っており[15]、それらがしばしば地頭や他寺による違乱の憂き目にあっていた[16]にしても、決して少ない数とはいえないのである。

ここに当時の観勝寺の姿を垣間見せてくれる資料が存在する。中原康富の『康富記』である。康富は権大外記の家であり、行誉とも交流のあった清原業忠の弟子に当たる。『康富記』には観勝寺の別名である「東岩蔵（寺）」に関する記事が二十五カ所見られるが、この事実を指摘した論考はほとんど見られない。同時代の他の日記資料に観勝寺の名前がほとんど出てこないことを考えると、この数は多いと見なければならない。そして、これらの記事を丁寧に読むと、観勝寺が康富自身と関係の深い寺院であったことがわかる。

《a》晴、今日時正初日也、相模房入来、論語第三巻文字読教畢、今日舎弟三郎男髪置也、祝着々々、名聖毘沙丸付也、聖毘沙ハ予小生之時名也、仍又用之、其例者、岩蔵等日御房、小生之時御名福毘沙也、予弟二郎又号福毘沙丸也、（後略）

（『康富記』応永二十四年八月六日）

《b》晴、月朔幸甚々々、東岩蔵寺蜜華院向坊、并等日御房入御、一献分被随身、不思寄沙汰也、当年初度之故歟、
予午比興、花瓶一口、襪一足、等進之、

（『康富記』応永二十五年七月一日）

《a》の記事は、甥に自分の幼名と同じ名前がつけられたことについて、弟二郎の幼名が「岩蔵」の等日御房と同じであった例を引き合いに出しているものである。《b》の記事によってこの「岩蔵」が「東岩蔵寺」すなわち観勝寺であることがわかる。なお、東岩蔵寺の僧についてはこの密花院の向坊、等日御房（等日房）以外にも梅坊、等月房、等意房などの名が見られるが、中でも等日房は頻繁に康富邸に来ており、応永二十九年には康富に同道して康富の師清原宗業邸を訪れている（二月五日条）。この等日房と康富の関係については、等日房没後四年目に当たる文安六年四月二日の条に、

《c》晴、（中略）東岩蔵向坊等意房故等日御房御弟子也、来七日入学衆、件日永福門院御年忌也、有論義、表白事被誂之間、
予草之一筆、今日注遣了、叔父等日御房存生之時者、連々書進之間、以其好難去、被懇望之故也、(17)

（『康富記』文安六年四月二日）

とあることから、等日房は康富の叔父であったことが判明する。

ところで、この記事からもわかるように、等日房は甥で親しい関係にある康富の学問の力を見込んで、しばしば法会の表白の起草を依頼している。

《d》晴、東岩蔵等日御房有入御、坊主等月上人為尾張国勝福寺塔供養導師、自来二十日有下向、二十四日可行供養大会也、表白事可草進之由、兼日被仰之間、今日書調進入之、又美濃国衣斐寺塔供養事同請招之間、自

尾張上洛之時可被供養之、仍此表白并諷誦二通草進之、予非儒流、又非天性、旁以雖固辞、平可書進之由被仰之間、応貴命了、勝福寺衣斐寺共為岩蔵之末寺也、

（『康富記』嘉吉二年九月十七日）

《e》東岩蔵寺真性院良日上人来月十三年忌也、今月六日引上可有作善之間、自明日五日十座論議始行、来月ニハ可有結縁灌頂云々、表白事等日上人被仰之間予草進了、

（『康富記』嘉吉三年四月五日）

《d》の記事は東岩蔵寺（観勝寺）の末寺である尾張国勝福寺と美濃国衣斐寺の塔供養のための表白並びに諷誦文の起草依頼に関するものであるが、これは、当時の観勝寺と地方寺院との関係を示す資料として貴重である。また、《e》の記事は、『壒嚢鈔』にも観勝寺四代目の本願上人としてその名の見える、良日の十三年忌の表白が康富によるものであることを示す記事である。良日は〈観勝寺縁起〉の【Y】（一二五頁《表1》）において、

第二ノ上人ヨリコソ寺領モ出来ルナレ。然雖元弘建武ノ動乱、或成リ二守護ノ押領ト一、或為二地頭ノ違乱ト一。有名無実ニ成シヲ、先師良日上人、前ノ太政大臣源義満公征夷大将軍ノ御時ヨリ、御祈ノ師トシテ、芳契抜群ニ貴寵無リシレ比ヒ故ニ、寺領悉得テ二全キ事ヲ一、伽藍于レ今ニ安穏也。同ク法流繁昌、又此時也。寺家興隆不レ遑《イトマ》アラレ計ルニ。登壇ノ受者百余人云云。

（『壒嚢鈔』巻七―24条〈⑭―10〉）

として、将軍家を庇護者とすることに成功し、大円上人以降不安定であった観勝寺の経営を立て直した、近年の観勝寺隆盛の功労者として賞賛される人物であるが、良日の名を記す『壒嚢鈔』以外の資料として貴重であろう。

ところで、この良日については、同時代の真言資料である金剛三昧院蔵[18]『血脈記』に、

一、良日上人能登国人。町野云人之部類也。両御所義満将軍愛女也。依彼帰依又彼良日上人信仰壇所構、所領寄附、出身岩蔵、興行造坊、号真性院。後住光堂。同寺萩坊常光院五辻大宮住本初院岩蔵烏小路舎弟常音殿トテ名誉セシ児ノ伯父也。

（金剛三昧院蔵『血脈記』）

という記事が見られる。「義満将軍愛女」が具体的に義満の娘のうちの誰を指しているのかは今のところ不明であるが、帰依され所領を寄附されたとあるため、『壒嚢鈔』の義満の祈祷の師であったとする記述とは多少ニュアンスを異にするものの、良日の祈祷によって観勝寺が足利義満周辺から保護を受けることになったことは事実であったようである。また、良日は義満の死後の応永十三年、寺領である若狭国藤井保が仁和寺からの違乱を受けた際、観勝寺側の訴えを認める後小松天皇の綸旨を授かっている[19]。

さて、足利将軍家に保護され[20]、権外記の中原家とも関わりのあった当時の観勝寺であるが、洛中では本尊である千手観音が有名であったようである。幕府奉行人であり、当時の知識人の一人であった飯尾永詳（為種）による『撮壌集』（享徳三年〈一四五四〉）には、「洛陽三十三所観音」として「東岩蔵寺　千手行基一刀三礼等身」とあり、〈観勝寺縁起〉の内容と一致する。永詳は清原業忠や中原康富との親交があり、業忠による『御成敗式目』の講義に連なっていた中心メンバーであった。当然のことながら業忠と親交があり、式目注釈にも関わりがあったと思われる行誉と知悉の間柄であった可能性もある。

以上のことから、『壒嚢鈔』の編述された当時の観勝寺は、他の大寺ほどの知名度はなかったにせよ、将軍家や朝廷の信仰や保護を受け、外記や権外記、幕府の実務官僚などの知識層との繋がりを持つ新興勢力としての位置にある寺院であったものと思われる。

四・『元亨釈書』『沙石集』からの引用

ところで、『塵嚢鈔』の〈観勝寺縁起〉の内容は大円伝が中心となっている。それは観勝寺が再興という形ではあるが、事実上大円によって開山された寺院であったからであろう。[21] 事実、室町期における観勝寺は岩蔵流として真言宗醍醐寺金剛王院流の傍流と位置づけられる[22]、いわば新興寺院であった。それゆえに開山上人の事跡の荘厳化は不可欠であり、そのためには当時の権威的な仏書による裏付けをも必要としたのである。本章ではこの問題について、『元亨釈書』や『沙石集』の引用の仕方を中心に述べていきたい。

〈観勝寺縁起〉の【S】段落（一二五頁《表1》）は『元亨釈書』の引用である。なお、【S】の大円伝と同じ内容は『沙石集』巻十本五「観勝寺上人事」にもあるが、行誉はあえて『元亨釈書』の方を選んだようである。

【S】又元亨釈書ノ恵解第二ニ載セ奉レリ。是日本ノ高僧伝也ト云リ、其段ノ詞ニ云、

釈大円居洛東観勝寺、縛小庵諍坐観行、諸徒在別房。一時隣坊童児被酒打狗。々悲吠甚。円之徒叱童。々酔狂益熾。止拍狗、撃坊戸。々扉皆壊。諸徒詣円曰、此童児狂戻乞聞官治之。此度若恕聴之、後日不可測也。円曰、子等在此学仏。羞我訓之不逮也。且我法以平等待有情。一切含類自性清浄。而無明酒所酔、煩悩鬼所乱狂酔不度。我輩逢此宜発慈哀調訓彼暴。然子等見是獷痴、却益嗔忿。不亦重狂酔乎。子等豈不聞乎。我門以六度之将攻六弊之賊。施将亡慳賊、禅将亡散賊、忍将亡恚賊、進将亡懈賊、戒将亡犯賊、智将亡痴賊。子等任慈忍之将、嗔怨之賊、不撃而自潰。豈外仮世俗官法乎。子等在此称修学。是等愚頑不堪共居也。諸徒杜口而退。後数日童主詣円曰、愚童狂酔撓師清衆。我初不知今日聞之。乞聴指揮厳加譴罰。円笑曰、稚児戯劇家之常耳。我徒恚之、添我不徳耳。於児何患乎。童主以円為長者、益加敬ト云。

（『壒嚢鈔』巻七―24条〈⑭―10〉）

このように、行誉は引用の前に「是日本ノ高僧伝也」とことわった上で、『元亨釈書』をそのまま手を加えずに引用する。大円伝が『元亨釈書』に掲載されていることは行誉にとって観勝寺の大きな宣伝材料であったらしく、巻一―5条にも「日本ノ高僧伝、元亨釈書ニハ恵解ノ段ニ入給ヘリ」と述べられている。

続く【T】【U】では『沙石集』の説話を抄出する。

【T】又沙石集ニハ洛陽東山観勝寺ノ大円上人、宝篋印陀羅尼ノ功験ノ聞ヘ有ニ依テ、或ハ物狂ノ女房ヲ将テ来ル。則此ノ呪ヲ誦シテ、加持シ給ニ、乃ノ字ヲ八ツ八方ニ書ク中ニ病者ノ名ヲ書ケル府ヲ吐キ出シ、則口走テ云、「穴心憂ヤ。仏法ハ人ヲ助ケ給ニ、角我ヲ陀羅尼ノ責給事ヨ。我ハ人ヲ呪咀シテ、世ヲ渡ル者也。此ノ御前姉御前ノ殿ヲ取リ給ヘルニ依テ、姉御前ノ憑給フ故ニ、呪咀シ奉リタル也。今此府ヲ責出サレ進セヌ。今日ヨリ如何ニシテ命ヲ可レキ助」ト、泣キケリト。

（『壒嚢鈔』巻七―24条〈⑭―10〉）

【T】は大円の書いた宝篋印陀羅尼の功験を述べたものだが、典拠となった『沙石集』巻七―二四「真言功能事[23]」を見ると、

観勝寺ノ大円房上人ノ門徒、不断ニ宝篋印陀羅尼ヲ誦シテ、不可思議ノ功能多ク風聞ス。物狂ノ者モ、アマタナヲリテ侍リケルトカヤ。経ニ廿一遍ヲ誦レバ、百病万悩マデノゾコルト説リ。亡者ノ名ヲ称テも七遍誦スレバ、極楽ニ生ルトモ説リ。彼上人ノ門徒、アル時女人ノ病患重クシテ物狂ナルヲ、此陀羅尼ヲ誦シケルニ、物ヲツキ出シタルヲミレバ、乃文字ヲ八書テ、其中ニ病者ノ名ヲ書タリ。此病者、サメ〳〵ト泣テ申ケルハ、「アナ心ウヤ。仏法ハ人ヲ助給事ニテコソアルニ、我身ヲカクセメ給事ヨ。我ハ京ニナニガシトカヤ巫ナリ。人ヲ呪咀スル

法ヲ知テ、是マデ世ヲ渡リ侍リ候ガ、此ノ女房、姉御前ノ殿ヲトリテヲワスルヲ、姉御前呪詛シテト仰ラル、故ニ、此符ヲ書テ、さまざまニ呪咀シテ侍ルヲ、陀羅尼ノヲワシマシテ、我ヲモセメ、符ヲモ責出シ給フ事ヨ。イカニシテ、我身モ度世仕候べキ。アマリニセメ給フ事ノタヘガタサヨ。慈悲モナキ御事カナ」トゾ云ケル。此事其時同ク陀羅尼誦シテ、タシカニ見聞タル僧ノ物語也。虚誕アルマジキ人ノ説也。

とある。ただし、略本系のテキストでは大円本人のこととなっており[24]、行誉が用いたテキストが大円の功験を述べた説話であった可能性もある。ところが、続く【U】では、

【U】又云、洛陽ニ不思儀ノ霊病アル、女アリケリ。有験ノ僧ヲモ咲嘲ケル。或ハ上人府ヲ懸サセントスレバ、「穴片腹痛ヤ。我モ知レリ」ト云。又或ハ名僧ノ府ヲ与レバ、是ヲ取テ唾ヲ吐キ懸テ、足ニテ蹈ケリ。「イカニモ是モ仏法ニテコソアレ、角ハ」ト云ヘハ、「名利ノ心有テ仏法ヲ黷ス方ヲ蹈也。仏法ヲバ不レ蹈」ト答ヘケリ。然ニ大円上人ノ府ヲ与レバ、手挙テ拝ミ誠ニ、恐怖ノ体ニテ、高ク置テ、「是モ知タリ。秘事ナレバ不レ謂ハ」ト云ケルト載セ侍ヘリ。

（『壒嚢鈔』巻七—24条〈⑭—10〉）

とあり、呪符を見てその僧の真価を言い当てる狂女が、大円の呪符にだけは「恐怖ノ体」で拝んだとするが、典拠である『沙石集』巻十末一「霊ノ託シテ仏法ヲ意エタル事」では、

洛陽ニアル女人、霊病アリテ種々ニ祈共シルシナシ。有験ノ僧ヲモアザムキ咲ケレバ、不及力ニ、ハテハ打捨タリケルニ、東山ノ観勝寺ノ上人ノ符ヲカケサスレバ、物狂ノ物ノモシルシアリト聞テ、此ノ符ヲカケサセントスレバ打咲テ、「此符ハ我モ知レリ。カノ上人ハ宝篋印ダラニノ法、成就ノ人也。道心アル上人ナレバ尊シ。高ヲケ」ト云。又或上人ノ符トテ、懸ントスレバ、「アラ、カタハライタ。是モ我知レリ。秘事ナレバ云ハジ。軽

慢ノアルガニクキゾ」ト云。又或有験ノ聞ヘアル名僧ノ符ヲ見テ、「アラ、キタナ」トテ、足ニテフミニジリテ、唾ハキカケテ捨ケリ。「何ニモ此モ仏法ニテコソアルランニ」ト、人ノ云ケレバ、「実ニ仏法ハサル事ナレドモ、一向ニ名利ノアタヒニスル方ノケガレテキタナキ也。仏法ノ方ヲバフマヌナリ」トゾ云ケル。

とある。〈観勝寺縁起〉では大円の符が最後に来ているが、『沙石集』では比較的初めにあり、また、大円の符を見た狂女の態度も「手挙テ拝ミ誠ニ恐怖ノ体」などではなく、「打咲テ」という余裕のあるものである点など、大円の効験は認めるものの〈観勝寺縁起〉のようにそれを強調するわけではない。二重傍線部の「是モ知タリ」以下のように後の記事の言葉が混同して使われていたりするところから、両者の違いは一見抄出の際の混乱のようであるが、少なくとも〈観勝寺縁起〉の狂女の態度と『沙石集』のそれとの懸隔は異本や抄出によって発生したものとは考えにくい。〈観勝寺縁起〉のような形を持つものは管見には入らないことからも、むしろここは行誉が意図的に『沙石集』の内容を書き換えたものと判断すべきであろう。

　このように、『壒嚢鈔』の〈観勝寺縁起〉における『元亨釈書』および『沙石集』の引用の仕方からは、それらの書物に大円の事跡が載ったことを誇示し喧伝しようという行誉の意図が垣間見えるのである。

　存命中の大円が実際に高僧として有名であったことは事実であろうが、約百五十年後の行誉の時代において本尊がせいぜい洛中の三十三所観音に入る程度で、他の有名寺院に比べて極めて売り物の少ない新興寺院の観勝寺としては、『元亨釈書』や『沙石集』に取り上げられるほどの高僧が再興（開山）したという履歴は、他の中小寺院から一歩抜きん出るための恰好の宣伝材料であったに違いない。〈観勝寺縁起〉が本尊の物語を語るタイプの縁起ではなく、開山上人大円の伝記及び霊験譚にそのほとんどを費やしているのは、このような事情があったものと思われる。

五．禅宗への対抗意識

ところで、縁起において強調される大円の特徴は、その呪符と祈祷の力と木喰の聖的な隠遁僧としての側面である。それらは亀山院の帰依と寺領寄進という栄誉とそれに対する大円の辞退という行動に結びつくものであった。呪符の効験はともかく、元寇における祈祷及びその効果に起因する亀山院の帰依というエピソードは、先に挙げた『東岩蔵寺僧衆等申状案』（『大覚寺文書』一一二）にもなく、今のところ〈観勝寺縁起〉と『伝灯広録』にしか見られない。今、〈観勝寺縁起〉の該当個所【H】～【K】段落（一二四頁《表1》）の本文を示すと、

【H】其後弘安四年辛巳夏比、異賊襲来ノ間、院宣ヲ蒙テ、御祈祷ヲ始メ給。勅使中納言具房ノ卿也。一七箇日ノ後、重テ宣旨ニ任テ、八幡宮ニ参籠有テ秘法ヲ修シ給間ニ、凶賊亡ビケレバ、叡感無レ限リ。

【I】猶異国降伏ノ為ニトテ、五大尊ヲ造立シ、同ク長日ノ護摩ヲ可ニ始置一由、被ニ仰下一ケレバ、上人手自ラ刻ミ立給。則率分所ヲ被レ下ケレ共、料所ヲバ固辞シ申シ、御願ヲバ被レ始ケリ。仍無ニ資糧一可レ有ニ退転一トテ、頻ニ尚其ノ天気アリケレハ、「勅命ニ随ヘバ、隠遁ノ本意ヲ失フ。宣旨ヲ背ケバ、人倫ノ礼儀ニ違フ。不レ如、離レ寺隠レ身トテ、潜ニ石山ノ奥竜穴ト云所ニシテ、遂ニ千日護摩ヲ始テ、籠居シ給ヒ、結願後ニシテ、帰寺アリケルトナン。

【J】而シテ後ニ上皇御落餝有テ、上人ニ御受法アリ。依テレ之ニ猶連々ノ御対面、叡願アリケル間、サノミ老体ノ来入モ御痛シク、又細々ノ臨幸モ其煩ヒアリケレバ、皇居ヲ寺院ニ成シテ、移住シ給ベキ趣并ニ先ッ近辺ノ山、悉ク当寺可レ被レ付由、六條内大臣有房ノ卿于時中将勅使トシテ、慇被ニ仰下一ケレ共、不レ可ニ相ヒ叶一フ由、勅答被レ申サケルヲ、内府様々ニ議リ認《コトハコシラ》ヘ給ヒケルニヨツテ、山谷少分ヲハ、寺家ノ境内トシテ、惣山ヲ返シ奉リ、移住ノ事ハ、一向ニ

辞退申サル。然共重テ叡慮偏ニ是ニ有ル由、仰成リケレバ、又高野ニ籠山シテ不二出給一ハ。【K】凡ソ如レ此庄園等ヲ御寄進ノ勅定毎レニ有離山シ給事、三箇度也。仍遂ニ東福寺ノ無関和尚ヲ御語ヒアリ、禅院ト被レ成畢。其後上人当山ニハ、帰給ヒケル。

（『壒嚢鈔』巻七―24条〈⑭―10〉）

〈縁起〉によれば、亀山院による料所寄進や、院の移住の希望に伴う観勝寺寺領拡大の申し出は、「隠遁ノ本意」（【I】）を頑なに貫こうとする大円の拒絶によって受け入れられず、結局【K】「東福寺ノ無関和尚」に相談して観勝寺境内となるべきところに禅院、すなわち南禅寺を作ったとする。このことは、巻一―5条「五月ニ生ル、子ハ二親ニ不利也ト云ハ実歟」にも、

当寺開山大円上人観勝寺壬申年生レ給フ。（中略）近比ノ名匠ニテマシ〳〵ケルガ、亀山院ノ貴寵シ給キ。仍当山再興シ給共、領所ヲ寄給ヘハ固辞シテ不二受給一。并ニ今ノ南禅寺ヲモ同ク下岩蔵トスヘキ由、勅定アリケレ共、僅カニ山谷少ヲ賜リテ、寺家ノ境内トシ、惣山ヲハ堅ク辞シ申サレケレハ、法皇モ御力尽ケルニヤ、普門禅師無関和尚ヲ語テ一寺ヲ建立シ給。今ノ南禅寺是也。無住禅師ノ砂石集ニハ府ノ効験并持呪ノ徳ヲホメ、日本ノ高僧伝元亨釈書ニハ恵解ノ段ニ入給ヘリ。如レ此無欲清浄ニマシ〳〵ケルニヤ。文永五戊辰年戊辰ヨリ今年文安二乙丑年迄百七十八年于今長久ナル哉。

（『壒嚢鈔』巻一―5条「五月ニ生ル、子ハ二親ニ不利也ト云ハ実歟」）

と強調される。

このように見ていくと、木喰の聖的な大円の行状の描写に「縁起」の大半を費やす行誉の姿勢が、ある遠回しな主張に収斂することに気づかされる。それは、観勝寺の西麓は本来観勝寺の寺領となるべきであったのであり、今南禅寺が存在するのは、ひたすらに隠遁を願う観勝寺開山大円上人が亀山院の申し出を辞退したおかげなのだとする、観

勝寺の南禅寺に対する優位性を説くものであった。

一方、南禅寺側による建立に至る事情の説明は、観勝寺側によるそれとは様相を異にする。虎関師錬の『文応皇帝外紀(25)』を見ると、

文応皇帝者。寛元帝中子也。母藤太后。建長元年己酉降誕。文応元年即位。文永十一年譲位于皇太子。称太上皇。在位十六年。天下康寧。

弘安間。建離宮于城東。其地元号福地。山本殷森。水石明媚。始平治之元。金吾将軍信頼伏誅。其子某。時尚幼。雖不干軍事。以逆蔭竄奥州。州人憐其簪纓之族。多與黄金。治承之赦回都。帰橐多金。都人号金侍従。搆宅此地。家資富繁。世言。某以金埋此山。福地之称於此立焉。上皇相攸営宮。宏壮厳麗。為都下之冠。

正応之始。宮怪荐起。宮中戸障。夜半一時。斉開共合。宮女之中。有臥而不能起者。問之。曰。有物抑我。故不能起也。問者曰。無。女曰。争奈不起何。天暁自起。上皇大恐。集群臣議焉。臣僚皆言。高僧徳行。可沮茲怪。時南京睿尊有戒行誉。三年。上皇召尊。安居宮中。以厭怪魅。尊率二十沙門修密法。九旬之間。鈴聲接響。爐壇凝煙。而魅如前。尊不告而南帰。

四年。上皇召東福普門。問曰。師居此宮。能止魅乎。門奏曰。外書猶言。妖不勝徳。衲子之居。何怪之有。上皇語侍臣曰。門師者烈丈夫也。因茲勅門又安居宮中。門分慧峰二十比丘。禅宴殿台。群僚偸眼。門心修秘法。只其二時粥飯。四時禅坐叢規整粛。亦無他事。自従門之居。宮怪止縮。台閣宴如也。上皇因此傾心禅宗。謂門曰。宮魅之弭。依師之徳行。兼宗門之霊妙也。願捨此宮為禅苑。門敬領之。即礼門為師。受衣盂。上皇従此同衆禅規。

（後略）

とする。つまり、亀山院が当時、藤原信頼の子息が奥州の金を埋めたという伝説のために「福地」と呼ばれていた城

東の地に離宮を建立したが、夜な夜な物の怪に悩まされたため、西大寺の叡尊に祈祷を命ずるも効き目なく、東福寺の普門（無関和尚）を頼ったところ、普門の安居後怪が止んだことにより、院の叡感甚だしく、禅宗への帰依のみならず当の離宮をも禅院に為したのが南禅寺である、とするのである。

この南禅寺草創のいきさつは明徳四年（一三九三）八月の大火に際して、その再建のための勧進疏にも用いられたため世上に流布しており[26]、一般に有名であったと思われる。その意味で、〈観勝寺縁起〉のこの部分は南禅寺側への異議申し立てであった可能性が高い。

なお、当時観勝寺と南禅寺との間に領地をめぐるトラブルがあったことを匂わせる資料がある。同時代の南禅寺の僧、大有有諸による『天下南禅寺記』[27]（本文一四一三成立、注記一四三〇～一四四七成立か）である。「瀑之上。一峯層出者。曰獨秀。天下之望也」の注記部分に、

此峯旧属岩蔵寺。寺亦亀山上皇壇度之地。龍湫和尚住山。買此一峯。為本寺主山。質以京中五条地。寄附岩蔵教寺。有司公験契券在。

（『天下南禅寺記』）

とあり、観勝寺（岩蔵寺）の施主が亀山上皇であったことは認めるものの、駒ヶ瀑の上峯は「京中五条地」を質として観勝寺から南禅寺が買い取ったもので、それを証明する「公験契券」が存在するのだとする。見方を変えれば、わざわざ最後に「公験契券」の存在を主張するのは、当時観勝寺との間にこの峯をめぐる紛争があったことを示唆するものといえよう。

このように、隣接する異なる宗派の寺院との緊張関係は行誉にある種の対抗意識をもたらしたようである。

ツス。チヤツナント、云字ハ何ソ

楪子《チャス》大ニ浅シ。豆子《ツシ》小シ深ト書ケリ。楪子トハ宋音歟。楪ハ余渉反ナレハ、楪子ト云ハ呉漢ノ両音ニ非ス。今然ヲチヤツト云ハ、子ヲ略セルニヤ。是ヲ字ノ訓ト思ヘル人有テ、楪ノ一字ヲ用ル有。是ハ如何侍ラン。和訓ニハ非ス。又茶碗ノ類ニ饒磁ト云皿有。総テ椀ト云ヨリ、是等皆禅家ノ詞也。（中略）土御門ノ御宇ニ、葉上僧正漸ク禅ノ風儀ヲ起シ、彼ノ孫弟聖一国師相続テ、四条後嵯峨ノ御比、弥盛ニ成ニケリ。当時ハ諸人皆此風体ヲ好ムニヤ。一向ノ其名目ナント申人多成ニ依テ、本ヨリノ和国ノ語ト紛合テ、思分ル人モ少カルヘシトナン。（中略）

角書ケルモ、其時ノ詞ナレ共、近来替侍ルナレハ、当時ノ宋ノ音ノ帖字、又偏ヘキニ非ス。仍テ度々所々ニ注シ侍リ。

サレハ楚ノ三閭大夫ガ、衆人皆濁リ、我独リ清、衆人皆酔ヘリ、我獨リ醒タリトテ、汨羅ヲ吟シヲタニモ、漁父カ諫メシ詞ニハ、衆人皆濁ラバ何ゾ不下淈二其泥一而揚中其波上、衆人皆酔ラハ何ソ不下餔二其糟一而歠中其釃上トコソ申セシカ、其ノ上世ニ随ヒ、人ニ交ル習、普ク人ノ申詞ヲ不分ナリ。然ニ文字ヲ不レ見不レ得二其心一ヲ、又向ヘ二文字一共難ニ心得一事多テ、迷惑スル時ノミ侍リ。

爰以テ御尋ニ漏タル事共ヲモ、聞得ルニ随ヒ、見合ニ任テ少々注シ侍リ。雖レ然猶九牛ノ一毛ナルヘシ。

（『壒嚢鈔』巻四―44条〈巻⑦―4〉）

最後の傍線部「御尋ニ漏タル事ヲモ……」は、『壒嚢鈔』の制作事情を窺わせる貴重な記述であるが、他の傍線部を見ると、禅宗の隆盛によって言葉が乱れてしまったことに対する行誉の嘆きと不満が読み取れるのである。このほかにも、

禅家ノ名目皆以テ常ナラス。（巻二―13）

淋汗ナント云詞。普ク用ザル畳字也。加之禅家ニハ。不共ノ詞多ク侍リ。（巻四—43〈⑦—3〉）

如此詞。只禅家ニ用歟。（同）

但シ位牌ト云事。禅家ニ好用ル儀歟。正道ノ古所ニ無事也。（巻六—47〈⑪—7〉）

などの禅宗の言葉や文化に対する言及が見られるが、これらは禅宗隆盛という世相に対する真言僧行誉のささやかな抵抗を表す言葉といえよう。

行誉の禅宗に対する対抗意識がはっきりと現れているのは、自らの属する真言宗を宣揚する『壒嚢鈔』巻七—38条〈⑮—9〉「諸経説時如何」である。

諸経説時如何。

（前略）諸経皆一時也。此等ノ一時接二真言教一切ノ時ノ中一耶否ヤ。答、真言宗ノ意、大日如来一切同体也。仏一切ノ時説之中ニ、尚接ス二三世十方一切ノ仏菩薩金剛天人所説之教一ヲ。何ニ況ヤ釈迦一代一切経中ノ一時ヲヤト云云。仏ノ説法如レ此。

凡ソ説法ハ利益衆生ノ要路ナレ共、又人ニ可トレ依ル云リ。仏蔵経ニハ、邪念説法ト云、名目ヲ明ス。又ハ有所得ノ法共云也。諸方実相ヲ不レ解セシテ、有為ノ法ヲ説キ、無相ノ理ヲ不レ説也。説二所得ノ法一ヲ、不レ説二無所得ノ法一ヲ者、三千世界ノ人ノ眼ヲ挑ルヨリモ罪也。又日夜ニ十悪ヲ作ル者ヨリモ罪也。所以者、何ハ十悪ヲ作ル者ヲバ人敢テ師トスル事ナシ。然レハ、其ノ身ハ苦ニ沈メ共、化ヲ教ル事ナシ。有所得法説者、人ヲシテ。生死ノ業ヲ令テレ造ラ、実相ノ理ニ令ルレ遠カラ故ニト云リ。世間ニハ布施ニ貪ルヲ有所得ト云歟。喩ヘハ四邪五邪ノ中ニアレハ、其義ニアルベシ。其上ニ布施ノ希望アランハ、重ネタル邪念ナルベキ歟。

仏蔵并持世経ニハ、「無二実信解通達、人施物一杯水ヲモ不レ可レ受」ト説キ、大地モ水モ虚空モ、此人ニハ、皆盗戒ヲ犯セルニ成ルベシト明セリ。初心ノ行者、殊ニ止悪修善ヲ地トスベシ。諸悪莫作、修善奉行ハ、是七仏通戒ノ偈也。成ト二邪念説法ヲ云モ、詮ハ只貪欲ノ所レ致ス、無智ノ故也。

（『壒嚢鈔』巻七—38条〈⑮—9〉「諸経説時如何」）

これは緇問の最終条であるが、ここでは傍線部に見られるように「初心ノ行者」に対する心得、特に勧学を説く内容となっている。この後、仏典・漢籍等からの金言佳句を引用しながら富を求めず学問に励むことを説く内容が続く。この文脈は、次の経典を学ばずに他宗を批判する者たちへの批判とつながる。

凡ソ何ノ教法モ皆仏説也。無漏ノ行満シ虚妄ノ謬リヲ断シ給ヘリ。仏ノ妄語シ給ハン哉。然ラハ各其ノ宗々ノ修行ヨモ徒然ナラシナレ共、其ノ宗聖教ヲモ不レ見、其ノ教ノ所談ヲモ不レハ聞カ、知ル事ヲ不レ得。当時流布スル中ニ、法華念仏真言等ノ間、心ノ引カンニ任テ一ツ取定メテ実トシテ修行スヘキニヤ。妙法ノ宿習ハ余乗ニ異也ト申セハ、下種結縁モ憑ミアリ。「一句聞法ノ輩、阿耨菩薩ノ記ニ預カリ、一念信解ノ功徳、五波羅蜜ノ行ニ勝レタリ」ト説ケリ。但シ宗ノ高上ナルヲ憑テ、修行ノ疎カナル事ナカルヘキ事也。此比一座ノ工夫ヲモ成シ、十声ノ念仏ヲモ唱ル人々ハ、則万法ノ深義ヲ解了シ、諸仏ノ内証ニ契当スル思ヲ成ス、或ハ出離生死往生極楽ノ行只是也ト云テ、自余ノ仏法ハ皆虚妄ノ徒ツラ事ノ様ニ思ヘリ。信心ハサル事ナレ共、即謗法ニヤ成侍ラン。清冷大師ノ釈ニハ、「暫ク浅ヲ以テ深シトスルハ、理ニ叶フ所アリ。深ヲ以テ浅シトスルハ、謗法ノ過アリ」ト云リ。又行証ノ次第モナク、ヤカテ、則身即仏決定ト云ノミニテ、修行ナキコソ、悲ケレ。此ノ掟テハ、宗々ノ所談違所ナケレ共、此旨ヲ以テ勤メ行フ志ハ微少ニシテ、他宗ヲ破ル思ノミ広大ナルハ大ナル僻案ト覚ヘ侍リ。

恵心ノ僧都モ「我理即イサテタル凡夫」ト宣ヒ、天台大師ハ「観行五品ノ位ニ入ヌレ共、六根ヲ不レ浄メ」ト宣ヒ、南岳大師ハ「似即ニ叶テ六根ニ浄ヲ得タレ共、未タ無明ヲハ断セス」トコソ宣ヒケレ。（中略）

然ルヲ、凡夫ノ一念三諦ノ理ヲ備ヘ、究竟朗然ノ仏果ニ均シキ謂レ許リヲ聞テ、解了ニモ不レ及バ、発心ニモ不レ足ラ、マシテ行ニモ証ニモ不レ及シテ、仏ト均シキ増長慢ヲ発スハ、愚痴ノ至リ、誠ニ少智ハ菩提ノ妨ゲト云ニ非哉。

（『壒嚢鈔』巻七―38条〈⑮―9〉「諸経説時如何」）

ここで主に批判されている宗派は、念仏宗（浄土宗・浄土真宗）と禅宗であることが記述内容からわかる。だが、行誉が「心ノ引カンニ任テ一ッ取定メテ実トシテ修行スヘキ」として挙げている中に、禅宗が含まれていないことに注目したい。しかも、波線部に「大ナル僻案」「愚痴ノ至リ」として激しく非難されているのは「則身即仏」を説く宗派、すなわち禅宗なのである。

このように行誉の遠回しな禅宗批判は『壒嚢鈔』の所々に見られるのであり、禅宗、特に隣接する南禅寺への対抗意識が〈観勝寺縁起〉の基調にあることはほぼ間違いないものと思われる。[28]

おわりに

本章では、現存しないものの、正式な縁起が当時の観勝寺にはあり、『壒嚢鈔』の縁起はそれに行誉が手を加え、開山大円上人の事跡の強調という方向性を持たせたものであること、巻七全体の配列の仕方と〈観勝寺縁起〉の位置から、観勝寺を他の有力寺院と比肩するものとして喧伝しようという行誉の意図が読み取れること、当時の観勝寺が将軍家や朝廷の周辺にも信者を持ち、なおかつ公武の実務官僚との繋がりもある新興勢力としての立場にあったこと、そして、縁起における大円上人の事跡の強調が、観勝寺の宣伝としての意味を持っていると同時に、当時武家の庇護を受け隆盛していた禅宗、特に隣接する南禅寺に対する優位性の主張ともなっていたことなどを述べてきた。

以上のことからわかるのは、『壒嚢鈔』の緇問が行誉のいう「初心ノ行者」に向けて書かれたのは勿論であるが、読み手は他にも想定されていたのではないかということである。現に、「初心ノ行者」に向けて書かれたはずの緇問に、『壒嚢鈔』の中で最も長い政道論「利利居士懺悔」の条が存在する事実は、緇問が決して「初心ノ行者」のみに向けて書かれたものではないことを物語っている。

真言宗・観勝寺の称揚に収斂する巻七の構成は、読み手へのアピールとなっている。それは観勝寺にとって抜き差しならぬ状況が背景にあり、それを主張することが何らかの解決に繋がることを期待していたものと考えられる。観勝寺の住侶である行誉が観勝寺を称揚し宣伝するのは至極当然のように見えるが、それが誰に向けて発せられたものであるのかを考えると、当然のこととして済ませられる問題ではないことがわかる。まして『壒嚢鈔』が行誉の私的な営為によるものではなく、誰かからの依頼によって書かれたものである以上、その宣伝を発するに足る対象としてどのような層が想定されるのかは『壒嚢鈔』制作の動機を解明する大きな鍵となるであろう。『壒嚢鈔』にしばしば顔を出す政道論の問題とも併せて、今後さらに明らかにしなければならない。

（1）写本の大東急記念文庫本巻四の奥書には「本云依舜公之所望令註緝之処也」とある。写本にのみ見られるこの本奥書にどれだけの信憑性があるかは、問題があるが、とりあえずこれに従うと、素問の依頼人は「舜公」、緇問の依頼人は「増印（印増）」ということになる。

（2）第一編第二章「『壒嚢鈔』における知」。

（3）第二編第一章「『壒嚢鈔』と式目注釈学」、第二章「『壒嚢鈔』の『神皇正統記』引用」、第三章「『壒嚢鈔』の后宮婦人論」。ただし、第二章で取り上げたように緇問にも『神皇正統記』を引用した政道論が見られる。

（4）川瀬一馬氏は『古辞書の研究』（雄松堂、一九五五年）において、巻十三以下（写本巻七）を「日本仏教史」とされた。

（5）『寺院神社大事典（京都・山城）』（平凡社、一九九七年）。
（6）大覚寺史資料編纂室編『大覚寺文書』（大覚寺、一九八〇年）。
（7）『山州名跡志』『山城名勝志』など。
（8）『続真言宗全書』第三十三（続真言宗全書刊行会、一九八四年）。
（9）『東岩蔵山観勝寺関係文書』1「観勝寺領目録」（『大覚寺文書』一二〇）

東岩蔵山　勅願次第
堀川院　亀山院　後宇多院　後光厳院
同寺領之次第
山城国　山科郷内　二子塚　白河　朱雀院田　鳥羽田　赤辻　西岡海印寺庄　生田村
京之内　西洞院　東洞院　五條　富小路　西油小路　大宮　南土御門　北正親町
伊勢国　鈴鹿庄　豊田御厨
越中国　多浦庄　河尻　富山郷
能登国　鮎上村　上町野庄　下町野庄
摂津国　西宮
尾張国　井上庄内　中野郷
堀川院御領
若狭国　藤井保　備中国　縣主保　備後国　奴苛保　美作国　英多保
伊与国　得能保
以上五十所者　後光厳院御寄附也
後京極女院御寄附之地
近江国　志賀庄内　播磨国　田郷

右ノ二ヶ所者為結縁灌頂用
元弘三年六月廿七日御寄附之地也
宜政門女院御寄附之地
丹波国　六人部庄内　草山　大内　多保村　行枝谷
参川国　碧海庄　上戸中曾弥牧内市摩本一色

(10) ちなみに、観勝寺の本流に当たる醍醐寺に遺された『日域諸寺私記并諸社』(田中稔翻刻・解題、醍醐寺文化財研究所『研究紀要』十一号　一九九一年)には、当時の主だった諸寺を以下のように挙げてあるが、観勝寺(東岩蔵寺)の名は見えない。
①高野山　②東寺　③仁和寺　④興福寺　⑤藤氏御願寺　⑥極楽寺・法性寺　⑦大安寺　⑧薬師寺　⑨東大寺　⑩西大寺
⑪法華寺　⑫唐招提寺　⑬伊勢大神宮　⑭日吉社

(11) 前掲(7)。

(12) 『塵添壒嚢鈔』の成立が天文元年である。また、日記資料では『言経経記』慶長三年六月十三日条に「一、寿命院ヨリ壒嚢抄一之巻借給了、」が初見。また、書物における引用で書名をはっきりと示しているのは、『太平記賢愚抄』および、室町後期成立とされる吉田幸一氏蔵『古事因縁集』(古典文庫に影印)である。とくに、後者は『壒嚢鈔』の抜き書きが中心となっている点で注目される。

(13) 「新出西大寺本『妻鏡』をめぐって」(『国語国文』六八巻七号、一九九九年七月)。

(14) 「大円上人置文」(『大覚寺文書』一二三)。

(15) 前掲(9)。

(16) 「畠山基国知行安堵状」(応永五年)、「後小松天皇綸旨案」(応永十三年)、「畠山満家下知状」(応永十七年)、「東岩蔵寺真性院雑嘗言上」(宝徳二年)など。(以上、『大覚寺文書』一一九、一二〇)。

(17) この後、康富が等意房のために草した表白が記される。

（18）著者未詳。宥快〈一三四五～一四一六〉の資成雄の口説か。続真言宗全書二十三に翻刻。底本は江戸期写本。
（19）『大覚寺文書』一二〇「後小松天皇綸旨案」。ちなみに、能登国出身で「町野」という人の部類であるという記述から、良日は観勝寺の寺領である能登国町野庄出身である可能性がある。中世の能登国町野庄は岩倉寺を中心とした真言寺院が信仰の中心であり、能登岩倉寺は京都東岩蔵寺（観勝寺）の末寺であった可能性も指摘されている（『石川県の地名』、平凡社、一九九一年）。
（20）『蔭涼軒日録』文明十九年五月二十五日条。
（21）『続伝灯広録』には大円を「岩蔵観勝寺開山」とする。
（22）前掲（18）。
（23）引用テキストは岩波旧大系本（底本は梵舜本、ただし巻第十末のみ米沢本）を用いた。
（24）古活字本、整板本などの刊本系は巻八の十二。「洛陽ノ東山観勝寺ノ大円房ノ上人」とする。
（25）『続群書類従』八輯による。
（26）桜井景雄『南禅寺史（中世）』（法蔵館、一九七七年）。
（27）『群書類従』二四輯。
（28）なお、当時の公家や一般寺社領が多く没落し、南都北嶺を中心とする一部の大寺社の畿内周辺本所領を残して衰退していったのに対して、五山関係の禅宗寺院の荘園が幕府による保護政策を背景に増大していったことを、今谷明氏が指摘されている。（「室町幕府の財政と荘園政策」、今谷『室町幕府解体過程の研究』、岩波書店、一九八五年）今谷氏によると、
　五山の中には東福寺・建仁寺・南禅寺のようにすでに鎌倉時代から建設されていたものがあり、これらは摂関家や院（上皇）の寄進により鎌倉末までに相当の荘園をすでに伝領していたものもあるが、大半の五山は天竜・相国のように南北朝に入ってから創立されたものであり、幕府の積極的な援助を想定しなければとうてい考えられないことである。そこで代表的な荘園についてその起源を溯っていくと、鎌倉以来の旧荘園の地頭職を寄進されたものや、南朝方の所領を没収したり罪科人の所領を欠所にした跡を幕府が寄進したものがかなり存在している。たとえば代表的な例として備中新見荘地

頭方、相国寺領備中巨勢庄、南禅寺竜華院領越中小佐味内半分地頭職などはそれに当る。こういう点に関しては今後の研究にまたねばならないが、要するに南北朝内乱期以来、幕府・守護大名など武家の積極的な寄進・保護を受けて拡大されてきたと考えられる。

このような五山官寺領の拡大により、大きな影響・打撃を受けたのは、五山領に近接する荘園である。これらの荘園の境界をめぐって紛争がおこった場合、幕府は五山保護の立場から多くの場合禅院側に有利な採決を下したから、特に強力な庇護をもたぬ旧仏教系寺院の荘園はこれら五山の勢力伸張にたえず脅かされた。

（第四節「五山禅院の経済的基礎」）

また、「五山禅僧の中には、東班六知事のように荘園経営や寺院内の経理を任され、金策や会計に通暁した僧侶がいて、それらが高利貸資本に転化して特に没落貴族層等を収奪対象にしていた」ことも指摘されており、このような五山禅院の寺領拡張、蓄財のための収奪などが、「旧仏教系寺院」である観勝寺の行誉にとって快からぬことであり、脅威でもあった可能性は高い。

第二章　『壒嚢鈔』における神と仏

はじめに

『壒嚢鈔』は全体的に百科事典の外装を纏ってはいるが、多分に啓蒙書的な内実を備えている。本書ではこれまで、『壒嚢鈔』に散見する行誉自身の言葉を手がかりとしながら、その説話引用の仕方と併せて、それを支える思想的な問題を考究してきた。それはひとえに『壒嚢鈔』が何を目的に編述されたものなのかを明らかにしたいからであった。

ところで、『壒嚢鈔』全七巻のうち、巻五以降の三巻の成立時期は前半四巻より少し遅れる。行誉はとりあえず巻四まででいちおうの完成品とみなしていたようだが、さらなる依頼（最初の依頼主とは別人物）があったために継ぎ足したのが、後の三巻であったようだ。(1) この三巻はその内容によって緇問上・中・下と分類される。緇問とは、巻四までの一般的な質問（素問）に対して、仏教に関する質問が中心になっているという行誉の編述意識を表す。もちろん、実際は単なる仏教に関わる百科辞典的知識の披瀝に留まるわけではなく、素問同様、ここでも編者行誉の主張が強く述べられている。たとえば、前章で指摘したように、緇問下（七巻。刊本では⑬巻から⑮巻）には、観勝寺および真言宗を他の寺院・宗派よりも優れたものとして称揚してゆく傾向が見られるのである。

ところで、『壒嚢鈔』巻五（緇問上）はその緇問の冒頭に当たる。この緇問上に注目すると、緇問上には、項目によって明らかに記事の量に違いが見られ、しかも、量の多い項目には、説話引用を伴いながら思想的な主張が展開される。

しかも、それらの主張のほとんどは、王法と仏法に関わる問題なのである。(2)

そこで、本稿では、『壒嚢鈔』緇問上に見られる大神宮と僧との関係を述べる記事に注目し、そこに用いられる『通海参詣記』や『豊葦原神風和記』の記事の引用の仕方を通して、王法仏法に関する行誉の主張の方向性を明らかにしたい。

一．緇問上における王法・仏法関係記事

『壒嚢鈔』は百科事典的要素を持つとはいえ、単なる事項の説明書ではない。一見先行資料を引用しただけのように見える箇所においても、引用資料の組み合わせ方や手の加え方から、行誉の主張が見えてくるのである。

行誉の主張が見えるのは、話題が本来の問いの内容から大きく逸れて、説話引用を伴いながら展開する（話題の〝脱線〟）部分である。(3) 当然のことながら、その部分は他の条項よりも長くなり、場合によっては十丁を超えることもある。そして、その際には、自分の主張に近い思想を載せる書物や、自分の主張の裏付けとなりそうな説話を組み合わせたり、ときには手を加えたりして利用する事例が見られる。このことから、行誉自身の思想を明らかにするためには、まず、他の条項よりも比較的分量が多く、行誉自身の主張や説話が見られるものを中心に検討することから始めなければならない。さらには、引用部分と原典との距離を測ることと、行誉がどういう資料を選び、どういう文脈でそれらを並べたのかを検討することが必要となってくるのである。

そこで、緇問上（巻五）において、とくに記事の量が多く、説話や主張の見られる条項を挙げると、次表のようになる。

《表》『壒嚢鈔』巻五（刊本巻⑧・⑨）緇問上（※全75条）説話・思想的言説を含む条

条	刊本	綱目（目録）	典拠	記事量・説話の有無
2	⑧—2	後七日事	弘法大師行状絵伝・通海参詣記	長（3丁）・説話
3	⑧—3	二間供事	通海参詣記	説話
4	⑧—4	修二月事	東山往来	やや長（1丁）・説話
5	⑧—5	神泉園事	弘法大師行状絵伝	長（4丁半）・説話
6	⑧—6	太神宮御事	通海参詣記・続古事談・豊葦原神風和記	長（8丁半）・説話
7	⑧—7	当寺鎮守事		長（2丁）・説話
8	⑧—8	可参詣太神宮事	通海参詣記	長（2丁半）・説話
10	⑧—10	神道醜陋耻事	豊葦原神風和記	長（3丁半）・説話
17	⑧—17	若少年僧為師一居下事		やや長（1丁）・説話
31	⑧—31	不堪所学必可改事	太平記	長（2丁）・説話
35	⑨—3	僧礼神明否事	鵝珠抄・法苑珠林ほか	長（3丁半）・説話
61	⑨—29	知地震動事	宝物集？	やや長（1丁半）・説話
74	⑨—42	政道正謂刹利居士懺悔	宝物集・太平記・神皇正統記ほか	長（15丁）・説話
75	⑨—43	仏名懺悔事	東山往来・鵝珠抄・続古事談	長（2丁半）・説話

行誉の緇問（巻五～七）における基本的な編述方針は、仏教に関する質問に答えるというものであるが、緇問上では、とくに神や王法に関わるものが多い。右表に挙げた思想的言説や説話を含む条においても、17「若少年僧為師一居下事」、31「不堪所学必可改事」、61「知地震動事」[4]以外は、仏教と神道、あるいは仏法と王法との関係が中心に述べられる。

その中でも、2「後七日事」、3「二間供事」、6「太神宮御事」では、『通海参詣記』を引用しながら、皇祖神たる天照大神を祀る伊勢神宮と僧との関係が述べられる。『壒嚢鈔』における仏教と神道、仏法と王法という問題を考える上で、これらの条項の内容を押さえておくことは必須であろう。以下、この三条項のうち、とくに2「後七日事」と6「太神宮御事」を中心に、行誉の主張を読み解いてゆきたい。

二、禁中仏事の正統性

まずは『壒嚢鈔』巻五―2「後七日事」を見てみる。紙面の都合上、目録および典拠を参考に、私に段落を分けて梗概を示すと、以下のような展開になる。

《『壒嚢鈔』巻五―2条（刊本巻⑧―2）》

	内容	典拠
問	後七日というのは。	
(1)	「神事多キニ依テ、七日マテハ出家不参内」ため、八日から始まる御修法なので、後七日という。	
(2)	唐の内道場に擬して、弘法大師が奏上したのが後七日修法の始まり。大師、真言院を立て、東寺の長者を阿闍梨とする。	『弘法大師行状絵巻』
(3)	南梁武帝天監十六年、沙門恵超のときに内道場が始まった。	未詳
(4)	唐開元七年の玄宗皇帝のときの金剛智三蔵の例と、代宗のときの不空三蔵の例。	未詳
(5)	唐代に内道場を密場としたのを、大師がこれに準えて奏聞した。	
(6)	「只内外二宮ノ御本地、理智両部ノ曼荼羅ヲ安置シテ、密ニ付テ彼御本地ヲ被修也。」	『通海参詣記』
(7)	仏舎利をこの修法の眼目とする。「八祖相承ノ道肝也」。南天竺金剛智三蔵が玄宗皇帝のときに仏舎利を持って来朝したこと。「此舎利永附法印璽トシテ、今ニ伝レリ」	『弘法大師行状絵巻』
(8)	東寺に金剛智三蔵から弘法大師に至る三国伝来の舎利が伝わる。	「大師ノ御記」
(9)	後七日修法において、大師が仏舎利を肝心としたのは、聖武天皇が東大寺建立の際に、行基菩薩を御使として、仏舎利一粒を太神宮に奉ったときに、御託宣があったことによる。	『通海参詣記』
(10)	「此御納受新ナル故也。太神宮御本地、盧舎那ヲ本仏トシ、相殿御本地観音虚空蔵ヲ脇士トシテ、東大寺立給ヘリ」	『通海参詣記』

⑾	清和天皇が年始の御斎会において、大神宮の本地である盧舎那仏・観音・虚空蔵の三尊を大極殿の本尊とした。御斎会の先蹤は聖武天皇の最勝会であり、本格的に始まったのは称徳天皇の世である。その後、弘法大師が講肆として「博学ノ宏才」を振るったが、大師の奏上により後七日修法が始まってからは、「顕密ノ二趣共ニ備テ、如来ノ本意ニ叶者」であった。	『通海参詣記』『弘法大師行状絵巻』
⑿	震旦の大極殿の御斎会の始まりについて。	未詳
⒀	後七日とは、ただ内侍所について、年始七日僧を忌み、後御本地について八日から行われる修法なので、後七日というのだ。	

全体を見ると、『弘法大師行状絵巻』からと思われる本文と『通海参詣記』からの引用、および、典拠は未詳だが中国における宮中の仏事の歴史についての説明を織り交ぜながら、「後七日修法」の意味と意義を説明したものであることがわかる。

まず、⑴から⑹までは、後七日修法の始まりの説明である。日本の真言宗の祖である弘法大師の奏上により、唐の内道場に擬して作られたのが真言院であり、この修法が伊勢大神宮の本地である「理智両部ノ曼荼羅」を本尊として行われたものであることを強調する。

次に続く⑺から⑽は、修法の眼目となる三国伝来の仏舎利が話題の中心となる。そして、仏舎利が大神宮に納受されたことによって、東大寺の本仏が大神宮の本地、盧舎那仏となったという話を通して、後七日修法と大神宮の本地盧舎那仏との繋がりを確認する。

⑾とは後七日修法と同時に行われる御斎会の話題が中心となる。行誉は御斎会における弘法大師の活躍も挙げながら、最終的には、御斎会の本尊が、東大寺と同じ盧舎那仏であり、御斎会・後七日修法という禁中における顕密の仏事が、大神宮の本地を奉じて行われることを強調するのである。

とくに、大神宮の本地と禁中の仏事との関係について述べた(6)・(9)・(10)・(11)は、『通海参詣記』によるものであるが、本書は弘安九年（一二八六）に成立した「醍醐寺系の神仏習合書」[5]であり、「参宮した僧と俗（神宮祢宜）との仮構の問答を設けなして、その対話を介して伊勢神宮の歴史を明らめ（上巻）、神宮における仏法崇敬の意義を主張する（下巻）為に、祭主大中臣氏出身の醍醐寺僧権僧正通海が著したもの」[6]である。そして、ここに引用されているのは、聖武天皇の東大寺建立に際して、大神宮が自らの本地を盧舎那仏であることを明かしたという話に纏わる件であった。

ちなみに、続く巻五―3「二間供事」の冒頭を見ると、

仁寿殿ノ観音供ノ事也。是モ大師依二リ奏聞一ニ。承和元年ヨリ始也。東寺ノ長者勤レム之ヲ。毎月十八日、阿闍梨参内シテ、於二仁寿殿一ニ観音供ヲ勤ル。是モ内侍所ニ付テ、御神体ヲ観ズル、秘伝侍ルトカヤ。（後略）

（巻五―3条〈⑧―3〉「二間供トハ」）

とあるが、ここも『通海参詣記』の同じ部分からの引用であり[7]、後七日修法や御斎会と同様、二間供も大神宮の本地に関わる仏事であることを説明したところであった。

そして、これらの仏事の説明が、すべて日本の真言宗の祖師である弘法大師との関わりで語られるところを見ると、行誉の意図が真言僧が行う禁中仏事の正統性を主張するところにあったことがわかる。

以上から、行誉が「後七日事」や次の「二間供事」において『通海参詣記』を引用したのは、後七日修法や、御斎会などの禁中仏事の本質は、皇祖神たる大神宮の本地のもとに行われるゆえに、神事に匹敵する正統な儀式であることと、それを執り行う真言僧の国家的立場の重要性とを主張するものであったといえよう。それは、当然のことながら、仏法による王法守護という枠組みの正当化にも繋がるものであった。

三．なぜ大神宮は僧を忌むのか

前節に見たように、巻五―2「後七日事」では、要所要所に『通海参詣記』が引用されたが、それは、年始に宮中で行われる後七日修法も御斎会も、ともに大神宮の本地を本尊として行われる仏事であることを強調するためであった。ところが、2条の冒頭と末尾には、年始七日の神事では僧が忌まれるためにそれを避け、八日以降に行われるから後七日とするのだという説明が繰り返される。

つまり、皇祖神たる大神宮の本地を本尊として行われる、正統な宮廷行事であるはずの後七日や御斎会が、仏事であるがゆえに年始の神事とは共存できないという矛盾を2条は提示したことになる。

この流れからすれば、当然次に来るのは、宮中の仏事において、その本地が本尊とされているはずの大神宮が僧を忌むという現実をどう説明するのかという問題であろう。

この問題に対する答えを出そうとしたのが、巻五―6「太神宮御事」である。

この条のほとんどの部分は引用典拠が明らかである。すなわち、『通海参詣記』と『続古事談』、慈遍の『豊葦原神風和記』からの引用の組み合わせである。全体は刊本で八丁半の長大なものとなるので、梗概を私に段落に分けて示す。

全部で十五の段落に分けたが、(2)がもっとも長大な部分であり、刊本の場合、約五丁半を占める。ここは一部を除き、『通海参詣記』下の一「於神宮仏法禁忌可達神慮事」から、ほぼまる写しの形で僧と俗との問答を引用する。

具体的には、俗（神官）の挙げた大神宮が僧を忌む理由、第六天魔王・伊弉諾尊契約説、伊弉諾尊・伊舎那天同体説、さらには外では忌みながら内では仏法に帰しているのだという説を、僧がことごとく否定し、大神宮が僧を忌むのは神代からのことではなく、単に古くからの習わし（「習旧（旧習）スル事」）にすぎないと喝破するという内容である。

『通海参詣記』のこの部分については、西山克氏が詳しく分析され、当時の伊勢神宮を巡る環境の中で有力であった説に対する、密教側からの批判を述べたものであるとされる。(8)

《『壒嚢鈔』巻五—6条〈刊本⑧—6〉「太神宮御事」》

	内容	典拠
問	太神宮御事（の謂われについて説明してほしい）	
(1)	「尤可存知事也。然両宮謂レ、并僧ヲ忌給事。此事極タル難儀也」 真言側からの神道説に基づく神宮の神々の本地の簡潔な説明。	未詳
(2)	「次ニ宮中僧ヲ忌事。是又異説多端故ニ、注シ侍ラン。心ヲ留テ披閲アルヘシ」神宮が僧を忌むことについての、ある僧と俗との問答。	『通海参詣記』下、第一
(3)	大神宮が「仏法ヲ忌セ給ヌ」例。春日大明神御託宣。	『通海参詣記』下、第六
(4)	「法施ヲ以テ先トセラル」例。仁明天皇と清和天皇。	『通海参詣記』下、第七
(5)	大神宮からの訴えに対して、堀河天皇が返事をしなかったために、坊門左大弁為隆が白河院に「内裏ニハ、御物気発セヲハシマシタリ」と報告した話。	『続古事談』一一
(6)	後三条天皇が大神宮へ奉る宣命に「我位ニ即テ後、一事トシテ僻事セズ」と書き、大江匡房から咎められた話。	『続古事談』三二
(7)	後嵯峨院の杉堂法楽寺を御願寺とする官符の引用。	『通海参詣記』七
(8)	「争カ仏法ヲ忌給ハン。誰カ此神ヲ不奉仰」	
(9)	神と仏の違い。神は本を守り、仏は末を導く。	『豊葦原神風和記』
(10)	真俗・迷悟の別を立て、仏見法見を起こすので僧尼は神に忌まれる。	『豊葦原神風和記』
(11)	末代名字の僧尼は教と機とが背いているため神に忌まれる。	『豊葦原神風和記』
(12)	仁王経にいう、獅子身中の虫の説。	『豊葦原神風和記』
(13)	涅槃経にいう、仏弟子が妄りに堂塔を建てる話。	『豊葦原神風和記』
(14)	法華経にいう、慢心の無知の比丘僧の話。	『豊葦原神風和記』
(15)	「短才ヲ以テ、神慮ヲ欺カバ、必其罪アルヘシ。能々思慮有ヘキ事ヤ」	

さて、行誉にとって、「後七日事」において提示された矛盾は、国家における真言僧の存在意義を主張するためには、解決しなければならないものであったはずである。その意味で、『通海参詣記』は、真言僧の立場から大神宮が僧を忌むという問題と正面から切り結んだものであるがゆえに、行誉には都合のいいものであったのである。

そして、大神宮が最初から仏法を忌避していたなどということはありえないと結論づける『通海参詣記』の主張は、玉体安穏、鎮護国家を祈念して、宮中にて行われる後七日修法が、王法守護としての仏法を体現するものであることを保証するものでもあった。

だが、単に古くからの習わしにすぎないとする『通海参詣記』の反駁は、その理由を説く通説を覆すことはできても、僧が参宮できないという厳然たる現実を覆すことはできない。

そこで、行誉は『通海参詣記』から離れ、別の視点から、この矛盾した現実を受け入れるための落としどころを捜す。それは、神仏の立場の違いを強調することで、両者の棲み分けの問題に帰結させることと、仏法の堕落に因を求め、同時代の寺院や僧のあり方を批判する方向へと問題意識を広げることである。

行誉は、(5)(6)の『続古事談』からの説話引用と(7)の『通海参詣記』七に引かれる後嵯峨院の官符の引用をまとめ、「争カ仏法ヲ忌給ハン。誰カ此神ヲ不奉仰」(8)と述べた後、

(9)　但御誓ヒナキニシモ非ス。仏神ノ内証同一ニシテ、而モ化儀各別也。神道ハ一法未タレ起ラ所ヲ守テ、起ル所ノ万物ヲハ、皆穢悪也ト忌ム。仏法ハ、二途既分レテ後、諸ノ迷アルヲ悉ク実相ト見ル。然其仏法ニ専ラ本初不生ヲ談シ、神道ニ又和光同塵ノ利益普シ。サレハ互ニ闕事ナケレトモ、暫ク神ヲ面トスル時ハ、本ヲ守リテ穢ヲ忌ム。其末ヲ導ン為也。仏ハ又末ヲ導キ本ヲ示ス。其本ヲ為レ令レ覚ラ也。

（『壒嚢鈔』巻五―6条〈⑧―6〉「太神宮ノ御事」）

と説明する。じつはこの⑼は、慈遍の『豊葦原神風和記』下「仏神同異事」の後半からの引用である。神と仏とは「内証同一」であって、そこには「末」を導くために「本」を守る（根本的真理の獲得を先行させる）か、「本」を示すために「末」を導く（衆生への具体的対策を先行させる）かという衆生の救済の方向性の違いがあるだけで、究極の目的は一緒なのであるという理論である。[9]

つまり、⑼は、内証は同一であっても、人を救済する方法が違うために、神と仏とは棲み分けを行っているということを説明する部分であった。それは2条における禁中仏事の正統性の主張に矛盾なく繋がるものであった。

さらに行誉は、僧が神に忌まれる理由を、同じ慈遍の説を流用して説明する。

⑽　然ヲ仏法ノ中ニ、或ハ真俗二諦ヲ堅執シ、我相憍慢ヲ本トシ、剰ヘ仏見法見ヲ起シテ神道ヲ軽スルカ故ニ、周是ヲ忌給。其文ニ云、天照太神與豊受太神別無レ之、宗神無為大祖也。此故不起仏見法見以無相鏡、假表妙体ト云云。深可想子細也。

（『壒嚢鈔』巻五―6条〈⑧―6〉「太神宮ノ御事」）

典拠となった、『豊葦原神風和記』下「仏神誓別事」では、「天地ノ未ワカレザル其先ヲ守テ、起ル所ノ諸ノ穢悪ヲ忌ベシト示」すのが神であるとする立場に立ち、「仏教ト云ヘルハ、真俗ノ二ヲ立、迷悟ノ別ヲ論ジ、剰ヘ仏見法見ヲ起シテ我相憍慢ヲ本トスル故ニ、コトサラ僧尼ヲイミタマフ」とする。[10] さらに、神道が天下万民を救済しようとするのに対し、仏法が出世と号して「国土ヲナイガシロニ」するから忌むのだと続ける。つまり、ここは本来、仏教の持つ根本的な問題点を挙げ、神道の優越を説く部分であった。だが、行誉は、『和記』の傍線部の「仏教ト云ヘルハ」という仏教全般を指す表現を「仏法ノ中ニ」と書き換えることによって、仏教のもつ根本的な問題との指摘を、仏法の中にはそういう者もいるというニュアンスにすり替え、仏法側の陥りがちな反省すべき点と捉える。

続く⑾は、末代の仏法が陥っている過ちに原因があるとするもので、まさに行誉の文脈に沿った説なのだが、典拠は同じ『和記』下「仏神誓別事」であり、これには、次の傍線部以外はほとんど手を加えていない。

⑾　又末代名字ノ僧ノ教ト機ト相背ク故ニ、専ニ呑二テ一水ヲ一、分ニ二一流ヲ一所以ニ法ハ真ヲ教レ共、人ハ多真ナシ。実ト無クシテ、妄リニ仏法ヲ穢シ、恣ニ国土ヲ費ス。爰ヲ以テ忌給共云也。此誡メ、又神明ノミニ非ス。仏法ニ則多シ。

（『壒嚢鈔』巻五―6条〈⑧―6〉「太神宮ノ御事」）

これに続く⑿から⒁までは、⑾の例証として仏典に見られる例を挙げたものであり、すべて慈遍の説を引用したものである。主旨は、仏教の教えに背いている末代の僧たちを神は忌むのだという考えである。玉懸博之氏は、これは慈遍が「末代には仏法は不適合である」としたものと捉えるが[11]、同時にここは「慈遍の表現が行き届かず、その意を十分に汲むことはできぬ[12]」ところでもあるため、行誉のように、仏法側の反省材料と受け取ることもできよう。いずれにせよ、同時代の仏法の堕落を嘆く行誉[13]にとって、大神宮が僧を忌むことの理由として仏法側の堕落を挙げる慈遍の説は、都合のいいものであったに違いない。

ところで、ここまで見てきたように、行誉は一見、慈遍の説を拠り所として論を展開させているようだが、あくまでも都合のいい部分を利用しているに過ぎない。慈遍の思想と行誉の思想とは、根本的に相容れないものだからである。行誉の主張は、大神宮の本地を本尊として祈るところに、仏法、とくに真言僧の国家的な存在意義を認めようとするものであったのに対し、慈遍の思想は、神本仏従・半本地垂迹的立場の神道思想であり、天照大神の本地垂迹を否定するものであった[14]。だから、行誉は慈遍の説を有効に利用しながらも、自分の主張にとって都合の悪い部分は切り捨ててしまう。見方を変えると、切り捨てた痕跡にこそ、行誉の思想の方向性を見出すことができる。

慈遍が天照大神の本地垂迹を否定する部分は次の箇所である。

凡冥衆ニ於テ大ニ三ノ道アリ。一ニハ法性神、謂ル法身如来ト同体。今ノ宗廟内証是也。故ニ此神ニハ本地垂跡トテ二ツヲ立ル事ナキ也。二ニハ有覚ノ神、謂ル諸ノ権現ニテ仏菩薩ノ本ヲ隠シテ万ノ神トアラハレ玉フ是也。三ニハ実迷ノ神、謂ル一切ノ邪神ノ習トシテ真ノ益ナク愚ナル物ヲ悩シ偽レル託宣ノミ多キ類是也。

（『豊葦原神風和記』中「尊神霊験事」）

慈遍は神を法性神・有覚神・実冥神の三種に分けるが、二重傍線部のように、法性神たる伊勢大神宮（天照大神）は「本地垂迹」のような二面性は持たないとする。(15) ところが、行誉はこの部分を引用しながら、

凡神道ニ大ニ三ノ不同アリ。一ニハ法性ノ神。其ヲ沙汰セル事、法身如来ノ如シト云リ。二ニハ有覚ノ神。諸権現ノ利生ヲ施サン為ニ誓テ諸仏菩薩ノ本地ヲ隠テ、万ツノ神ト顕レ給是也。三ニハ実迷神。一切ノ邪神ヲ習トテ、真ノ益無ク、愚ナル者ヲ悩シ、偽レル託宣ノミ多シト云云。

（『壒嚢鈔』巻五―10条〈⑧―10〉「神道醜陋耻事」）

というように、大神宮の本地垂迹を否定した二重傍線部分を注意深く除くのである。

このように、行誉の主張にはしっかりとした方向性があり、それにしたがって先行資料を取捨選択していることがわかる。その主張とは、大神宮の本地を本尊として仏事を行う僧の存在は、神によって本来忌避されるべきものではなく、役割の違いからその棲み分けが行われているにすぎないこと、そして、仏法による王法守護という役割を正常に機能させるためには、仏法の堕落を正さねばならないということであった。

おわりに

前説では、行誉が『通海参詣記』の説と『豊葦原神風和記』の説とを巧みに組み合わせながら、大神宮が僧を忌む

理由を説明してゆく論理展開を辿ってみた。そこには、真言僧としての己の立場を自覚し、仏法のありかたを正そうとする行誉の姿勢が見えるのである。このような行誉の姿勢は、当時、行誉が置かれていた立場や、同時代の思想と無関係ではないであろう。そこで、最後に行誉の主張が行き着く先にあると思われる新たな問題を提示し、今後の課題としたい。

先の巻五―6「太神宮御事」の中には、論の展開上、どう見ても異質な段落が存在する。それは『続古事談』の説話を引用する(5)段落と(6)段落である。それまでの、神が僧を忌むはずがないとする流れとは違い、この二つのみは僧や仏法の話題とは無関係な説話であった。これらは伊勢大神宮が現役の天皇に対して強大な権威を持つことを示した説話なのである。なぜ、このような説話が入り込んだのであろうか。

それはおそらく、大神宮の本地が盧舎那仏であるとする前提と関係があろう。国土の本質的支配者は伊勢大神宮にあるのであり、天皇はその下で国の統治を任されている存在にすぎないということを強調することは、その本地たる盧舎那仏を本尊として玉体安穏、鎮護国家を祈念する真言僧の役割の重みをも際立たせることになる。僧が信仰するべき対象は天皇の上に位置する神であり、その本地仏だということになるからである。すなわち、大神宮の天皇に対する権威を明確化することは、仏法の王法からの独立を主張することに繋がるのである。

今回は触れることができなかったが、『壒囊鈔』巻五（緇問上）には、このような、仏法の王法に対する独立性を主張する条項が確かに存在する。この問題については次章にて述べることとしたい。

（1）本書第一編第一章。

（2）この問題については、次章「『僧不可礼神明』考」でも取り上げる。
（3）本書第一編第二章。
（4）61「知地震動事」では、「未曾有経説」として、金翅鳥の説話を載せるが、これは『宝物集』の説話に近い。ただし、最後に、

金翅鳥王、小龍ヲ食故ニ、命終時、必身大海ニ投シテ、龍恩報スル也。仍金翅鳥璽龍宮ニアル也。是第一宝珠也。本朝ノ神璽ト云、即是也ト云云。是第一義通リ也。

という『宝物集』にはない言葉があるのは注目に値する。この説話が王権のレガリアの一つ「神璽」に纏わる説話であったことを主張するものとして、看過しがたいものがあるのである。
（5）西山克「『通海参詣記』を語る」（上山春平編『シンポジウム伊勢神宮』、人文書院、一九九三年）。
（6）阿部泰郎「伊勢に参る聖と王――『東大寺衆徒参詣伊勢大神宮記』をめぐりて――」（今谷明編『王権と神祇』、二〇〇二年、思文閣出版）。
（7）該当部分を引用すると、

A　水ノ尾ノ天王モ。ルサナ仏観音虚空蔵三尊ヲ顕シテ、年始御斎会ノ本尊ト定メ置レ侍リキ。⑾真言院ニハ、又内外二宮ノ御本地理智両部ノ万荼羅ヲ安置シテ、密教ニ付テ後七日ノ御修法ヲ始置ル。⑹天平ノ霊詫仏舎利ノ御納受新ナレハ、弘法大師モ又舎利ヲ持テ。此修行ノ肝心ト行イ給ヘリ。
B　此大阿闍梨。毎月十八日仁寿殿ノ観音供ヲ勤テ。神体ヲ現スル秘伝ノ侍ルモ、此因縁也。
C　顕ニ付キ密ニ付ケテ、太神宮ノ御本地ヲ顕シテ祈申サル、年始ノ勅願ナリトソ承ル。然ラハ世アガリタル事ナリシカトモ、称徳天皇重祚ノ宣命ニハ。仏法ヲ先トスル由ヲ、太神宮ニ告申サレケル也。
（『通海参詣記』下　第五）

となっている。Aの傍線部が「後七日事」では⑾・⑹の典拠となっているところであり、Bは「二間供事」の典拠となっている。そして、この部分のまとめのCを見ると、後七日修法も御斎会も、勅命により、大神宮の本地を本尊として行われる

仏事であり、かつて称徳天皇が大神宮に「仏法ヲ先トスル」と宣言したことに通じるものであったとする。

（8）西山氏前掲（5）論文。

（9）玉懸博之「中世神道家の歴史思想——慈遍の「救済史」の構想をめぐって——」（『日本中世思想史研究』、一九九八年、ぺりかん社）。

（10）以下、引用は続々群書類従本による。

（11）玉懸氏前掲（9）論文。

（12）玉懸氏前掲（9）論文。

（13）次章「『僧不可礼神明』考」。

（14）玉懸氏前掲（9）論文。

（15）同様の説は中世の両部神道書である、真福寺蔵『神祇秘抄』にも見られる。（真福寺善本叢刊7『中世日本紀集』所収。阿部泰郎氏解題。臨川書店、一九九九年）。

（16）高橋美由紀「中世神道の天皇観」（今谷明編『王権と神祇』、二〇〇二年、思文閣出版）。

（17）たとえば、『壒嚢鈔』巻五—5「神泉園事」では、効験比べで弘法大師に破れた守敏僧都が、天皇を恨んで龍神を水瓶にとじ込めたため、天下に旱魃がもたらされたが、弘法大師が神泉苑で善女龍王を勧請して祈雨の法を行うことで雨を降らせたという、『太平記』や『弘法大師行状絵巻』に見られる説話が引かれ、以来勅命により真言僧による祈雨の法が行われたことが述べられる。さて、その末尾は、

夫上代ハ上ノ政正ク、下勤実トアリケレハ、風雨モ時ニ随テ、更民ノ愁ナカリケリ。漸其儀衰ルニ依テ、皇極天皇元年壬丑夏旱シテ所々ニ牛馬ヲ殺テ、神ヲ祭ト云共、更降雨ナシ。仍入鹿大臣仏力ヲ借七月ニ始勅シテ於諸寺、読大雲経、遂雨得ト見タリ。

と締め括られる。つまり、ここからは、帝徳の衰えによる災害を「仏力」を借りて防ぐものが祈雨法であるとする思想を見出すことができよう。

また、この他にも35条の「僧礼神明否事」では、僧が王に礼拝しないという問題を取り上げ、王法の守護たる仏法の、王法のヒエラルキーからの独立を主張する。

第三章　『壒嚢鈔』の王法仏法相依論

はじめに

編者行誉に関する記録が皆無に等しく、また、観勝寺も資料が乏しいうえに早い段階で廃寺となってしまったため、『壒嚢鈔』の成立事情を窺うことは容易ではない。

だが、資料引用の合間に見られる行誉自身の主張に注目し、それらと周辺資料とを突き合わせることによって、この膨大な書物が制作された事情や背景が少しずつ明らかになってきた。とくに本編第一章にて指摘したように、京都五山の長として幕府から保護を受け、勢力を伸ばしていた南禅寺と、旧仏教系寺院の観勝寺が隣接しており、この二つの寺院の間に確執があったらしいことは、『壒嚢鈔』成立に大きな影響を与えているものと思われる。(1)

ところで、『壒嚢鈔』は大きく分けて二段階の制作過程を経ていることが、その奥書から窺える。すなわち、巻一から巻四まで（刊本では巻①から巻⑦まで）の素問〈一般的な質問〉と巻五から巻七まで（刊本では巻⑧から巻⑮まで）の緇問〈仏教的な質問〉である。(2) とくに緇問は真言僧行誉の立場から仏教関係の事項について注釈されたものであるが、巻五はその最初（緇問上）であり、国家的な仏教の年中行事や仏教と神道との関係などを説明するものが目立つ。その中でも35条「僧不可礼神明」は、説話が引用されるため分量が多く、しかも、行誉自身の言葉が見られる点で注目される条の一つである。そこに引用される説話のテーマは、中国仏教史の中でもしばしば問題となった「沙門不敬王者論」、すなわち王法に対する仏法の優位性を主張するものであった。真言僧であった行誉が仏法と王法の関係に言及する当条は、『壒嚢鈔』制作当時の思想的状況に加え、当時の行誉自身の社会的立場を知るうえで貴重なものである。本章では、緇問上における行誉の関心の傾向と当時の社会的状況を踏まえながら、この「僧不可礼神明」をその出典の問題や展開の仕方を中心に分析することによって、行誉が「沙門不敬王者論」を引用した意図はどこにあったのかを明らかにする。

一・「僧不可礼神明ト云ハ」の構成

巻五—35（巻⑨—3）の「僧不可礼神明ト云ハ」の構成は左に示したとおりである。なお、典拠や関連資料および中心となる話題の展開にしたがって、私に四つの段落に分けてある。

問・僧は神明に礼すべからずというのは（どういうことか）。

一・『真覚（心覚）秘雑抄』には、『蘇悉地経』の一節を引用して、「外天形像」には「合掌」はしても「礼敬」はしないとする。

二・『梵網経』『順正理論』には、出家人は国王・父母を礼せずとする。『四分律』に見られる賓頭盧尊者が優填王に礼をしなかった話と、それに対する『法苑珠林』の評。

三・廬山慧遠法師の『沙門不敬王者論』。

四・訖哩枳王の十夢の中の十猕猢の話と釈迦の一衣は破れないという話。「自是非他ノ輩」の多いことへの嘆き。

そもそも最初の問いは、「僧不可礼神明ト云ハ」であり、僧が「神明」に対して礼（礼敬）をしてはいけないという言葉について尋ねたものであった。それに対し、一段落では「僧不可礼神明」の意味の説明をし、次に、二、三段落では僧が国王に対して礼を為すべきかという問題を、説話を引用しながら論じる。最後に四段落では「訖哩枳王の十夢」の説話を引用して、僧のあり方を論じる。このように見ると、話題が本来の問いの内容から徐々に逸れているように見えるであろう。『壒嚢鈔』によくある〝脱線〟のパターン、すなわち、問いに答えるための言葉の説明から行誉の主張へと展開するケースである。(3) そこで、以下、四つの段落の展開にしたがって、その流れを分析する。

二、心覚『鵝珠抄』引用

第一段落を以下に引用すると、

真覚秘雑抄ニ云、僧ハ不レ可レ礼ニ神明ヲ一。蘇悉地経ノ一ニ云、若、（衍文）真覚秘雑抄ニ云、僧ハ不レ可レ礼ニ神明ヲ一。蘇悉地経ノ云ニ、若シ見ニ制多及比丘僧ヲ一、応ニ常ニ礼敬ス一。若シ造ニ外天形像ヲ一、但応ニ合掌ス一。或ハ誦ニ伽陀ヲ一云、仍テ可レ行ニ法施ヲ一。不レ可レ礼云云。

但合掌ス沙汰ノ事也。不レト可レ礼ニ白衣ヲハ一見タリ。

（巻五—35条〈⑨—3〉「僧不レ可レ礼ニ神明ヲ一ト云ハ」）

となる。ここにいう「真覚秘雑抄」とは、常喜院心覚の『鵝珠抄』のことである。そこで典拠となった『鵝珠抄』の該当部分(4)を見てみる。

比丘僧不可礼敬神只可行法施事

蘇悉地経一云。若見制多及比丘僧応常礼敬。若遇水天形像但応合掌。或誦伽陀文。

（『鵝珠抄』下二）

『鵝珠抄』の事書きの後半部分に当たる「可行法施」の位置や「礼敬」と「礼」、「神」と「神明」など、多少の異同はあるが[5]、『壒嚢鈔』の「不可礼云云。」までが『鵝珠抄』引用部分であり、「但合掌沙汰事也。不可礼白衣見タリ」は『鵝珠抄』には見られない説明であることがわかる。

ところで、巻五には『鵝珠抄』との共通記事が集中する。

《表》『壒嚢鈔』緇問上（巻五）の『鵝珠抄』引用（※全75条中24条）

条	刊本	綱目（目録による）	鵝珠抄（巻）	丁	書名	備考
33	⑨―1	乾陀穀子袈裟事	乾陀穀子袈裟事（下二）		○	
34	⑨―2	断食本説事	七日断食證文事（下二）			
35	⑨―3	僧礼神明否事	比丘僧不可礼敬神只可行法施事（下二）	3.5	○	説話
37	⑨―5	多聞天聞字事	毘沙門名多聞事（上二）			
38	⑨―6	四天本方事	四天王漢語事・四天王眷属事（上二）			
40	⑨―8	鄔波尼煞曇分事	鄔波尼殺曇分事（下一）		○	ほぼ全
42	⑨―10	生色可染事	生像金銀等宝不可蓄事又生色可染事（下一）			全
43	⑨―11	生像金銀等詞事	生像金銀等宝不可蓄事又生色可染事（下一）			
44	⑨―12	十自在事	十自在事（中一）			全
45	⑨―13	羅雲比丘誰事	音近事（下一）			全
46	⑨―14	吽字非字事	〓音如牛吼事・〓字音事（下一）		○	全
47	⑨―15	切反同字通用事	以切字用遍事（下一）	1	○	
48	⑨―16	漢字信用可有益事	世俗文字致信尚成損益事（下一）			ほぼ全
49	⑨―17	弥陀像安置髻中往生例	造弥陀像安髻中往生事（下一）			全
50	⑨―18	延壽堂事事	無常院事（下一）			
51	⑨―19	土葬事	葬送事（下一）			ほぼ全
52	⑨―20	一日立八万四千塔事	阿育王臨終一日之内立八万四千塔事（下一）			全
56	⑨―24	布灑星合日事	布灑星日事（下二）		○	
57	⑨―25	月中兎事	月中兎事（下二）			ほぼ全
58	⑨―26	日月蝕事	日月蝕事（下二）	2		説話
59	⑨―27	日月星宿本地事	日月星宿等者誰所変乎（上二）		○	全
66	⑨―34	廿八宿廿七宿不審疑事	唐土用二十八宿天竺除牛宿事（上二）			
74	⑨―42	政道正謂利利居士懺悔	四姓事（下二）	15		説話
75	⑨―43	仏名懺悔事	懺悔事（下二）	2.5		説話

※〈丁〉……『壒嚢鈔』の当該条の分量で、１丁を超えるもの。
〈書名〉……『鵝珠抄』記事引用の際に『心覚（真覚）秘雑抄』などの書名を明記するか否か。
〈備考〉……「説話」は『鵝珠抄』以外に説話引用がある場合、「全」はその条すべてが『鵝珠抄』からの引用である場合。

《表》を見ると、『鵝珠抄』の記事と一致する箇所が、十五冊本の刊本では巻九に当たる巻五後半に二十四条見られることがわかる。しかも、それらのいくつかには「真覚秘雑抄ニ」「心覚ノ口伝ニ」「心覚秘雑抄ニ」という断り書きが見られる。『続古事談』『太平記』『神皇正統記』など、『壒嚢鈔』で比較的引用されることの多い作品の場合も、すべての引用箇所に書名が記されるわけではないため、[6]それらの場合と同様、行誉の手元に心覚の『鵝珠抄』があった可能性はきわめて高いといえる。

おそらく巻五後半に『鵝珠抄』（もしくはその抄本）からの引用が集中するのは、行誉が『壒嚢鈔』巻五（緇問上）編述の際、依頼者の質問への解答に『鵝珠抄』の記事を引用し、そのついでに、関連する事項や依頼主にぜひとも教えたい事項を[7]『鵝珠抄』から抜き出して並べたためと考えられる。

ところで、巻五後半の『鵝珠抄』引用については、ほとんどが半丁未満の短い分量であり、条全体を『鵝珠抄』引用が占めている場合も、別の典拠からの説との組み合わせである場合も、説話を伴うことはほとんどない。ただし、74「政道正謂利利居士懺悔」や75「仏名懺悔事」のように、説話を引用する長大な条においては、途中で言葉の意味や読み方を説明するために補足的に引用されるだけであり、それが中心であったわけではない。ところが、この「僧礼神明否事」のみは、『鵝珠抄』の引用をきっかけに他の経典や説話に繋がり、しかも行誉の主張へと展開するのである。

行誉がこの質問を意図的に自分で加えたものか、あるいは実際にそういう質問があったのかをここで判断することは難しいが、『壒嚢鈔』の『鵝珠抄』引用の傾向を踏まえるならば、僧が神（神明）を礼敬してはならないという言葉が彼を強く突き動かしたことだけは確かであろう。この言葉が行誉の問題意識と結びついたために、このような〝脱線〟が起こったものと思われる。それは、「神明」の象徴する王法と仏法との関係であった。

引用の対象となった『鵝珠抄』の方に注目すると、ここはすべて『蘇悉地経』の引用であることがわかる。ちなみに『蘇悉地経』の該当箇所は、「若見制多及比丘僧、応常礼敬。若遇外天形像、但応合掌、或誦伽他。（若し制多及び比丘僧を見ば、応に常に礼敬すべし。若し外天の形像に遇ふには、但応に合掌し、或は伽他を誦すべし。）」となっているが、これは真言法を修する際の作法を説明する部分であった。なお、傍線部は使用した『鵝珠抄』テキストでは「外天」ではなく「水天」となっているが、これは書写の際の誤りと見られる。文脈から考えても「外天」が正しいであろう。なお、『壒嚢鈔』もここは「外天」とする。「外天」とは「外道等の貴ぶ日天等」[8]、すなわち仏菩薩以外の天部のことである。天部は仏典における「神」であるから[9]、『鵝珠抄』において礼敬を禁止されている「神」とはこの「外天」を指すことがわかる。

ところが、『壒嚢鈔』の『鵝珠抄』引用部分においては「比丘僧不可礼敬神」が「僧不可礼神明」となっている。「神明」は普通日本における天地の神々を指し、当時においては伊勢大神宮のことをも指す言葉であった[10]。ちなみに、行誉が『壒嚢鈔』で使う「神明」という言葉のほとんどは日本の神のことを指している。『鵝珠抄』が『蘇悉地経』を引くのみで、それ以外の典拠や解説を付さない以上、ここでいう「神」の意味の中に日本の神が入り込む余地はないであろう。「神明」は『壒嚢鈔』において書き換えられたものである可能性が高い。『壒嚢鈔』がこの言葉の解説から次の話題へと展開することを考えると、この書き換えは、展開上の都合から行われたものと見ることができる。

そこで、『鵝珠抄』引用の直後に補足される「但合掌沙汰事也。不可礼白衣見タリ」に注目すると、これは「神明」＝「白衣」とする定義づけによって話題の中心を新たな問題へと移行させる役割を果たしていることがわかる。別の見方をすると、行誉の真意が「僧不可礼神（神明）」じたいを論ずることにあったのではなく、むしろこの話題をきっかけに「白衣」への礼拝禁止という問題を引き出すことにあったことを示すものであろう。しかも、行誉の意図する「白衣」は単なる俗人ではなく、いわゆる王法を指すものであり[11]、行誉にとって「神明」は王法をイメージすることばであった。たとえば、それは巻五の8条に、

又君ニ事ル法ト申ハ、忠臣ハ二君ニ不レ仕ヘトテ、永ク不レ伺二他門ヲ一也。神明ハ又凡夫ニ似同シ給ナレハ、無二二心一可二奉仕ス一也。外書ニハ、斎ルノレ国ヲ道ハ憑二賢與一レ民トヲ、賢ヲシテ如ク二腹心ノ一、民ヲシテ如クスルヲ二四支ノ一云。今本朝諸神国主内外二宮ノ法性ノ理ヲ受ケ、上ミ一人ヨリ下モ万民ニ至ルマテ、廉直ニシテ、神慮ヲ顧ミ、智徳アテ、仏法ニ達セン者ヲハ、腹心ノ如ク護持シテ尊重ヲ起シ、縦ヒ不善ニシテ、徳行所能ナク共、無二ニ宮仕セハ、我カ四支ノ如ニシテ、是ヲ撫デ摩リ給ヘシ。

（巻五―8条〈⑧―8〉）

とあるところから窺うことができる。ここは『通海参詣記』からの引用部分であるが、「神明」とそれを信仰する人間との関係を君臣関係にたとえ、「本朝諸神（＝鎮守）」への忠節を勧めている。

巻五では、他にも修正会や後七日修法、祈雨、仏名会など国家的な仏教行事や神仏の関係などが話題になっているが、それらはすべてこのような王法と仏法の関係に注目したものであった。なお、先の『通海参詣記』引用部分にいう「神明」は伊勢大神宮のことを指しているが、いうまでもなく皇室の祖神たる大神宮は王法の象徴である。行誉は巻五においてしばしば大神宮と僧との間にある禁忌関係を話題にしていた。たとえば後七日の修法の説明において「後七日ト者、只内侍所ニ付テ、年始七日僧ヲ忌ミ、後御本地（＝太神宮御本地盧舎那仏）付テ、八日ヨリ行ル、修法ナレハ、後七日申云　云」（2条）としたり、「太神宮事」（6条）の『通海参詣記』引用において、伊勢両宮が「仏法ヲ忌セ給事」についての矛盾を指摘する部分を中心に引用したりする。このようなところからも、「神明」が行誉の

王法と仏法の関係に対する問題意識へと繋がる素地を見ることができるのである。

三・『法苑珠林』の賓頭盧尊者説話

行誉は僧が「神明」を礼敬してはならないことの根拠を『蘇悉地経』にいう「外天形像」礼敬禁止の文言に求めたが、それを行誉は「白衣」への礼敬禁止のことであると説明する。これが「神明」への礼敬問題を「国王」への礼敬問題へと自然に移行させるために行誉が行った、意図的な操作であることは先に指摘した。しかも、「白衣」が単純に「在家」一般（巻五—26「僧謂緇衆事」）を指すものではないことは、行誉が「神明」を王法の象徴と見ていることからも明らかである。それを裏付ける展開が次の第二段落である。行誉は『法苑珠林』第十九「敬僧篇第八」を典拠とすると思われる説を引用する。

(1)　梵網経ニ云、出家人ハ国王大臣ヲハ不レ礼。父母六親ヲモ不レ敬セト云リ。国王大臣既ニ然リ。何ッ況ヤ其外ノ人ヲヤ。

(2)　正理論ニ云、受タル二五戒一ヲ人ノ礼ヲハ、諸人是ヲ不レ受ト云ヘリ。戒徳ヲ恐テ、身ノ運ヲ思カ故也。又云、国王トシテモ、比丘ノ礼拝ヲハ不レ受。其功徳ト寿命トヲ損スル故也。

(3)　四分律ニ云、賓頭盧尊者ハ、本是優塡王ノ臣下也。出家シテ、阿羅漢ノ果ヲ得タリ。然ニ優塡王、仏ノ所ニ参リ給フ時、尊床ノ上ニ居シテ、不二下《ヲ》リ向一ハ、不レ成レ礼ヲ。爰ニ諂臣有テ王ニ申サク、「賓頭盧尊ハ元臣下也。今出家シテ礼儀ナキ、甚奇怪也」ト。王此言ヲ信シテ、今度不二下向一ハ、可レ煞トス定ム。後ニ王又仏所ニ至ルニ、尊者則チ床ヨリ下テ、迎膝歩ス。驚テ、「先ニハ床ヲ不レ去。今何ッ下リ向哉ト。」尊者答テ云、「先ニハ、善心ニテ来給。是故ニ不レ迎。今ハ悪心ヲ抱来ル。若不レ迎我害蒙リ、王悪趣可レ堕。此故ニ迎也。」王驚テ歎給。「我愚痴ニシテ、凡聖ヲ不レ弁。

佞臣ノ言ヲ用ル悪心アリ。凡尊者我ヲ許給ヘ」ト。尊者云、「王今罪ヲ悔給《フ》故ニ、地獄ノ業ヲ免タリト云共、我迎テ膝歩故ニ、帝運尽ヌ。七日之内《ニ》、位ヲ去給ヘシ」ト。果《シテ》隣国ヨリ兵起テ、優傎王国ヲ討取リ禁シテ、十二季ヲ経タリ。一説ニハ七年ト云。

(4)　法苑珠林ニ、此賓頭盧尊者ノ優傎王ヲ礼スル縁ヲ引テ云、此《ノ》比俗人ヲ見ルニ、少モ官位ヲ受ツレハ、信心ヲ不レ成、妄《ニ》高慢ノ心アリテ、僧尼ヲ罵恥シテ、自カラ高《キ》床ニ処シテ、僧ヲ座下ニヲク、善ヲ破、悪ヲ増コト、是ヨリスギタルハナシ。出家《ノ》人ハ内ニハ実行ナシト故者、既ニ頭ヲ剃、法衣着タリ。又法ヲ説テ群生ヲ利益シ、仏化ヲ弘。近クハ人天ニ生レ、遠ハ聖果ニ至ヘシ。聖果ニ至テハ、大千普ク利シテ、法界悉度スベシ。此人ヲ欺。何詮カアランヤ。未来ノ生処ニハ、只禍ヲノミ受《ル》歟。智人、是ヲ慮レト侍リ。

（巻五―35条〈巻⑨―3〉「僧不レ可レ礼ニ神明一《ヲ》ト云ハ」）

『法苑珠林』の該当箇所との関係を参考にして、(1)から(4)の小段落に分けたが、(3)の「四分律云」とする賓頭盧尊者説話については、かつて今野達氏が『三国伝記』との関係を指摘されたところである[12]。たしかにこの部分は『三国伝記』とほぼ同文であるといってよい。今野氏は、『壒嚢鈔』が「四分律云」とすることについて、「『壒嚢鈔』が説話の本文部分を三国伝記に全面的に依存しながら、一方では原拠を経典に求め、該話収録の原典である四分律をもって典拠と注したいきさつを物語るものであろう。」とされる。氏が指摘されるとおり、『壒嚢鈔』には他にも『三国伝記』との書承関係を思わせる共通説話があるため、今のところ氏の説に異論を差し挟む余地はないが、(3)のみならず、(1)(2)(4)も含めた第二段落全体が『法苑珠林』に存在することから、行誉が典拠としたのは『四分律』そのものではなく、やはり「四分律云」としてこの説話を引く『法苑珠林』であろうと思われる。

もちろん、行誉が『法苑珠林』そのものからこれらを引用したと断言することはできない。(3)がそうであるように、実は⑴⑵⑷も『法苑珠林』本文の完全な訓読ではない。⑷は使われている言葉を含めて本文訓読に近いが、省略や意訳もある。また、『法苑珠林』では⑶⑷は一続きであるが、⑴と⑵は離れた位置にあり、しかも①では傍線部のような「国王大臣既ニ然リ。何況ヤ其外人ヲヤ」とする言葉はない。また⑵『順正理論』の引用についても、「諸天神衆不敢希求受五戒者礼。如国君主。亦不求比丘礼拝以懼損功徳及寿命」（『順正理論』本文も同文）とするが、『壒嚢鈔』では傍線部のように「諸天神衆」を「諸人」としている。

このように見ると、『壒嚢鈔』が『法苑珠林』そのものではなく、『法苑珠林』のような仏書を抄出して訓読した資料に基づいた可能性も指摘できるであろう。だが、これらの引用資料の並べ方や言葉の挿入・差し替えを見ると、流れが一貫していることに気づかされる。たとえば⑴の「何況ヤ其外人ヲヤ」は僧による「国王」不拝を強調する言葉となるが、次の⑵が「諸天神衆」が「諸人」に変わることによって、不拝の対象が⑴⑵ともに俗人、とくに「国王」に集約されることになる。しかも、これらは国王不拝をテーマとした⑶の賓頭盧尊者説話および、その後に挙げる第三段落へと繋がる。そもそも『壒嚢鈔』は単なる資料の寄せ集めではない。引用された典拠がしばしば行誉によって意図的に改変されていることは、これまでも指摘されている。[14]このことから考えて、これらが主題の分散を避けるために行誉によって意図的に変更されたものである可能性は高いといえる。

第二段落が『法苑珠林』そのものによるか、別の資料に基づくかという問題については早急に結論は出せないが、いずれにせよ、第二段落では第一段落の末尾の「白衣」を「国王」に限定する方向で話が進んでおり、第三段落の「沙門不敬王者論」へと繋がっていることだけは間違いないであろう。

四．慧遠「沙門不敬王者論」の引用

第三段落は『弘明集』巻五や『梁高僧伝』巻六などに見られる、盧山慧遠法師の「沙門不敬王者論」の要約とでもいうべき内容である。

(1)　又東晋ノ成帝ノ世、咸康年中ニ、丞相康氷ト云人、沙門モ礼ヲ王者ニ尽スベシト云。尚書令何充等ハ、拝スベカラズト論ス。其後成帝八代孫、安帝位ニ即キ給時、大尉元書ヲ作テ、桓康氷カ述ル所ヲ助テ云、天地ノ大徳、是ヲ生ト云。生ニ通シ、物ヲ理ル事ハ、只王者ニアリ。沙門ノ生資存事、日々理命ヲ以スル故也。豈其徳ヲ受テ、其礼ヲ志シ、其ノ恵ニ潤テ、其敬ヲ捨哉ト侍レリ。

(2)　爰ニ盧山ノ遠法師、沙門トシテ、王者ヲ不レ可レ敬論五篇ヲ撰フ其ノ中ニ云、仏教ヲ明ス所ハ、出家ヲ異トス。在家ハ未タ俗ヲ不レ変、唯情欲ヲ以テ為レ苑、聲色ヲ以テ為レ家。世楽ニ耽テ、出ル事不レ能。其徳受レ礼、志ニ其ノ恵潤一。敬ヲ不レ可レ捨事也。出家ハ則方外賓世ヲ遁テ志ヲ立、俗ヲ変シテ道ニ達ス。遠ク三乗律ニ通シ広ク天人ノ道ヲ開ク。若シ一人徳ヲ全クスレバ、道六親ニ遍ク潤ヒ、六合ニ充リ。此故ニ、天子ニ不レ随トモ、竊ニ其理ヲ助ケ奉ル。主礼ヲ闕共、其敬ヲ不レ失。何況ヤ議外ニ法ヲ執リ、生滅ヲ超テ、道ヲ測ル。豈ニ此門ニ入者、還テ一国ノ王者ヲ敬センヤト云心ナルヘシ。遠法師此論ヲ造テ、此義ヲ明メシ後ヨリ、故ニ謬リヲ被レ止ケルト云。

(3)　然当世ノ為レ体、多分僧ハ俗ヲ諂ヒ、膝ヲ折、腰ヲ亀メ、俗ハ僧ヲ慢リ、奴婢僕従ノ如ス。互ニ罪ヲ得、現当ノ禍ヲ招クコソ悲シケレ。是末法ノ姿ニテコソ侍ラメ。

厳密にいうと、小段落(1)(2)が「沙門不敬王者論」、(3)がそれを受けた行誉自身の言葉である。ただし、残念ながら、(1)(2)の直接の典拠については今のところ不明である。分量から見て『弘明集』巻五や『梁高僧伝』巻六の慧遠伝からの直接引用とは考えにくい。『弘明集』に収録されている「遠法師沙門不敬王者論五篇」に比べるとかなり短く、しかも人物の説明も含めて全体的に簡潔にまとまっている点、および(2)の本文が『梁高僧伝』よりはむしろ『弘明集』

の言葉を比較的忠実に用いている点などから、「遠法師沙門不敬王者論五篇」を短くまとめた別の資料に基づいた可能性が高い。

出典の問題はさておき、ここで問題としたいのは、行誉が「沙門不敬王者論」を敢えて引用した点、そして、それを同時代の状況に重ね合わせて嘆いている点である。

慧遠による「沙門不敬王者論」の執筆は、中国の仏教史における大きな事件であった。それは、儒教礼教主義に則る国家秩序を維持する中国社会が、異国の宗教である仏教を受容する過程において、国家権力と仏教勢力とが対決した最初の事件であり、以後唐代まで続いた仏法と王法との優先権をめぐる争いにおいて、僧尼不拝君親の立場を貫く仏法側の先例となったものである。[15]

ところが、中国とは違い日本における仏教受容過程においては、不拝君親論は問題とはならなかった。とくに日本の中世の国家および宗教において本流の位置を占めていた思想は、王法と仏法とは相依り相助ける関係にあるとする王法仏法相依論であった。[16]

このような日本の仏教史において、王法に対する仏法の優位性を主張する僧尼不拝君親の立場を明確に表したのは親鸞であった。親鸞は『教行信証』化身土巻において、『壒囊鈔』と同じ『梵網菩薩戒経』の「出家の人の法は、国王にむかひて礼拝せず。父母にむかひて礼拝せず。六親につかへず。鬼神を礼せず」を引く。そもそもこの『梵網経』は、慧遠の「沙門不敬王者論」を受けた仏教徒達に宣説されたものであったらしい。[17]親鸞がこれをわざわざ引用したのは「俗権としての国家の権力、国王の神聖を否定して、それとの関わりを拒否し、それに対する不敬不拝の姿勢をもっていた」からと考えられている。[18]だが、中世において主流であった顕密仏教から見て親鸞は異端派であった。[19]鎌倉新仏教と呼ばれる親鸞や日蓮たち異端派は、宗教的権威を至上視する立場から、君主の権威の限界を指摘したため、国家権力によって迫害と弾圧が加えられた。

ところが、十三世紀末ごろから彼ら異端派の門弟達は、祖師の築き上げた異端の論理を改変することによって体制回帰を果たすこととなる。そして、その状態は室町後期の一向一揆や法華一揆が起こるまで続いたという。[20] つまり、行誉の生きた室町中期においては、依然として王法仏法相依論が主流であり、親鸞のように僧尼不拝君親の立場をおおやけに主張をする宗派はほとんどなかったということになる。しかも、行誉は体制派に属する真言僧であるから、親鸞と同じ立場で不拝王者論を引用したとは考えられない。

だが、行誉は王法を絶対視していたわけではない。『壒嚢鈔』に展開する政道論には、神尊為君説という枠組みを前提としながらも、徳のない王は亡ぶという革命思想が見られる。たとえば、同じ巻五の74条（⑨—42）「政道正謂刹利居士懺悔」では、「日本一流王氏トシテ、他種ヲ交ヘサレ共、其中於テ、政善ハ、長久、悪ハ子孫断絶シ給也。」とするのである。このような思想は当時の思想的な流れに合致するものであったが、[21] 行誉の場合、それに加えて、仏法の立場から王法を正常たらしめんとする理想があったようである。行誉は同じ巻五の74条において、

> 特《ニ》此国ハ神國也。神《ト》者仏ノ慈悲ノ余リノ光ヲ和ケテ、塵ニ雑リ給御姿也。争カ民ヲ哀ム心ナクテハ、天命ニ叶ン。上ヲナイカシロニスル心、少モアラハ、必《ス》身ヲ亡スヘシ。神道ニ左《ノ》物ヲ右《ニ》不《ト》レ移《サ》云モ、詮ハ只万事掟ヲ勿《レト》レ違《コト》云義也トナン。少シノ事モ、心ニ緩クスル所アレハ、大ニ誤ル基ト成ル也。
>
> （巻五—74条〈巻⑨—42〉）

と主張する。傍線部の本地垂迹思想に基づく説明は、この前後の部分が典拠としている『神皇正統記』には見られない、行誉自身の言葉と見られる。ここで行誉が理想とする政道の姿は、彼が『宝物集』の文言を引用する「正法ヲ以、政道ヲ正クシテ、治国養民百姓憐愍スル」という「刹利居士懺悔」であった。つまり、王法が正しく機能するために

は、正しい仏法の教えに基づいた政道が行われなければならないという主張なのである。そのためには僧（仏法）が俗（王法）に阿っているようではいけない。(3)の「僧ハ俗ヲ諂、膝ヲ折、腰ヲ亀、俗ハ僧ヲ慢、奴婢僕従ノ如ス」という「当世ノ為レ体」が「末法ノ姿」であるとする嘆きは、このような思想から生まれたのであろう。このように見ると、一見王法仏法相依論に反するように見える行誉の言葉はむしろ、王法を正しく導くために仏法側が王法に媚びてはならないという、まさに王法仏法相依論に基づくものであったといえる。

五．「訖哩枳王ノ夢」

さて、三段落末尾の行誉自身の言葉によれば、「沙門不敬王者論」の引用は一方的な王法への批判ではなく、王法に阿る仏法側への批判という方向性をも持っていた。第四段落では、その仏法側への批判が中心となる。

(1)　守護国家主経ニ、過去ノ迦葉仏ノ時、訖哩枳《キリキ》王ノ夢ニ、十獼猢《ミコ》ノ中ニ、九獼《サル》城ノ内ヲ廻テ、万人ヲ悩シ、飲食ヲ奪ヒ、資具ヲ破テ、諸悪事ヲ成ス。今一ノ獼ハ、心知足リ小欲ニシテ、樹上ニ安坐セリ。爰ニ九獼同心シテ、一ノ獼ノ我等ニ不レ同事ヲ悪テ、是ヲ悩シ、駈追テ、獼猢ノ衆中ヲ出ヲ見ル。迦葉仏ノ曰、是ハ未来ニ釈迦仏ノ遺法ノ弟子ノ中ニ、或ハ貧キ者命ヲ助ン為ニ、出家シ、又人ノ物ヲ借負テ、責ヲ遁ン為ニ出家シ、或ハ仏法ノ科ヲ求テ出家シ、或ハ勝他ノ為ニ、出家ス。乃至名聞ノ為メ、利養ノ為メ、加様九種ノ輩ラ有テ、因果ヲ不レ顧憍慢嫉妬ノ心深ク、名聞勝他ノ思厚ニ依テ、長者居士ノ家ニ廻、国王大臣ノ門ニ向テ、我ハ是律師也、禅師也、能ク三蔵ヲ悟テ衆芸ヲ兼タリト説テ、尊重供養ヲ望ニ、是ニ依テ、天地モ徳ヲ不レ施、風雨モ時不レ随、五穀不レ実、万民苦ム其中ニ、適《タマ〳〵》真実ノ菩提心ヲ発セル一人僧アレハ、諸悪僧是ヲ嫌悪テ、一切ノ悪事ヲハ押テ、此人ノ過也トシ、官人ニ訴、国ノ境ヲ令レ追ニ喩ヘテ、悲哉、今此時ニ当レルヲヤ。

(2) 又訖栗枳王ノ十夢ノ中ニ、一衣ヲ十八人有テ、我引キ取ント、争シカドモ、衣モ遂ニ、不レ破見ト云リ。是ハ釈迦ノ遺法十八部ニ分共、其真法ハ不レ破喩ヘタリ。

(3) サレハ何ノ門ニテモ修行コソ肝要ナレ。得道ノ縁ナキ事ハアラシ物ヲ。余リニ自是非他ノ輩多キコソ悲ク侍レ。

（巻五—35条〈巻⑨—3〉「僧不レ可レ礼二神明ヲ一ト云ハ」）

(1)は『守護国界主陀羅尼経』第十、(2)は『仏説給孤長者女得度因縁経』下に基づくものであるが、本文そのものの訓読ではなく、また、簡潔にまとまっているため、別の典拠に基づいたのかもしれない。なお、(1)の二重傍線部は『守護国界主陀羅尼経』には見られず、しかも三段落の(3)と立場を同じくする言葉であることから、行誉自身のものと判断される。

(1)の十猕猢説話は傍線部にいうように、「菩提心ヲ発セル」僧が、権力者に媚びる邪な僧によって迫害されることの喩えであるが、とくに、「国王大臣ノ門ニ向テ、我ハ是律師也、禅師也、能三蔵ヲ悟テ衆芸ヲ兼タリト説テ、尊重供養ヲ望ン」とする僧の姿は、まさに前の段落「俗ヲ諂、膝ヲ折、腰ヲ亀」を受けたものといえよう。さらに、それらの悪僧が正法を守ろうとする僧を「一切ノ悪事ヲハ押テ、此人ノ過也トシ、官人ニ訴、国ノ境ヲ令レ追」とする姿を、行誉は「今此時ニ当レル」と嘆く。続く(2)は、同じ訖栗枳王十夢の一つであるが、ここでは釈迦の教えは宗派によって分かれているように見えても、根本は変わらないのであり、どの宗派に属そうが、修行さえ積めば「得道ノ縁」はあるのだという(3)の主張を裏付けるために引かれている。この(1)と(2)は、(3)の傍線部、「自是非他ノ輩」が多い現状への批判へと繋がる。

この現状批判が行誉自身の置かれた立場から発せられたものであることは疑いない。そうであれば、三段落までの、仏法は王法に媚びてはならないとする行誉の主張も同時代の政治的・社会的状況を踏まえてのことであろう。その状況とは、第四段落にあるように「自是非他」を唱える排他的な宗派が王法に阿ることで勢力を伸ばし、行誉の属する宗派を排除していこうとするものであったようである。

当時の仏教界は、五山を中心とした禅宗寺院が幕府の手厚い保護を受け、経済的社会的勢力を伸ばしていったのに対し、天台・真言といった顕密寺院は内乱によって遠隔地荘園の多くを失い[22]、彼らが旨とする国家祈祷の役割をも禅僧に侵食されてゆくという状況であった[23]。たとえば、『壒嚢鈔』成立より少し溯るが、応永二十五年（一四一八）七月二十二日の『康富記』に次のような記事が見られる。

廿二日庚午　晴、性通房請招中、
或仁語云、主上御不豫少令得減給云々、妙法院御高名歟、今度禁裏御祈祷事被仰付於五山（相国寺南禅寺等）之事、不得其理歟、今度禁裏御祈祷歟、凡禅宗等隠遁之体也、如何可奉致天下御祈祷哉、徒真言本流東寺門跡済々被略之歟如何、武家公家不知何御沙汰者也、澆季之世事公武政併無道之時分者歟、

（『康富記』応永二十五年七月二十二日）

行誉は国家的祈祷を真言僧が担ってきたことに誇りを持っていた。たとえば『壒嚢鈔』巻五―2の御七日修法の説明において、弘法大師以来の修法を東寺長者が勤めることを強調し、「神泉苑事」では国家的な祈祷である祈雨祈祷が弘法大師以来の真言僧によって行われてきたことを主張する。その意味で、『康富記』の「或仁」の嘆きは行誉と同じ立場からのものといえる。「或仁」がいかなる人物なのかは不明だが、五山僧の禁裏御祈祷に対する批判が「公武政」へと向けられていることからも明らかなように、行誉が念頭に置いている王法とは、禅宗を保護する武家（幕府）を含むものであり、その王法に阿って勢力を伸ばし「自是非他」を唱える輩とは、五山を中心とした禅宗のことを指していると見てよい。

もっとも、最近の研究によれば、鎌倉時代の末から南北朝・室町初期にかけて激しく行われた顕密側からの禅宗批判も、『壒嚢鈔』成立の室町中期には解消が図られたようである。祈祷の問題も、禅宗が国家祈祷の一翼を担いながらも、顕密との法会体系が異なることから同座がなく、また、施餓鬼・葬儀といった顕密の比較的手薄な分野への禅宗の参入などにより、一種の仏事体系上の棲み分けがなされたという。(24) そうなると、行誉の禅僧への批判は必ずしも当時の顕密側の立場を代表するものとは言い難いということになる。

むしろ、第四段落において国王大臣に諂う僧が菩提心を発した僧を迫害する十猕猢説話を挙げているのは、実際に観勝寺が勢力ある寺院によって迫害を受けるような状況にあったことを示していよう。具体的には隣接する南禅寺、もしくは他の禅宗寺院との間に直接利害に関わるようなトラブルを抱えており、(25) それが切実な問題として行誉の身の上に降りかかっていたという事情があったことが推測されるのである。

おわりに

以上、『壒嚢鈔』の緇問上巻である巻五―35条「僧不可礼神明」の分析を通して、行誉が「沙門不敬王者論」を引用した意図はどこにあったのかを考察してきた。まず、巻五後半には心覚『鵝珠抄』(『心覚秘雑抄』)からの引用記事が集中すること、当条はその中でも珍しく『鵝珠抄』引用を出発点としてその話題を〝脱線〟し、王法と仏法の優劣問題を論ずる方向へと展開すること、そして、それは行誉が、僧は「神」を「礼敬」してはいけないという言葉に自分の問題意識を結びつけたためであったことを指摘した。次に、行誉の問題意識は「神明」が象徴する王法と、自分が所属する仏法との関係を問う問題へと展開するが、「沙門不敬王者論」を持ち出した行誉の真意は、単に王法に対する仏法の優位性を説くことにはなく、むしろ、王法を正しく導くためには仏法が王法に媚びてはならないという、王法仏法相依論に基づく仏法側への警告にあったということが明らかになった。そして、この主張の背景には、当時の王法の一端たる幕府の手厚い保護を受け、勢力を振るっていた禅宗寺院への反発があったことを指摘した。このことによって、新興顕密寺院観勝寺の住侶であった行誉の、南禅寺を初めとした禅宗寺院に対する対抗意識がさらに浮き彫りになったといえよう。『壒嚢鈔』成立にこのような政治的事情が大きな影響を与えていたであろうことはほぼ疑いないが、この問題については、しばしば触れた『通海参詣記』引用部分や後七日修法の説明などの問題を含め、さらに緇問全体を見通した考察が必要となろう。今後の課題としたい。

（1）本編第一章「『壒嚢鈔』の〈観勝寺縁起〉」。
（2）ただし、素問全四巻の成立においても、厳密には巻一、巻二、巻四、の三段階の制作過程を経ていることが、その奥書から窺える。本書第一編第一章「『壒嚢鈔』の勧学性」。
（3）本書第一編第二章「『壒嚢鈔』における知」。
（4）真言宗全書三六、智山専門学校本による。
（5）『鵝珠抄』の事書きである「比丘僧不可礼敬神只可行法施事」が、『壒嚢鈔』では前半の「僧不可礼神明」（『鵝珠抄』は「比丘僧不可礼敬神」）のみ引かれ、後半の「可行法施」が波線で示したように末尾に示される。このような引用の仕方は、この部分が『鵝珠抄』からの直接引用ではなく、何かからの孫引きのような疑いを抱かせる。だが、次に挙げるように、同じような例を他にも見ることが出来る。

大般若ニ、鄔波尼煞曇分ト説ハ、幾程ノ分ソ。

是只少分ノ義也。心覚ノ秘雑抄云、或人云、鄔波尼煞曇分トハ、此ニハ云近少分。即隣近少数之最極也ト云云。又音義注釈如此経ニハ、初百日一帙第四巻ヨリ説初メリ。

（『壒嚢鈔』巻五―40（⑨―8）「鄔波尼煞曇分事」）

鄔波尼殺曇分事

或人云、此云近少分。即隣近少数之最極也。

（『鵝珠抄』下一）

（6）本書第二編第二章「『壒嚢鈔』の『神皇正統記』引用」。

（7）「御尋ニ漏タル事共ヲモ、聞得ニ随ヒ、見合ニ任テ、少々注シ侍リ」（巻四―44「淋汗事」）。

（8）『国訳一切経』脚注。

（9）「てん　天　（梵）デーヴァ deva の訳で、提婆《だいば》と音写する。天上、天有てんぬ、天趣、天道、天界、天上界というのも同じ意味である。迷界である五趣や六趣（六道）のうちで最高最勝な有情の生存、或いはその有情、あるいはその有情の生存する世界のこと。有情自体を指すときは天人、天部（複数）、天衆（複数）ともいい、ほぼ「神」の語に当たる。」（『総合仏教大辞典』法蔵館）。

（10）もちろん、本地垂迹思想が浸透していた『壒嚢鈔』成立当時においては、仏典にいう天部としての「神」も日本の神を表す「神明」も同じようなものであったであろう。たとえば、巻五―6「太神宮事」の『通海参詣記』引用部分においても、「伊舎那天」が「伊佐奈岐尊」であるとする説が挙げられているように、行誉自身の意識の中では仏典における天部としての「神」も日本の「神明」もそれほど違いはなかったはずである。だからこそ、「神」から「神明」への書き換えが容易にできるのであろう。

（11）「王法とは、実際には国王（天皇）や世俗諸権門の権力と秩序、その統治をいい、仏法とは、現実の社会的・政治的勢力としての大寺社ないしその活動のことにほかならなかった。」（黒田俊雄「王法と仏法」、黒田『〈増補新版〉王法と仏法――中世史の構図』、法蔵館、二〇〇一年）。

（12）「壒嚢鈔と中世説話集――付、三国伝記成立年代考への資料提起――」（『専修国文』第四号、一九六八年九月）。

(13) 今野氏前掲（12）論文。
(14) 本書第一編第二章「『壒嚢鈔』における知」ほか。
(15) 礪波護『隋唐の仏教と国家』（一九九九年、中央公論社）参照。
(16) 黒田俊雄氏前掲（11）。
(17) 塚本善隆「シナにおける仏法と王法」（宮本正尊編『仏教の根本真理――仏教における根本真理の歴史的形態――』、三省堂、一九五六年）。
(18) 信楽峻麿「親鸞における唯信の思想」（『龍谷大学論集』四〇〇・四〇一合併号、一九七三年三月）。なお、信楽氏は『教行信証』化土巻における神祇の不祠不拝の態度について、「念仏者はひとえに弥陀一仏に帰依すべきであるとして、諸神諸天を祠ることを誡め、しかもまた良時吉日を視ることを厳しく批判している」とする。氏は「親鸞における信心の選びの行道が、呪術的な現世祈祷の信仰を徹底的に拒否し、それと訣別することにおいて成立していた」とし、その理由について、「国家権力に組みして、その護持に奉仕貢献する神祇信仰は、また世俗に属するものであって、その限りにおいて、それもまた虚妄として、当然に選びすてられるべきものであった」とする。この背景として氏が挙げられるのは、「念仏者の弾圧を要請した元久二年（一二〇五）の興福寺奏状、及び貞応三年（一二二四）の延暦寺奏状には、前者には「霊神に背くの失」後者には「一向専修の党類神明に向背する不当の事」とて、共に念仏者が神明を崇敬しないことを弾劾しているが、そこではいずれもこの神祇不拝が直ちに国法に背むき国王を敬せざることであると主張している」という例であり、このことが、当時の神祇崇拝が深く権力に癒着して、世俗に属するものにほかならなかったことを明瞭に物語るものとされる。
(19) 平雅行「中世仏教の成立と展開」（『日本中世の社会と仏教』、塙書房、一九九二年）。
(20) 佐藤弘夫「中世仏教の展開と変貌」（『神・仏・王権の中世』、法蔵館、一九九八年）。
(21) 本書第二編第一章「『壒嚢鈔』と式目注釈学」および第二章「『壒嚢鈔』の『神皇正統記』引用」。
(22) 平雅行氏前掲（19）。
(23) 原田正俊「中世後期の国家と仏教」（『日本中世の禅宗と社会』、吉川弘文館、一九九八年）。

(24)　五山僧による祈祷については原田氏前掲（23）論文に詳しい。

(25)　観勝寺と南禅寺との間に領地をめぐるトラブルがあったらしいことは本編第一章にて指摘した。

第四編

『壒嚢鈔』と雑談

『壒嚢鈔』と雑談

はじめに

『壒嚢鈔』は、編者行誉が『塵袋』を見て刺激されて編んだものとする見方がある。両書の名前が「ちりのふくろ」と共通することや、『壒嚢鈔』成立の八十六年後の天文元年（一五三二）に、釈氏某比丘が『塵袋』によって『壒嚢鈔』を増補して『塵添壒嚢鈔』を編纂したという事実もあり、この二書がかなり近い関係にあることは周知の事実となっていたが、両書を単純に同趣の中世百科辞典として一つに括り、あまつさえ『壒嚢鈔』が『塵袋』に倣って編まれたと決めつけてしまうことには疑問を感じざるを得ない。たしかに、『壒嚢鈔』にしばしば『塵袋』の記事が引用される(1)ことから見ても、行誉の手元に『塵袋』があったことは疑いないのだが、行誉が室町時代版『塵袋』の編述を目論んでいたとするには説明のつかない特徴が『壒嚢鈔』には見られるのである。

まず、『壒嚢鈔』は『塵袋』のような辞書的分類意識にもとづく配列のされない、雑纂とでもいうべき形態を持つ。また、『塵袋』に比べ、問答の答えがテーマから逸れていく事例（問答の〝脱線〟）が多く見られ、ときにはその条項が〝脱線〟部分によって、刊本の場合十丁を優に超える長大なものとなる場合がある。しかも、その〝脱線〟は政道論を中心とした編者の思想の表明となっており、政道に携わる者への教訓書的な色彩すら帯びている。

私はこれまで、『壒嚢鈔』がいかなる書物なのかということを明らかにするべく考察を進め、その特徴をいくつか指摘してきたが、『壒嚢鈔』の雑纂性や問答形態という特徴も、当時の時代状況に密接に関わっているものと考えられる。本章では『壒嚢鈔』成立の背景に、雑談という知の伝授の場を想定し、同時代の作品や日記、教訓書などとの比較をもとに、『壒嚢鈔』と雑談との関わりを明らかにする。

一.『壒嚢鈔』の問答展開

さて、『壒嚢鈔』は辞書的な分類形態を採っていないが、『壒嚢鈔』が『塵袋』や同時代の古辞書『下学集』を引用している以上[2]、行誉が辞書的な意義分類に基づく配列方法を知らなかったはずはない。行誉が『塵袋』に刺激され、いわば室町時代版『塵袋』の編纂を目論んだのであれば、行誉には『塵袋』を増補した形での編纂方法すら選択できたはずである。『壒嚢鈔』にそれが採用されなかった理由としてまず考えられるのは、

爰以テ御尋ニ漏タル事共ヲモ、聞得ニ随ヒ、見合ニ任テ少々注シ侍リ。雖然猶九牛ノ一毛ナルヘシ。
（巻四―44〈刊本巻⑦―4〉「ツス。チヤッナント、云字ハ何ソ」）

此二箇条ハ年中行事ノ所ニ付ルヘケレ共、名字ニ付テ別シテ御尋ノ間、此ニ註シ侍リ
（巻三―69条〈巻⑤―42〉「盂蘭盆ト云ハ」）

という言葉が示すように、行誉の『壒嚢鈔』編述の基本姿勢が「注」の依頼に答えるというものであり、そのため依頼者の質問という外的な要因に左右され易いものであったため、『壒嚢鈔』全七巻の編述じたいが計画的になされたものものではなかったという事情である。『壒嚢鈔』は奥書の位置やその内容を分析すると、当初は巻一のみで終わる予定だったのが、答えなければならない質問事項が追加されたために四巻に増補し、さらにはその四巻では不十分だった仏教的な事項を新たに加え巻七としたというように、暫定的に制作されたらしいことが知られる[3]。

当初『壒嚢鈔』が巻一のみで完結するはずだったことを示唆するのは、巻一の奥書が『東山往来拾遺』（拾）の前書きを組み合わせたものであるという事実である。[4]しかも、そのことから、行誉の『壒嚢鈔』編述の発想のもとには『東山往来』正・拾があったらしいことがわかる。因みに『東山往来』（正）と『東山往来』は平安後期成立の往来物だが、洛西の檀那の書簡での質問に対して、東山の師僧が応答するという形態を持つ。奇しくも『壒嚢鈔』編述時の行誉も同じような状況に置かれていたのであった。

このように『壒嚢鈔』はその成立事情から、辞書的に分類された配列ができなかったと考えられるが、その配列は決して無秩序ではなかった。

たとえば、目録での表題を「五月子事」と「以恩報怨事」とする巻一―5条と6条とは一見何の繋がりもないように見える。ところが問答を中心に据えて読み進めると、前の巻一―4条が「端午トハ何ソ」という問いであり、その縁で巻一―5条「五月ニ生ル、子ハ二親ニ不利也ト云ハ実歟」という問いが生まれ、世間の諺という繋がりと、それが持つ不孝というテーマとの縁で巻一―6条「世ノ諺ニ以恩報怨云ハ証拠アリヤ」という次の問いが生まれたという文脈が見えてくる。

同じような連想的展開の例として巻一―33〜36条の繋がりを見てみる。

巻一―33条の問いは「代ト世トハ同意歟」というものであり、本来「代」と「世」の違いについて問われたものであった。行誉は自らの政道論の拠り所としていた『神皇正統記』[5]の説を挙げ、正統な後継を「世」とし、ただ次第次第に継ぐ場合を「代」として区別した後、その繋がりから家を継ぐ者の心構えを説く教訓的な内容へと〝脱線〟する。ここで引用されるのは、『史記』孟嘗君列伝に見られる、孟嘗君が父である請郭君田嬰に諫言をし、それを聞いた田嬰が息子孟嘗君に家督を譲ったという故事である。[6]この故事は、『平家物語』巻二「烽火之沙汰」に見られる「家に諫る子あれば、其の家必ず正し」ということわざに通じる説話でもある。おそらく諫言を受け容れるという説話のモチーフが、次の巻一―34条「随人諫直心載渕心ヲ改ムト云ハ何事ソ」という故事成語の意味を問う質問へと繋がったものと思われる。

その巻一―34条については、海賊であった載渕が若機という大臣の諫言によって心を入れ替え、将軍になった説話であるが、載渕が海賊であったことから、話題が次の巻一―35条「盗人ヲ白波ト云何事ソ」という問いへと繋がったようである。答えに「凡ソ白波ヲハ海賊ニ用ヒ」とあることがそのことを裏付けている。また、引き続き同類のことばとして並置されている巻一―36条「賊ヲ梁上公ト云何事ソ」の末尾には、「邪道ニ巧ナル事ヲ捨テ、仁義ヲ可学心ヲ覚タリ。載渕カ類也。」とあり、明らかに二つ前の載渕の故事が意識されていることがわかる。そもそも巻一―33条と巻一―34条の問いじたいには連関性が見出せないものである。また、巻一―34条と35条、36条は故事成語としての範疇で括ることはできても、巻一―34条に語られる載渕が海賊であったという故事を抜きにその配列の必然性は語れないであろう。このような例は他の巻にも多く見られるが、その反面、現代の我々の常識ではその繋がりを説明できない例もある。強いてそれらを説明付けようとすれば、牽強付会の愚を犯してしまう危険性があるため、すべての問答の連関を証明することはできないが、これらの例を見れば、おそらくほとんどの問答が前後との繋がりをもって展開されるよう、その配列に工夫が凝らされていることが推測される。

二、雑談における問答展開

ところで、室町時代には、問答によって雑多な知識を語るという作品が多く生まれる。それらの多くは『壒嚢鈔』とは違い、最初から語り手や聞き手の人物設定や問答の行われる状況設定がなされているが、そこでの話題や連想的展開のしかたには『壒嚢鈔』と共通するものが見られる。これらの作品が室町時代に多く登場するのは、当時実際にそのような問答が盛んに行われていたからであろうと思われる。

『塵滴問答』（正中二年〈一三二三〉?）[7]は遠江国今善光寺の門前の茶店で妙塵房という聖と商人である男（後に善滴）が問答をするという設定となっている。その問答の展開の仕方を見ると、たとえば男の「吾朝ニ四夷ヲ武士ト云ルハ何様ナル事哉」という問いに対する聖の答えの中に、「刀杖弓箭ヲ薫スルハ武士ノ姿也」という言葉が見られるが、男の次の質問は「弓箭刀杖ヲタシナムハ何ナル事ソ哉」であった。さらに、その問いに対する聖の答えに、「弓ハ是愛染王ノ所持物也」という説明があるが、次の男の問いはそれを受けた「米ヲハ古仏之御舎利ナント承ル。サル義モヤニナン」というものであった。二人の問答はこのような連関性を見せながら、男の出家という結末まで途切れることなく続く。

次に、やはり同様の問答を中心とした作品である『旅宿問答』（永正七年〈一五一〇〉?）[8]の展開を一例挙げる。大現寺前の茶屋で知り合い問答に興じていた武蔵国波羅郡別府郷の大夫彦右衛と行願寺の僧心玄は、茶屋の茶坊主の紹介で、茶坊主の親しくしている者の宿に宿泊する。宿の亭主が「親ニ候者」から聞いた上杉禅秀の乱の顛末を語った後、「禅秀乱ヲハ親候者語候ヘトモ。禅秀ハ何ナル流ト云事ヲ申サヽリシ、御存知候哉」と尋ねたのをきっかけに、「上杉殿ハ源平藤橘ノ中ニハ何氏ソヤ」という問いに移る。上杉氏が藤原氏で、藤原四家は「鎌子」を祖とすることを大夫が述べると、亭主は「何トテ鎌子トハ付給候哉」と問い、大夫は鎌子が狐から授かった「霊鎌」を以て蘇我入鹿を討ったという説話と、その功により「鎌足大臣大織冠」と号したことを述べる。さらにそれを聞いた亭主が「大織冠ト申ハ何程ノ高官ナレハ被下忠功乎」という問いを発する。その後「藤原四家ノ流」「藤原十三流」などの話題から、官職、酒、茶、五節供などの話題へと移っていく。このように、『旅宿問答』に展開される問答は、前の問答での話題や、その場に酒が出されたというような場の変化を機縁として新たな問いが生まれるというものであった。『旅宿問答』ではこれらの問答を「雑談」と呼んでいることから、当時の「雑談」とは、その道に通じている人との問答によっておのれの知識を増やす場であったことがわかる。

『旅宿問答』は『壒嚢鈔』よりも後の時代の作品であり、あくまでも虚構の世界であるが、行誉の時代にも同様の展開をする「雑談」が行われていた例が確認できる。

予詣局務文亭、山下同道也、有麦飯、人々雑談曰、室町殿御留守御所也、御泉水池之辺、此間蛇出来、ウハばみと、云物也云々遁世者見付之云々、予申云、**ウハバミトハ何ノ字ヲ読候哉之由尋申**、外史（業忠——引用者注）云、不知、只蛇ノ字ヲウハバミトモ読歟云々、或語云、元北山殿御池室町殿京御所、御移徙以後、蛇在之、僧達普見及云々、今鹿王院也、又今年嵯峨天龍寺炎上之後、大晃之南柱之下、青白之色小龍在之、焼死之形見云々、是柱被造付木作之龍之精如此成歟云々、此**天龍寺之柱、昇降二龍事、何たる故候哉之由**、予尋申外史、返答云、宝篋院殿御代、大井川之上龍像現在之間、此子細被申於等持院殿御勧請也、其時被造付天龍寺仏殿大晃之柱云々、

（『康富記』文安五年五月十七日）

これは中原康富が師である清原業忠との間で行われた「雑談」を記録した箇所である。ここでの問いは二重傍線部の「ウハバミ」の字についてと「天龍寺之柱」の「昇降二龍」の由来であるが、これらは例えば『壒嚢鈔』における「テツハウト云字ハ何ソ」（巻一—13）、「物ヲ塗。ハケトハ何ノ字ソ」（巻一—16）のような用字を問うものや、「祇園会賀茂祭等祭礼ノ時物忌書テ或ハ帯身或ハ懸門事アルハ何故ソ」（巻二—3）、「鞍馬寺ト云ハ常ナラヌ寺号也何故ソ」（巻六—55〈巻⑪—15〉）のように、神事や寺院に関する事物の由来を問うものと同種の質問である。

だが、いま一つ注目したいのは、この問答の展開のしかたである。ここでは「室町殿」の「御泉水池」に蛇が出た

ことが話題にのぼり、それが「ウハばみ」というものであるという話から、康富が業忠に「ウハバミ」の用字を尋ねた。その話題を機縁として「元北山殿御池」の蛇の話、蛇の縁から天龍寺の柱に造り付けられていた小龍の像が「焼死」したという話が話題にのぼり、それを受けた康富が業忠に天龍寺の柱の龍の由来を問う。このように、問いだけ取り出せば一見無関係に見える二つの問いは「雑談」の場の文脈においては間違いなく繋がっていたのである。

他にも明確に問答の形では記録されていないが、おそらくは問答によって展開したと思われる「雑談」の例が『康富記』には見られる。

晴、自清給事中文第有使節、可伴七観音由也、（中略）粟田口神明有湯立、参詣拝見了、少納言殿（業忠――引用者注）令語云、此湯立并湯起請事、為日本奇特之由、唐人申之、載晋書云々、又被語仰云、集覧ト云書ニ、云々、此字ヲ如此ト註セリ云々、予申云、和訓ハツブヤクト読之由申了、

（宝徳三年九月廿七日）

これは康富が業忠らと七観音詣に出かけたときの雑談の様子であるが、粟田口神明の湯立を参拝したおりに、業忠が湯立及び湯起請が日本に「奇特」である由が『晋書』に載っていると話し、その話を「云々」と結んだことに因んで、「云々」の意味を述べた。これはおそらくその場の誰かからの質問に答えたものであろう。さらに、それを受けた康富が「云々」の和訓を述べたというものである。問者と答者の遣り取りによって一つの話題から次の新たな話題が生まれてくるという、雑談の場の生き生きとした雰囲気を垣間見せてくれる貴重な例といえよう。単独ではまったく関連性のない「湯立」と「云々」という二つの話題が、雑談という場の文脈の中において繋がりを持っていたのである。

ところで、『康富記』にこのような記事が見られることは、『壒嚢鈔』と同時代の日記資料であり、雑談の内容を、

その場の話の流れも含めて詳述するという点で注目すべきだが、それ以上に重要なのは、『壒嚢鈔』の問答展開の背景に、このような雑談の場があったことを証明する有力な証拠となるという点である。

『康富記』によれば、中原康富の叔父等日房が行誉と同じ観勝寺の僧、つまり、行誉の同僚であり、康富自身観勝寺のために諷誦文や表白の起草を行っていたことがわかる。[9] また、康富の師である業忠と行誉との間には交流があった。『壒嚢鈔』巻二―88〈巻三―50〉「和歌集事書ニ大嘗会ノ悠紀方主基方アルハ何事ソ」では、

又主基ヲ。主紀ト書ク記録アリ。仍是ヲ当大外記清原業忠朝臣ニ尋処。主紀ト書事未ㇾ知。乍ㇾ去。桓武天皇天応元年十一日ニ。以㆓越前国㆒為㆓由機㆒以㆓備前国㆒為㆓須機㆒ト由、昔ノ記録ニ見タレハ。主紀共書歟ト云。（後略）

というように、行誉の問いに対する業忠の答えが記される。注目すべきは、この問答の内容が、先の『康富記』における「雑談」と同趣のものであるという点である。しかも、行誉が業忠とこのような問答を交わすことができたのは、すでに二人の間に雑談の場での繋がりがあったからと考えるのが自然であろう。中原康富と行誉の所属する観勝寺、康富の師業忠と行誉という関係から浮かび上がるのは、行誉が清原業忠や中原康富らを中心とした当代知識人たちとの繋がりを持ち、[10] 彼らの学習の場である雑談に、行誉自身も加わっていた可能性である。つまり、行誉の『壒嚢鈔』編述における知識や発想の背景に、当代の知識人たる実務官僚たちとの雑談があった可能性が濃厚となるのである。

三．教育としての雑談

次に、同時代において雑談と呼ばれる行為がいかなる目的でなされたものであったか、あるいは、雑談に期待されていたのはどのようなことであったのかという視点から『壒嚢鈔』と雑談との関わりを見てみる。

籠谷真智子氏は、雑談が「いわゆる四方山の雑話を、問答的に対話するもの」であり、「寄合における雑談に、教

導的意味をもたせる中世の教育では、雑談から故実や訓話的なものを導き出そうとしている」とされる。(11) 次に挙げるのは籠谷氏がその事例として引用された『伊勢貞親教訓』（長禄頃〈一四五七～一四五九〉）である。

一、人と参会せんに。若き者も宿老と寄合而。常に雑談すべし。何としても後学に成る事ある也。
一、大小事に付て可覚悟事。我が心得を本として人にも問ず。気まかせにすべからず。利根だてをして様か手柄ほめられんとおもひて。そはつらなる事有て。越度成事のみなり。殊に書札の文言。他家などへ遣に。誤有ては永不覚也。いかなる不堪のものにもとふべし。或語云。聖明負薪郎広之語言。よく知りたる事をも不知顔にて人にとふ事。是肝要也。必人は学のいたりたる者は。よく知りたる事をも不知顔して。人にとふて学をますなり。是利根者のわざ也。孔子也。下問にはぢずといへり。誰にも万事を可問也。我が学は至らずして。利根だてをして。恥をかくもの也。　（『伊勢貞親教訓』）

『伊勢貞親教訓』は『壒嚢鈔』と同時代の武家教訓書であるが、太線部のような「後学」のための「雑談」の勧めがしきりに説かれる。貞親が説くのは良質の耳学問としての「雑談」の勧めであった。傍線部「大小事に付て可覚悟事」以下は大事小事につけても「覚悟」、すなわち知っていることが大切であるが、そのためには知らないことは知っているふりをせず、「いかなる不堪のもの」にも尋ねよとする教訓である。ところで、このような知に対する謙虚さを促す姿勢は『壒嚢鈔』においても見られる。

足モ無クテ大ナル太刀ヲ野太刀ト云ハ鷹野ナトニ持太刀歟
野太刀書事不レ見及一。三宝名義鈔并ニ順カ和名ニ短刀《タンタウ》又野剱書テノダチトヨム。（中略）云ヨリ是一向ノ推量也。普ク人ニ問給ヘ。問タランニ、若シ覚悟無ハ面目ナカラント思フ事、故実ニ似タル共アルマシキ事ナン。若又人ニ問レン時モ、不レト知云ハンヲカタクナニ思テ当ラヌ返事アルヘカラス。孔子既ニ子路ニ、

「不レ知ヲハ不レ知セヨ、是知ナリ」ト教給ヘリ。
サレハ或時、院ニテ信西入道、「敦親ハユ、シキ博士カナ。物ヲ問ハ不レ知不レ知ト云」ト申サレケレハ、信頼ノ卿「不レト知云ンハ何ノイミシキカランソ」トノ給ヒケレハ、「身ニ才智アル者ハ不レト知云事ヲ不レル恥也。実ニ才無キ者ノヨロツノ事ヲ知顔ニスル也。都テ学問ヲスレハトテ皆ノ事ヲ知明ムル事ト思ヘルハ愚人ノ慮短才ノ態也。大小事ヲ弁マデスルヲ学問ノ極メト云也。其ヲ知リヌレハ難議ヲ問レテ不知ト云ヲ恥トセヌ也」トソ申サレケル。
（後略）
（『壒嚢鈔』巻一―66条）

依頼された質問事項に対し、知らないこと、はっきりとしないことについては「不レ見及」「推量也」と誠実に答えることで、行誉は知に対する謙虚な姿勢を自ら示しているのだが、このような例は『壒嚢鈔』には多く見られる。[12]さらに、行誉は『伊勢貞親教訓』と同じように、「大小事」について知っていることの大切さと、知らないことは知っているふりをせずに人に尋ねることの重要性を説く『続古事談』第二「臣節」第十六話の信西入道の言葉を引用する。

また、『壒嚢鈔』巻二―96条〈③―58〉「一向蒙昧ノ身ハ如レ形学文モ不レ可レ叶歟」には、「若其志アラハ君ハ下問ヲ不レ恥ト云ハ、少シモ道ニ志サン人ノ言行ヲ可レ学也」という言葉があるが、ここでも『伊勢貞親教訓』の波線部と同じ、『論語』公冶長の「不恥下問」を引用しており、両者の知に関わる教訓が同じ方向性を持つことがわかる。

以上のように、『壒嚢鈔』の勧学を説く教訓と同様のものが同時代の武家教訓書の中に見られることは、『壒嚢鈔』の読者層を考えるうえでも重要であるが、貞親が知の供給源としての「雑談」を重視していることはさらに注目に値する。貞親が期待する「雑談」の役割と、行誉の『壒嚢鈔』編述の目論みとが重なることになるからである。

さて、貞親が「雑談」を勧めたのは息子貞宗の「後学」のためであるが、「後学」という言葉は幕府政所執事を継ぐ者としての自覚を促すものであった。それはとりもなおさず『伊勢貞親教訓』の思想が当時の政治の中枢にいる武家のあり方を象徴するものであったことを示している。事実、横井清氏は、貞親が八代将軍義政の傅育の任に当たった人物であり、その貞親の教訓が義政の思想の形成にも影響を与えていたであろうことを指摘されている。(13) 貞親が「雑談」を重視したことは、「雑談」が政道に携わる者の教育にとって重要な要素であったことを示しているのである。また、当時、相対的に権威を回復しつつあった公家(14)においても、「大小事」について「覚悟」していること、すなわち洪才博覧であることが重視されていた。

伊藤慎吾氏は伏見宮貞成親王が中原康富との間で行われた「雑談」によって故実先例を学んでいたことを指摘されたが、(15) 伊藤氏がそのような親王の態度を象徴的に表しているものとしてあげたのが、次の『椿葉記』(16)（永享四年〈一四三二〉）の記事である。

又何よりも御学問を御沙汰あるへき事也。一条院・後朱雀院・後三条院なと、殊更大才名誉まし〳〵て賢王聖代とも申伝侍る也。されは人君は不可不学と本文にも言り。然は文学和漢の才芸は、いかにも御たしなみあるへき御事なり。御治世にてあらむ時も、洪才博覧にまし〳〵てこそ政道をもよく行はれんすれ。

次に挙げた『壒嚢鈔』巻一―45条「当時起請ト云事ハ昔モアリケル歟」の傍線部と比べると、その近さがわかるであろう。

サレハ善政ノ聞ヘアル　延喜・天暦・寛弘・延久ノ御門皆宏才博覧ニシテ諸道ヲ知セ給シ故ニ、御政明カニ、民ノ恨モナカリシ也。（中略）角テソ政道ハ行レン。賞罰正シカラサル時怨ムル者多シト云。是ヲ以テ史記云、賞空ヲ獲則労臣怨ム。罰妄ニ加ル則直士恨ムト云リ。学問ヲ先トスルモ政道ノ為ナルヘシ。（中略）学問ヲスヽムル心、其身正直ニシテ政務ニ邪シマナカラシメンカ為也トナン。

（『壒嚢鈔』巻一―45「当時起請ト云事ハ昔モアリケル歟」）

『椿葉記』と共通する波線部や「宏才博覧」以下の太線部を含む一文は『神皇正統記』からの引用であるが[17]、これは後の傍線部「学問ヲ先トスルモ政道ノ為ナルヘシ」という行誉自身の言葉を補強するために引かれたものである。

このように、政道のために「宏才（洪才）博覧」であることを説く行誉の姿勢と、「雑談」を故事先例の学習の機会として重視した貞成親王の教訓とが一致することは、『壒嚢鈔』が政道に携わる者のための「雑談」を背景として成立した書である可能性を裏付けるものといえるであろう。

四・「注」の依頼と雑談

そもそも『壒嚢鈔』は依頼主に答える形で、不明なことがらに対する「注」をしたことから編述されたものであった。このような依頼をした人物が具体的に誰なのかは未詳といわざるを得ないが、所々に説かれる政道論などから、『壒嚢鈔』は行誉から見てそれなりに身分の高い人物に供されることを前提として編述されたであろうことがわかる。これまでは『壒嚢鈔』の成立基盤に雑談という場を想定すべきことを論じてきたが、実際は『壒嚢鈔』は雑談そのものではなく、貴顕に求められた問いに「注」を施したものである。そこで最後に、この「注」が「雑談」と密接な繋がりを持つものであったことを確認したい。

次に挙げるのは、読書師範として貴顕の屋敷に出入りをし、彼らを相手に「雑談」をしていた碩学中原康富[18]の例である。

入夜自三条師殿、可来之由被示、参謁之、民吾同胞理一文殊、何書文哉、令尋給、不覚悟之由申之、可引見申之由申了、須臾有御雑談、引勘之処、古文真宝内後集ニ張子厚西銘文也、理一文殊ハ註ニ見エタリ、猶本文出処

歟、可引勘之、翌日注進之、以隼人進入了、

（『康富記』宝徳二年〈一四五〇〉十一月十一日）

康富は、息子隼人正康顕が若君の読書師範として出入りしている三条実雅に、「民吾同胞理一文殊」という言葉の典拠を尋ねられたが即答できず、「引勘」の後、翌日康顕を遣わし注進した。このとき康富が実雅の「御雑談」の相手をしていたという事実から、直接問答を交わす「雑談」と書簡による注との近さを窺い知ることができる。他にも康富の弟、仁和寺の阿闍梨杲隆[19]が「室町殿」に参り、「清華」「公達」についての質問をされたが即答できなかったため、康富に使いを送り「内々」に教えを請うたという例が『康富記』には見られ（嘉吉二年九月十三日）、貴顕との雑談の延長に注の依頼があったことが窺える。

このことは『壒嚢鈔』における行誉自身の言葉によっても確認できる。次に挙げる巻四—77〈巻⑦—37〉「本朝仏法ノ来ル事ハ如来入滅ヨリ幾程ニ当リ侍ルラン并震旦ヘ渡テヨリ何年計リ有テ此国ヘハ伝レルヤラン」は素問の最終条である。本来ならば『壒嚢鈔』はここで終わるはずであったため、行誉は締め括りを意識したものと思われる。

唯是レ難キレ去、依テ二所望ニ一徒ニ暇ニ註シ置侍リ。且ハ依リ二親昵ノ懇望ニ一、且ハ為メニ二同朋之記念ノ一所レ令レ書如レ此。予カ所ハレ志サス併ラ是為メニ二勧学ノ一也。敢勿レレ責ルコト二綺語罪ヲ一。（中略）庶幾ハ無義ノ雑談ヲ相止メ、一巻文書ニモ向給バ是則庶悪修善基、成仏得道ノ縁ナル者歟。麁言煙語ハ皆ナ帰シ二第一義ニ一、狂言綺語ハ悉ク成二讃仏乗ノ縁ト一故也。

（巻四—77〈⑦—37〉）

ここでは波線部のように、『壒嚢鈔』編述のきっかけは、さる筋からの断りにくい「註」の「所望」であり、その意図は「勧学」のためとする。だが、その後に展開されるのはそれまでの耳学問の勧めとは違い、二重傍線部のようにこれまでの問答を「綺語」と位置づけ、傍線部のように「無義ノ雑談ヲ相止メ、一巻ノ文書」に向かうことを勧め

あることと、今後はそのような耳学問から、主体的に書物を読む「読書」へと進んでほしいという行誉の願いが窺えるという教訓であった。[20] ここからは、行誉が『壒嚢鈔』で展開された問答を「雑談」のレベルと認識していたようである。もちろんこれは「雑談」の否定などではなく、その必要性を充分認めた上で、そこからの卒業を促したものであろう。

以上のことから、雑談と註（注）の依頼との結びつきやすさと同時に、『壒嚢鈔』成立の背景には明らかに雑談という学習形態があったことがわかる。そして、このことは『壒嚢鈔』の連想的な展開が雑談の場を意識したものであった可能性を裏づけるのである。

おわりに

以上、『壒嚢鈔』の問答が連関性を持って展開していること、それが同時代の雑談での問答に共通すること、当時雑談に求められたことと行誉の勧学論が一致すること、そして、雑談と注の近似性などから、『壒嚢鈔』が雑談という学習形態を背景とし、それを意識して編述された可能性が高いことを確認してきた。

『壒嚢鈔』は一見雑多な知識の寄せ集めに過ぎないものに見える。たしかに、それら一つひとつの知識は、史書や経書、あるいは教訓書などのように、読者の思想の形成に関わるものとはいいがたい。だが、有力武家や天皇側近の公家たちに知を供給していた清原業忠[21]ら公家の実務官僚たちが雑談によっておのれの知を磨き[22]、将軍側近の伊勢貞親が雑談を重視するなど、当代においては、雑談という場で摂取される知識が政道に関わる者にとって必要とされていたものと考えられる。『壒嚢鈔』が雑談を背景に成立したものであれば、一見雑多に見える知識や、所々に展開される政道論の意味が理解できるのではないだろうか。

（1）最近では、西崎亨編『日本古辞書を学ぶ人のために』（世界思想社、一九九五年）第二章第二編「鎌倉時代の辞書」（江口泰生氏担当）の「塵袋」の条に、大円作者説にもとづき、「同じ観勝寺の行誉が『塵袋』を見て刺激を受け、『壒嚢抄』（文安年間〔一四四四〜一四四九〕）を編し」とする。

（2）萩原義雄氏は、『壒嚢鈔』巻七―20（刊本）「傍若無人ト云ハ。何事ソ」が、『下学集』中の〔傍若無人〕および〔虱〕の二ヶ所の語と、『塵袋』の「傍若無人ト云フハ今案歟」の説明文を「ものの見事に合体して編集した内容である」と指摘された。（「『異名』について――『下学集』の異名語彙をもとに――」、『駒澤大学北海道教養部研究紀要』三一号、一九九六年三月）。

（3）本書第一編第一章「『壒嚢鈔』の勧学性」。

（4）本章第一編第一章「『壒嚢鈔』の勧学性」。

（5）本書第二編第二章「『壒嚢鈔』の『神皇正統記』引用」。

（6）この孟嘗君説話については『史記』孟嘗君列伝を巧みに和文化したものであるが、直接の典拠があるのか、それとも行誉自身の手によるものか、現在のところ不明である。

（7）『群書解題』（小林忠氏文責）では、末尾の「正中二年春比」という言葉をもとに、それを成立年次とするが、存疑。『塵滴問答』の成立については、今後さらなる検討が必要であろう。

（8）大窪太氏は『群書解題』において、巻末の「永正丁卯年」という記述に従うと永正四年成立となるが、内部徴証（上杉顕定殺害記事）から永正七年以降の成立ではないかとされる。

（9）『康富記』文安六年四月二日条に「叔父等日房」とする。また、表白・諷誦文については、嘉吉二年九月十七日条や嘉吉三年四月五日条など。

（10）本書第二編第一章「『壒嚢鈔』と式目注釈学」。

（11）「中世の教育と家訓」（結城陸朗編『日本教育文化史』第二章―四、明玄書房、一九七五年）。

(12) 例を挙げると、以下の通りである。(巻数および条数は七巻本に従う)
【巻一】9(「未見及」)・18(「推テ是ヲ云ハ」)・28(「推答」)
・30(「慥ナル本文ヲ不見」)・57(「人ニ可被尋」)
・83(「是更ニ慥ナル本説ヲ不見」)
【巻二】10(「推答」)・34(「未其字ヲ不見」)・76(「慥ナル支証ヲ不知」)
・91(「慥ニ所由ヲ不知」)
【巻三】21(「更不知案内也」)
【巻四】7(「是未切ナル尺ヲ不見」)・8(「慥ナル本説ヲ不見侍」)
・12(「但シ未タ其由ヲ不見侍リ」)・18(「未タ慥カノ本説ヲ不見」)
・41(「若是椰子盃ノ事歟。ヤシホノヒシヤクト云事未知。……人ニ可被尋也」)
・54(「是未慥カノ本説ヲ不見侍」)
(13) 横井清『東山文化——その背景と思想——』(平凡社ライブラリー、一九九四年)第三章「足利義政」。
(14) 新田一郎「中世後期の『法』認識——『式目注釈学』学・序説——」第二節(新田『日本中世の社会と法』、東京大学出版会、一九九五年)。
(15) 「『看聞日記』における伝聞記事」(『伝承文学研究』五〇号、二〇〇〇年五月)。
(16) 引用は村田正志『證註椿葉記』(『村田正志著作集』第四巻、思文閣、一九八四年)による。
(17) 本書第二編第二章「『壒嚢鈔』の『神皇正統記』引用」。
(18) 橋口裕子「中原康富と清原家との関わり」(広島大学国語国文学会『国文学攷』一一九号、一九八八年九月)。
(19) 『康富記』嘉吉二年十二月十七日に、「入夜向医師下郷許、伴弟果隆阿闍梨了、阿闍梨之癰腫物平癒之間、為其礼、一結随身了、(後略)」とある。
(20) ここで述べられる行誉の編述意図は、無住の『沙石集』の序文や、同じく無住の『雑談集』巻八「持律座禅ノ事」の末尾に書かれる編述意図に近いものである。『沙石集』が『壒嚢鈔』に引用されていることから考えて、ここは行誉がそれらを意識したものと思われる。

(21) 和島芳男『中世の儒学』(吉川弘文館、新装版一九九六年、初版一九六五年)。

(22) 松薗斉氏『日記の家』第十一章「中世の外記」(吉川弘文館、平成九年)は、

局務家といっても、彼らのめざす局務の地位は、親から子へ無条件にそのまま相続できるものでもなければ、ただ順番を待てば自然に転がり込んでくるような類のものでもない。常に局務としての職務能力を準備して、その地位を狙える位置にメンバーを送り込み、就任の機会を待たなければならなかった。そのようなメンバーを常に養成し維持する媒体としての機能が、局務家の「家」としての本質のひとつであるといえよう。

とされる。『康富記』に業忠の「雑談」がしばしば記されるのは、そのような局務家のあり方を如実に示す例といえるのではないだろうか。

第五編

行誉書写本『梅松論』

第一章　天理図書館本『梅松論』考

はじめに

天理図書館本『梅松論』（以下天理本とする）は『梅松論』諸本の中でも、室町時代の数少ない古写本の一つであり、しかも最も古い書写本であるにもかかわらず、行誉による改作の跡が甚だしいことにより、特殊な写本として『梅松論』研究の本流からは外されてきた感がある。詳細な調査・分析によって『梅松論』諸本研究を大きく前進させた小川信氏は、天理本独自の記事内容を分析され、天理本の書写者行誉は『壒嚢鈔』編者行誉と同一人物であることを論証されたうえで、

この改作には、流布本の場合のような明確な目的があったのではなく、原作に仏説・史論・軍記などの雑多な要素を付加えて、自分の趣味に適合する書物に仕立てようとする動機から行われたに過ぎないと思われる。だが正にそれは、雑多な知識の集積である『壒嚢鈔』の著者行誉に相応しい作業であったというべきであろう。（傍線引用者）

との見方をされている。[1]だが、流布本のような、特定の氏族に偏った増補記事の有無を主たる基準として、[2]行誉が「明確な目的」もなく「趣味」的改作を行ったと断じてしまうのは問題があろう。むしろ、改作が行われるには何らかの「明確な目的」があったと見るほうが自然ではないだろうか。

筆者はすでに、『壒嚢鈔』の中で行誉がしばしば政道論を述べること、そして、その政道論には一貫性があり、当時の政治的、思想的状況と無関係ではないことを指摘してきた。[3]その行誉が、足利政権を言祝ぐ『梅松論』を書写しただけではなく、改作にまで及んだことは、『壒嚢鈔』の政道論の方向性を考えるうえで重要な意味を持つであろう。また、『梅松論』研究の立場からすれば、天理本『梅松論』の「特殊」[4]な改作の内実を明らかにすることは、『梅松論』の享受史を考えるうえでも必要な作業であろう。

本章は天理本『梅松論』独自の構成、記事の分析を通して天理本の改作の実態を明らかにし、当時の政治的・思想史的状況の中での位置づけを試みるものである。

一．「入道」の語りと「法印」の批評

『梅松論』の諸本は大きく分けると古写本と流布本の二系統に分けられる。[5]

1、京都大学史学研究室蔵本（京大本）……文明二年（一四七〇）奥書
2、天理大学附属天理図書館蔵本（天理本）……嘉吉二年（一四四二）行誉による奥書
3、彰考館蔵寛正七年書写本（寛正本）……下巻のみ。寛正七年（一四六六）奥書
4、流布本……現在残るものは江戸時代以降のもの。延宝本・紅葉山本・早大本・国会本・前田家本のグループと書陵部本・昌平本・類従本のグループの二系列がある。

現在の『梅松論』諸本研究の基を築かれた釜田喜三郎氏や小川信氏は、京大本・寛正本などの古写本が古い形態を留めているとされる。[6]小川氏によると、流布本は「文中の少弐氏顕彰に対抗するため細川氏顕彰の記述を九箇所にわたり挿入」し、「鏡物に倣った問答体や先代様をめぐる論議を削り去り、後醍醐天皇隠岐遷幸の記事などをも一部省

略するという改作を施したもの」である。[7] このことからわかるのは、記事の内容もさることながら、『梅松論』の古写本と流布本との物語構成上の決定的な違いは、「鏡物」的構成を持つか否かであり、しかも、古写本に見られる二人の稚児と僧による問答によって歴史語りが進められるという形式が『梅松論』本来の姿であったということでなる。

武田昌憲氏は、古写本の問答部分に詳細な考察を加え、古写本と流布本における「先代」の解釈の違いに両者の歴史観の相違があることを明らかにし、その構成に「足利政権」の正当性を説く「歴史語り」としての『梅松論』の文学的価値があることを指摘された。[8] 武田氏による古写本『梅松論』の構成を参考にして、[9] 天理本と京大本の構成を対照したのが《表1》である。[10]

《表1》古写本の構成

	天理本『梅松論』	京大本『梅松論』[11]
序	北野の毘沙門堂に某法印一行が参籠する	北野の毘沙門堂に某法印一行が参籠する
1	《二人の稚児の疑問》 問、先代様とは？ 答、「千体」「闡提」「先代」 問、先代の主、及び将軍・執権の次第は 答（入道）、将軍・執権次第 承久の変について 天皇の次第 先代について	《二人の稚児の疑問》 問、先代様とは？ 答、「千体」「闡提」「先代」 問、先代の主、及び将軍・執権の次第は 答（法印）、将軍・執権次第 承久の変について 天皇の次第 先代について
2	問、先代滅亡の次第及び当代に移った謂れは？ 答、高時・関東の非儀について 両皇統の説明 元弘の変と後醍醐帝隠岐配流	問、高時の代に鎌倉幕府が滅亡した次第は？ 答、高時・関東の非儀について 両皇統の説明 元弘の変と後醍醐帝隠岐配流

	後醍醐帝隠岐脱出と六波羅滅亡（尊氏挙兵）	後醍醐帝隠岐脱出と六波羅滅亡（尊氏挙兵）
3	（天理本ナシ） 新田義貞挙兵と鎌倉陥落 建武新政とその失策 護良親王の御謀反と鎌倉配流 中先代の乱について（尊氏挙兵）	問、鎌倉の北条高時滅亡は如何に？ 答、新田義貞挙兵と鎌倉陥落 建武新政とその失策 護良親王の御謀反と鎌倉配流 中先代の乱について（尊氏挙兵）
4	問、後醍醐帝と尊氏との不快・大乱に及んだ次第は？ 答、新田義貞下向、海道合戦 尊氏上洛	問、後醍醐帝と尊氏との不快・大乱に及んだ次第は？ 答、新田義貞下向、海道合戦 尊氏上洛
5	問、尊氏が筑紫まで下向して再び上洛した次第は？ 答、京中合戦 尊氏敗北・西国下向 多々良浜合戦（中断――入道感涙） 尊氏東上 湊川合戦・楠木正成討死 叡山・京中合戦 後醍醐帝と尊氏和睦、新田没落 後醍醐帝吉野脱出 夢窓国師の尊氏・直義兄弟への賞賛 尊氏・直義の仏教帰依と善政 （入道の語り終わり）	問、尊氏が筑紫まで下向して再び上洛した次第は？ 答、京中合戦 尊氏敗北・西国下向 多々良浜合戦（中断――法印感涙） 尊氏東上 湊川合戦・楠木正成討死 叡山・京中合戦 後醍醐帝と尊氏和睦、新田没落 後醍醐帝吉野脱出 夢窓国師の尊氏・直義兄弟への賞賛 尊氏・直義の仏教帰依と善政 （法印の語り終わり）
6	法印、後醍醐と尊氏を批判。仏道帰依の呼びかけ。	（京大本・寛正本ナシ）
結	予、問答を書き留め、梅松論と名付ける。	老尼、比丘尼達と相談し、梅松論と名付ける。

この表からは全体の構成における両書の大きな違いが四点挙げられる。一つは3の問いが天理本にはなく2の問い

にまとめられていること、二つめは6の法印による批評及び仏道帰依への呼びかけが天理本にしかないこと、三つめは記録をする者が、天理本では「予」であるのに対して、京大本・寛正本は「老尼」と「比丘尼」たちである点、そして、最大の違いは語り手が京大本では「ナニガシ法印」であるのに対して、天理本では「入道」が語り手であるという点である。

これらはすでに小川信氏によってほぼ指摘済みのことではあるが[12]、筆者の見解は氏と異なる部分が多いので、以下、両書における登場人物、構成の違いとその意味を再検討してみる。

《表2》登場人物

天理本『梅松論』	京大本『梅松論』
●某法印（御室ノ御所ヨリ）	◎ナニガシ法印
○小人二人（三五・二八）	○児二人（大児〈廿斗〉・少人〈十五六〉）
○出世両人	○尺八サシタル遁世者
◎晩出家ト覚敷テ月代見ル禅僧（入道）	○卅余ナル僧・廿七八斗ナル僧（侍法印？）
○遁世者	○七十ニ及老法師一両輩（覚辨）
○青侍法師	◆古尼・比丘尼
○若キ侍法師	
◆予	

※◎……戦語りの語り手。●……評者。◆……記録者

《表2》では、両書における歴史（戦）語りの枠外にいる登場人物を整理して比較をしてみたが、天理本では京大本には見られない、「晩出家ト覚敷テ月代見ル禅僧（入道）」が登場し、その様子を「眼子《マナコヰ》事柄サリヌヘキ人ヨト覚シキガ、思入タル体ニテ間無ク念珠ヲツ爪繰リケル。」と描く。

先に指摘したように、天理本ではこの入道が語り手であることは、《表1》の1に見た、先代をめぐる問答の部分を比較することで明らかになる。

　小秋元段氏が指摘されたように⑬、現在京大本と天理本のみに見られる冒頭の「先代様」に関する問答は、『梅松論』の基本的な政道観を表すものである。その内容は「先代」（鎌倉幕府）の善政を賞賛することで、足利政権の正統性を主張するものであった。京大本も天理本も、その内容に大きな違いはないのだが、その展開のしかたにかなりの違いが見られることがわかる。（↓《表3》）

《表3》先代の問答

天理本『梅松論』

問	《少人》「先代様」とは？
答	《遁世者》仏像「千体」のこと。
	《青侍法師》菩薩「闡提」のこと。（やや詳）
	《若キ侍法師》「何事モ過ニシ方ヲ先代ト申」
問	《出世》「何レモ意得ス侍リ」「誠ニイカ、侍ル」
答	《入道（禅僧）》「滅亡セシ関東ノ事ニテソ候覧」

京大本『梅松論』

問	《少人》「先代様」とは？
	《法印》「各存知ノ分ヲ可被申」
答	《遁世者》仏像「千体」のこと。
	《侍法師》菩薩「闡提」のこと。
	《法師（覚弁）》「過ニシ事ヲ後ニ申事」
感	《法印》「覚弁ノ如被申意得候也」
	《少人》「仏千代ニ闡提ハ、サテハ御誤ニテ御渡候ケル」
	《少人》「御意ノ先代同候者、能々承候ハヤ」
問	《法印》「明日ノ夜少々可申」
答	――（翌晩）――
	《待申者》「先代ノ様共承度候」
問	《法印》「能々聞給へ」
答	《少人？》「滅亡セシ関東ノ事歟」「其ノ主ハ誰ト

問	《少人》「其ノ主ヲハ誰トカ申候」	申スベキヤ」
答	《入道》北条一族（執権）のこと。	《法印》北条一族（執権）のこと。
問	《少人》「同ハ将軍ト執権トノ謂レ承ハヤ」	《少人？》「同将軍ト執権ト謂委承ベシ」
答	《入道》「ヲロ〳〵申侍ム。定テ誤リ多ク侍ヘシ」	《法印》「将軍ノ事ハ書籍ヲ引可申。」

京大本では稚児による「先代様」の質問に対して、遁世者・侍法師・覚弁の三名が答え、法印によって覚弁の答えが支持されるが、詳しいことを知りたがる稚児の願いによって、翌晩に法印が書物を引きながらの語りをすることになる。つまり、京大本における法印は、識者としてその場を取り仕切る立場であると同時に、人々を啓蒙するために歴史を語る知的な語り手として設定されているのである。ところが、天理本では遁世者・青侍法師・若き侍法師が答えを述べたあと、三人の答えに納得しない出世が尋ねると、「サリヌベキ人」と思われる「禅僧」が「滅亡セシ関東ノ事ニテソ候覧」と答え、稚児がせがむのに任せて語り始めるという設定となっているのである。

次に、先代問答と将軍・執権次第が語られた後の展開にも同様の特徴が確認される。《表1》の2にあたる本文を見ると、先代としての鎌倉幕府（北条氏）が滅び、当代に移った次第の語りをせがむ児に対して、京大本では「サラバ次ニ語テ聞セマイラセン」と法印自らが語り始める。ところが、天理本の法印は「然此ノ少童ノ問ヲ濫觴トシテ、当御代ノ事細カニ説給ヘシ」として、語り手である入道に当代（足利幕府）についても語ることを促す。この入道（禅僧）の語りは結局最後まで続き、すべてを語り終えた入道は、

サテモ少人ノ仰セ背難ニ依テ、鎮西御没落マテ申侍ヌ。筑紫人ノ物語リナランカラニ空言シケリトハ不可思食ス。殊更当社ノ御前ニテ争テカ虚言ヲ申ヘキ。只耳目ニ触ル、所ヲ私無ク有ノ侭ニ申侍也。詞コソ拙ク侍レ共、偽リナキ軍サ物語ニテ候。

と結ぶ。つまり、入道の正体は戦を実際に体験してきた「筑紫人」であることがここで明らかになる。天理本の語り手が京大本とは違い、書物を引かずにその場で語ることができたのは、このような設定の違いによるものであった。

一方、最初に指摘したように、自らは語らずに入道に語らせた天理本の法印は、入道の語りが終わるのを受ける形で、戦乱の責任者たる後醍醐天皇と足利尊氏への批判を述べ、入道の語りを機縁とした仏道への帰依を呼びかけてその場を締め括る（《表1》の6）。つまり、天理本における法印はこの歴史語りの場を取り仕切り批評を述べる、いわばコーディネーターに徹しているのである。

そして、このように語り手と評者とが異なることは、京大本や寛正本には見られない天理本独特の個性を表出させる。それは、一つのテキストの中に語り手の歴史観と評者の歴史観とを並置することで、いわば語りの相対化を図っているということである。

つまり、天理本は体験者による歴史語りに、その場を取り仕切る徳の高い僧が一段高いところからの批評を加え、語りの相対化を図るという独特の構想を持っていることがわかるのである。

二、「情欲」の戒め・「無欲」の勧め

次に、天理本の構成が行誉によって生み出されたものかどうかが問題となる。天理本は行誉が改作したものといわれてきた。たしかに『太平記』や『神皇正統記』などからの引用・増補という、言葉のレベルでの改作は行誉の手によるものと認めてもよいだろう。だが、その改作が物語の構想にまで及んでいるのかどうかは明らかではない。天理本と同じ構成を持つ『梅松論』がそれ以前に存在していた可能性も考えられる。この問題を解決するには、天理本の

法印による総括的評語の内容が行誉の手になるものどうかを明らかにする必要がある。法印の評語は語り手と評者の分業という構想があってはじめて存在するものであり、法印の評語が行誉によるものであれば、天理本の構成自体も行誉によって創出されたものと判断できるからである。

入道の語りを受けた法印の言葉は以下の通りである。

其時法印倩《ツラ〳〵》聞テ曰ヒケルハ、「誠ニ両将ノ御意共コソ殊勝ニ侍レ。慈悲憲法ニ与《クミ》シテ天亦時ヲ与ヘ申シケンモ理リニヤ。乍去ニ元弘建武ノ合戦ハ開闢以来比ヒ無キ大乱トコソ承リ侍レ。然ラハ又罪業モ随テ広大ナラン。責一人ニ帰スナレハ先皇并ニ大御所ノ御罪ノ程コソ痛シケレ。先世ノ十善等ノ戒行ニ依テ今斯ル御果報共ニ生レ給ヘ共、又此罪業ニ依テ未来永々必ス地獄ニ堕給ヘシ。爰ヲ以テ福ハ第三生ノ怨《アタ》トハ申タル也。儒教ニモ是ヲ誡テ①情欲無ラン事ヲ思ヘリ。殊ニ合戦ハ欲ノ極メナレハ、専ラ是ヲ誹ル。サレハ唐シノ古人ハ百戦百勝不如一忍ト云文ヲ守テ一期ヲ持ツト云リ。道士モ偏ヘニ虚無自然ノ道ヲ立ツ。②情欲有ニ依テ諍ヒ起ル。諍起ル故ニ国家乱レ民庶亡フ。爰ヲ以テ万物皆自然也ト云ヘリ。老子ノ大意ハ上世ヨリ以来争ソヒ天下ヲ貪テ功名ヲ、煩シ四海ヲ悩マス億兆ヲ類ヒ、遂ニハ又亡ホシ身ヲ殞ス命ヲ。此ノ根元ヲ見聞クニ、有欲ニ依テ也。故ニ無欲ニシテ可向道ニ理ヲ示スト也。然ハ道徳二篇五千言ニモ偏ニ述此義ヲ。仏教又不及申。無欲清浄ナラン事ヲ本意トセリ。サレハ大般若経ニハ十八皆空ヲ説テ畢竟空ノ理ヲ明スモ有執ヲ遮セン為也。悲シキ哉。三毒五欲ノ狂人ハ、無始無明ノ執深ク、六趣四生ノ迷類ハ、自業自得ノ苦ヲ招ク事ヲ。罪ニ々ヲ重ネ冥ヨリ々ニ入ラン事ソ歎カ敷侍ル。③哀レ此武士達ノ欲情ニ引レ戦場ニ望テ勇猛ナル如ク仏法ニ入リ、道念ヲ発シテ暫ク也共修行シ給ヘカシ」ト曰ヒテ、落涙セラレケルソ貴トカリシ。

（天理本『梅松論』下）

法印は二重傍線部のように、戦乱の責任を「先皇」（後醍醐）と「大御所」（尊氏）に求め、二人がその罪業によって地獄に堕ちるであろうことを述べ、その後、儒教・道教・仏教の説を挙げながら、傍線①に見られるように「情欲無

《ラン》」ことを説く。この戒めは最終的に唱導的言説としての傍線③、「此武士達ノ欲情ニ引レ戦場ニ望テ勇猛ナル如ク」仏道に帰依せよという呼びかけに収斂するのであるから、法印の発言の中心にあるものは一貫して「情欲（欲情）」の戒めと「無欲」の勧めなのである。しかも、儒・道・仏の三教に関する引用佳句の数も最小限に押さえられているところから考えて、この発言内容に関しては後人が手を加えた跡を認めることはできない。つまり、法印の発言の内容は最初からほぼこの形であったと見て間違いない。

それでは、法印の言葉が行誉改作以前からあったものかどうかが問題になるが、結論を述べると、法印の説く戒めの内容は行誉によって挿入されたものである可能性が濃厚である。その根拠は、この戒めの典拠となったものが『壒嚢鈔』における政道論の典拠と共通するからである。

『太平記』巻三十五「山名作州発向事并北野参詣人政道雑談事⑮」は『太平記』作者の思想・政道観を記すものとして知られているが⑯、「坂東聲」の「六十余ナル遁世者」の語る物語の冒頭に、

君ハ以民為体、民ハ以食為命、夫穀尽ヌレハ民窮シ、民窮シヌレハ年貢ヲ備事ナシ。疲タル馬ノ鞭ヲ如不恐、王化ヲモ不恐、利潤ヲ先トシテ常ニ非法ヲ行フ。民ノ誤ル処ハ吏ノ科也。吏ノ不善ハ国王ニ帰ス。君良臣ヲ不撰シテ、貪利之輩ヲ用レハ、暴虎ヲ恐ニシテ、百姓ヲシエタケリ。民ノ憂ヘ天ニ昇テ災難ヲナス。災変起レハ国土乱ル。是レ上不慎下慢ル故也　（両源院本『太平記』巻三十五）

という政道論が語られる。これは『壒嚢鈔』巻五―74条〈刊本巻⑨―42〉「政道正シキヲ以テ刹利居士懺悔ト云。天下政悪民塗炭堕ルト云」に多少の異同はあるものの、ほぼ同文の形で引用される⑰。『壒嚢鈔』巻五―74条は行誉の政道観を最もよく表している条項であった。

ところで、『太平記』ではその後、この政道論に基づいて醍醐天皇の堕地獄説話を挙げ、引き続き明恵上人と北条泰時との問答に言及する。そこでは、「如何シテカ天下ヲ治メ、人民ヲ安シ候ヘキ。」という泰時の問いに、明恵は「乱世ノ根源ハ只欲ヲ為本、欲心変シテ一切万般之禍ト成ル」と答え、太守自らが「無欲」となることで「万人自然ニ欲心薄ク可成」と説く。

翻って天理本『梅松論』を見ると、傍線②「情欲有ニ依テ諍ヒ起ル。諍起ル故ニ国家乱レ民庶亡フ。」に見られる、人間の「情欲」こそが戦乱の原因となるとする法印の言葉は、明恵の主張する「無欲」による国家統治・撫民という政道論と底通するものであることがわかる。

さらに、『太平記』における醍醐天皇の堕地獄説話から無欲による政道の勧めへという展開と、天理本の法印の後醍醐天皇・足利尊氏の堕地獄を予想する言葉から情欲の戒め・無欲の勧めへという展開が酷似していることも、両者の関係の深さを表わすものとして指摘できるであろう。

つまり、天理本『梅松論』の法印による戒めは、基本的にはこの『太平記』の「北野参詣人政道雑談事」に説かれる「無欲」による政道の勧めをもとにしており、それは同じ部分を自らの政道論の拠り所として『壒嚢鈔』に引用した行誉によって物語の中に組み込まれたものと考えるべきであろう。その結果、入道による語りと法印による批評という天理本の構成そのものも、行誉による改作であると判断できるのである。

三、尊氏批判と直義賛美

法印の言葉そのものが行誉による増補であるならば、冒頭に述べられる後醍醐天皇と足利尊氏に対する批判も行誉によるものということになる。後醍醐天皇への批判については前章に述べた『太平記』における醍醐天皇堕地獄説話にも通じるところもあり、また、『梅松論』が基本的には北朝方の立場をとる作品であることを考えれば納得もできる。だが、尊氏への批判をどう考えたらよいのだろうか。

本来『梅松論』は足利政権を言祝ぐものであり、特に「当代」の祖である尊氏を賞賛する姿勢に貫かれていることは、物語のいたるところに見られる言葉や、末尾に述べられる題名の由来を、ほとんどの諸本が「将軍ノ栄華梅ト共ニ開ケ、御子孫ノ長久松ト徳ヲ久クスヘシ」とすることからも明らかである。[18] ゆえに、法印による尊氏批判は尊氏賛美という従来の『梅松論』の姿勢を相対化し、物語を質的に変化させるものであるといえる。しかも、法印の言葉と連動するように、題名の由来については天理本のみ「将軍ノ栄華」とせずに「御当家ノ栄華」とする。天理本においては尊氏個人への賞賛を差し控えようとする意図が働いているものと思われる。

ただし、入道の語りにおいては尊氏の事績を批判するような改作はされていない。おそらく入道の語りの内容に手を入れることは物語そのものを根底から変えてしまう恐れがあるため、物語に対する最終的な批評を語り手とは別の人物に語らせることによって、改作者自らの歴史観・政道観を示したかったのであろう。

もちろん「御当家ノ栄華」とする以上、天理本においても足利政権の正統性を主張する姿勢に変わりはない。そうなると、天理本の中で賞賛されるべき存在として浮上するのは弟の直義ということになる。

入道による語りの最後には「両御所」すなわち尊氏、直義兄弟への賛美が述べられるが、そこには天理本独自の表現がいくつか見られる。その中で最も注目されるのは、

尓ヨリ後ハ頭殿（直義――引用者注）弥ヨ御学問可有トテ天下無双ノ名匠玄恵法印ト云人ヲ被召テ師範トシ、聖談底ヲ究メラレシカハ、御政道誠ニ正シカリキ。

（天理本『梅松論』下）

という説明であるが、これは行誉の理想とする政道の姿とも重なり合うものであった。

『壒嚢鈔』巻一―45条「当時起請ト云事ハ昔モアリケル歟」では、『神皇正統記』からの引用で「善政聞ヘアル延喜天暦寛弘延久ノ御門」が皆「宏才博覧」であったこと、また『群書治要』を読むことに触れた寛平（宇多）天皇の御遺誡について取り上げ、

角テソ政道行レン。賞罰正シカラサル時怨ムル者多シト云。是ヲ以テ史記云、賞空ヲ獲則労臣怨ム。罰妄《ミタリ》ニ加ル則直士恨ムト云リ。学問ヲ先トスルモ政道ノ為ナルヘシ。

とする。その直後には『続古事談』から信西が藤原頼長に学問を勧めた説話と信西が通訳なしで唐人と話したという説話を挙げた後、『古文真宝』の「勧学」を引用し、

学問ヲス、ムル心、其身正直ニシテ政務ニ邪シマナカラシメンカ為也トナン。

と結ぶ。つまり、ここでは延喜天暦などの天皇や宇多天皇、そして信西は、学問に励んだことによって正しい政道を行った人物として挙げられていることがわかる。

これ以外にも『壒嚢鈔』ではしばしば勧学が説かれるが、それは正しい政道のためには学問が必要であるという理由に基づくものであった。天理本『梅松論』における先の説明はこのような行誉の政道観に合致するゆえに、行誉によって挿入されたものと判断するのが穏当であると思われる。そして、それはとりもなおさず行誉が直義を理想的な為政者と考えていたことを表す証拠ともなるのである。

さらに、この説明にはもう一つの注目すべき点がある。『太平記』において玄恵と直義の交流が描かれるのは西源院本では巻二十七「始皇求蓬莱事付秦趙高事」である。ここでは尊氏の子として認めてもらえなかった直冬を直義に仲介したのが玄恵であった。また、流布本『太平記』巻二十七の「直義朝臣隠遁事付玄恵法印末期事」では、直義が

高師直との対立に敗れ、政道から退き隠棲しているときの交流を描くが、そこからは直義が玄恵を政道のための学問の師としていたという情報を読み取ることはできない。むしろ『太平記』において、直義が政道のための学問の師としていたのは夢窓国師の弟子の妙吉侍者であり、しかも、この妙吉侍者が引き金となって直義と高師直師泰兄弟は不和になるのである。行誉は当然直義の政治的失脚に繋がったこの『太平記』の記事を読んでいるはずであるから、直義が玄恵を師とし、その学問によって理想的な政道を行ったという説明は、『太平記』とは別の情報を得たうえで挿入したものであろう。

笠松宏至氏は直義が鎌倉幕府や建武政権以来の実務管領たちを引き抜いて『建武式目』起草に当たらせたことを指摘されている[19]。玄恵はその一人であり、中原是円を中心とした『建武式目』勘進者の八人の中に名を連ねている。ちなみに、中原是円は『御成敗式目』の注釈書『是円抄』[20]の作者といわれている。式目注釈といえば、『壒嚢鈔』に当時は幕府関係者以外にはめったに見られなかったはずの追加法が引用され、その前後の条では後の式目注釈書の注釈と共通する内容が見られること、また、同時代に式目講義を行っていた清原業忠と行誉が交際していたことなど[21]から、筆者は本書第二編第一章において行誉が当時の式目注釈学に関わっていた可能性を指摘した。『是円抄』を行誉が見ていたかどうかは不明だが、行誉が式目注釈に関わっていれば、玄恵が直義の政道におけるブレーンの一人であった事実を、式目注釈の場における伝承を通して知っていても不思議ではない。そして、直義を理想的な為政者として賞賛する姿勢は、玄恵と同様、かつて直義のブレーンであった式目注釈家是円あたりから引き継がれてきたものではなかっただろうか。

四・『神皇正統記』による増補

ところで、天理本『梅松論』が趣味的な改作本と評価された大きな原因は、『神皇正統記』による増補であろう。足利政権を言祝ぐ『梅松論』の記事を南朝方の『神皇正統記』を以て増補するなどという行為は、たしかに「自分の趣味に適合する書物に仕立てようとする」ものと批判されかねないものである。だが、これまで見てきたように、行誉の改作は文言のレベルだけではなく物語の構想にまで及ぶものであり、しかも、それは行誉自身の歴史観・政道観を表明しようとする意図に基づき行われたものであった。そして、政道観といえば、『神皇正統記』は『壒嚢鈔』で展開される政道論にも引用されているものであり、行誉の政道観を考えるうえで軽視すべからざるものである。[23]そこで、本説では『神皇正統記』が天理本『梅松論』の中でどのように引用され、『梅松論』改作にどのような方向性を与えているのかを分析する。

先代問答の後、法印に促され、それに便乗した二人の児にせがまれた入道は、先代滅亡の次第及び当代に移った謂れを語り始める。まず「異朝」における代の移り変わりに言及し、鎌倉時代までの「我朝」の例を挙げたうえで、北条高時のときに先代が滅びた原因を武家の皇位継承問題への容喙に求めるという具合に話は展開する。

同じ写本系統の京大本では、語り手が入道ではなく法印であるという違いはあるものの、語りの内容は天理本とほぼ同じであることから、この展開が本来の形であった可能性が高い。そこで、まず京大本によってこの展開を示すと、

【A】昔ヨリ和漢共ニ其代ノ長短ハ政ノ得失ニヨリテ也。異朝ノ三皇五帝遠ナレバ御意得ガタカルベシ。夏殷周秦漢魏晋宋斉梁陳隋唐宋太元トテ、代々ノ号十五世也。各其始天下ヲ取主ハ賢アリ徳アリ。其世ヲ失ヘル主ハ、賢者ヲ不親付、非法無道ナル故ニ、天鑑ノ運ヲ割者歟。皆是書籍ニ載スル所也。

【B】我朝ノ天神七代地神五代ノ事ハ又三皇五帝ノ如ク耳遠ナレバ申ニ及ズ。神武天皇以来九十余代、宝祚長久ニシテ二モナク、聖断公家ニ有シ也。

【C】頼朝卿平家追罰以後、関東ニ於テ武家ノ政務ヲ以テ朝家ヲ守リ国土ヲ治シニ、治承四年ヨリ元弘三年癸酉ニ至マテ百五十四年ノ間、天下安全ニシテ吹風枝ヲナラサザリキ。

【D】高時執権ハ正和五年ヨリ正中二年ニ至マテ十ヶ年也。同正中二年ノ夏病ニヨテ落餝セラレシカバ、嘉暦元年ヨリ守時維貞ヲ以テ連署タリシニ、関東ノ政務漸ク非儀ノ聞ヘタリキ。中ニモ殊更御存位ノ事ニツキテ私アリシカバ、争天恵ニ背カザルベキヤ。其故ハ昔ヨリ受禅ト申ハ、代々ノ御門御存位ノ時、儲君ヲ以テ春宮ニ立給シカバ、宝祚乱煩ヒ給事ナシ。

（京大本『梅松論』上）

となる。内容によって【A】【B】【C】【D】の四つの段落に分けたのだが、【A】と【D】については天理本もほぼ同文である。『神皇正統記』を用いて改作されたのは【B】・【C】段落である。とくに【C】段落はかなり詳細になっているため、増補部分の典拠の関係からさらに①〜③の小段落に分けた。以下、天理本の【B】・【C】段落を示す。

【B】夫日域ハ天照太神ノ御裔《スエ》神武天皇ヨリ九十余代今ニ他種ヲ不交ヘシテ宝祚長久ナル者也。然ニ保元平治ニ世乱初シヲ、清盛公是ヲ平テ勲功ニ誇テ朝家ヲ軽シ奉ルト云トモ安元治承ノ比ヲヒマテハ一向公家ノ御聖断也。

【C】①治承四年《文治ノ始》ニ頼朝卿平家ヲ追罰シテ朝家ヲ守リ国土ヲ治メシヨリ、諸国ニ守護ヲ居ヱ所有ル庄園郷保ニ地頭ヲ補ス。然レハ元弘三年癸酉ニ至マテ百五十四年カ間ハ関東ニ於テ武家ノ世務ヲ以テ天下ヲ治ルニ、万民安在ニシテ吹風モ枝ヲ鳴ササリキ。

②而ルヲ、承久ニ後鳥羽ノ上皇、関東ヲ亡シテ朝儀ヲ起サントス思食シケルニ、剰ヘ官軍討負シカハ、武威弥ヨ盛ニ成リ、公家増ス廃レ給ヘリ。

③倩ラ其乱ヲ思ニ、誠ニ末ノ世ニハ迷心モ有ヌヘク、下ノ上ヲ凌ク端共成ヌヘシ。能々御心得アルヘキ事也。兵衛佐勲功類ヒ無キ程ナレハ、偏ニ天下ヲ掌ニス。是ニ依テ日本国ノ武士皆彼ノ顧命也。サレハ其身ハ強チ朝家ヲ無《ナイカシロニ》シタテマ

ツル義ハ無カリシカ共、君トシテハ不安思食ル、事多カリキ。況ヤ其路絶テ後室ノ尼公陪臣ノ義時カ代ニ成ヌレハ、彼ノ跡ヲ刊《ケツリ》テ御心ノ任ニセント思食モ一往ノ謂無キニアラネ共、白川、鳥羽ノ御代ノ比ヨリ政道ノ古キ姿タ漸ク衰ヘ、後白川ノ御時、兵革度々ヒ発テ天下ノ民、殆ト塗炭ニ落ニキ。爰ニ頼朝卿一臂ヲ振テ其乱ヲ平ケシ事、古今類ヒ少キ忠節也。其ヨリ以来四海浪閑カニ、九重ノ塵モ理《ヲサ》マリ、王室モ栄ヘ、民屋モ穠《ニキハイ》テ、上下堵ヲ安クシ東ヨリ西ヨリ其徳ニ伏セシカハ、実朝卿無成テモ背者有トハ不聞エ。是ニ増サル程ノ徳政無テハ、争テカ輙ク可被覆。縦又失ナハレヌヘク共、民安カルマシクハ上天ヨモ与シ給ハシ。其上王者ノ軍サト云ハ、過有ヲ討シテ瑕無ヲハ不亡サト云リ。頼朝卿ノ高官ニ昇リ、守護ノ職ヲ給モ皆是法皇ノ勅裁也。私ノ義ニ非ス。仍テ後室其路ヲ計ヒ、義時彼ノ権ヲ執テ、遂ニ人望ニ背カサリシカハ、下ニハ未タ瑕《キス》有ト云ヘカラス。而ヲ一往ノ道理許リニテ追討セラレンハ上ノ御過トヤ申侍ム。只謀叛起シタル朝敵ノ利ヲ得タルニハ非サルヘシ。然レハ時ノ不到ラ、天ノ許サヌ事ハ疑ヒナクソ覚ヘ侍ル、サレハ義時討勝テ武家弥繁昌セリ。

（天理本『梅松論』上）

まず、【B】の波線部「夫日域ハ天照太神ノ御裔、神武天皇ヨリ九十余代、今ニ他種ヲ不交ヘ」は天理本独自の説明であるが、これは『神皇正統記』序の主意を採ったものと考えられる。(24)『壒嚢鈔』巻五―74条〈刊本巻⑨―42〉にもこれに似た説明が見られるが、(25)親房の思想の根本にある皇統思想をあらわすこの説明を冒頭に挿入することで、次に展開されるのは、あくまでも天皇を頂点とした政治体制を枠組みとしたうえでの政道論であるということを示したものといえる。

次に【C】の内容を確認すると、①では頼朝に始まる鎌倉幕府の善政の強調をし、②では公家の政道が武家にとって代わられた原因を承久の乱とする説を述べ、③では①と②を受けて公家の政道が廃れた根本的な原因は院政にあるのであり、その院政によって乱れた世を平定した頼朝の行為は「類ヒ少キ忠節」であるとする。そして、後鳥羽院の挙兵は、いわば院政の尻拭いをし、「王室」の「栄へ」る世に戻した頼朝の「忠節」を否定する理不尽な行為であるがゆえに、「天」の支持を得られずに戦に負けてしまい、結果的に武家の繁栄を招くこととなった、というものであった。

ところで、【C】における『神皇正統記』引用は、そのままの形ではなく、随時言葉の差し替えや削除・増補が行われている。

まず、【C】の①の波線部は頼朝による守護・地頭の設置を述べる部分であるが、これは文脈上傍線部の「万民安住」へと繋がる、いわば賞賛されるべき行為として挙げられたものである。ところが、典拠となった『神皇正統記』の該当部分は、

頼朝勲功マコトニタメシナカリケレバ、ミヅカラモ権ヲホシキマ、ニス。君モ又ウチマカセラレニケレバ、王家ノ権ハイヨ〳〵オトロヘニキ。諸国ニ守護ヲオキテ、国司ノ威ヲオサヘシカバ、吏務ト云コト名バカリニ成ヌ。アラユル庄園郷保ニ地頭ヲ補セシカバ、本所ハナキガゴトクニナレリキ。頼朝ハ従五位下前右兵衛佐ナリシガ、（中略）其後征夷大将軍ニ拝任ス。ソレヨリ天下ノコト東方ノマ、ニ成ニキ。

（『神皇正統記』後鳥羽）

白河・鳥羽ノ御時ヨリ新立ノ地イヨ〳〵オホクナリテ、国司ノシリ所百分ガ一ニ成ヌ。（中略）況ヤ文治ノハジメ、国ニ守護職ヲ補シ、庄園・郷保ニ地頭ヲオカレシヨリコノカタハ、サラニ古ノスガタ云コトナシ。政道ヲオコナハル、道、コト〳〵クタエハテニキ。

（『神皇正統記』後醍醐）

というように、頼朝による守護・地頭の設置が「王者ノ権」の衰退、正しい政道の衰退へと繋がる原因であったとす

る文脈で挙げられる主張であり、しかも、二箇所に渉って繰り返し強調されるものであった。

次に、【C】の③は全体が『神皇正統記』廃帝（仲恭）からの引用で、ほとんど同文に近いが、ところどころ言葉の差し替えや削除が行われている。

まず、頼朝が天下を掌握したことを「君トシテヤスカラズオボシメシケルモコトハリナリ」とする『神皇正統記』の評語については、「コトハリナリ」が削除され傍線部のように「君トシテハ不安思食ル、事多カリキ」となっている。また、関東が戦に勝った原因を述べる傍線部「然レハ時ノ不到ラ、天ノ許サヌ事ハ疑ヒナクソ覚ヘ侍ル」の後には、本来「但下ノ上ヲ剋スルハキハメタル非道ナリ。終ニハナドカ皇化ニ不順ベキ」という評語があったが、それも削除されている。

次に、記事の差し替え・増補を見ると、二重傍線部「九重ノ塵モ理マリ、王室モ栄ヘ」は頼朝による天下平定が王室（朝廷）の繁栄をもたらしたものとして積極的に評価する言葉であるが、『神皇正統記』本来の言葉は「王室ハフルキニカヘルマデナカリシカド、九重ノ塵モオサマリ」というものであり、むしろ完全な朝廷の王権復活を理想とする親房の不満をあらわす部分であった。また、二重傍線部「強チ朝家ヲ無《ナイカシロニ》シタテマツル義ハ無カリシカ共」「古今類ヒ少キ忠節也」は『神皇正統記』にはなく、天理本において独自に増補されたものであるが、これらも頼朝の朝廷に対する忠義を強調する言葉であることがわかる。

以上のように、天理本『梅松論』に引用される『神皇正統記』の記事は、頼朝の政道の否定に繋がる言葉を削除すると同時に(26)、頼朝の朝廷への忠節を示す言葉を独自に加えることによって、「王室」を守護する理想的な臣下としての頼朝像を強調する文脈に書き替えられている。このことは、頼朝によって樹立された武家政権の正当性は、天皇主体の政道を守護し、天皇の意志の代行者として撫民思想に基づく政道を行うことによって認められるという政道論を説くために、行誉が『神皇正統記』の皇統思想と儒教的徳治論を利用したことを物語っている。

そもそも『梅松論』における【C】は本来我が国の政は公家によるものであったとする【B】を受けて、【D】の北条高時が皇位継承問題に介入する以前の理想的な武家の政道の姿を述べる部分であった。[27]しかも、天理本の増補はその文脈をほとんど変えない方向で行われていた。文脈を変えずに詳しく説明することは、武家と公家（朝廷・王室）との理想的な関係、公家政治の代行者としての武家のあり方を強調することになる。そして、そのような武家のあり方を主張していたのは他ならぬ北畠親房であった。

もちろん、親房にとっては武家による政道などは一時的なものに過ぎなかったが、[28]それでも源頼朝と北条泰時は武家の中でも評価すべき臣下として位置付けられる存在であった。それは彼らがあくまでも武士としての身分を弁えていたことによる。[29]とくに「我国ハ神明ノ誓イチジルシクシテ、上下ノ分サダマレリ」とする親房にとって、「政スナホニシテ、人ヲハグ、ミ物ニオゴラズ、公家ノ御コトヲオモクシ」て天下を平定した泰時などは、理想的な武家であったのである。そして、院政によって乱れてしまった朝廷の政道を武の力によって平定し、しかも、あくまでも臣下としての立場を守った頼朝・泰時の政道を理想的なものとする親房の思想を、「先代」の政道賛美という【C】段落本来の文脈の中に位置付けたのが、天理本『梅松論』のこの部分なのである。

つまり、天理本『梅松論』における『神皇正統記』の引用は、「頼朝平家追罰以後、関東ニ於テ武家ノ政務ヲ以テ朝家ヲ守リ国土ヲ治シ」（京大本『梅松論』上）という先代の理想的な姿に具体性を持たせ、皇統思想の枠組みの中で臣下としての名分を堅持して政道を行うという武家政道のあり方を強調するために行われたものであったといえる。

五．『神皇正統記』の受容と思想的背景

ところで、行誉が『壒嚢鈔』編述や『梅松論』改作にあたって『神皇正統記』をその政道論に援用したことには、

歴史的・思想史的な背景があると思われる。

行誉と交流のあった清原業忠が、幕府関係者に対して御成敗式目講釈を行ったことは『康富記』や『御成敗式目永正十四年聞書』[30]によって知ることができる。新田一郎氏は、この背景に、式目注釈書の説く「律令・式目同源」論の基本的発想が皇統思想的な思想動向と結びついて、国制モデルを裏づける法思想として広く認識される基盤が形づくられたという事情があったことを指摘される。[31]さらに、新田氏は、室町後期に盛んになる『職原抄』注釈が式目注釈学と同じように京都の清原家と関東の足利学校で並行して行われることについて、『職原抄』の展開する「名分論」と式目注釈学の「結びつきやすさ」を指摘される。[32]興味深いのは、『職原抄』の作者である北畠親房の『神皇正統記』の書名もやはり、応仁の乱前後から記録に見られるようになることである。[33]

玉懸博之氏によると、南北朝から室町時代にかけての思想的状況は、初期室町政権においては『建武式目』・『梅松論』に見られる（有徳者為君説・治世安民論・易姓革命思想）を中心とした儒教的徳治主義が基本的な政道思想であったが、天皇の絶対尊厳性は否定するものの、天皇が形式的に武士政権の上に位することを否定するところまではいかないものであった。一方、同時期の南朝方である北畠親房の政治思想は『神皇正統記』に見るように、神孫為君説の強化と同時に儒教的徳治主義思想を包摂するというものであった。そして、足利将軍三代目の義満は、その治世後半期には本来の儒教的徳治主義に基づき、名目の上でも日本の主権者たらんとする政治姿勢を見せ、王権の簒奪を計ったものとする。[34]

ところが、義満が急逝するやいなや、義満の武家による王権簒奪計画は将軍義持や管領斯波氏らによって挫折することになる。[35]その後、管領ら将軍側近の武家勢力が力を持ち、有力守護（宿老）による合議政治が行われるが、神籤によって将軍の座に付いた六代目の義教の恐怖政治によってそれらは覆されてしまう。義教は嘉吉元年（一四四一）

に臣下であった赤松満祐によって殺されてしまうが、幕府による赤松の追討は朝廷から綸旨の発給を受けることによって初めて行うことができたというありさまであった。この嘉吉の乱以降、治罰・安堵・免除の綸旨が頻発され、幕閣の求心力は低下の一途をたどる。[36]治罰綸旨は義満以降廃絶されていたが、永享の乱（永享十年〈一四三八〉）の際に義教によって復活したのであった。これらは皇室権威の相対的回復を示すものとして注目されている。[37]

ところで、『神皇正統記』諸本の書写奥書から見ると、修訂本成立の康永二年（一三四三）以降、修訂本が信貴山にて書写された延文元年（一三五六）、六地蔵寺本の本奥書の明徳五年（一三九四）、青蓮院本の本奥書に見られる応永四年（一三九七）、白山本の書写奥書永享十年（一四三八）というように、『神皇正統記』成立以降確実に享受はなされてきたようであるが、[38]諸本の書写奥書以外で確認できる享受の例として、行誉によって改作・編述された天理本『梅松論』（嘉吉二年〈一四四二〉）と『壒嚢鈔』（文安二、三年〈一四四五、六〉）は比較的早いほうであった。とくに、武家の棟梁が臣下に殺され、幕府がその謀反人を誅伐するために朝廷の力に頼らざるを得なかったという、まさに皇室権威の回復を示す事件のあった翌年に、『神皇正統記』による増補がなされた『梅松論』が成立したことは、当時の思想的・時代的状況を如実に反映するものといえるだろう。

おわりに

以上、天理本『梅松論』が語り手と批評役とを二人の人物に分担させるという他の古写本とは違った構成を持ち、それが行誉によってなされた改変であること、語り手である入道の言葉や評者法印の言葉から、天理本が従来の『梅松論』の尊氏賛美の姿勢を相対化し、代わりに直義を賞賛するような姿勢で改作が為されていること、さらに、『神皇正統記』による増補の仕方には、『梅松論』の先代（鎌倉幕府）を理想とする基本的な政道観を一歩進め、皇統思想の枠組みの中での武家による徳政を強調する方向性が見られることなどを論じてきた。歴史的、思想史的背景に鑑みて、このような『梅松論』改作の方向性は決して趣味的なものではなく、当時行誉が置かれていた社会的状況に密接に関わっていたものと考えるべきであろう。

行誉が『梅松論』を改作したのは、永享の乱や嘉吉の乱とその収束の仕方に代表される、幕府・将軍家の権威の低下と皇室権威の相対的回復という時代状況の中において、足利政権誕生の歴史を振り返ることで武家の政道のあるべき姿を示そうとしたからではなかっただろうか。天理本『梅松論』が誰に向けて書かれたものであるかを明確にすることは現在のところ難しいが、その改作の方向性を『壒嚢鈔』の政道論と重ね合わせると、当時の武家政権に対する行誉の切実な思いが看取されることは確かであろう。

（1）小川信「『梅松論』諸本の研究」（『日本史籍論集』下巻、吉川弘文館、一九六九年）。ちなみに、小川氏による天理本の評価は、『塵添壒嚢鈔・壒嚢鈔』（臨川書店、一九六八年）の解題において、行誉の『壒嚢鈔』制作態度を「動揺する社会に背を向けた行為」とされた笹川祥生氏の評価に影響されたものと思われる。

（2）小川氏前掲論文（1）において、流布本は「少弐氏顕彰に対抗するため細川氏顕彰の記述を九箇所にわたり挿入し、忠節・武勇等の封建道徳を強調するため随所に詠歎調の文飾を加え」たとされる。

（3）本書第一編第二章「『壒嚢鈔』における知」、第二編第一章「『壒嚢鈔』と式目注釈学」、第二編第二章「『壒嚢鈔』の『神皇正統記』引用」。

（4）小川氏前掲論文（1）。

（5）近年の諸本研究史は以下の通りである。

①井上良信「太平記と梅松論」（『史学研究』四八号、一九五二年六月）
②高橋貞一「翻刻・京大本梅松論」（『国語国文』三三巻八・九号、一九六四年八月・九月）
③釜田喜三郎「梅松論と太平記との関係」（『心の花』八〇〇号、一九六五年六月。後に釜田氏『太平記研究――民族文芸の論――』〈新典社、一九九六年〉に集録。）
④小川信「『梅松論』諸本の研究」（『日本史籍論集』下巻、吉川弘文館、一九六九年）
⑤釜田喜三郎「寛正本梅松論発掘の跡――小川信氏の『梅松論諸本の研究』を読む――」（『神戸商船大学紀要、文化論集』、一九七一年三月・一九七二年三月、後に釜田氏『太平記研究――民族文芸の論――』〈一九九六年、新典社〉に集録。）
⑥加美宏『梅松論・源威集』解説（新撰日本古典文庫『梅松論・源威集』、現代思潮社、一九七五年）

（6）ただし、釜田氏と小川氏の主張される諸本系統には違いが見られる。加美宏氏が『梅松論・源威集』解説（前掲（5）論文⑥）で整理されているので、それを参照して次にまとめてみた。

《小川氏による『梅松論』の諸本の系統（前掲（5）の論文④による）》

構成は京大本・寛正本が最も複雑で、原形に近い。天理本はやや簡略、流布本は省略の結果最も簡略になっている。語句表現から見ても、京大本・寛正本がより原形に近く、天理本・流布本は後出。また、寛正本と天理本、京大本と流布本にそれぞれ親近関係が認められる。※右系統図は加美氏によるもの。

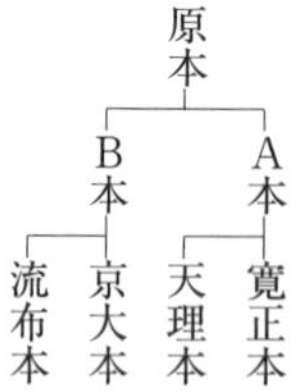

《釜田氏による『梅松論』の諸本の系統（前掲（5）の論文⑤による）》

寛正本が最も古いが原本を写し誤っているので、直接、原本から写したのではなく、原本の転写本Aを写し、天理本は西源院本・玄玖本・南都本・相承院本等の太平記古本により寛正本の親本Bを説明増補したが、これらの夾雑物を除けば

Bは A より早く原本から分かれたらしく、京大本より古く、流布本は最も後出であり、天正本系太平記に応じて増補改訂を施している。※右系統図は釜田氏によるもの。

原本┬B――天理本（太平記古本ニヨル改訂アリ）
　　└A┬寛正本
　　　　├C―京大本（少弐氏記事付加）
　　　　└D―流布本（太平記天正本ト兄弟関係ニアル細川氏記事付加）

（7）小川氏前掲論文（1）。

（8）福田景道氏は「歴史物語としての『梅松論』」（『島根大学教育学部紀要』二八号、一九九四年十二月）において、

また、歴史物語には、女性・年少者・武士などの教養書・啓蒙書などの役割を担って著作され、享受されたと考えられる一面があるが、大児・小児の質問に答える形で展開する『梅松論』の構図はまさにこれに適合するであろう。（中略）法印が特に児二人に向かって武士の心得を教授する場面などもその反映と考えられる。

と指摘される。

（9）武田昌憲「京大本『梅松論』の問答体部分について――「梅松論」小考3――」（『古典遺産』三四号、一九八三年九月）。

（10）武田氏前掲論文（9）。なお、本文引用は、京大本は高橋貞一「翻刻・京大本梅松論」（『国語国文』三三巻八・九号、一九六四年八月・九月）により、天理本は天理大学付属天理図書館蔵『梅松論』（二一〇四―イ―三九）の本文およびその紙焼写真からの翻刻を挙げる。

（11）寛正本は釜田氏や小川氏によって最も古い形態を留めている写本であることが指摘されているが、下巻のみであるため対照表には用いず、ほぼその形態を同じくする京大本を用いた。

（12）小川氏前掲論文（1）。

（13）小秋元段氏は「『梅松論』の論理と構成」（『太平記・梅松論の研究』二〇〇五年）において、

「ここでは代の長短は政治のあり方によって定まるとの原理が示され、代々の王朝は賢と徳とを備えた主を得て興り、悪

政を行い天運を損ねた主のときに滅びると説かれる。天子の治世の背後に監督者としての天の存在を想定し、天子には賢と徳とが要求される。『梅松論』のこの政道思想は、諸先学によって指摘されてきたように、儒教的徳治主義、あるいは天命思想と呼ぶべきものである。」（三七七頁）

「『梅松論』では冒頭に作者の「先代」へのこだわりが示されていた。ここには代を基軸として歴史を把握していこうとする作者の姿勢が、端的に表れているといえよう。（中略）先代に注目し、その善政を称賛することで、武家政権によって作られてきた安泰の世があらためて確認され、足利政権が先代の継承者として正当なものであることが示唆される仕組みになっているのである。」（三七八頁）

との指摘をされる。

（14）　また、筑紫人である入道に「殊更当社ノ御前ニテ争テカ虚言ヲ申ヘキ」と言わせるところにも、歴史語りの場となった北野天満宮の神前と筑紫（おそらくは太宰府）出身の語り手という設定上の工夫が見られる。また、「筑紫人」の入道が北野天満宮で「偽リナキ軍サ物語」を語るという設定からは、入道が物語の中で活躍する少弐一族の生き残りとして設定されていた可能性をも窺わせる。

（15）　釜田氏前掲（5）の論文⑤によれば、行誉が天理本『梅松論』の増補に用いたのは西源院本・玄玖本のような古態本であろうということである。また、小秋元段氏によれば、『壒嚢鈔』の中で行誉が用いた『太平記』は「古態本の趣を多くとどめながらも、現存の古態本よりは明らかに新しい本文形態をとる一本であった」（「『壒嚢鈔』の中の『太平記』（下）」、『駒木原国文』七号、一九九六年三月）ということである。そこで、引用にあたっては、とりあえず古態本である西源院本を用いた。

（16）　十束順子「『太平記』全巻の〈解析〉巻三一～三五」（『国文学　解釈と教材の研究』三六巻二号、一九九一年二月）。

（17）　参考までに『壒嚢鈔』の該当箇所を挙げる。

日本ニモ、賢王ハ良吏ヲ撰テ、国司ニ任シ給上ニ、又朝廷ヨリ、国々ニ御使ヲ被レ下、民庶ノ愁ヲ聞食シケル也。其故ハ、君ハ臣ヲ以テ体トス。民ハ食ヲ以テ命トス。穀尽ヌレハ国衰へ、民窮シヌレハ礼ヲ失フ。窮民ノ王化ニ不レ堪事、疲馬鞭ヲ如レ不レ恐ト云ヘリ。サレハ国政ニモ不レ随、利潤ヲ先トシ、非法ヲ行ス。民ノアヤマル所ハ吏ノ罪也。吏ノ不善ハ国主ニ帰ス。君良吏ヲ不レ択シテ貪リ、吏ヲシテ百姓ヲ令レ煩、民ノ患レヘ天ニ上リテ災変時ニ作リ、国土騒乱ヲナス。是上ミノ不レ謹ヨリ起ル物也。仍テ政道ノ悪キヲ、民ノ塗炭ニ堕ルト云。

(18) 福田景道氏は「『梅松論』の基幹構想――「将軍」と「正統」――」(『島大国文』二三号、一九九七年二月)において、

尊氏の存在は『梅松論』世界の一種の基準となっている。「将軍」の責務や「正統」は、厳然と繁栄する尊氏の現在によって決定されるのである。したがって尊氏やその政権を弁護・正当化する必要はもともとなかったのである。(中略)『梅松論』構想の基幹には尊氏政権の安定がある。それは天意にも神意にも適い、作品の統一性を唯一保つものとなっているのである。「天」によって為政者に果たされた二元的責務とは、尊氏の「現実」の投影にほかならない。

とされる。

(19) 笠松宏至「中世の法典」(『日本中世法史論』第二章、東京大学出版会、一九七九年初版)。

(20) 正和元年〈一三一二〉成立。現存せず。新田一郎氏「〔補注〕『是円抄』系「追加集」の成立過程について」(新田『日本中世の社会と法』、東京大学出版会、一九九五年)参照。

(21) 『壒嚢鈔』巻二―88〈巻③―50〉「和歌集事書ニ大嘗会ノ悠紀方主基方アルハ何事ソ」

又主基ヲ。主紀ト書ク記録アリ。仍是ヲ当大外記清原業忠朝臣ニ尋処。主紀ト書事未レ知。乍レ去。桓武天皇天応元年十一日ニ。以二越前国一為二由機一以二備前国一為二須機一ト由昔記録ニ見タレハ。主紀共書歟ト云。(後略)

(22) 本書第二編第一章「『壒嚢鈔』と式目注釈学」。

(23) 本書第二編第二章「『壒嚢鈔』の『神皇正統記』引用」。

(24) 以下、『神皇正統記』の引用は旧岩波古典文学大系の本文(国学院大学所蔵、旧猪熊本)による。

震旦コトサラミダリガハシキ国ナリ。(中略)唯我国ノミ天地ヒラケシ初ヨリ今ノ世ノ今日ニ至マデ、日嗣ヲウケ給コトヨコシマナラズ。一種姓ノ中ニオキテモヲノヅカラ傍ヨリ伝給シスラ猶正ニカヘル道アリテソタモチマシ〳〵ケル。(序論)

(25) 「日本一流王氏トシテ。他種ヲ交ヘサレ共。其中於テ。政善ハ。長久。悪ハ子孫断絶シ給也。」

(26) 先に引用した『神皇正統記』「後鳥羽」の前には、「カクテ平氏滅亡シテシカバ、天下モトリゴトク君ノ御マヽニナルベキカトオボエシニ、」とあり、頼朝による武家政権成立に対して苦々しさを感じていた親房の気持ちが窺える。

(27) 『梅松論』において「先代」が賛美される理由に治世安民と皇室守護という責務を果たしていたことが挙げられることは、福田景道氏前掲論文（18）にて述べられている。他に小秋元氏前掲論文（13）参照。

(28) 玉懸博之氏は「『神皇正統記』の歴史観」（玉懸『日本中世思想史研究』、ぺりかん社、一九九八年）において、

武家政権は、院政以来の朝廷の失敗から生じた非常時に成立したものであり、神意の道徳性要求の側面に合致するが故にそれなりの必然性はもっていたにしても、一時的かつ不完全な政権でしかありえなかったのである。したがって彼にとっての武家政権という歴史的現実は、新しい時代、新しい価値原理の出現を意味するものでは決してなかったのである。（中略）すなわち彼は、武家政権の成立・存続が究極的には神意の働きに帰着される現象であり、それ故神代以来の「一なる歴史」にくみこまれた現象であるとしているわけである。（傍点本文）

と指摘される。

(29) 『神皇正統記』「後醍醐」に、平清盛が太政大臣にまで上がり、しまいには朝敵になって滅びたことを述べ、

頼朝ハサラニ一身ノ力ニテ平氏ノ乱ヲタイラゲ、二十余年ノイキドヲリヲヤスメタテマツリシ、昔神武ノ御時、宇麻志麻見ノ命ノ中州ヲシヅメ、皇極ノ御宇ニ大織冠ノ蘇我ノ一門ヲホロボシテ、皇家ヲマタクセシヨリ後ハ、タグヒナキ程ノ勲功ニヤ。ソレスラ京上ノ時、大納言大将ニ任ゼラレシヲバ、カタクイナミ申ケルヲオシテナサレニケリ。公私ノワザワイニヤ侍ケン。ソノ子ハ彼ガアトナレバ、大臣大将ニナリテヤガテホロビヌ。

とする。ここはその身に合わない官位に昇ることは禍を招くという文脈ではあるが、反面、頼朝の朝廷に対する「タグヒナキ」勲功と、分限をわきまえたふるまいへの評価ともなっている。また、泰時についても、同じ「後醍醐」において、

マシテ泰時ガ世ニナリテハ子孫ノ末ヲオキテヲキケレバニヤ。滅ビシマデモツヰニ高官ニノボラズ、上下ノ礼節ヲミダラズ。

と評価する。

（30）『康富記』宝徳三年〈一四五一〉七月二日条。ちなみに、『御成敗式目永正十四年聞書』には、

此式目ヲ講スルコトハ、昔ハナシ、其謂ハ仮名斗ノ故ニ、不及講ソ、然ヲ寛正六年七月五日（後花園院ノ御時至大永四年甲申已後五十九年）就龍安寺殿所望、祖父常忠講之始也、其後一条殿モ講之也、

とある。龍安寺殿は細川勝元、一条殿は一条兼良である。

（31）新田一郎「『式目注釈学』の展開とその周辺事情」（新田『日本中世の社会と法』、東京大学出版会、一九九五年）。

（32）新田氏前掲論文（31）。

（33）○『臥雲日件録抜尤』

十二日、常忠居士来、茶話数刻、予問製神皇正統記之人、答曰、名士也、久我之族、源氏、名曰親房、後出家、至于准后、其子顕家、伊勢国司、其孫也、弟曰親信、為出羽国司云々、（寛正六年〈一四六五〉六月十二日）

十二日、外記常忠居士来、（中略）、予又問、前有三房、後有三房、皆本朝博物之士也、某人々々、未審名字、如何、曰、後三条院代、匡房・惟房・為房、三人同時出、又后醍醐天皇代、有宣房・定房・親房云々、親房乃今伊勢・飛驒国司之先也、神皇正統記、此今作也、（文正元年〈一四六六〉七月十二日）

○『宣胤卿記』

五日庚戌　雨降、自内裏、神皇正統記令書写可進之由被仰下。（文明十三〈一四八一〉年二月五日）

四日　晴、（中略）余申刻参内、神皇正統記下巻、以侍従中納言進上、一部一身早速之書写、叡感之旨被仰下。（文明十三年〈一四八一〉六月四日）

○『実隆公記』

三日丙子晴、寒嵐甚、姉小路中将、行二法師等来話、（中略）自安禅寺宮栗一蓋賜之、愚昧御記仁安二年節会記抄出之、神皇正統記三冊全部、沽却之本召置、自愛物也、続神皇正統記晴富宿弥筆作、今日借請行二法師者也、（後略）

（明応五年〈一四九六〉十二月三日）

その他、祐成の『霊安寺御霊大明神縁起』（長禄二年〈一四五八〉）や瑞渓周鳳の『善隣国宝記』（文正元年〈一四六六〉）に

引用され、また、小槻晴富による『続神皇正統記』も書かれた。

(34) 玉懸博之「中世における普遍と特殊――南北朝期の政治思想の形成をめぐって――」（『日本思想史――その普遍と特殊――』ぺりかん社、一九九七年）。

(35) 今谷明『室町の王権――足利義満の王権簒奪計画――』（中央公論社、一九九〇年）。

(36) 今谷明「一四―一五世紀の日本――南北朝と室町幕府」（岩波講座『日本通史』第九巻「中世3」、岩波書店、一九九四年）。

(37) 新田氏前掲論文（31）。

(38) 『神皇正統記』諸本の研究については、岩佐正氏による旧岩波古典大系解説、および、岩佐氏「神皇正統記伝本考」（『国文学攷』三十五号、一九六四年十一月）、さらに新しい成果として『六地蔵寺本神皇正統記』（汲古書院、一九九七年）の大隅和雄氏による解題がある。

第二章　翻刻　天理大学附属天理図書館蔵『梅松論』上下

※天理大学附属天理図書館本翻刻第九九三号

凡例

一、翻刻は天理大学附属天理図書館所蔵本『梅松論』上下（嘉吉二年行誉写本、二一〇四／イ三九／一・二）によって行った。

一、翻刻にあたって、その原形を損なわないよう努めた。そのため本文の字配りや書き入れ・傍書の類も底本どおり活字化した。また明らかな誤字・脱字・誤った読み仮名と思われるものも底本どおりとし、傍らに（ママ）と注記するにとどめた。

一、ただし、読解の便を考慮して次のような整理を行った。

(1)　字体は一部を除き、常用漢字を用いた。また、異体字・略体字・俗字など漢字はすべて正字体に改めた。

(2)　適宜句読点を施した。

(3)　カタカナ部分の「尓」「子」「せ」は、それぞれ「ニ」「ネ」「セ」に改めた。

(4)　書写者の手によると思われる補入、訂正の類は、訂正後の本文を示した。

(5)　朱筆による書き入れ（主に傍書）については、（朱）と示した。

(6)　説明の必要な部分については、当該箇所に傍線を引き、その下に〔※〇〇〕として、その旨を記した。

(7)　対照の便を考慮し、新撰古典文庫『梅松論』（矢代和夫・加美宏校注、一九七五年、現代思潮社）に準じて適宜改行した。

書　誌

〈形態〉写本
〈巻冊〉二巻二冊
〈丁数〉墨付き上巻五十二丁（一丁並びに五十二丁表裏白紙）、下巻五十丁（一丁表裏白紙）
〈表紙〉淡朱色包表紙
〈装幀〉袋綴
〈行数〉毎半葉九行書き
〈寸法〉縦二十六・五糎、横十九糎
〈外題〉題簽左肩「梅松論　上」「梅松論　下」、表紙右下に「行誉」（上下とも）の墨書きあり
〈内題〉上巻「梅松論上」、下巻「梅松論下」
〈蔵書印〉各巻末尾に「天理図書館」、「月明荘」（反町茂雄）、「探花文庫」（金沢市近八書房）の印あり
〈奥書〉上巻奥書「于時嘉吉二年正十月三日之夜終書切畢　沙門行誉」
　下巻奥書「于時嘉吉第二暦孟春仲旬之天夜々於燈下而令書写畢　比興々々　桑門行誉」
〈その他〉下巻五十丁表に「一名字　設楽《シタラ》　安保《アホ》　鞆《トモヘ》備後在所名　串崎《クシサキ》也」、並びに小文字で「此銘　歎（ママ）　心得所ニ縁而梅松ハ然也。論字不謂。物語ナレハ談トイハレン歟。壌云言之」という書き入れあり

天理大学附属天理図書館蔵『梅松論』上　翻刻

梅松論巻上

或年ノ春二月キ末ノ五日ノ比、北野ノ社、毘沙門堂ノ辺ニ参籠シ侍シニ、時シモ霞渡レルユフハヱニ、玉垣ニ梅最ト朱ケニ開テ、紅ヲ重ヌル花ノ匂ヒ薫リ満テ、我袖ナカラナツカシクテ、念誦シ居タレハ、歩ヲ運数々、神ノ御前ニヌカツキスル式、或人毎ニ当来導師ノ値遇ノ願ノミニ有シ、槿花一日ノ世ノ望ミヤト推シ量レテ哀也。

夜モ漸ク深行ハ、木ノ間ノ月ノ簾ヲ中ニ差入、影モ未タ冴返リ、松風時々音信レテ、最ト心澄ム夜半許ニ、並ノ局ニ鈴ノ音、雲ニ響テ、神明モ定テ納受シ給覧ト、」（上2オ）貴ク聞ヱケレハ、誰人ナラント思程ニ、夜モ既ニ明ヌレハ、下様ノ者シテ竊ニ尋レハ、御室ノ御所ヨリ、某ノ法印ノ御籠ト聞レハ、余リノユカシサニ、隔テノ隙ヨリノソキ見レハ、法印ト覚敷テ、齢ヒ鳩杖ニ及ヘル老僧ノ誠ニ貴気ニテ、本尊ニ向テ念誦シテコソ御座シケル。其傍ニ、年ノ程三五、二八ト覚シキ少人二人リマシ〳〵ケリ。共ニ容顔美麗也。芙蓉ノ皃セ声花カニ、柳髪ノ鬘《ミツ》ラ透迤《ナコヤカ》ニシテ、翠ノ黛最繊ク、見ニ心ソ乱レケル。誠ニ西施、南国モ面（ママ）ヲ掩《ヲホハ》シメツヘシ。其次ニ出世両人ヲハシマス。又少シ下リテ晩出家ト覚敷テ、月代見ル禅僧アリ。眼子《マナコキ》事柄サリヌ」（上2ウ）ヘキ人ヨト覚シキカ、思入タル体ニテ、間《ヒマ》無ク念珠《ス、》ヲソ爪繰《ク》リケル。其外侍法師、遁世者ナントアマタソ候ヒケル。

折節参詣ノ者共ノ、無何一ト事共云シロフ中ニ、先代様ノ人ナンメリト申ス声シテ過ニケリ。其時少人ト覚ヘテ、只今申ツル先代様トハ何事ニテ侍ルソ。若シ先代ト申所ノ侍テ、彼コニ住ム人ノ風情ノ世ニ替テ有ヤラント問給ケレハ、遁世者ト覚敷テ、楚忽気ナル声ニテ、是ハ鎌倉建長寺ノ仏殿ニ地蔵千体、毘盧宝閣ニ釈迦千体、円通閣ニ観音千体立給故ニ、関東様ニハ古メキタル事ヲ先代様ト申也。仏ヨリ事発テ候ト申セハ、」（上3オ）青侍法師ノ声ニテ申シケルハ、仏ノ御事トハ承共、尓《シカ》ニハ非ス。地蔵観音ノ二菩薩ハ闡提ノ悲願御座シテ、一切衆生ヲ皆悉成仏セシメム、若一人モ残ラハ正覚ヲ成シト誓給。此願ハ実ニ慈悲深ク忝ク侍共、余ニ不審ニ覚ヘ候。其故ハ、業ヨリ生ヲ受ケ、生ヨリ業ヲ重ヌル間、四生六道ノ輪廻、何ヲカ始トシ、何ヲカ終リト申ヘキ。就中胎卵湿化ノ四生ヨリ生シテ、体ヲ受ル数卅二億余ト説ル、ハ、経文ナレハ、何レノ世ニカ尽ヘキ。然ハ此二菩薩ヲ闡提ト申様ニ、世間ニ其期無キ奔走ヲ致シ、或ハ宿習ニ依テ貧ナル人ノ過分ノ福徳ヲ願、加様ノ事ヲ闡提様ト申ト承リ侍ルト云ハ、」（上3ウ）又若キ侍法師ノ声ニテ云様、只何事モ過ニシ方ヲ先代ト申ニヤ。去年ハ今年ノ先代、初花ハ遅桜ノ先代、青葉ハ紅葉ノ先代也ト申セハ、出世ニヤト覚テ窈窕《ナマメイ》タル声シテ、何レモ意得ス侍リ。先ツ過行事ヲ皆強チ先代ト可申一ニ非ス。往事渺茫トシテ、光陰人ヲ不待一。花月ニ昵シ旧人、多ク古墳ノ苔ニ埋モレ、風雲流水ノ客、漕行船ノ跡ノ浪ニ同シ。赤鳥ノ影移リ易ク、白兎ノ光難ケレハ留マリ一、行水ノ帰ラヌ年波ヲカソフルニ、仏涅槃モ既ニ二千余廻ヲ隔タリ。積シ薪ノ跡モ無ク、立ヤモシホノ夕煙リ、昨日ノ雲ノ跡ノ山風、加様ニ飛鳥ノ跡無キ事皆先代トハ」（上4オ）申シ侍ラシ。誠ニイカ、侍ルト彼ノ僧ニ向テ被申一ケレハ、此入道ト覚クテ少シ訛《ナマ》レル老声ニテ、元弘年中ニ滅亡セシ関東ノ事ニテソ候覧ト云ケレハ、最初ニ尋給シ少童ノ声ニテ、サテ其ノ主ヲハ誰トカ申候ト問給ヘハ、答テ云ク、此御尋コソ大事ニ侍レ。代ノ主ト申サハ、国王ニテコソ渡セ給ヘケレ共、其ハ昔ノ公家一等也シ時ノ事也。治承四年ニ武家ノ遺跡断絶セシヨリ以来、頼朝ノ後室二位禅尼ノ計トシテ公家ヨリ将軍ヲ申下シテ、北條ノ遠江守平ノ時政カ子孫等執権シテ、関東ニ於テ天下ノ事ヲ申沙汰セシ時ノ代ナレハ、先代ヲヤ主ト申サム。然ニ元弘ノ比、高時執権ノ刻ミ、一族等相共ニ」（上4ウ）同時ニ滅亡シテ当御代安楽ノ代ニ移間、御代ノ先タルニ依テ、先代ト申習セルニヤト云ケレハ、少人重テ問給ハク、同ハ将軍ト執権トノ謂レ承ハヤトアリシカハ、委クハ争テカ存知仕リ候ヘキ。ヲロ〳〵申侍ム。定テ誤リ多ク侍ヘシ。

将軍ト申ハ和漢共ニ朝敵ヲ討武将ノ職也。サレハ異朝秦ノ将軍ハ白起、漢ノ将軍ハ韓信、司馬譲苴、蜀ノ将ハ諸葛亮、唐ノ将ハ季靖、季鄞、呉ノ将ハ孫武臏、魏ハ呉起、燕ハ楽毅、是等也。法師モ将軍ノ官ヲ給事アリ。唐ノ粛宗ノ時、道平法師ト云者、帝ト心ヲ一ニシテ、安禄山カ乱ヲ平シ故ニ、金吾将軍ニ作レニケリ。我朝ニ於テ」（上5オ）将軍ノ始ヲ申サハ、人皇第十代崇神天皇十年ノ秋始テ四人ノ将軍ヲ任シテ四道ヘ被遣一ハ。皆是皇族也。大彦ノ命ヲ北陸ニ遣シ、武渟川別ノ命ヲ東海ニ、吉備津彦ノ命ヲ西

道ニ、丹波道主ノ命ヲ丹波ニ遣ス。共ニ印綬ヲ給レリ。征夷将軍、鎮守府将軍ハ勅ヲ蒙ラサル多シ。戦功アル時、将功アル時、
将軍ト称スル所也。大方朝敵誅罰ノ事、人皇十二代景行天皇ノ御宇ニ東夷叛乱ス。御子日本武ノ尊ヲ以テ大将トシテ、是ヲ征
伐シ給。又十五代神功皇后ハ住吉ノ大明神ヲ以テ大将軍トシ、高良大明神ヲ以テ副将軍トシテ、三韓ヲ」（上5ウ）平ケ給。第
卅二代用明天皇ノ御宇、厩戸ノ太子ハ自ラ大将トシテ守屋ノ大臣ヲ誅罰シ給。卅九代天智天皇ハ大織冠鎌足ヲ以テ入鹿ノ大臣ヲ
誅シ給。四十代天武天皇ハ御子高市《タケ》王ヲ大将軍トシテ大友ノ皇子ヲ討給。清見原ノ天皇是也。四十五代聖武天皇ハ
大野《ヲホノ、》東人《アツマヒト》ヲ以テ大将トシテ、右近衛少将兼太宰少弐藤原ノ広継ヲ誅セラル。松浦ノ鏡ノ明神ト云是也。四十六代称徳天皇ハ
中納言兼鎮守府将軍坂上苅田丸ヲ大将軍トシテ、淡路廃帝并ニ藤原ノ仲丸ヲ誅罰セラル。恵美ノ押勝是也。五十代桓武
天皇平氏祖也中納言兼鎮」（上6オ）守府ノ将軍坂上ノ田村丸ヲ遣シテ、奥州ノ夷狄赤髪《カシラ》已下ノ凶賊ヲ平ケケル。五十二代嵯峨ノ
天皇ハ、鎮守府将軍坂上ノ綿丸ヲ以テ右近衛ノ督藤原仲成《ナリ》ヲ誅セラル。六十一代朱雀院ハ平ノ貞盛、藤原ノ秀郷両将軍ヲ以テ
平ノ将門ヲ誅セラル。七十代後冷泉院御宇永承年中ニ、陸奥守源ノ頼義ヲ以テ安部ノ貞任等ヲ対治セラル。七十二代白河
院御宇、承保年中ニ、陸奥守兼鎮守府将軍源ノ義家ヲ以テ清原ノ武衡等ヲ追討セラル。七十三代堀川院御宇、康和年中ニ
因幡守平ノ正盛ヲ以テ対馬守源ノ義親ヲ討ル。七十七代後白河院」（上6ウ）御在位ノ始、保元々年ニ御兄崇徳院ト御事ア
リシカハ、下野守源義朝并ニ安芸守平ノ清盛ヲ以テ六條判官為義義朝父、平右馬助忠正等ヲ清盛舅誅セラル。七十八代二條院御
宇、平治元年ニ、右衛門督藤原ノ信頼、義朝ヲ語テ大内ニ引籠リシカハ、清盛一力ヲ以テ是ヲ討平ケテ、即時ニ天下静マリシカハ、
其功ニ誇テ政務ヲ自専シ、朝威ヲ背キ、悪逆無道ヲ現スル間、後白川ノ法皇潜ニ院宣ヲ下ルニ依テ、頼朝ノ々臣義兵ヲ挙テ平家ヲ追討
セラル。法皇叡感ノ余リ、日本国ノ惣追捕使并ニ征夷大将軍職ヲ補任セラル。御昇進ハ正二位大納」（上7オ）言兼右近
衛大将也。当官補任ノ後、則両職ヲ辞シ給。治承四年ヨリ正治元年正月十三日、頼朝卿逝去ノ期ニ至ルマテ、廿年カ間、天
下治リ、国土穏カ也。頼朝ノ嫡子左衛門督頼家、跡ヲ続テ、建仁二年ニ至マテ四箇年加其年関東ノ将軍タリキ。然トモ悪事多ニ依テ、

外祖父時政ノ沙汰トシテ、伊豆ノ修禅寺ニ於テ子細有キ。其舎弟実朝、建仁三年ヨリ建保七年ニ至ルマテ四月十二日有改元ニ云承久ト十七箇年将軍トシテ次第ノ昇進ヲ経テ右大臣ノ右大将ヲ兼給。爰ニ建保七年正月廿七日戌ノ時、鶴岡ノ八幡宮ニ参詣ノ処ニ、磴ニ於テ、当社ノ別当公暁カ」（上7ウ）頼家子息号悪禅師ト為ニ討レ給。是ニ依テ頼朝遺跡長ク絶ヌ。是ヲ三代将軍ト申也。公暁ヲハ即時ニ討手ヲ遣シテ誅セラル。其時諸流ノ勇士等百余人出家ス。将軍子孫断絶ノ間、哀膓（ママ）ノ余リ也。然間関東ニ将軍御座無事ヲ歎キ存セラル、ニ依テ、二位ノ禅尼頼朝後室申行ル、間、同年二月廿九日、摂政道家公ノ三男頼経母太政大臣公経公ノ女二歳ニシテ関東ニ下向。嘉禄二年十二月廿九日八歳ニシテ御元服アリ。武蔵守泰時加冠タリ。

去程ニ、泰時武州、時房相州連署シテ政務ヲ執行処ニ、承久三年ノ夏、後鳥羽院ノ御気色トシテ、関東ヲ滅サレン為メ、先ツ三浦ノ」（上8オ）九郎判官胤《タネ》義義村舎弟、佐々木ノ弥太郎判官高重、子息経高等ヲ以テ、六波羅伊賀ノ太郎判官光季ヲ誅セラル。即官軍東国ニ発向ノ由、五月十九日ニ其聞ヱアリケレハ、二位ノ禅尼、舎弟右京亮并ニ諸侍ヲ召集テ曰ハク、我レ忝ニ生キ残テ三代将軍ノ墓前ヲ西国ノ軍ノ馬ノ蹄ニ懸ケン事、悲シクコソ侍レ。然ハ我レ命生テ由無シ。先ツ尼ヲ害シテ後、君ノ御方ニ参ルヘシト、泣々被仰一間、諸人同音ニ申サク、我等右幕下ノ重恩ニ浴シテ家ヲ全スル身ナカラ、争カ遺跡ヲ惜マサルヘキ。各打立テ西ヲ枕ニシテ討死スヘキ由ヲ申テ、同廿一日、十死一生ノ」（上8ウ）日、態ト泰時并ニ時房両大将トシテ鎌倉ヲ立時、泰時、父義時ニ向テ云ク、国皆王土ニ非ル所ナシ。サレハ和漢共ニ勅命ヲ背ク者、何ソ獨リ今ニ安穏ナル。然則平相国禅門、故院後白川ノ叡念ヲ悩シ奉テ年久シ。故ニ故将軍頼朝、竊ニ勅命ヲ蒙リ、平家ノ一類ヲ誅罰セラレシカハ、功賞ニ官禄身ニ余リ、就中、祖父時政、厳親義時、并ニ泰時等ニ至マテ、其賞ニ預カル随一也。然ニ今、身ニ当テハ誤リ無ト一云共、正ニ勅勘ヲ蒙ル事、歎ニ所ナシ。只天命遁レ難キ者也。所詮合戦ヲ止メ、降参スヘキ由、頻リニ諫ル所ニ、義時ノ云ク、甚以神妙也。但シ是ハ君王ノ」（上9オ）御政正シキ時ノ義也。近年ノ体ヲ見ニ、公家ノ御政道古ニ替リ信トヲ失ヘリ。朝ニ勅裁ヲ蒙テ、夕ヘニ改リ、一所ニ数輩ノ主ヲ被付一間、国土敢テ不穏ナラ一。此災未タ及ハサルハ、恐ラクハ関東也。治乱目ノ前ニシテ、勝負掌ノ中ニアリ。所詮天下静謐ノ為タル上ハ、運ヲ天ニ任テ合戦ヲ致スヘシ。若シ東士利ヲ得ハ、申進タル讒臣ヲ承テ罪科ニ処スヘシ。御位ニ於テハ彼院ノ御子孫ヲ即奉ヘシ。但シ院直ニ御向アラハ、冑ヲ脱キ弓ヲ弛《ハツ》シテ降参申スヘシト被申ケレハ、是又一義無ニ非ストテ、東士等各鞭ヲ挙ク。東海道ノ大将ハ武蔵守」（上9ウ）泰時平氏ノ一党相随、東山道ハ相模守時房ヲ大将軍トシテ武田、小笠原、北陸道ノ大将ハ式部丞朝時、都合其勢十九万騎ニテ責上ル程ニ、此彼コノ合戦ニ討勝テ洛中ニ責入リシカハ、都門忽ニ破テ凶臣悉ク刑罰セラル、上ハ、院ヲハ隠岐国ヘ移シ奉リ、順徳院ヲハ佐渡ヘ流シ奉ル。新帝ハ外舅摂政道家ノ大臣トノ九條ノ亭ヘ脱レサセ給。此ノ廃帝ト申ハ、順徳院、御身ヲ軽メテ御父後鳥羽ノ上皇ト御心ヲ一ニシテ合戦ノ御謀トヲモセサセ給ハン御為ニ、太子懐成ノ王ヲ新主トシテ俄ニ譲国ノ儀アリシカトモ、三箇月ノ中ニ軍サ破レケレハ、即位登壇マテモ無テ捨ラレサセ給ヘハ」（上10オ）僅カニ七十七箇日ノ間、神器ヲ伝給ト云共、日嗣ニハ加ヘ奉ラス。然則、貞応元年ニ持明院ノ法皇第三ノ御子、茂仁王ヲ御位ニ即奉ル。後堀川ノ天皇是也。此持明院ノ宮ト申ハ、高倉院第三ノ御子、後白河ノ法皇ノ御撰ヒニ漏給シ後鳥羽同母ノ御兄、二品守貞親王也。御子後堀川ノ天皇位ニ即給ニ依テ、後ニハ御高倉院ト申也。当初ミ此宮ヲ持明院ノ御局ト申人養ナヒ申サレケルニ依テ、持明院ノ宮ト申ト云々。

当今後堀川院御治世貞応元年ヨリ貞永元年ニ至マテ、十一ヶ年也。

則彼院御子四條院天福元年ヨリ仁治三年マテ十ヶ年ノ御治世也。次ニ後嵯峨ノ院、」（上10ウ）是ハ土御門院第二ノ皇子、後鳥羽院ノ御孫也。寛元々年ヨリ同キ四年ニ至マテ御治世アリ。次ニ同(朱)後嵯峨御子後深草院、宝治元年ヨリ正元々年マテ十三年ノ御治世也。次ニ同(朱)後嵯峨御弟亀山院、文応元年ヨリ文永十一年ニ至マテ、御治世十五ヶ年也。次ニ同御子後宇多院、建治元年ヨリ弘安十年マテ御治世十三年也。次ニ後深草ノ御子伏見院、正応元年ヨリ永仁六年ニ至マテ御治世十一年也。次ニ同御子後伏見院、正安元年ヨリ同三年マテ御治世アリ。是ヲ持明院ノ法皇ト申ス。以前ニ後堀川ノ御父後高倉院ヲ持明院ノ宮ト申シカ共、今持明院方ト申ハ、」（上11オ）此院ヨリ始マレリ。次ニ後宇多ノ御子後二條院亀山御孫、乾元々年ヨリ徳治二年ニ至マテ御治世六年也。次ニ花園院、伏見院第二ノ御子、萩原院共申ス、持明院ノ御弟也。延慶元年ヨリ文保二年ニ至マテ御治世十一年也。次ニ後醍醐院、後宇多院第二ノ御子、御歳卅一ニテ御即位アリ。元応元年ヨリ元弘元年ニ至マテ御治世十三年也。次ニ当今光厳院、量仁并ニ豊仁日嗣ヲ伝給也。

異朝ハ夏ノ代ヨリ太元ニ至マテ代ノ号十五世也。是ハ面々其ノ孫葉一流ノ惣称也。我朝ハ神武天皇ヨリ今ニ九十余代王孫一流ノ御治世トシテ、他種ヲ交ヘス。誠ニ神国ノ謂、宝祚」（上11ウ）長久ノ験也。

次ニ関東将軍并ニ執権ノ次第。先ッ年紀ハ治承四年ヨリ元弘三年ニ至マテ百五十四年也。頼朝(朱)正二位大納言、頼家(朱)左衛門督、実朝(朱)右大臣、已上三代武家也。頼経、頼嗣、已上二代ハ摂家也。宗尊、惟康、久明、守邦、已上四代ハ親王、合テ九代也。

次ニ執権ノ次第。北條ノ遠江時政頼朝卿為後見、陸奥守義時、武蔵守泰時、(ママ)修理亮経時、相模守時頼号西明寺殿ト、左馬権頭時宗、相模守貞時、前相模守高時、已上八代、皆以テ将軍家ノ御後見トシテ天下ノ政務ヲ申行テ国土安穏也キ。武蔵相模両国ノ守ヲ職トシテ、一族ノ中ニ器用ヲ撰シテ御下文」（上12オ）下知等ヲ将軍家政所ニ下仰ニ依テト号シ成下サル。然ル間、元三椀(ママ)飯、弓場始、庭ノ座、貢馬、随兵已下ノ所役等ニハ、対シテ傍輩ノ儀ヲ存ス。昇進ニ於テハ、家督号徳宗ト従四位下ヲ以テ前途トシテ、遂ニ過分ノ聞ヱナシ。雖然ト高時禅門ノ代ト成テ、去ヌル元弘三年癸酉ノ夏、東西南北ノ一類悉ク滅亡ス。実ニ天ノ責ヲ蒙ル者歟。今、高時法師崇《ソウ》鑒カ悪行ニ依テ一跡ヲ失事ハ、併是、天侈リヲ憎ム故也。抑モ時政一期ノ間、楽ミ栄ヱ、子孫七代、天下ヲ管領シ、兵馬ノ権ヲ宰ル事ハ、偏ヘニ仏法ノ威力也。其故ハ、時政当初ミ榎ノ嶋ノ弁在《オ》天ニ三七日籠テ、」（上12ウ）子孫ノ栄花ヲ被祈ケルニ、或夜ノ夢ニ美女現シテ云、汝カ先生ハ箱根法師也。其名ヲ時政ト号ス。六十六部ノ法花経ヲ書テ、諸国ニ納キ。是ニ依テ、子孫永ク日本ノ主ト成ヘシ。但シ政道違ハ、七代ニ不可過ト告テ帰給ヲ見レハ、忽ニ廿余丈ノ大虵ニ変テ去リ給ケルカ、大ナル鱗ヲ三落シ給シカ、現ツニアリケリ。是ヲ取テ、幡(朱)旗ニ推付シニ依テ、三鱗形ヲ文トセリ。則諸国ヘ人ヲ遣シテ見ラレケルニ、奉納ノ筒ニ大法師時政ト書付タル事タカハサリケレハ、弥ヨ仏法ヲ敬ハレシニ依テ、子孫七代百卅年カ間天下ヲ持給ケリ。是ヲ先代ト申也。去シ保元平治ノ比、平相国清盛公、威勢ヲ以テ」（上13オ）国家ヲ自専セシヲハ、時ノ人、平家ノ代ト云歟。治承四年ヨリ以来、頼朝威風ヲ以テ賊塵ヲ払シ也。高時已往ノ代ハ、当御代ノ前タルニ依テ先代ト申ニヤ。高時ナントカ時構ヘヲケル名ニモ非ス。当御代ヨリ定メラル、名ニモ非ス。只自然ト人ノ申出タル名ナルニヤ。波風セ治マリ、関ノ戸ヲ月ニ預ケ、畔ヲ譲リ、路ニ落タル物ヲタニ不拾、賞罰正シク、理非分明ニ理《ヲサ》メタリシ代也シカハ、事ニ触テケニ〳〵シク人毎ニ穏便也ケレハ、今モ左様ナル事ヲハ先代様ト申也ト語リケレハ、児、又問テ曰ク、是程理ナリケルカ、何ナル事ノ侍テ一月ノ中ニハ亡ヒ候ケルヤラント尋給ヘハ、先代亡ヒテ当御」（上13ウ）代ニ移ル謂レヲ申侍ラン事、誤リ多カルヘシ。思モヨラスト申サレケレハ、法印曰ヒケルハ、諸経皆濫觴無テハ不説レ。法花経ハ弥勒、文殊、舎利弗対揚シテ説給。円覚経ハ十二大士ノ疑問ヨリ起リ、金剛経ハ須菩提ニ対シテ説給。問答共ニ凡慮ノ不及所也。然ハ此ノ少童ノ問ヲ濫觴トシテ、当御代ノ事細カニ語給ヘシ。法問ナントノ事コソ一盲衆盲ヲ引ト申セハ誤リモ謹シミ給ハメト曰ヒケルヲ便リトシテ、二人リノ少人、同ク当代ニ移リケル謂レコソ承リタク侍レト、懃ロニ被仰ケレハ、此上ハ黙シ奉ランモ恐也トテ、重テ云ク、自古シ和漢共ニ其代ノ長短ハ」（上14オ）必ス政ノ理乱ニ依テ也。先ツ異朝ノ三皇五帝ヨリ夏、殷、周、秦、漢、魏、晋、宗、齊、梁、陣（ママ）、随（ママ）、唐、宋、太元トテ、五帝ヨリ後十五世也。各其始メ天下ヲ取主ハ賢也。徳アリ。皆世ヲ失ヘル主ハ不徳、無道ナル故ニ、天鑑ノ運ヲ割者歟。是皆書籍ニ載スル所也。

夫日域ハ天照太神ノ御裔《スエ》、神武天皇ヨリ九十余代、今ニ他種ヲ不交ヘシテ、宝祚長久ナル者也。然ニ保元平治ニ世乱初シヲ、清盛公是ヲ平テ、勲功ニ誇テ朝家ヲ軽シ奉ルト云トモ、安元治承ノ比ヲヒマテハ一向公家ノ御聖断也。治承四年ニ頼朝卿、平家ヲ追罰シテ朝家ヲ守リ国土ヲ治メシヨリ、諸国ニ」（上14ウ）（朱）文治ノ始守護ヲ据ヱ、所有ル庄園郷保ニ地頭ヲ補ス。然レハ元弘三年癸酉ニ至マテ、百五十四年カ間ハ関東ニ於テ武家ノ世務ヲ以テ天下ヲ治ルニ、万民安在ニシテ、吹風モ枝ヲ鳴ササリキ。而ルヲ、承久ニ後鳥羽ノ上皇、関東ヲ亡シテ朝儀ヲ起サント思食シケルニ、剰ヘ官軍討負シカハ、武威弥ヨ盛ニ成リ、公家増ス廃シ給ヘリ。

倩ラ其乱ヲ思ニ、誠ニ末ノ世ニハ迷心モ有ヌヘク、下ノ上ヲ凌ク端共成ヌヘシ。能々御心得アルヘキ事也。兵衛佐、勲功類ヒ無キ程ナレハ、偏ニ天下ヲ掌ニス。是ニ依テ日本国ノ武士、皆彼ノ顧命也。サレハ其身ハ強チ朝家ヲ無《ナイカシロニ》シタテマツル義ハ無カリシカ共、」（上15オ）　君トシテハ不安思食ル、事多カリキ。況ヤ其跡絶テ後室ノ尼公、陪臣ノ義時カ代ニ成ヌレハ、彼ノ跡ヲ刊《ケツリ》テ御心ノ任ニセント思食モ一往ノ謂無キニアラネ共、白川、鳥羽ノ御代ノ比ヨリ政道ノ古キ姿タ漸ク衰ヘ、後白川ノ御時、兵革度々ヒ発テ天下ノ民、殆ト塗炭ニ落ニキ。爰ニ頼朝卿、一臂ヲ振テ其乱ヲ平ケシ事、古今類ヒ少キ忠節也。其ヨリ以来、四海浪閑カニ、九重ノ塵モ理《ヲサ》マリ、王室モ栄ヘ、民屋モ穠《ニギハイ》テ上下堵ヲ安クシ、東ヨリ西ヨリ其徳ニ伏セシカハ、実朝卿無成テモ、背者有トハ不聞ヱ。是ニ増サル程ノ徳政無テハ、争テカ輙ク可被覆。縦又失ナハレヌヘク共、民安カルマシクハ」（上15ウ）　上天ヨモ与シ給ハシ。其上、王者ノ軍サト云ハ、過《トカ》有ヲ討シテ瑕無ヲハ不亡サト云リ。頼朝卿ノ高官ニ昇リ、守護ノ職ヲ給モ皆是法皇ノ勅裁也。私ノ義ニ非ス。仍テ後室其跡ヲ計ヒ、義時彼ノ権ヲ執テ、遂ニ人望ニ背カサリシカハ、下ニハ未タ瑕《キス》有ト云ヘカラス。而ヲ一往ノ道理許リニテ追討セラレンハ、上ノ御過トヤ申侍ム。只謀叛起シタル朝敵ノ利ヲ得タルニハ非サルヘシ。然レハ時ノ不到ラ、天ノ許サヌ事ハ疑ヒナクソ覚ヘ侍ル。サレハ義時討勝テ武家弥繁昌セリ。

然ニ正和五年ヨリ正中二年ニ至マテ、十箇年カ間、高時執権セラレケルニ、其年ノ夏ノ比、病ニ依テ落髪セシカハ、嘉暦」（上16オ）　元年ヨリ守時、維貞ヲ以テ連署タリシニ、関東ノ世務、漸ク非器ノ聞ヘ多カリキ。就中、御在位ノ事ニ付テ私シ有シカハ、争カ天慮ニ背カサラン。其故ハ昔ヨリ受禅ト申ハ、代々ノ御門御在位ノ時、東宮ヲ立、儲君ヲ置給ヒシカハ、宝祚乱煩ヒ給事ナシ。

粗往事ヲ聞ニ、天智天皇ハ御子大友ノ皇子ヲ閣テ、御弟天武天皇ヲ以テ皇太子トシテ御位ヲ譲リ給ヒケルニ、天智ノ御子、太政大臣大友ノ皇子ニ譲テ、猶モ御即位ノ望無キ由ヲ顕サン為ニ、吉野山ニ入給所ニ、大友ノ皇子、天武ヲ襲ヒ奉ル間、伊賀、伊勢ニ出テ、太神宮ヲ遥拝シ奉テ、官軍ヲ」（上16ウ）　駈催テ、美濃、近江ノ境ニ於テ合戦ヲ遂ケ、終ニ大友ノ皇子ヲ討テ位ニ即給。清見原天皇、是也。次ニ光仁天皇受禅ノ刻ミ、子細有ニ依テ、宰相藤原百川ヲ誅シテ即位シ給。次ニ嵯峨ノ天皇御在位ノ時、尚侍《ナイシノ》督ノ勧ニ依テ、平城ノ先帝、合戦ニ及ト云共、桓武天皇ノ叡念ニ任テ嵯峨ノ天皇御位ヲ全シ給。次ニ文徳天皇ノ御子、惟仁、惟高、御気色何レモ分キ難クシテ、御即位ノ事、天気更ニ御計ラヒアリカタキ間、相僕、競馬ノ勝負ヲ決シテ、惟仁親王受禅シ給。

清和天皇是也。保元ニ鳥羽院崩御成テ十箇日ノ内ニ、上皇崇徳院ト当今」（上17オ）後白川天皇ト御兄弟御争ソヒノ事有テ、各勅命ニ依テ洛中ニ陣ヲ結ヒ大乱ニ及ヒシカ共、天非理ニ与ヘサリシカハ、上皇遂ニ討負テ、讃岐ニ移サレサセ給。次ニ高倉院ハ近比ノ賢王ニテ御座ス間、御在位ノ程ハ天下安穏ニ宝祚長久ナルヘキ処ニ、御恙モ渡セ給ヌヲ推下シ奉テ、安徳天皇三歳ニシテ即位シ給。是ハ外祖父清盛禅門ノ計ヒ也。其後弥天下ノ世務ヲ自専ノ間、定テ天意ニ違歟ノ故ニ、程無ク一類ヲ滅亡シキ。次ニ承久ニ後鳥羽院、世ヲ乱リ給シニ依テ、隠岐国ニ移シ奉リ、順徳院ヲハ佐渡ヘ移シ奉リ、御兄土御門ノ院ヲハ阿波国ヘ流シ奉リケリ。廃帝ハ道家大臣ノ」（上17ウ）九條亭ヘ脱サセ給。御元服ナントモ無リシカ、十七歳ニテ隠給。次ニ後堀川院、是ハ高倉第三ノ御子、守貞ノ親王ノ第三ノ御子也。関東ノ計トシテ御位ニ即奉ル。皆是一端ノ障碍有ト云共、遂ニ正義ニ帰テ日嗣ヲ受給事、併神慮ナル者也。

爰後嵯峨院邦仁寛元々年ヨリ御在位四年、文永九年ニ崩御ノ刻ミ、遺勅有テ云ク、一ノ御子久仁後深草院、先御受禅アルヘシ。下位《ヲリイ》ノ後ハ長講堂領百八十箇所ヲ以テ当流ノ御領トシテ御子孫ハ長ク御在位ノ望ヲ止ラルヘシ。次ニ二ノ御子恒仁亀山院御即位、御治世ハ長ク当御流ニアルヘシ。是ニ依テ、後深」（上18オ）草院御即位アリ。御治世、宝治元年ヨリ正元々年マテ十三年也。次ニ亀山院、御在位十五年、文応元年ヨリ文永十一年ニ至ル。次ニ亀山ノ御子後宇多院世仁、御在位十三年、建治元年ヨリ弘安十年ニ至ル。此三代ハ御譲ニ任テ御治世相違ナシ。然ニ、文永十年二月十七日ニ後嵯峨院崩御ノ後、関東ノ計トシテ伏見院太子ニテ御座ス也。正応元年ヨリ永仁六年マテ御治世十一年也。次ニ後伏見院胤仁号持明院トモ一、伏見院太熙仁ヲ御位ニ即奉。後深草院太子ニテ御座ス也。正応元年ヨリ永仁六年マテ御治世十一年也。次ニ後伏見院胤仁号持明院トモ一、伏見院太子、後深草ノ御孫也。御治世、正安元年ヨリ同キ三年ニ至ル。此二代ノ御治世ハ、関東ノ沙汰、横シマナル者也。」（上18ウ）

然ル間、亀山院ノ御流、御憤リ有ニ依テ、其理ニ伏シテ亀山ノ御孫、後宇多ノ御子、後二條院邦治ヲ御位ニ即奉ル。御在位、乾元々年ヨリ徳治二年ニ至マテ六年也。然ニ猶非義ニ立帰テ、後深草ノ御孫、伏見院ノ二ノ御子、花園院冨仁ヲ御位ニ即奉ル。萩原院共申。此天皇ハ持明院ノ上皇ノ御弟ナカラ、御猶子ニテ御座シケレハ、伏見院崩御アリシカトモ、諒闇ノ儀無リキ。御治世、延慶元年ヨリ文保二年ニ至マテ十一年也。又道理ニ帰テ亀山ノ御孫、後宇多第二ノ御子、尊治親王御位ニ即給。

後醍醐院是也。元応元」（上19オ）年ヨリ元辛未弘元年ニ至マテ、御治世十三年也。此君コソ正路ニ帰テ二ノ御子ノ御流ニテ御座セ。以前度々転変シテ後嵯峨院ノ御遺勅相違セシ事、関東非義ノ沙汰ナレハ、争カ天命ニ背カサラン。伏見院御在位ノ比、密々ニ関東ニ被仰一ケルハ、亀山院ノ御流御治世連続セハ、御在位ノ威勢ヲ以テノ故ニ諸国ノ武士、君ニ応シ奉リ、関東遂ニ危ウカラン歟。其上、後鳥羽院ノ叡念、彼院ニ籠テ動レハ、関東ヲ亡サレン天気有ト云共、時節至ラサルニ依テ、今ニ無為也。故(朱)後深草院ノ御流ニ於テハ、天下ノ為タル間、本ヨリ関東ノ安然ヲ思召ス所也ト云々。」（上19ウ）是ニ依テ、先代ハ疑心ヲ成奉ル間、御在位ノ事ニ於テハ両流後深草亀山十年ツ、御治世アルヘキ由計申ケレハ、後醍醐院ノ御時、当今ノ勅使吉田大納言定房卿、持明院ノ御使ト両人関東ニ於テ、問答事多シト云共、且《カツ〳〵》詮ヲ取テ申侍ム。定房卿申サレケルハ、既ニ後嵯峨院ノ遺勅ニ任テ、一ノ御子後深草院御流ハ長講堂領ヲ以テ今ニ御管領アル上ハ、二ノ御子亀山院ノ御流ハ御治世累代相違アルヘカラサル所ニ、関東ノ沙汰トシテ度々ニ及テ転変、更ニ其意ヲ不得一。当御流御在位ノ煩ヒ、常篇ニ絶タリ。幾度ヒ篇ヲ尽ルト云共、以テ同前ノ上ハ、是非ニ能ハサル」（上20オ）由、再三被二仰セ一依テ、亀山ノ御孫、後醍醐院受禅有テ、文保元年ヨリ元弘元年辛未ニ至マテ御在位ノ間、今ニ於テハ後嵯峨院ノ御遺勅、治定ノ所ニ、元徳二年庚午持明院ノ御子量仁立坊ノ儀アリ。以ノ外ノ次第也。凡ソ神武天皇ヨリ以来タ、下トシテ天下ノ位ヲ定メ奉事ヲ不聞一。且ハ後嵯峨院ノ明鏡ナル遺勅ヲ破リ奉事、天命測難シ。争テカ輙ク十年宛ノ規矩ヲ定申サン。然ハ持明院十年御在位ノ時ハ、御治世ト云、長講堂領ト云、御満足アルヘシ。当御流定住ノ時ハ、何レノ所領ヲ以テ可知食一哉。所詮持明院ノ御子孫、」（上20ウ）既ニ立坊ノ上ハ、彼ノ御在位十年ノ間ハ長講堂領ヲ亀山院ノ御流ヘ可被進セ一由、数箇度道理ヲ立テ問答ニ及ト云共、無是非一持明院量仁御立坊ノ間、逆鱗ニ不堪一シテ、元弘元年辛未ノ秋、八月廿四日、潜ニ禁中ヲ去テ当国笠置山ヘ臨幸アリ。卿相雲閣（ママ）少々供奉セラル。則畿内ノ軍兵等ヲ召シ、催サレケレハ、天下ノ躁《サハ》キ也キ。是ニ依テ六波羅ノ駅使鞭ヲ奉テ鎌倉ニ下着ス。其程三日也。則数万ノ軍兵、雍州ヘ発向ス。雖戦ト一官軍無勢ナル間、遂ニ武士ノ手ニ移シ奉テ、又洛中ヘ還幸アリシカハ、六波羅ヲ以テ皇居トシ、」（上21オ）推籠テソ置奉リケル。同年、関東ノ両使上洛セシメ、今度ノ君ニ与力シ奉卿相雲客以下ノ与党ノ罪ヲ糾断シテ所犯ノ軽重ニ任テ罪名ヲ定メ奉リ、翌年、元弘二壬申年ニ早ヤ後醍醐院ヲハ先帝ト申奉、承久ノ旧矩ニ任テ、隠岐国ヘ遷幸成シ奉ルヘキ由治定ノ間、御前以下、用意ノ為ニ彼ノ国ノ守護人佐々木ノ隠岐ノ判官清高先立テ渡海ト云々。

御出京ハ三月七日午時也。御幸ノ様ハ六波羅ヨリ六條河原ヲ西ヘ大宮ヲ下ヘソ成奉ル。御前ニ洛外ニテメサセ奉ヘキ四方輿ヲカ、セラル。都ノ中ハ御車ニ下簾ヲ懸ラレ、武士共」（上21ウ） 関東ノ命ニ任テ前後ヲ圍《カコ》ミ奉ル。次ニ准后三位局其外カリ装束ノ女房、馬上ニテ両三人、殿上人ニハ六條少将忠顕、後ニハ千種殿ト申キ一人、閑道ヲ供奉セラル。東寺ノ南大門ニ於テ、御車ヲ金堂ノ方ニ向テ、時剋ヲ移サル。御祈念歟ト覚ヘタリ。叡慮推測ラレテ、是ヲ拝スル貴賤、涙ヲ流シテ帰路ヲ失フ。

凡ソ普天ノ下、何クカ皇民ナラサル。然レトモ、身ニ替テ留メ奉物ナシ。蒼天霞ニ暮レ夕月影ヲ隠シ、紅錦繍ノ地色ヲ失ヒ、花物云サレトモ自カラ愁ノ色ヲ顕ス。浅増シカリシ事共也。次ノ日八日、一ノ宮ハ讃岐、妙法院ノ宮ハ土佐ヘ遷サレ」（上22オ） マシマスヘキ由定テ、其国ノ守護人等、各請取奉テ、都ヲ出サセ給事ノ体、正サニ日月地ニ落ルトモ申ツヘシ。光陰移リ来テ、過ニシ方、廿余年ノ夢ナレハ、見置事共ヲ思出ルニ、千行ノ涙、袂ヲウルヲス。筆ノ海ヲ涸《カラ》シ、詞ノ林ヲ尽ス共、争テカ其時ノ悲ミニハ及フヘカララン（ママ）〔※「ヘカラス」の「ス」を消し、その上に「ラン」と書く〕。正シク一人御遠行ノ体ハ浅増シカリシ事共也。

保元ニ崇徳院、讃岐ヘ遷サレ給シ、是ハ今度ノ事ニ准シ難シ。其故ハ、御兄弟ノ御争ソヒト云ナカラ、故院ノ御遺誡ヲ背キ給テ乱レ出来リシカハ、御弟後白川院ノ御計トシテ、其ノ沙汰アリ。承久ニハ後鳥羽院、隠岐ヘ遷サレ給ヒ」（上22ウ） シハ誤リナキ関東ヲ可被亡一天気有ニ依テ、其科上ニ有テ下ヲ責給ヒシカハ、天道不与ノ道理ニ帰シテ、遂ニ左遷ノ愁ニ沈給ヘリ。是又今度ノ儀ニ准シ難シ。是ハ後嵯峨院ノ遺勅ヲ背クノミナラス、如此ノ儀ニ及フ條、天命知難シ。此君御科無クシテ遠嶋ニ遷サレ給叡念、推量リ奉ルヘシ。武士共モ泪ヲ催ス。旅ノ日数十余日ヲ経テ、御船ネアリ。出雲国三尾ノ浦ニ着給。当津ニ古ル御堂ヲ一夜ノ皇居トシテンケリ。君未タ六波羅ニ御座ノ時、板屋ニ時雨ノハラ〱過ケルヲ聞食テ取敢ス、」（上23オ）

住馴ヌ板屋ノ軒ノ村時雨聞ニ付テモヌル、袖カナト有シ御製タニモ忝キニ、増テヒナノ皇居、サコソト思遣奉テ頻ニ涙ヲ流シ侍リキ。本ヨリ此国ノ人ノ詞モ、野飼ノ牛ノ友ヲ呼声ノ如ナルニ、浦浪此本《コヽ》ニ立サハキ、御枕ヲ敧テ征馬ノ頻リニウスツクヲ聞食テモ、昔ノ須磨ノネサメ、王昭君カ胡地ニ起ムキケル馬上ノ恨思食残ス方モナシ。一面ノ琵琶ヲ御身ニ副ラレサル物カラ、隠月ニ向給テモ少シモ真眠マセ給ネハ、都ニ帰ル御夢モナシ。サル程ニ夜モ深ケシカハ、供奉ノ人々ニ被仰一テ云ク、是ヨリ大社ヘハ幾程アルソト御尋ネ有リケレハ、」（上23ウ） 道遥ニ隔タル由ヲ申上ケリ。其時武士共ニ向テ勅定アリケルハ、汝等知ヤ、此神ハ素盞烏尊ニテ御座ス。昔稲田姫ヲサヰワヒテ、日ノ河上ノ大虵ヲ命ニ替テ害テ釼ヲ得給ヘリ。彼ノ大虵ヲ焼捨給ケル煙リ八色ノ雲ニ立ケルヲ、八雲立ツト詠シ給ヘリ。是卅一字ノ始也。朝家ニ三種ノ宝ノ中ニ宝釼ト云モ、此御神ノ得給シソカシトテ、涙含マセ給ヒケリ。龍顔誠ニ猥シキ体也。

次ノ日聽テ御舟ニ奉テ供奉シ進セケリ。武士共其ヨリ数輩暇ヲ申テ留リケル時、又勅シテ曰ハク、汝等是マテ送リ奉ル事、正ニ一世ノ契ニ非ス。多生広劫ノ宿縁也。一樹ノ」（上24オ） 陰ニ息ミ、一河ノ流ヲ汲モ、幾《ソコハ》クノ宿習ナレハ、争カ愁傷ノ思無ラン。帰路ヲ望ハ互ニ哀也トテ、纜ナヲ解レシカハ、漕行舟ノ跡消ヘテ惜シカラヌ余波リノ立帰ルサヘソ恨メシキ。三尾ノ津ヨリ御送ノ兵帰洛セシカハ、去年ノ冬上洛セシ関東ノ両使等、下向ス。

其後ハ世中何事ト無ク閑カナラス。先帝第三ノ御子、山門ノ座主、大塔宮御還俗有テ、兵部卿親王護良《コレヨシ》ト申ケルカ、去年、君笠置ニ御座ノ時ハ、大和ノ方ニテ潜ニ御謀叛ノ企有由聞ヘシカトモ、御在所分明ナラサリシカ、多武峰、吉野ノ法師ヲ相語テ会稽ヲ可被雪メ一由、様々ニ聞ヘテ、畿内サハカシカリシ所ニ、」（上24ウ） 同年元弘二年ノ冬、楠木ノ兵衛尉正成ト云勇士、勅定ヲ蒙テ河内国金剛山千葉屋ト云無双ノ容害ヲ城墎ニ構テ、錦ノ御旗ヲ挙シカハ、去年笠置ヘ進発ノ東士等、重ネテ上洛セシメ、翌年癸酉ノ春、奈良路ヲ経テ、先ツ吉野ヘ向ヒ、即大塔宮ヲ責落シ奉リ、村上彦四郎義日《テル》(朱)光ヲ討取テ、宮ノ御頸ト心得テ都ニ上セ、其勢ハ直ニ金剛山ニ向テ城ヲ圍ム事、十重二十重ヘ也。数万ノ軍兵、武略ヲ尽シテ攻ト云共、究竟ノ容害ニ強弓勢兵楯籠テ防間、寄手ノ命ヲ落シ、疵ヲ蒙者、数ヲ不知一。

　東士利ヲ失所ニ、不思議也シ事ハ、隠岐国ニ（上25オ） 於テ守護人清高、去年壬申春ヨリ、一族等結番シテ御前ヲ警固シ奉所ニ、佐々木ノ冨士名ノ三郎左衛門ノ尉ト云者、常ニ龍顔ニ昵（ママ）近シテ綸言ニ応シケルカ、天ノ授ル心ニヤ有ケン、君ヲ盗ミ出シ奉ル。千種ノ中将忠顕ノ朝臣、同ク供奉セラル。御乗船有テ憂嶋ヲハ楚忽ニ出サセ給ヌレ共、思寄ヘキ汀モ無ケレハ、波ノ上ニ漂ハセ給ヒケル叡念、御痛ハシクコソ覚ヘシ。水能ク舟ヲ浮へ、水亦舟ヲ覆スト云事思知レシ折節也。若シ御敵只今モ君ヲ襲ヒ奉ラハ、玉体モ藻ニ埋モレ給ハン事、御疑無キ所ニ、御後ヲ顧ミ給ヘハ、清高ト覚ヘテ兵船十余艘漕並ヘテ追来レリ。」（上25ウ） 早キ事矢ノ如シ。御舟ニ目ヲ懸テ近付奉間、皆人色ヲ失フ間、忝クモ御舟仕リケル男ニ向テ、直ニ勅シテ云ハク、汝、敵ノ船ヲ恐ル、事ナカレ。急キ漕向テ釣ヲ垂ヘシト云々。此男只今ヲ限ト思共、勅命ニ任テ尓ノ如ク仕リケル程ニ、敵御舟ニ近付漕寄テ、奇シキ船ヤ有ツルト云ケレハ、左様ノ船ハ今朝見ヘツルカ、出雲ノ方ヲ指テ帆ヲ挙タリシカ、追風ナレハ何ニモ渡海シヌラント答ヘケリ。敵猶此船ヲモ奇ミ見ケレトモ、烏賊ト云物ニテ玉体以下ヲ埋隠シ奉ケレハ、是ヲ不知一、可二疑一非ストテ漕過ニケリ。君ハ兼テ潮ヲ以テ御手洗水ニ仕ヒ、諸仏諸神、殊ニハ伊勢、石清水、賀茂、平野、春日ナントヲ（上26オ） 御祈念有テ、数々ノ御願ヲ立ラレケル故ニヤ、別ノ事無ク渡海シ給。清高ハ出雲国三尾ノ津ニ着テ、当国ノ守護佐々木ノ孫四郎左衛門尉高久ニ国中ノ軍勢ヲ催シテ合力ヲ可致一ス由、一族タルニ依テ申送ト云共、高久敢テ返事ニ不及一。其故ハ、兼日ニ綸旨ヲ給シ故也。

　去程ニ、君ノ御舟ハ伯耆国那和ノ庄野津ノ郷ト云所ニ着給。忠顕卿船頭ニ此アタリニ名アル武士ヤ有ト問給ヘハ、当所ノ領主、那和又太郎殿ト申コソ福有ノ仁ニテ候上、二心無キ親類一二百〔※「人」を消し、その上に「百」と書く〕人モ候覧ト申ケレハ、汝聴テ知ヘ仕レトテ、忠顕卿ヲ勅使ニ遣サル。一向ニ憑ミ思シ食ル、趣也。此那和ノ又太郎ト申ハ、」（上26ウ） 後ニ伯耆守ニ成ル長年カ事也。勅使、彼カ宿前ニ至リ、事ノ由ヲ仰含メラレケレハ、長年、君ハ何クニ渡セ給ソト申セハ、未タ船中ニ御座ノ由ヲ被答一ヘケレハ、急キ内ニ入リ、馬ニ鞍置キ引出シテ、忠顕ノ朝臣ヲ乗奉リ、我身ハ鎧着テ、弟并ニ家ノ子五十余人、歩チ跣《ハタ》シニテ、君ノ御迎ニ参リケリ。私ヲ皇居ニ成奉ヘケレトモ、恐入上、容害ノ地ニ非ストテ、館ニ火懸テ当国船上《フナノウヘ》山ト云所ヘ鎧ノ上ニ荒コモヲシキテ、自ラモリ奉テ行幸成シ進セケリ。山中ニ下シ奉リ椎葉ナント打敷テ、餉ヲ備ヘ奉ル其間ニ、面々着タリケル物ヲ引裂々々縄ニナヰ、木ノ枝ヲ切テ、俄ニ御輿ヲ造リテ、」（上27オ）召セ奉リ、山ノ頂ニ仮御所ヲ造テ皇居トセリ。夜明ケレハ、錦ノ御旗ヲ挙ル、ニ兵ノ多ク馳参ル。次日、佐々木ノ隠岐判官清高、三百余騎ニテ船ノ上ノ麓ニ推寄タリ。長年身命ヲ捨テ終日防戦間、寄手多ク討レ、疵ヲ蒙テ引退ク。然間、出雲伯耆両国ノ軍兵、皆々君ノ御方ニ参リケレハ、清高力無ク船ニ乗テ落ケルカ、出雲ヘモ不帰ラ、若狭、越前ヲ志シテ海上ニソ浮ヒケル。

既ニ此事風聞ノ間、先ツ山陽山陰両道十六箇国ノ兵共、皆悉ク君ノ御方ニ参シケリ。是併ラ天ノ授奉時ナルヘシ。伝聞ク、越王勾践、軍破レテ呉王ノ為ニ捕ハレシカ共、智　茫(ママ)蠡(ママ)カ謀ヲ」（上27ウ）廻シニ依テ、会稽ノ恥ヲ雪メテ、呉王夫差ヲ討シ事、智臣ノ謀也。君今度隠岐ヲ出給シ事、智臣ノ議ニモ非ス。正ク天ノ与ヘ給所也。

去年ノ春、御遷幸ノ時、天下ノ貴賤、関東ノ重恩ニ浴スル者、皆以テ一人ノ御遠行ヲ歎キ、何ニモシテ宝祚安寧ナラン事ヲ祈念シ奉レリ。播磨ノ赤松入道円心以下畿内近国ノ軍士等、君ニ与力シ奉事、偏ニタ、事ニ非ス。果シテ如ク此ノ也シカハ、還幸ヲ承テ勇進テ、三月十二日、二手ニテ鳥羽、竹田ヨリ洛中ニ責入所ニ、六波羅ノ勢馳向テ、追帰シ畢。然トモ宮方猶蜂起スル間、早馬頻ニ関東ニ下テ京都無勢ノ由ヲ告ラレ」（上28オ）ケレハ、当将軍重テ討手ノ大将トシテ御上洛アリ。去々年モ笠置ノ城発向ノ時、一方ノ大将軍トシテ御退治アリキ。（朱）御父讃岐守貞氏ノ御事也。法名義観 今度ハ浄妙寺殿御逝有テ、百箇日ノ中ノ事ナレハ、又御進発アルヘキ由、高時禅門頻ニ申サレケレハ、御心中ニ憤リ思食シケルハ、我レ父ノ喪ニモ居テ未タ三月ヲ過サレハ、悲涙猶ヲカハカサル所ニ、征罰ノ役ニ随ヘテ催促ノ條、甚タ遺恨也。時移リ世下テ、貴賤位ヲ易ト云共、彼ハ時政カ末孫也。身ニ当テハ譜代ノ家僕ニ非スヤ。此理ヲ知ナラハ、一度ハ其ノ礼ヲモ可ニ存ス、剰ヘ是マテノ儀ニ及事、偏ニ不肖ニ依者也。此上ハ重テ催促ヲ加ル程ナラハ、」（上28ウ）一家ヲ尽シテ上洛シ、先帝ノ御方ニ参テ家ノ安否ヲ試ント思召シケル所ニ、重テ御上洛遅々ノ由ヲ一日ノ中ニ両度マテコソ被責ケレ。然レハ中々不及異儀ニ、御上洛アリキ。大方赤橋ノ相州、内縁ノ上、一方ノ大将トシテ御進発ハ然ヘシト云共、関東ノ沙汰不可説也シ事共也。一方ノ大将ハ名越尾張守高家也。是ハ承久ニ北陸道ノ大将式部丞朝時（朱）泰時弟カ後胤也。高氏ハ高家ニ三日先立テ四月十六日ニ入京アリ。翌日ニ聴テ船上ヘ潜ニ使者ヲ進シテ、御方ニ可参ス一由ヲソ被仰セ一ケル。是ヲハ不知一、両六波羅、心底ヲ尽シテ軍サノ評定アリ。将軍ヲハ山陰道ノ大将ト」（上29オ）シテ、丹波、丹後ヲ経テ、伯耆ヘ御向ヒ有ヘシト定メ、高家ハ山陽道播磨、備前ヲ経テ、同ク伯耆ニ向ヒ、同時ニ船ノ上山ヲ責ラルヘシトテ、卯月廿七日ニ、両大将同ク進発ノ所ニ、久我縄手ニ於テ、手合ノ合戦ニ大将高時、赤松カ一族、佐用ノ左衛門三郎範家カ為ニ討レシカハ、其手ノ兵、一戦ノ功無シテ悉ク帰洛セシム。将軍ハ丹波ノ国篠村ニ御陣ヲメサル。抑モ将軍ハ先代誅伐ノ事ハ数年御心底ニサシハサマル、事ナレハ、先立テ潜ニ勅命ヲ蒙リ給間、即当所ノ八幡ノ御宝前ニシテ、御旗ヲ挙ラル。柳ノ大木ノアリケル梢ニ御幡ヲ立ラレタリキ。是子細有歟。春陽ノ精、東ヨリ萌シ」（上29ウ）始マル。随テ柳ハ卯ノ木也。東ヲ司テ王ス。武将又東方ヨリ進発シテ、順ニ西ニ廻リ来リ給、相生ノ夏ノ末ニ朝敵ヲ滅シ給ヘキ謂レ也。去程ニ、京中ニ充満テル軍勢、御方ニ参ル事、雲霞ノ如シ。聴テ篠村ヲ立テ嵯峨ニ御陣ヲメサル。都ニハ去ヌル三月十〔※「十」を消す〕十二日ヨリ以来、十余箇度ノ合戦ニ討勝テ、六波羅ヲ城墎ニ構ヘ、皇居トシテ官軍数万騎楯籠ト云共、去シ春ヨリ正成カ金剛山ノ城ヲ責ル大軍、一戦ノ功ヲ不成サ一還テ利ヲ失フ処ニ、将軍既ニ敵ニ成給テ近日洛中ヘ攻入給由聞ヘケレハ、諸人ノ周章ナノメナラス。

去程ニ、五月七日卯ノ時許リニ、将軍ノ」（上30オ）御勢嵯峨ヨリ内野ニ出テ、前陣ハ神祇官ヲ前ニ当テ、東シ向ニソ磬ヘタル。六波羅勢ハ白川ヲ登リニ二條ニ出、大宮ヲ隔テ、西向ニコソ磬ヘタレ。辰ノ一點歟トソ覚ヘシ。両陣互ニ進合、上矢《ウハ》ノ流鏑響キ渡リ、時ノ声聞ユル程コソアリケレ。入乱テ戦ヒケルカ、馬煙リ焔ホヲアケ、矢石雨ヲフラシテ、今日ヲ最期トソ見ヘシ。サレハ命ヲ落シ、疵ヲ蒙ル者、数ヲ不知一。中ニモ将軍ノ御内、設楽ノ五郎左衛門尉、真前懸テ討死ス。哀也シ事共也。未ノ剋許ニ大宮ノ戦破テ、六波羅勢引退ク所ニ、下ノ手作道ヨリ責入テ、九條辺ニ煙リ数箇所ニ見ケル上ヘ、方々ノ寄手洛中ヘ乱レ入テ」（上30ウ）火ヲ懸ル間、不叶一ハシテ六波羅勢ハ城墎ヘ引籠リケリ。サレトモ、家ヲ重シ、名ヲ惜ム勇士等ハ、懸出々々戦シ程ニ、其日ノ軍サハ終ニケリ。

然ニ城ノ中ノ兵、多ク心替リシテ、将軍方ヘ参リケレハ、両六波羅、北方ハ越後守仲時、南方ハ左近将監時益、相議シテ云、我等命ヲ落サハ同ハ帝都ニ於テ骸ヲサラサン事、尤モ本意ナレトモ、其ハ私ノ義也。当所既ニ皇居タル間、討死ヲシ、自害ヲ致サハ、禁裏、仙洞ノ御為メ不可然一。先ツ行幸ヲ洛外ニ成奉リ、且ハ関東ノ合力ヲ相待チ、且ハ金剛山ヲ圍メル大軍ニモ事ノ由ヲ通シテ合戦ヲ遂クヘシ。然ハ再ヒ洛中ニ責」（上31オ）入ン事、時剋ヲ廻スヘカラスト奏聞セラレケレハ、勅答ニハ宜シク武家ノ心ニ可任由仰セラル、ニ依テ、七日ノ夜半ニ六波羅ヲ落テ苦集滅道ヲ経、東マニソ起キ給ヒケル。勢多ノ橋ヲモ打渡リ、野路ノ辺リニ行シカハ、天ノ戸ホソモ明ニケリ。供奉セル雲ノ上人ハ、未タ習ハヌ旅衣、夏草深キ朝露ニ落添泪ノ色、更ニ詞ハモナカリケリ。守山辺ヨリ野伏ト云者、山野ニ充満テ、敗軍ヲ襲ヒ責ル間、討取レ疵ヲ被ル者、数ヲ不知一。其夜ハ江州篠原ノ観音寺ヲ以テ一夜ノ皇居トス。翌日五月九日関東ヲ志テ落行程ニ、同国馬場ノ宿ノ上ノ山ニ、先帝第五ノ宮ノ、伊吹ノ麓ニ」（上31ウ）忍テ御座シケルヲ、取立奉テ大将トシテ、近江、美濃、伊賀、伊勢ノ悪党等、旗ヲ挙楯ヲ並ヘテ海道ヲ切塞ク間、一昨日七日、洛中ノ合戦、昨日八日ノ野伏ニ討漏サル、輩、人馬疲レテ、進ム事ヲ不得一。然トモ名ヲ惜ム族ハ、終日戦ヒ暮シケルカ、可遁ル一所無カリシカハ、武士一同ニ申シケルハ、乍恐一仙洞ヲ害シ奉リ、各打死仕ルヘシト云々。大将仲時ノ義ニハ、我等命生テ君ヲ敵ニ奪レンコソ恥ナルヘケレトテ、九日ノ酉剋許ニ仲時自害シ給ケレハ、相随輩四百卅二人、同時ニ腹ヲソ切タリケル。南方左近将監時益ハ、七日ノ夜、四ノ宮河原辺ニテ、流矢ニ当テ死去ノ間、郎等糟」（上32オ）屋ノ七郎ト云者、頸ヲ取テ当所ニ持来リ、同ク腹ヲソ切タリケル。其時自害スル人々ノ名字ヲハ、馬場ノ道場ニ註シ置テ今ニアリトソ承ル。

去程ニ、先帝後醍醐院、既ニ都ニ入セ給トソ聞ヘシ。此事金剛山ヘ聞ヘケレハ、正成カ城ニ向大軍団ヲ解テ、南都ヘコソ引退キケル。彼軍勢等、前後ノ敵ニ進退ヲ失所ニ、将軍六波羅ヲ攻落テ、勅命ヲ蒙リ、即関東ヲ可令誅伐一由御教書ヲ諸侍ニ成下ル、間、敗軍ノ東士等急キ御方ニ馳参リケレハ、大将阿曽弾正少弼、并ニ長崎ノ四郎左衛門尉等ハ、奈良ニ於テ出家ヲトケ、降参セシムル間、召シ禁セラル、所也。」（上32ウ）

　加様ノ事共、関東ニ聞テ仰天ノ所ニ、五月中旬ニ上野国ヨリ新田左衛門佐、其比ハ未タ小太郎義貞ト云人、君ニ与力シ奉リテ、其国世良田ト云所ニ陣ヲ取ル。是モ同ク清和源氏也。陸奥守義家ノ三男、式部大輔義国ノ子息、新田ノ大炊助義重ノ後胤也。当将軍ノ御先祖、足利ノ判官代義康ノ連枝也。是モ先代ノ催促ニ随テ金剛山ノ搦手ニ向レケルカ、或時、執事船田ノ入道義昌ニ向テ曰ヒケルハ、義貞不肖也ト云共、八幡殿ヨリ十三代ノ嫡流トシテ、譜代弓矢ノ名ヲ汚セリ。而ルニ今、相模入道ノ行跡ヲ見ニ、滅亡遠ニ非ス。我本国ニ帰テ義兵ヲアケ、」（上33オ）関東ヲ亡シテ先朝ノ宸禁ヲ休メ奉ントテ、竊ニ大塔宮ノ令旨ヲ申給テ、一流ノ氏族、山名、里見、堀口、大館、岩松、桃井ヲ相催テ打立所ニ、当国ノ守護人長崎ノ四郎左衛門尉、即時ニ馳向テ合戦ヲ致ト云共、一国ノ軍、義貞ニ属スルニ依テ、不叶一シテ引退ク間、義貞多勢ニ成テ武蔵国ニ責入ニ、又国人等同心セシム。然間、五月十四日、左衛門大夫将監入道恵西（朱）性号北殿高時弟ヲ大将トシテ、大勢武蔵国ニ発向シ〔※「ス」を消し、その上に「シ」と書く〕、小山田ノ庄ニ陣ヲ取ル。次ノ日十六日、即分配、関戸河原ニ於テ終日合戦アリキ。命ヲ失ヒ疵ヲ被者、幾千万ト云数ヲ不知一。中ニモ新衛禅門ノ宗トノ」（上33ウ）者、安保ノ左衛門入道々潭、横溝ノ八郎ナント討死ノ間、鎌倉勢悉ク引退ク。義貞続テ責〔※「責」の右下に「ル」を消した跡あり〕入ケレハ、三ノ道ヘ又討手ヲ遣ス。下道ノ大将ハ武蔵守貞将修理大夫貞顕入道ノ長子也相向所ニ、下総国ヨリ千葉介貞胤、義貞ニ同心シテ上ル程ニ、武蔵ノ鶴見ノ辺ニ於テ相戦ヒケルカ、討負テ鎌倉ヲ差テ引退ク。武蔵路ハ相模守守時于時執事須崎千代塚ニ於テ防キケルカ、打負テ自害シケレハ、南條左衛門尉并ニ安久井入道等、一所ニシテ討死ス。陸奥守貞道ハ中道ノ大将ニテ、葛原ニ於テ戦ヒケルカ、寄手ノ軍侶手繁ク懸リシカハ、本間ノ山城左衛門以下数輩打死ノ間、」（上34オ）不叶一シテ引退畢。両所ノ合戦五月十八日ノ朝ヨリ始リケルカ、未ノ剋許ニ義貞ノ勢、稲村カ崎ヲ経テ、前濱ノ在家ニ煙ヲ上ル間、不ル測一ラ鎌倉中ノ周章《サハキ》也。其時、高時ノ家人、諏方、長崎已下、身命ヲ捨テ防キケレハ、前濱ノ手ノ大将、大館次郎宗氏、稲瀬川ニ於テ討取レテ、其手引退キ、霊山ノ峯ニ陣ヲ取ル。然ハ十八日ヨリ廿二日ニ至マテ、山田、小袋、彩色坂、極楽寺ノ切通シ以下、鎌倉ノ口々ノ合戦、片時モ止時無カリケリ。可憐ム一、々々。草木モ靡クシ高時禅門ノ一類、元弘三年五月廿二日ニ葛西ノ谷ニ於テ四十六人自害セリ。其門葉タル者二百八十三人、」（上34ウ）屋形ニ火ヲ懸ケ、腹掻切テ失ニケリ。相州自害ノ所ニテ腹切者七百七十三人、凡テ鎌倉中ヲ尋ルニ、六千人トソ聞ヘシ。爰ニ不思議也シ事ニハ、稲村カ崎ノ波打限ハ石高ク道細クシテ、人馬ノ進退難儀ノ所ニ、俄ニ塩干テ合戦ノ間馬場也キ。又鎌倉ハ南ハ海ニテ三方ハ山也。各峯連《ツヽキ》ニ寄手ノ大勢陣ヲ取タリケルカ、下降《ヲリ》リテ、口々ノ在家ニ火ヲ懸ケルカ、イツ方ノ風モ皆鎌倉ヘ吹入テ焼ケルニ、而《シカ》モ五月ノ空ナルニ、一滴ノ雨不降一シテ、皆枯竭(ママ)シテ焼キ亡スソ不思議ナル。実ニ天命ニ背ケル時節トソ覚ヘシ。悲シキカナ。治承四年ニ右幕下草創ヨリ以来、天ニ跼メ地ニ蹐シテ」（上35オ）数代柳営ノ跡、此時悉灰烬ト成リ、時政カ子孫七百余人、同時ニ滅亡セシ事、誠ニ幻夢泡影、乾闥婆城ノ理リ、眼ノ前也シ事共也。然ハ関東追討ノ事、義貞朝臣其功也ト云共、イカ、アリケン、義詮于時四歳同ク大将トシテ御輿ニ召レ、義貞ニ同道有テ、鎌倉御退治ノ後、二階堂ノ別当坊ニ御座アリシニ、諸侍悉ク属シ奉リシソ、誠ニ末ノ世ニ永ク将軍トシテ御座アルヘキ瑞相也シ。斯《カヽリ》ケル所ニ、連日鎌倉中ニ空サワキ有テ、義貞ヲ御退治ノ為、御旗向由風聞ノ間、新田殿申ル、子細有ニ依テ鎮マリシカハ、其後悉ク一族ヲ相具シテ上洛」（上35ウ）アリキ。

京都ニハ、君伯耆ヨリ遷幸アリトテ、御迎ニ参ラル、公卿、殿上人、好粧花ヲ成セリ。今度忠ヲ致シケル正成、長年以下供奉ノ武士数ヲ不知一。宝祚ハ二條内裏也。保元平治ヨリ以来ハ武家トシテ世務ヲ自専セシニ、時節到来シテ元弘三年ノ今、公家一統ノ天下ト成レル事、弥シカリシ事共也。君ノ御聖断ハ、延喜天暦ノ古ニ立帰リ、民安寧ニシテ帝都繁昌セリ。イツシカ諸国ニ国司ヲ定メ、并ニ守護ヲモ補セラレケリ。卿相雲客ヲノ〳〵階位ニ登シ体、目出カリシ善政也。諸国ニ関所多ニ依テ、商売往来ノ弊ヘ年貢運」（上36オ）送ノ煩有トテ、摂州楠葉、江州大津ノ他ハ皆悉ク、所々ノ新関ヲ停廃セラル。武家ハ又、那和、楠木、赤松已下、山陽山陰道ノ輩、朝恩ニ誇ル事、傍若無人共云ツヘシ。御聖断ノ趣キ、五畿七道ハ番ニ分ラレ、公卿ヲ以テ頭人トシテ新決断所ト号シテ新造セラレシ所ニ於テ行ハル。是ハ先代引付ノ沙汰ヲ行シ在所也。重事ニ於テハ記録所ニシテ裁許アリ。又窪所ト号シテ土佐守兼光、大田大夫判官親光、冨部大舎人頭、三川守師直等、人数タリ。則チ御出有テ聞食サル。古ノ如ク、武者所ヲ置ル。足利、新田ノ人々ヲ以テ頭人トシテ、諸」（上36ウ）家ノ輩ヲ結番セラル。其外絶タルヲ続キ、廃タルヲ興シテ、今ノ旧儀ハ古ノ新儀也。朕カ新法ハ未来ノ先例タルヘシトテ新ナル勅裁共ソ漸ク聞エケル。高氏ハ叡慮無双ニシテ昇進申ニ及ス、武蔵、相模、其外数箇国ノ守ヲ以テ、頼朝卿ノ例ニ任テ御受領アリ。次ニ関東ヘハ同年ノ冬、成良ノ親王准后殿春宮弟ヲ征夷将軍トシテ御下向アリ。下ノ御所左馬頭殿供奉シ給シカハ、東八箇国ノ輩、大略付奉テ下向ス。鎌倉ノ式ハ、去ヌル夏ノ乱ニ地ヲ払ト云共、大樹既ニ御座ノ間、庶民安堵ノ思ヲ成セリ。

爰ニ洛中ノ政道ノ趣ヲ聞ニ、記録所、決断」（上37オ）所ヲ置ルト云共、近臣臨時ニ内奏ヲ経テ、非儀ヲ申行間、綸言朝暮ニ改リ、諸人ノ浮沈、掌ヲ返スカ如シ。或ハ先代滅亡ノ時、遁来輩、高時ノ一族モ被官ノ外ハ寛宥ノ儀ヲ以テ死流ノ科ヲ宥メラル。又天下一同ノ法ヲ以テ、安堵ノ綸旨ヲ被ト成云共、所帯ヲ召ル、者共、恨ヲ含ム折節、公家ニ口遊アリ。抑モ累代ノ叡慮ヲ以テ関東ヲ亡ル、事ハ、武家ノ驕リヲ禁メラレン為也。然ニ今、直義ノ朝臣、太守トシテ鎌倉ニ居住ノ間、東国ノ輩、是ニ随テ、敢テ京都ニ不帰伏。併ラ一統ノ御本意、更ニ以テ其益無ト云々。武家ハ亦、公家ニ恨ヲ含ム」（上37ウ）輩多シテ、頼朝卿ノ時ノ如ク、天下ヲ自専セラレン事ヲ思ヘリ。此故ニ公武水火ノ争キニテ、元弘三年八暮ニナリ。

翌年甲戌正月廿九日ニ改元アテ、建武ト云。アラタマノ年ノ始ハ目出テ、元日元三ノ節会以下花ヤカニシテ、雲ノ上人ノアリサマハ、昔ニ帰ル体也シカトモ、世ノ人ハ、コノマ、ハ有シトソ覚侍シ。去程ニ兵部卿ノ親王護良宮ト高氏ノ卿ト、御中ラヒアシクシテ、新田左金吾、正成、長年等、潜ニ令旨ヲ承テ、打立事度々ニ及ト云共、将軍ニ付奉軍勢、其数ヲ不知。合戦ニ及ハ、難儀タルヘキ間、既ニ軍有ントスル時ハ、先ツ事ヲ」（上38オ）無為ニソ成シケル。加様ノ事共ニ洛中モ穏ヤカナラサルニ、三月上旬ノ比、関東ニ於テ本間、渋谷ノ一族等、先代方ト号シテ謀叛ヲ企ツ。相模国ヨリ既ニ寄来間、渋川形(ママ)部大輔義季ヲ大将トシテ差遣サル。極楽寺ノ前ニ於テ防戦所ニ、凶徒雌伏ス。此事京都ヘ注進ノ間、去年宥置レシ降参人、阿曽ノ霜台、大仏ノ陸奥守、長崎四郎左衛門等、辺土ニ於テ誅セラル。其後モ猶京中静マリヤラサリケルカ、建武元年六月七日、兵部卿親王大将トシテ、将軍ノ御前ニ押寄セラル、由風聞ノ間、武将ノ御勢四面ヲ警固シ、余ノ」（上38ウ）軍兵ハ二条ノ大路ニ充満タリ。事ノ体、難儀也ケルニヤ、亦無為ニ成ニキ。将軍此事ヲ憤申ル、ニ依テ、叡慮ニ非ス、護良親王ノ張行ノ趣キ、御陣答有ケリ。仍テ御継母准后ノ方様ニ付テ内々申ル、子細有テ、同キ十月廿二日ノ夜、中殿ノ御会ニ親王御参内ノ所ヲ、武者所ニ居籠進テ、次ノ日、常葉井殿ヘソ移シ奉ル。武士守護シ奉テ、同十一月ニ関東ヘ遷シ奉ル。思ノ外ノ事也キ。

先皇角ク御一統ノ御運ヲ開ル、事、偏ニ大塔ノ宮ノ智謀武略ニ依テ也。然ニ此宮ヲ武士ノ手ニ渡シ給ヘル事、併ラ御運ノ傾ク端也トソ人々申ケル。其上今度ノ御謀叛ハ」（上39オ）真ハ天気也ト云共、過《トカ》ヲ宮ニ譲リ進セラレシカハ、力ラナカリシ次第也。サレハ、宮モ二階堂ノ薬師堂ノ谷ニ御座シケル間モ、武家ヨリハ君ノ恨メシク渡セ給トソ仰成リケル。

角テ建武モ二年ニ成シカハ、春風ハノトカナレ共、天下ハ更ニシツマラス。或ハ路次ノ引剥キ逐落シ、或ハ打入強盗繁クシテ、諸人更ニ安堵ナシ。爰ニ七月ノ始ニ信州ニ於テ諏方ノ上ノ宮ノ祝、安芸守時継カ父、三川入道、照雲（ママ）、滋野ノ一族等、高時カ次男勝寿丸ヲ相模次郎ト号シテ大将トシテ、国中ヲ靡ス由、守護人小笠原信濃守貞宗、京都ヘ馳申間、御評定ニ云ク、凶徒木曽路ヲ経テ尾張ノ黒田ヘ」（上39ウ）打出ヘキ歟。然ラハ早々ニ先ツ御勢ヲ尾州ヘ差向ラルヘシト云々。而ルニ凶徒等一国ヲ相随テ鎌倉ヘ責入間、渋川ノ形部（ママ）、岩松ノ兵部、武蔵ノ女影原ニ於テ終日合戦ヲ致スト云共、逆徒手繁ク懸リケレハ、不叶シテ両人共ニ自害ス。重テ小山下野守秀朝発向セシムト云共、是モ討負テ府中ニシテ一族家人討死ス。是ニ依テ七月廿二日、下ノ御所左馬頭殿、鎌倉ヲ立テ御向ヒアル日、薬師堂ノ谷ノ御所ニシテ、兵部卿親王御事有キ。角テ武州井出沢辺ニ於テ一日合戦ヒ暮サレケルカ、御方ノ勢多ク討レシ間、俄ニ海道ニ起キ給。上野親王成良、義詮（于時六歳）」（上40オ）同ク相伴ヒ奉ラル。手越ノ駅ニ至ル時、伊豆、駿河ノ先代方押寄ケリ。扈従ノ兵無勢也ト云共、命ヲ捨テ防戦所ニ、工藤入江左衛門尉、百余騎ニテ御方ニ参シテ忠節ヲ致ス間、凶徒退散シケレハ、則宇津ノ谷ヲ越テ、分国三河ニ馳着テ、人馬ノ息ヲヤスメ給。

此事先立ヨリ京都ニ注進セラレケレハ、将軍被申テ云ク、関東ノ凶徒、既ニ鎌倉ニ責入ト云共、直義無勢ノ間、防戦甲斐無シテ敗北ノ由其聞候。御暇マヲ給テ合力ヲ加ヘキ旨、奏聞度々ニ及ト云共、勅許無処ニ、所詮私ノ為ニ非ス。天下ノ御大事タル上ハ、罷向ヘキ由申捨テ、」（上40ウ） 建武二年乙亥八月二日ノ辰剋ニ既ニ御出京アリ。其時公家ヲ背ク仁等、喜悦ノ眉ヲ開テ属シ奉テ下向スル人、其数ヲ不知。三川ノ矢作ニ於テ都鄙ノ両将御対面有テ、即チ関東ニ趣キ給所ニ、敵遠江ノ橋本ヲ要害ニ構テ相支ル間、先陣安保ノ丹後守于時新兵衛尉入海ヲ渡シテ追散シ畢ヌ。自身疵ヲ蒙ル間、御感ノ余リ、其賞トシテ家督安保左衛門入道々潭カ跡ヲ拝領セシム。是ヲ聞ク兵、命ヲ捨ン事ヲ忘テ勇ミ進ム。当所ノ合戦ヲ始トシテ、狭夜ノ中山、高橋縄手、筥根山、相模川、片瀬、腰越以下、鎌倉ニ至マテ、敵ニ是ヲタメサセス。七箇度ノ」（上41オ） 軍サニ討勝テ、八月十九日辰剋ニ鎌倉中ニ責入給ヘハ、諏方祝時継父子、安保次郎左衛門入道道潭子也以下自害シケレハ、相残輩、或ハ落失セ、或ハ降参ス。然ハ七月ノ末ヨリ八月十九日マテ廿日許カ間、相模次郎再父祖ノ旧里ニ立帰ト云共、無ク幾程没落セシカハ、是ヲ廿日先代共云。中先代共申也。哀ナル哉。今度鎌倉ニ打入輩、曽テ以テ補佐スル古老ノ仁モナシ。大将モ微弱也。大仏、極楽寺、名越、長崎ナント号スル者共モ、皆寺々ノ小僧、喝食ト成テ、僅ニ命ヲ続ク輩、俄ニ俗形ヲ仮リ、忽ニ武略ヲ学ト云共、不ル習《(朱)教へ》ハ民ヲ以テ戦カハシムル。是ヲ」（上41ウ） スツ《(朱)棄》ト曰《ノタマ》フハ先君孔子ノ言ハナレハ、亡ヒニケルモ理リ也。剰ヘ慥カニ其仁ト知ル人サヘ希ナレハ、烏合梟悪ノ族ラ功ヲ成ス事無クシテ、天命ニ背モ勿論也ト被語ケレハ、

少人、又中先代信濃ヨリ軍ヲ発シ、上野、武蔵ヲ打靡カシ、結句将軍ノ宮追落シ奉テ鎌倉ニ責入ケル程威勢ノ人ヲ、輙ク退治セラレシ大切ヲ思食シ忘テ、君ハ尊氏将軍ト御不快ノ事出来リ、大乱ニハ及ヒケルソト問給ヘハ、

又申テ云ク、将軍御兄弟、鎌倉ニ立帰リ二階堂ノ別当坊ニ御座アリシカ、京都ヨリ供奉ノ人々ニハ勲功ノ賞ヲ行ヒ、先代与力ノ族ラヲハ死流ノ罪ヲ宥メラレケレハ、」（上42オ） 関東ノ侍何ニモシテ忠節ヲ尽サン事ヲソ願ヒケル。京家ノ人々ハ又親類ヲ使トシテ、東夷誅伐早速ノ條、各賀シ申サル。主上ヨリモ中院蔵人中将具光朝臣ヲ勅使トシテ、今度関東ノ逆退速ニ退治ノ条、叡感再三也。但シ軍勢ノ賞ニ於テハ京都ニシテ、綸旨ヲ以テ宛行ルヘシ。先ツ早々ニ帰洛アルヘキ由ヲ被仰ケレハ、勅答ニハ急キ可参洛

旨申給畢。然レハ大御所ハ御上洛元ヨリ本意ノ由被仰一ケレハ、左馬頭殿ハ不可然一趣也。其故ハ去々年高時滅亡シテ天下一統ナル事、併ラ御一身ノ大功也。然ニ頃年京都御座ノ間、公家ノ」（上42ウ）御気色有ニ依テ義貞以下陰謀度々ニ及ト一云共、御幸運ニ依テ今ニ安全也。適大敵ノ中ヲ脱シテ今此ニ御座ノ條、当家ノ運命也トテ堅ク留メ申サレケレハ、御上洛ノ儀ヲヤメラレテ、若宮少路ノ代々将軍家ノ旧跡ニ御屋形ヲ新造セラレシカハ、高、上杉ノ諸大名、軒ヲ並テ宿所ヲ構ル程ニ、鎌倉ノ繁昌又此時トソ見タリケル。今度ノ勲功ニハ常陸、信濃ノ闕所ヲ以テソ宛行レケル。此事叡慮ニ背キケルニヤ、足利ノ一族被官ノ人々ノ西国ノ所領ヲハ皆悉ク新田ノ一族拝領シ、剰ヘ義貞討手ノ大将ヲ承テ、東国発向ノ由、風聞ノ間、義貞ノ分」（上43オ）国、上野ノ守護職ヲ以テ上杉ノ武庫禅門ニ任セラル。即用意ノ為下国ス。是ニ依テ東国サハキ立シカハ、京都祗候ノ人々ノ親類代官ハ急キ帰洛セシメ、関東与力ノ輩ハ又東国ニ下向スル間、路次ノ物急ナノメナラス。建武二年十一月十日余ニヤ、数万ノ官軍、中務卿尊良親王ヲ上将軍トシ奉テ、義貞、義助、既ニ発向セラレケレハ、鎌倉ヨリモ高尾張守後ニハ越後ノ守ヲ大将トシテ、大勢ヲ差上セラレケルカ、将軍、師泰ニ曰ヒケルハ、先分国タレハ、三河国ニ至リ、矢作川ヲ前ニ当テ相支ヘ、国中ノ軍ノヲ催スヘシ。夢々河ヨリ西ヘ越スヘカラスト云々。師泰此命ヲ受テ矢作ノ宿ニ陣ヲ」（上43ウ）取ル所ニ、官軍モ同ク西岸ニ磬ヘタリ。両陣相支ル事、三日ニ及ト一云共、雌雄ヲ不決セ一所ニ、東士三手ニ分ケケル上下ノ手、河ヲ渡シテ責戦。官軍得タリヤヲフトテ、大勢ノ中ニ取籠メテ火水ニ成ト責ケレハ、大敵凌ニ足ラサレハ、河ヲ渡シテ引ケレハ、義貞弥利ヲ得テ連テ河ヲハ渡シケル。爰ニ義貞ノ陣ヨリ堀口ノ大炊助真前ニ進テ、中ノ手ヲ渡シテ呼テ責メケレハ、師泰叶ハテ引退キ、遠江ノ鷺坂、駿河ノ今井見付ニシテ相支ト一云共、師泰遂ニ討負ケレハ、官軍弥進ミケリ。然レハ十二月二日、左馬頭大将トシテ大勢ヲ以テ相向ヒ、同キ五日手越河原ニ」（上44オ）シテ終日合戦有シカハ、手負討死数ヲ不知一。東士利ヲ失ニ依テ、武家ノ輩多ク以降参シ、義貞ニコソ属シケレ。名字ハ憚リ有ル間、是ヲ申侍ラス。直義朝臣ハ筥根山ニ引籠リ、水飲ヲ堀切テ要害トシテコソ御座シケレ。仁木、細川、高、上杉已下一人当千ノ兵共陣ヲ張テソ支ヘタル。而ルニ将軍ハ先度ノ勅答ニ上洛アルヘキ由申上ル、所ニ、御参洛無条、本意ナラスシテ深ク歎給ヒケルハ、我龍顔ニ昵近シテ恩言ヲ承シ事、今生ノ面目ナレハ、争カ君ノ芳恵ヲ忘奉ルヘキ。今度ノ條々、更ニ御本懐ニ非ストテ、世務ヲ左馬頭殿ニ譲給テ」（上44ウ）　細川源蔵人并ニ近習両三輩許リ召具シテ、密ニ浄光明寺ニ御座有ケルカ、既ニ御本鳥ヲ切レテ御遁世ノ儀也ケレハ、諸人ノ仰天ナノメナラス。然間、上杉以下ノ諸大名申ル、旨有ニ依テ、無力一御発向ニソ定リケル。以ノ外歎被仰一セケルハ、今度違勅ノ事、全ク中心ノ結構ニ非ス。是正ク天ノ知所也。照鑑明カナラハ、必ス祖神八幡ノ加護アルヘシトテ、先小山、結城、長沼ヲソ召レケル。此輩ハ治承ノ古ヘ頼朝義兵ノ時、最初ニ忠切ヲ致シタリシ小山下野大掾藤原政光入道カ子共三人カ子孫也。彼等カ曩祖武蔵守兼鎮」（上45オ）　守府将軍秀郷朝臣、承平ニ朝敵平将門ヲ討取リ、子々孫々鎮守府将軍職ヲ蒙ル五代将軍ノ後胤也。累代武略ノ誉レヲ残シ、弓馬ノ芸ノ達者也。彼等其ノ勢二千余騎、武将ノ先陣トシテ、同キ十二月八日鎌倉ヲ立給諸人、皆筥根ノ御陣ニ加リ御合力有ヘキカト思所ニ、御謀ニ云ク、我水飲ニ向ト一云共、敵ヲ支ル許ニテ、利ヲ得難シ。此荒手ヲ以テ箱根山ヲ越テ責登（朱）上ラハ、敵思ノ外ニテ退散案ノ内也トテ、同キ十日ノ暮ニ竹ノ下道夜ヲ籠テ空ノ明ヲ待ケレハ、一ノ宮ヲ始奉テ数万ノ官軍、足柄山ノ南ナル野ニ」（上45ウ）　コソ大勢磬ヘタレ。御方ノ先陣山ヲヲロシ、小坂ヲクタリニ懸入ケレハ、数万ノ敵不忍《コラヘ》一シテ即時ニ退散シタリケリ。御方勝ニ乗テ卅余里追攻メテ藍沢原ト一云所ニシテ、数百人ノ敵ヲ討取間、尊氏感悦ニ不堪給一シテ、武蔵ノ大田ノ庄ヲ小山ノ常犬丸ニソ給リケル。是レ由堵（ママ）ノ地タルニ依テナリ。結城ニハ常陸ノ関ノ郡ヲソ行レケル。今度戦場ノ御下文ノ始也。是ヲ見聞ク輩、勇進テ死ヲ不ト争ハ一云事ナシ。

翌日十二日、京勢駿河ニ引退キ佐野山ニ陣ヲ取ケル前ニ、大友ノ左近将監、官軍トシテ五百騎ニテ有ケルカ、御方ニ可参一由ヲ」（上46オ）　申シケレハ、則御許容アリ。然ハ当所ノ合戦ニ忠節ヲ致ス間、敵陣早ク破テ、二条中将為冬以下京勢多ソ討ケル。此ノ中将ハ尊氏在京ノ朋友也シカハ、彼首ヲ御覧シテ愁涙色深カリケリ。

其夜ハ雨降リシカ共、伊豆ノ国府ヲ見下シテ、山野ニ陣ヲソ召レケル。昨日今日ノ軍サニ御方打勝シカハ、御勢ノ付事雲霞ノ如シ。然ハ次ノ日十三日、雨未タ晴サレ共、国府ニ責入給所ニ、義貞以下水飲ノ陣ヲ引破テ終夜ラ落行ケルカ、三嶋明神ノ御前ヲ過キ海道ヘ出ル時分、御方馳合セテ日半許リ合戦アリ。」（上46ウ）矢呼ブ音、時ノ声、天地響許也。義貞終ニ討負テ、冨士川ヲ渡リ行ク。御方、竹下、佐野山、伊豆ノ府、三箇度ノ軍ニ討勝、敵数百人討取テ、今日十三日ノ暮程ニ足柄、箱根ノ両大将一手ニコソハ成給ヘ。然ハ伊豆ノ府中ヨリ車返浮島原ニ至マテ、野山モ無陣ヲ取。次ノ十四日ハ御逗留アリ。或議ニ云ク、是ヨリ御所先鎌倉ヘ帰給関東閑メテ、年開テ御進発アルヘキトコソ存ク、ニ月半ノ事ナレハ、冨士ノ高根ッ時知ヌ四方山辺ニ至マテ、皆白妙ニ雪満テ、誠ニ道モ不見分カ。爰ヲ去ル五日、手越河原ノ軍ノ時、京方ニ属シタリシ輩、不尽河ノ端ニテ手ヲ束ネ頸ヲ延テ、又御所方ヘ降参。昔ヨリ東士花洛ニ向事、嘉永三年ニ範頼、義経、承久ニハ泰時、々房、建武ニ年ノ今ノ尊氏、直義、以前モ共ニ嘉例也。御入洛何ノ疑カ有ヘキトヒテ、勇進テ上リケリ。海道ノ足懸リ有ル所ニテ合戦治定覚シニ、天龍川ノ橋ノ能懸、渡シ守ニ於テ警固シケリ。此川ハ流早ク水深シテ、支ヘタラマシカハ。」（上47ウ）ユ、シキ煩ナルヘキニ、誰沙汰ニテ橋ハ儲ケルソト尋給ヘハ、渡守等答申サク、此世中ノ乱ニ我等逃散仕シニ、舟ヲ隠置候シニ、新田殿当所ニ着テ被仰一候シハ、河ニハ瀬無シ。馬疲レタリ。其上歩立ノ者ヲ如何セム。御方失ハン事、不便也。急キ橋ヲ懸ヘシ。地下人等若シ難渋セシメハ、一々ニ可ヲ誅一、御成敗有ル体ニ、少シモ異議ニ及ハ、忽ニ事ニ合ヘク候程ニ、我等身命ヲ捨テ、両三日ノ間ニ渡セル橋ニテ候。サテ新田殿ハ先ッ諸軍勢ヲ渡サセ給テ、一人モ不残リ立帰リ、大ニ怒リテ我等ヲ召ッ直ニ仰等候ラレ候シハ、敗軍ノ我等タニ渡シテ通ル此橋ヲ、イカニ切落シタリト云共、勝ニ乗タル東士等ハ玉ノ敷ク金ヲ踏テ渡ルヘシ。凡ソ敵ノ大勢ニ向時、御方ノ兵小勢ニテ河ヲ後ニ当戦フ時コソ退シカ、謀ニ船ヲ破リ橋ヲ焼ク事、武略ノ一術ニアレ、義貞ナントカテモ敵ノ懸渡ランニ此橋ヲ、見苦シク切落シテ、敵ノ急キ追ヒシト思ケルナント云レル事、末代マテモ口惜カルヘシトテ、閑ニ御渡リ候体、実ユ、シク見サセ給ヒ候シ也。然ハ此御勢ヲ待奉リ橋ノ警固仕リ候也ト申ケレハ、是ヲ聞人皆」（上48ウ）涙ヲ流シテ、誠ニ名将ニテ御座シケリトテ、口々ニ義貞ヲソ感シ申ケル。

将軍ノ御方ニハ、東八箇国并ニ海道ノ輩一人モ不残属シ奉リシカハ、美濃、近江ニテハ軍勢山野ニ充満テ人馬サナカラ身ヲソハムル許リ也。斯《カヽル》所ニ宮方ノ山法師道場坊ノ阿闍梨宥覚、山徒千余人ヲ相語ヒ、江州居木巣ノ宮ヲ俄ニ城ニ構テ楯籠ル。是ハ敵ヲ当国ニ於テ支ヘ、御方ノ奥勢ヲ以テ後攻ヲセサセントノ謀也。然ヲ武蔵守師直于時参河守大将トシテ十二月晦日ニ馳向ヒ、一夜ノ中ニ責落シ畢ヌ。此城ハ野路ノ宿ヨリ西湖ノ端ナレハ、討漏ル、者、船ニ乗リテソ」（上49オ）落行ケル。

明レハ建武三年也。即正月二日ニ手別シテ、勢多ヘハ左馬頭殿ヲ大将トシテ、副将軍ハ高越後守師泰、淀ヘハ畠山上総介、芋洗ヘハ吉見参川守、宇治ヘハ将軍自ラ向給。京方ノ手分ニハ、世多ノ大将ハ千種ノ宰相中将親光、長年相向。則正月三日ヨリ矢合セリ。宇治ヘハ義貞大将ニテ橋板四五間引離シ、櫓ラカイ楯ニカイテ相待ケ（ママ）ケリ。将軍ハ日原（ママ）路ヲ経テ宇治ヘ御発向ノ所ニ、北畠亜相禅門、大樹ノ宮ヲ先立奉リ、出羽、奥州五十四郡ノ兵ヲ卒シテ後攻ノ為ニ、不破ノ関ヲ越テ近付由聞ケリ。将軍宇治ニ押寄テ、」（上49ウ）平等院ニソ御座シケル。爰ニ八日ノ夕ヘ結城ノ山河カ家人、矢木ノ与一兵衛、并ニ中茎両人橋桁ヲ渡テ戦ヒケリ。大方不思議ノ振舞也。将軍御感ノ余リ、直ニ御腰物ヲソ給リケル。是ヲ始トシテ、橋ノ上ノ矢軍ハ、日毎ニ更ニヤマサリケリ。

爰ニ細川ノ卿ノ律師定禅ヲ大将トシテ、赤松入道円心等、其外四国、中国ニ兼テ御教書ヲ給輩、大勢ニテ津国、河内ニ馳付間、同九日ノ酉ノ剋許ニ将軍ノ御陣ヘ申テ云ク、明日十日午剋以前ニ山崎ヲ打破テ煙ヲ挙ヘシ。同時ニ御合戦有ヘシト云々。然ハ天ノ明ルヲ遅ト待懸テ、定禅、円心、国」（上50オ）人等同心ニ城口ニ押寄テ責ケルニ、思ノ如ク昼程ニ山崎ヲ責破リ、久我、鳥羽ニ乱入テ火ヲカケシカハ、所々ノ京方皆落テ、都ヘ引テソ上リケル。則十日ノ夜、戌剋ニ、主上ハ山門ヘ臨幸成リケレハ、内裏ハ軈テ焼ニケリ。昔ノ大内ハ云ニ及ス、閑院殿以下ヨリハ是コソ皇居ノ名残リナルニ、無念也シ事共也。同時ニ月卿雲客ノ居所、親光、正成、長年等カ宿所マテ、片時ニ灰燼ト成シソアサマシキ。平家ノ都落モ加様ニヤト覚テ哀レニソ侍シト語レハ、

又少人ノ曰ク、是程ノ事ナレハ、軍ノ時、人ノ高名不覚モ多クコソ侍リケメ。同ハ少々語リ」（上50ウ）給ヘ。サテモ是程勝

軍シ給尊氏ノナント（ママ）テ又筑紫マテハ御開キ候ヒケルソ。其趣キ同ハ御物語リ候ヘトコソ責給ケレ。」（上51オ）

梅松論巻上

于時嘉吉二年正（朱）月十三日之夜終書切畢

沙門行誉

」（上51ウ）

天理大学附属天理図書館蔵『梅松論』下　翻刻

※下巻一丁目表裏白紙

梅松論巻下

将軍都ニ責入給テ洞院殿公賢卿ノ御前ニ御坐シ間、降参ノ輩注ス二不遑一。事多カリシ中ニモ結城ノ大田大夫判官親光カ振舞コソ猛クモ哀ニモ
侍シ。十日ノ夜、山門ヘ臨幸ノ時、追付奉リ、馬ヨリ下リ冑ヲ脱キ、御輿ノ御前ニ蹲踞シテ奏聞シテ云、今度官軍鎌倉近ク責下テ既ニ
太平ヲ致スヘキ処ニ、只今天下如此一成行事、併ラ大友カ佐野山ニ於テ心替ノ故也。トテモ一度ハ君ノ御為ニ討死スヘキ身也。
暇ヲ給テ偽リテ降参ト称シテ大友ト打違ヘテ無念ヲ散スヘシト申捨テ」（下2オ）直洲河原ヨリ引返シケルニ、東寺ノ南大門ニ大友カ勢
二百余騎ニテ打出タレハ、親光家ノ子益戸ノ下野守并郎等一両人召具シテ、残ノ勢ヲハ九条辺ニ留テ将軍ヘトテ参リケルカ、便
宜ヤ能カリケン、樋口東洞院ニ於テ親光大友ニ引組ケルカ、敵ハ大勢ナレハ、親光ハ其場ニテ討レ畢ヌ。大友ハ目ノ上ヲ横マニ切レ
タリケルカ、大事ノ手ナレトモ、ハチマキニテカラケ、輿ニ乗テ結城カ頸ヲ持参ス。事ノ体ユ、シクソ見ヘシ。サテモ親光カ
振舞譜代ノ勇士勿論ナレトモ、殊ニヤサシカリシ事也キ。大友ハ翌日遂ニ死ニケリ。去程ニ奥州ノ国司北畠ノ」（下2ウ）禅
門数万騎ニテ江州ニ着キ、山田矢橋ノ渡ヲシテ、東坂本ニ参着ス。大勢タルニ依テ、正月十三日ヨリ十五日ニ至ルマテ、三日カ間、
船ノ往還止時ナシ。皇居ハ大宮ノ彼岸所也。三塔ノ衆徒モ不残一随ヒ奉ル。然ニ三井寺ハ将軍方也トテ山門ノ大衆、先ツ園城寺ヲ
焼払ヘシト聞ケレハ、合力ノ為ニ荒手ナレハトテ、細川ノ人々ヲ大将トシテ、四国中国ノ勢、正月十六日ノ払暁ニ馳向、
宮方ハ顕家卿北畠殿ノ子息并ニ義貞両大将ニテ発向シ、即大津ノ濱ニシテ責戦ヒケルカ、三井寺ノ衆徒ノ手ヲ責破テ寺中ニ火ヲ懸テ焼払ヒ
ケレハ、武家ノ勢モ悉ク」（下3オ）都ヲ差テ引ニケリ。官軍連ヒテ京中ヘ責入リケルカ、其日ノ未ノ剋許ニ、義貞大将トシテ錦ノ

御旗ニ中黒ノ旗指副テ、七十余騎、河原ニ颯ト懸出テ、西ニ向テ磬ヘタリ。京勢引テ上ル由風聞有ケルヨリ、両将二條河原ニ打立給ヘハ、其勢雲霞ノ如クシテ、直洲ノ森ノハツレヨリ七条河原ニ至マテ、透間モ無ソ支ヘタル。関ノ音ヲ挙ル程コソ有ケレ、矢石雨ヲ降シ、兵刃拭ニ暇アラス。入乱テ戦程ニ、河水紅ヲ流シテ、血ヲ以テ杵(ママ)ヲ流シ戦モ、是ニハ過シトソ覚シ。官軍ニハ千葉ノ新介、船田入道、由良左衛門尉ヲ始トシテ、数百人討レシカハ、将軍方ニモ」(下3ウ) 手負死人数輩也。暁ニ及テ宮方負軍サニ見シニ、御方ノ大勢勝ニ乗テ責シニ、義貞并ニ結城ノ白川ノ入道親光カ父共ニ千余騎ニテ返合々々常住院ノ前中御門河原口ヲ西ヘ懸シ時ハ、何《ナニ》タマルヘシ共見ヘサリシ所ニ、小山結城二千余騎ニテ入替テ火ヲ散シテ戦ヒシカハ、義貞討負テ鹿ノ谷ヘ引籠リシカ、残リ少ナニソ見ヘシ。是即十六日ノ酉ノ終リ許也。其日ノ四度目ノ合戦也。敵モ結城ノ白川入道、御方モ小山結城ナレハ、共ニ一姓一族ニテ互ニ名乗合ヒテ戦シ間、両方ノ打死数百人也。御方モ敵モ同シ文ナレハ、必ス同士討アルヘシトテ、小山小筋ノ直」(下4オ) 垂ヲ着タリシカ、右ノ袖ヲ引裂テ、各冑《カフト》ニ付タリシソ此人々ノ符ニテ面白カリシト京童部ハ申ケル。明レハ十七日、両侍所佐々木備中守中親、三浦因幡守貞連、三條河原ニ於テ実検シタリシ頸ノ数ス、千二百トソ聞ヘシ。去程ニ、官軍ハ雲母坂ヨリ赤山ノ社ノ前マテ陣ヲ取テソ支ヘタル。京勢ハ又直洲河原ヲ先陣トシテ京白川ニ充満リ。又同キ廿七日ノ辰剋ニ、河原鞍馬口ヲ下リニ寄ケレハ、御方モ一手ニテ防キケルカ、京勢打負テ、河原ヲ下リニ引退ク。敵利ヲ得テ、手繁ク懸リシ間、両将自ラ返合給シカハ、我モ々ト御前ニ馳塞リシ所ニテ、上杉武庫禅門ヲ始トシテ、」(下4ウ) 三浦ノ因幡守侍所、二階堂下総入道行全、曽我太郎左衛門入道以下各討死シ畢。此間ニ将軍ハ七條ヲ西ヘ桂河ヲ越テ御陣ヲソ、召レケル。又大宮ヲ下リニ作道ヲ山崎ヘ一手ソ引タリケル。爰ニ千本口ヲ防ニ、細川卿律師、四国勢ヲ相具シテ内野ニ磬テ相待レケル所ニ、此口ヘハ敵向ス。京中ニ煙挙リ、時ノ声聞ケレハ、中御門ヲ東ヘ向所ニ、河原口ニテ錦ノ旗差タル大勢ニ懸合セ、旗指ヲ切テ落シ、錦ノ御旗奪取テ追立々々西坂本マテ責付テ仮内裏焼払、勝時造テ河原ヲ下ニ向フ程ニ、又大勢二条河原ヨリ五条辺マテ支ヘタルヲ御方カト」(下5オ) 見所ニ新田以下ノ敵ナレハ、先ノ如ク定禅兄弟ヲメキテ懸ケシ程ニ、此勢モ又散々リニ成テ粟田口苦集滅道ヲ経テ、落テ行ク。然ハ京中ノ敵ヲ悉ク追払テ、七条河原ニ磬テ将軍ヲ尋申サレケル所ニ、在地ノ者共御方ハ一手ニテ七条ヲ西ヘ桂ノ方ヘト大宮ヲ南ヘ作道ヲ指テ引給ツト申ケレハ、即桂河ノ御陣ヘ亥ノ剋許リニ洛中ノ敵ヲハ悉ク追払スル由申サレタリケレハ、則打立テ七条ヲ東ヘ入セ給シニ、路次ニテ天モ明シカハ、廿八日ノ朝、サシモノ大勢ヲ追落ス義貞ヲ、僅カノ小勢ニテ懸散シケル細川ノ人々ノ振舞ヲ再三御感アリシカハ、其比定禅ヲハ鬼神ノ如ソ申ケル。」

(下5ウ)

去程ニ其日ノ申時、又山勢神楽岳ニ陣ヲ取テ寄来ル間、御方ノ大勢馳向テ則時ニ責落ス。其時義貞ト名乗リテ討死ス。赤威ノ鎧ヲソ着タリケル。則頸ヲ取リ、其鎧ヲ剥取テ京中ヲ持廻間、諸人大慶ノ思ヲ成シケリ。是ハ義貞ニ非ス、葛西ノ三郎左衛門カ首也。容皃事柄義貞ニ少シモ違ハス、赤威ノ鎧ハ義貞重代ノ薄金ト同毛也ケレハ、大将ヲ打取タリトテ一旦御方ノ悦ヒケルモ理也。次ノ日ハ合戦ナシ。一昨日山崎ヘ引退シ御方帰リ参リシ也。正月卅日ハ又夜ノ中ヨリ直洲河原ニ合戦始リテ、今日ヲ限リト戦シ所ニ、御方討負テ二階堂信濃判官」(下6オ) 行周《チカ》以下討死シケリ。サテモ去年八月ノ始、武将東夷ヲ鎮ンカ為ニ御出京アテ、相模次郎、諏訪以下退治ノ間、海道所々ノ合戦ヲ至シテ鎌倉ニ下テ数日戦テ、中先代ヲ退治ス。又君臣事有テ矢作河ノ軍サヨリ、東士利ヲ失テ箱根ニ籠リ、又足柄ノ軍サヨリ御方勝ニ乗テ責上リ洛中ニ乱入、連日ノ合戦両年ニ及間、士卒皆弓折矢尽キ馬羸《ナツ》ミ人疲ル。此故ニ御方ノ軍破レテ卅日ノ夕ヘ丹州篠村ニ陣ヲ取ル。両将ヲ始進セテ、宗トノ人々ハ更ニ恙モナカリケリ。翌日二月一日、猶立帰テ都ニ責入ヘキ由其沙汰有ト云共、退テ成ハ功一ヲ武略ノ巧也。細川、赤松以下」(下6ウ) 西国ノ輩ラ案内者トシテ申テ云、先御陣ヲ摂州兵庫ノ嶋ニ移シテ、船共ヲ點シテ兵糧トシ、人馬ノ気ヲ続テ諸国ノ御方ニ徹シ合テ同時ニ責入ヘシトテ三草山越ニ播州院南野ニ出テ、、二月三日兵庫ノ嶋ニ入御ノ所ニ赤松入道円心申云ク、当所ハ要害ノ地ニ非ス、両将ヲハ円心カ摩耶ノ城ニ移シ奉リ、軍勢ヲハ此所ニ可陣一ヘ。路ノ間纔ニ五十町也ト云々。又或人ノ云、此意見其義無ニ非ス。然レトモ是ハ当御陣許ノ御用心也。既ニ去年ヨリ天下二ニ分レテ諸国ニ敵御方相交テ勝負未レタ決一セ所ニ、一夜モ城ニ御座アラハ、遠方ノ聞ヱ不可然一ル。敵ハ利ヲ得、御方ハ力ヲ落ヘシ。」(下7オ) 始終ノ利コソ大切ナレ。仍武将ノ御陣ヲハ不可被移一ト云々。円心重テ申ケルハ、当所要害ニ非ルニ依テ、愚意ノ及所ヲ中上ル許也。更ニ諸国ノ事不思寄一。遠方ノ聞大切ナル間、誠ニ城ニ御座共、御出アルヘシトテ、兵庫ノ御陣ニ定リケリ。赤松忽ニ理ニ伏シケル遠慮ノ程モ顕レケリ。然ニ先立テ御教書ヲ給ニ依テ、大内豊前守周防守護、厚東入道長門守護両人、兵船五百艘ニテ当津ニ着岸ノ間、荒手ヲ以テ又入洛アルヘシトテ、二月十日兵庫ヲ立テ発向ノ間、楠木判官正成、和泉河内両国ノ守護トシテ摂州西宮ノ濱ニ於テ終日合戦有テ、両陣相支所ニ、夜ニ入テ」（下7ウ）正成没落ス。明レハ十一日、細川ノ人々ヲ大将トシテ、周防長門ノ荒手ヲ相従テ責上ル所ニ、義貞又瀬河ニ於テ合戦ス。細川ノ阿州舎弟源侍中、大事ノ疵ヲ蒙ル。又両陣相支ル時分、夜ニ入テ赤松入道、御前ニ於テ歎申シケルハ、縦此陣ヲ破テ御入洛有ト云共、御方ノ兵疲レタレハ、後々ノ合戦難儀ナルヘシ。暫ク御陣ヲ西国ニ移シテ軍士ノ気ヲ続キ、馬ヲ休メ弓矢ヲモ用意シテ重テ御合戦アルヘキ歟。

一　軍ニハ旗ヲ以テ本トス。官軍ハ錦ノ御旗ヲ前立テ向。御方ハ是ニ対揚スル旗無キカ故ニ、朝敵ニ似タリ。然ハ不慮ニ利ヲ失フ。」（下8オ）所詮持明院ハ天子ノ正統ニテ御座スト云共、先代滅亡ノ後ハ、叡慮定テ不快一歟。急キ彼ノ院宣ヲ申下サレ、錦ノ御旗ヲ前立ツル物ナラハ、御方必ス討勝ヘシ。

一　去年ヨリ御方動スレハ利ヲ失事ハ、大将軍西ニ有故ニ関東ヨリ御発向ノ時、毎度戦ノ利ナシ。雖然ト不思議ノ御運ニ依テ入洛相違ナシ。今度ハ西国ヨリ責入給ハ、洛中ノ敵ハ皆大将軍ノ方ニ可向間、旁御本意ヲ可被達一之條、勿論也。

一　四国ヘハ細川ノ一族御下向アルヘシ。播磨摂津国ヲハ円心堅ク踏ヘシ。鎮西ノ事ハ太宰筑後入道妙恵カ子共アマタ」（下8ウ）侍上ヘ、国ノ案内者タリ。先立テ既ニ御教書ヲ被シ下一間タ、定テ可致忠節ヲ一歟。大友又左近将監、七月(朱)正歟ニ於テ京都ニ親光カ為ニ討レ畢。家督千代松丸ハ幼稚ノ間、一族若党数百人、当陣ニ候スル上ハ、筑紫モ多分御方也。中国四国九州ヲ相従テ季月ノ中ニ御帰洛有ラン事、何ノ疑カアラン。先ツ摩耶ノ麓ニ可有入御ト一再三言上ノ間、夜半許リニ瀬河ヲ引テ十二日卯刻、兵庫ニ着給。雖然ト一猶下ノ御所ハ立帰テ、摩耶ノ麓ニ御座有テ、都ニ向テ命ヲ可捨一由被仰一之処ニ、将軍ヨリ再往被申一子細有テ、兵庫ニ入御、酉ノ剋許リヨリ汀ニ浮タル」（下9オ）船共ニ誰カ乗始ルトハ無カリシカ共、大勢船ニ乗キ。誠ニ昔ノ一ノ谷ノ落足ナトモ加様ニヤトソ覚ヘシ。但シ治承ノ昔、頼朝卿義兵ノ始、石橋山ノ合戦ニ打負給テ、真鶴カ崎ヨリ御乗船ノ時ハ、実平土肥、義実岡崎以下主従七人、安房上総ヲ志シテ渡海ノ途中ニ、三浦ノ義盛参会ス。此時房州猟嶋ニ到着シテ、東八箇国不残一相随テ御本意ヲ被達一セ。今度両将軍供奉ノ輩ハ、不可比ス大勢也。就中一頼義、義家奥州征伐ノ時モ、七騎ニ討成レ給事有キ。始ノ負軍サハ当家ノ佳例也ト申輩多カリケリ。去程ニ、御方ノ大将達ノ」（下9ウ）中ニ八九人京都ヘ趣ク。降参トソ聞ヘシ。此輩ハ皆去年関東ヨリ今ニ至マテ致戦功ヲ一者也。雖然ト御方敗北ノ間、イツシカ旗ヲ巻キ、冑ヲ脱テ、改幟ヲ一心中哀也。猶以テ義ヲ重シ命ヲ軽スル勇士ハ終ニ勇メル色ヲ不変セ一御共申ケレハ、戌時許ニ御船ヲ出サル。俄ニ風雨烈シカリケリ。是ハ夕ト云風ニテ追手也シカハ、寅剋許ニ播磨ノ室ノ津ニ着給。去夜兵庫ニテ御舟ニ乗後ル、輩多ク陸ヲ経テ当所ニ馳参ス。希代ノ忠儀也。相随奉船数三百余艘也。此渡ハ播磨ナタトテ、順風ニ非ル外ハ渡ヌ大事ノ渡海也。若此風無ハ御浮沈タルヘキ所ニ、併仏神ノ加護也」（下10オ）トテ、下ノ御前、舎利御釼以下龍神ニ手向テ海底ニ沈メラレニケリ。彼コニ一両日御逗留有テ合戦ノ評定区ナリ。定テ京勢襲向ヘシ。九州着岸以前、後ヲ為防カ一、国々ニ大将ヲ可被留一トテ、先四国ヘハ細川ノイトコ兄弟七人ナリ。阿州利氏、源侍中頼春、栖掃兄弟三人、兵部顕氏、卿公定禅、三位公皇海、帯刀先生巳上四人モ兄弟也。阿州、兵部為両人ノ成敗一ト、於国ニ依勲功ノ軽重ニ一、可被宛行恩賞ヲ之旨被仰付一畢。播磨ハ赤松、備前国ヘハ尾張親衛、松田ノ一族ヲ相従テ三石城ニ被留一メ、備中ハ今河兄弟三郎四郎」（下10ウ）尾ノ道ニ陣ヲ取。安芸国ヘハ桃井ノ匠作、小早川ノ一族ヲ相従テ被差置一。周防国ヘハ守護人大内ノ豊前守、大将ハ新田ノ大嶋ノ兵庫頭、長門国ヘモ守護人厚東太郎入道、大将ハ尾張守殿、如此一被定一テ、備後ノ鞆ニ着岸ノ時分、三宝院僧正賢俊于時日野律師為勅使一ト自持明院一有院宣一。天下ノ事、可被計申一文章也。依之ニ一、諸人勇ノ色ヲ顕シ、於ハ于今一朝敵ノ儀不可有一トテ、錦ノ御旗ヲ諸国ノ御方ニ可揚一之由、国々ノ大将ヘ被仰遣一ケル也。不測ラ御遠行ナレハ、軍旅ノ式、言ノ葉モ無ク哀也。初タル御乗船ナレハ、相従ヘル武士共ハ皆以テ」（下11オ）一人当千ノ勇士□〔※修正か〕弓馬ノ達者ナレトモ、波路遙ニ行舟ノ寄江モ知ヌ思ハ、半天ノ雲ニ泝《サカノ》ホル心地シテ、行末モ更ニ白浪ノ、立帰ヘキ旧里ハ、猶遠サカルトヲツ国、其方トタニモ白雲ノ、跡モナミナル舟ノ中、岸松頻ニ吹テ風波旅伯ノ夢ヲサマシテ、真眠ム間モ有サレハ、枕ヲ並ヘシ妻子ノ面影ヲサヘミスシラヌ所々ヲ過行テ、命ヲトマリノ道ナレハ、心細トモ中〱云計リナシ。戦ニ望ヌタニモ船ハ死門モ近キ物ナルニ、心尽シノ浪ヲワケ、イキノ松原生テ帰ラン事ハ覚ネト、日数経ヌレハ、二月廿日、長門国赤間ノ関ニ風波ノ難ナク着給。同キ廿五日、太宰ノ」（下11ウ）少弐頼尚筑後入道妙恵嫡子、兄弟一族五百余騎ニテ御迎ノ為ニ参向シ、両御所ヘ錦ノ御直垂ヲ調進ス。大方御大慶此也キ。同廿九日、赤間ノ関ヨリ又御船ニ召テ、次ノ日ノ秉燭ノ時分、筑前ノ国葦屋ノ津ニ着御アリケル所ニ、今暁妙恵於内山ニ自害ノ由告来ル。其故ハ自肥後国菊池掃部助武敏寂阿カ子肥後守カ弟為宮方寄来間、昨日一昨日廿八日廿九日於筑後国ニ相戦ニ、折節無勢ノ故ニ妙恵討負テ、宰府ノ宅ヘ引退ケル所ニ、将軍并供奉ノ人々ノ為ニ用意シタリケル馬物具唐物以下一時ニ灰燼ト成シヲ見テ、妙恵申ケルハ、将軍此境マテ」（下12オ）御下向ハ希代ノ珍事也。先立テ自関東被憑思食之由御自筆ノ御教書ヲ被下間、為ニ励微力ヲ愚息頼尚ヲ為御迎ノ進畢。然ニ今度ノ合戦敗北ノ条、失面目之上ハ、老後ノ存命無益也。上様ノ御待《モテナシ》ニハ命ヲ奉ヨリ外ハ別ニ何物カアラン。我君ノ御為ニ自害セハ、子孫等永ク不可存二心ヲトテ、宰府ノ近所内山ト云山寺ノ要害ニ馳籠リ、最後ノ合戦思様シテ、腹切ケル時、妙恵僧ヲ近付テ頼尚カ許ヘ申遣シケル事コソ哀ナレ。我将軍ノ御儲ノ物ハ皆焼失ヒ畢ヌ。今ハ待シニ一命ヲ奉也。老後ノ思出此事ニアリ。没後ノ追善更ニ一塵モ」（下12ウ）不可成之ヲ。頼尚ヲ始トシテ一族家人皆以テ生残ラン輩ハ、合戦ノ忠ヲ致シテ将軍ヲ世ニ付奉ヘシ。其後天下モ静マリナハ、汝カ孝行ナレハ供仏施僧ノ追福ヲモ営ムヘシ。於今ニ其儀アルヘカラス。伝聞ク、周ノ武王ハ父文王ノ喪ノ中ニ、形代ヲ造テ大将トシテ、殷ノ紂ヲ討テ周ノ世ヲ興シ給ニ非スヤ。又治承ノ古ヘ、頼朝義兵ノ始、三浦ノ義明衣笠ノ城ニシテ畠山ト戦ヒケル最後ニ、壮年ノ子孫ヲ教命シテ云ク、我源家累代ノ家人トシテ、老ノ命ヲ君ニ奉リ、勲功ヲ汝等ニ施サン事、悦ノ上ノ喜也。然レハ汝等壮《サカリ》ナル身ヲ以テ我ト一所ニ命ヲ不可捨ツ。」（下13オ）義明ヲハ此城ニ独リ捨置テ汝等ハ君ヘ参テ其功ヲ可成ス。天下ハ必ス源家ノ代タルヘシト、涙ヲ流シテ教命懃ロナルニ依テ、義盛《和田小太郎》・義澄《三浦荒次郎》兄弟ノ者共城槨ヲ去間、義明ハ重忠カ為ニ討取レヌ。此故ニ三浦忠功ヲ今ニ残ス者也。今又妙恵君ノ御為ニ命ヲ捨ツ、義明カ本意ニ少シモ替ルヘカラス。相構テ頼尚以下忘ル、事ナカレトテ、腹掻切テ失ケレハ、子息越後守尾張守頼尚カ弟以下家人若党五百余人、城戸ヲ開テ切テ出テ、皆討死ヲソシテンケル。二月晦日マタ朝ノ事也キト語リケル時、涙ヲ流シテ少人ニ向奉テ、此事能々聞食スヘキ也。武士ノ命ヲ捨」（下13ウ）事ハ、時宜ニ依テ軽重アリ。義明カ最期ヲ承ニ、イカニ今時ノ人ナラハ、片落ニ城ヲ退カハ、祖父ヲ引具スヘシ。不然㆒一所ニテ命ヲ捨ヘキニ、父ノ教命ヲ重クシ、君ノ忠節ヲ専ニシテ、身ヲ忘テ命ヲ惜ミ命ヲ捨テ忠ヲ思ヒケン義明父子カ振舞、思ヒ出スモ哀也。然ハ義盛、義澄、大将殿ニ参テ大切ヲ成ケル也。是ソ真実武略ニ叶ヘル趣ナル。孟子ニ有ヤラン、人ノ剛ナル品ヲ重々ニ申タリ。所モ不知㆒命ヲ軽スル一、次ニ秋毫ヲ以テ打レタルハ、痛ミハ無ケレ共、敵ノ賤シクスル無念ニ命ヲ捨ル一、是等ハ猛キニ似タレ共、不然㆒。只十分ニ義ニ当リテ命ヲ捨ヲ、上々ノ剛ノ者トハ」（下14オ）云也。義明、妙恵カ振舞ソ是ニ叶ヒヌラント覚侍ル。サテ将軍天下ヲ召レテ後、頼尚恩賞数箇所給テ、鎮西下向ノ餞別ノ時、両御所ニテ様々ノ面目ノ御沙汰ニ及シ中ニモ、上ノ御所ヨリハ錦ノ御直垂ヲ下サレ、御盃ヲ給ル。下ノ御所ヨリハ度々ノ合戦ニ是ハラテハ召レサリシ御秘蔵ノ龍蹄ヲ拝領ス。頼尚誠ニ故郷ヘ錦ノ袴ヲ着テ帰シハ、異朝ノ朱買臣ヨリ以来ハ太宰少弐藤原ノ頼尚トソ云レシ。筑後入道カ最期ノ哀サヲ申トテ、且ハ少人ノ御心得ノ為ニ、治承ノ昔ノ三浦カ事マテ引出侍也。

　サテイツクマテ申ツルヤラントテ、落涙セラレケレハ、」（下14ウ）少人、両将葦屋ニ着セ給テ、妙恵自害ノ風聞マテニテ候ト曰ヘハ、此僧重テ云ク、妙恵カ自害ノ事、葦屋ノ御陣ヘ聞ユル間、頼尚ニ御尋有ケレハ、実説ヲ聞定メナカラ虚説ノ由ヲ申テソ退出仕リケル。是ハ御方ノ力ヲ落サシ為也。翌日三月一日、頼尚先陣ヲ承リ、葦屋ノ津ヲ立給テ、宗像ノ大宮司カ宿所ヘ入セ給酉剋。則駄餉并ニ御鎧御馬ヲ両御所ニ奉ル。当所ニテ妙恵カ事被聞食定㆒畢。敵既ニ博多ニ引ヘタル由聞ヘケレハ、其夜頼尚五十町御前ニミノヲ濱ト㆒云所ニ陣ヲ取ケルニ、頼尚一人ヲ宗像ノ御陣ヘ召レテ合戦ノ事被」（下15オ）仰談㆒ケルニ、宰府ノ合戦ノ事ハ頼尚以下御迎ニ参シ候留守ヲ知テ、敵寄懸候間、無勢ニ依テ打負候畢。明日ノ御合戦ニハ国人等必ス御方ヘ可参㆒。菊池ノ武敏許リハ頼尚以一刀㆒ヲ誅伐仕ラント、最《イト》案平ニ事モナケニソ申ケル。サル程ニ、軍ノ意見区也。或議ニ云、関東ヨリ是マテ供奉ノ輩ノ中ニ、多ク乗馬ヲ兵庫ニ捨置テ歩行ノ間、今夜当所ニ逐付奉ラン事不定也。明日許ハ御逗留有テ、此等ヲ待得テ御前ニ被立一テ、御合戦アルヘシ。打捨ラレン事不便也ト被申一ケレハ、衆議未定ノ所ニ、夜半許ニ菊池既ニ宰府ヲ」（下15ウ）立テ向由告来間、後陣ノ輩ノ沙汰ニモ不及一。三月二日辰剋、宗像ノ御陣ヲ御立有テ御発向ノ所ニ、道五六里ヲ経テ未剋香椎ノ宮ノ宝前ヲ過サセ給シニ、神人等杉ノ枝ヲ折リ持テ申ケルハ、敵ハ皆篠ノ葉ヲ符シニ付テ候。是ハ御方ノ符シナルヘシトテ、両将ヨリ始奉テ諸軍勢ノ符シトス。是ハ殊ナル奇瑞也。昔神功皇后新羅征伐ノ時、仲哀天皇ノ御棺ヲ当所ノ櫃ノ木ニ懸奉給ヒケルカ、香シカリシ故ニ櫃日《カシヒ》ノ濱ト書ルヲ改テ、香椎ノ宮トハ申也。サレハ当社ハ椎ノ木ヲ以テ神体ニ比シ、杉ノ木ヲ以テ神宝トセリ。白張装束ノ老翁、直ニ将軍ノ」（下16オ）御鎧ノ袖ニ杉ノ葉ヲ差奉間、軈テ御釼ヲ給リ、後ニ報答ノ為ニ尋ラレケルニ、曽テ知レル神人ナシ。慥ニ此翁ハ化人トソ聞ヘシ。サル程ニ、彼コヲ過テ赤坂ト云所ニ打臨テ御覧セラレケルニ、糒濱《タ、ラ》トテ五十町干潟アリ。両ノハツレニ小河流レテ、筥崎ノ八幡宮ハ四方一里ノ松原也。松原ノ南ハ博多也。東ニハ二三里去テ山アリ。西ハ遠海漫々トシテ唐シヲ限レリ。御陣ノ赤坂ト松原ノ間ハ平沙渺々タリ。砂コノ白事、玉ヲ敷ルカ如ク也。敵ハ小河ヲ越テ松原ヲ後ニ当テ北ニ向テ磬ヘタリ。其勢六万騎トソ聞ヘシ。御方ハ先陣高越後守」（下16ウ）

師泰于時尾州京都ヨリ供奉ノ輩、大友、島津以下、并ニ千葉ノ大隅守、宇都宮弾正少弼于時兵庫助僅ニ三百余騎ニテ大手ニ向テ引ヘタリ。東ノ手崎ハ太宰少弐頼尚五百余騎、皆馬ヨリ下テ支ヘタリ。心ハ猛シト申トモ、千騎ニ足ヌ御勢ニテ、敵ハ既ニ十倍セリ。叶ヘシトモ見サリケリ。爰ニ頼尚黄糸ノ腹巻ニ同毛ノ妻取タル袖付テソ着タリケル。是ハ先祖武藤ノ小次郎資頼、文治五年ノ奥責ニ高名シテ、頼朝ヨリ給ケル重代ノ鎧ノ袖也ケリ。冑ノ緒ヲ縮メ小長刀持テ黒駮ナル馬ニ乗、只一騎将軍ノ御前ニ参テ申ケルハ、敵ハ大勢ニテ」（下17オ）候ヘトモ、一アテアツル程ナラハ、皆々御方ニ参ルヘシ。菊池許ハ三百騎ニハ不可過一。頼尚一命ヲ捨テ戦ハ、凶徒ハ風ノ前ノ塵タルヘシ。急キ御旗ヲ進メラルヘシト申ケル事柄、誠ニ憑敷ソ見ヘケル。尤モ両将一度ニ御向アルヘキ由衆議一同ノ処ニ、将軍、其日ハ筑後入道カ進セタル赤地ノ錦ノ直垂ニ、唐綾威御鎧、御釼二振帯《ハキ》給。一ハ重代ノ大ハミ也。重籐ノ弓ニ上矢打食セ、黒糟毛ナル大馬ニソ召レケル。是ハ昨日宗像ノ大宮司カ進上シタリシ御馬也。其日ハ御重代ノ御小袖ト云鎧ヲハ熱田ノ野田大宮司ソ着シケル。当家戦場ノ御出立、条々ノ」（下17ウ）秘説アリ。昔伊与守頼義、貞任宗任ヲ征伐ノ時、自カラ手ヲ下シテ十二《九》年カ間、暗夜雪中ニモ戦給シカハ、乱合時必ス誤チアルヘシトテ、清原ノ武則カ謀トニテ、将ニ七印トテ七ノ印《シル》シヲ付奉ル。皆是武具ノ内ニアリ。武略ノ秘事タル間、輙ク知人アルヘカラス。然トモ其日ハ七ツマテハ無カリシカ共、佳例ニ任テ少々是ヲ構ヘラル。尊氏軍勢ニ向テ被仰一ケルハ、此遼遠ノ境マテ遙々下向ノ事ハ本意ニ非スト云共、進ミ退ク事弓矢ノ常ノ法也。然ニ今西国ノ者共ニ合テ最期ノ合戦未練ナラハ、当家累代ノ武略ヲ失ノミナラス、東国ノ弓矢ノ」（下18オ）瑕瑾ナレハ、旁以テ思慮アルヘシ。抑我等両人一度ニ向テ若シアシサマナラハ、何ヲ憑テカ残党全カラム。直義ハ先ツ此陣ニ引ヘ給ヘシ。尊氏ニ於テハマツ《真》先懸テ敵ヲ蹴散カスヘシ。若シ戦ヒ難儀ナラハ入替テ責給ヘシト被仰ケレハ、諸人此御定尤也。去年箱根ヲ過キ、足柄ヘ向給テ討勝給シモ、将ノ武略ノ致リ也ト同シ申サレケル処ニ、頭殿ノ仰ニ、同時ニ向ハン条尤モ謀無キニ似タリ。其ニ取テハ将軍当陣ニ御座有テコソ、先陣ノ輩力有テ戦ヘケレ。直義ニ於テハ真前キニ向テ討死スヘシ。敵利ヲ得ル色アラハ御馬廻リ残シ置ル、」（下18ウ）一人当千ノ宿老達ヲ召具セラレ、息ヲツカセス責給ハンニ、ナトカハ敵ヲ破ラサラントヒテ、是モ妙恵カ進上セシ錦ノ直垂ニ、紫キ革ノ御甲ヒニ、篠作リト云御太刀ニ重籐ノ弓持テ、栗毛ナル御馬ニ召レタリ。是モ宗像ノ大宮司カ進セタリシ御馬ナリ。関東ヨリ御共ノ人々多ケレトモ、歩行ノ間、未タ追付奉サル所ニ、身ノ気《器》量アル故ニ、曽我上野介資師于時左衛門尉許ソ歩立ニテ、練貫ノ小袖ノ上ニ、赤革威ノ鎧ノ菱縫ノ板ヨリ切落サレタルニ、四尺余ノ太刀二振帯キ、白木ノ弓ノツク打タルニ、卅六差タルヌリノ、矢負ヒ、弓ヲ強ク引カン為、帽子冑ノ緒ヲ縮テ御馬ノ」（下19オ）前ニ立タリシハ、前漢ノ世ニ比ヒナキ樊噲ナント、申共、是ニハ過シトソ見ヘタリケル。御旗ノ下ニハ仁木右馬助義長于時次郎四郎萌黄威鎧宗像大宮司下御所ニ進上着テ、是モ大太刀二振帯キ、栗毛ナル馬ニ乗テ、大手ニ向テ馳テ行ク。小貳カ向タル東ノ手ヨリ、敵先ツ二万騎許リ抜連テ、時ヲ咄《トツ》ト造テ懸タリシ時ハ、何ナル鬼神ニテモタマルヘシトモ覚ヘサリシニ、頼尚少シモサハカス本ヨリ下立タル歩武者ナレハ、指攻引攻散々ニ射間、敵少シユラヘシ所ニ、ヒタ〳〵ト打乗テ透モアラセス五百余騎、ヲトヲメイテ懸タリシ時シモ、北風沙ヲアケテ吹シカハ、敵ハ煙ノ中ニソ成ニケル。大手ノ」

（下19ウ）御勢是ヲ見テ、同時ニヲメイテ責シ時、曽我ノ上野敵ヲ馬ヨリ引下シ、押ヘテ頸ヲカクマ、ニ、サテ其馬ニ打乗リテ、頭殿ノ御前ニ参リ、分取見参ニ入テ申ケルハ、師資能キ馬設テ候ヘハ、今ハ千騎万騎ニモ向ヒ候ヘシトテ、又懸入シ体、誠ニ一人当千トソ覚シ。サレハ師資カ矢ニ当敵、助カル者ソナカリケル。義長ハ又本ヨリ馬上ノ達人ニテ、真前ニ懸入テ、敵多ク切テ落シ、朱ニ成テソ見ラレケル。然ハ御方勝ニ乗テ筥崎ノ松原ヲ追過テ、博多ノ澳《ヲキ》ノ濱マテソ責付タル。サル程ニ、敵ノ国勢ハ立モ直サス引ケレトモ、武敏取テ返シケレハ、菊池カ兵思切テ返合セケル間、」（下20オ）御方アラケテ松原ノ内外ヲ二手ニテ引ケル所ニ、頭殿御旗能クサセト被仰テ、将軍ヘ御使ヲ以テ被申シハ、直義ハ防戦テ此ニテ討死仕リ候ヘシ。此隙ニ長門周防ニ推渡テ、御意ヲ長クシテ御本意ヲ可被達也。是ヲ記念ニ御覧セラルヘシトテ、錦ノ直垂ノ右ノ袖ヲ解テ進セラレシヲ、見奉輩皆涙ヲ流シテ思切リ、御前ニ馳塞カル所ニ、敵故《フル》ヒタル錦ノ旗差上テ、混《ヒタ》冑三百余騎、シツ〱ト松原ノ北ノハツレニ打出テ、小河ヲ渡サント打浸ス所ニ、千葉大隅守カ旗差シ只一騎、敵ニ河ヲ渡サレシト打罩《コミ》ケルニ、敵支テ磬ヘタル所ニ、将軍白」（下20ウ）旗差セテ懸出給ヘハ、引ツル御方ノ御勢モ馳加テ取テ返ス。頼尚是ニ力ヲ得テ、一手ニ成テ懸シカハ、頭殿本ヨリ抜持給ヘル御太刀セヲ打振テ、懸足ヲ出給ヘハ、勇気無双ノ兵共、我先ニ御命ニ代ラント馳塞シ中ニモ、義長、師資ソ真前ニテハ侍シ。爰ニ頼尚カ秘蔵ノ兵ニ饗庭《アイハ》ノ弾正左衛門尉ト云者、赤革縅ノ甲ノ白糸ニテ肩取タルヲ着任ニ、月毛ナル馬ニ乗リ、主ニ向テ云ケルハ、爰コソ小貳殿ノ打死ノ所ニテ候ヘ。御先仕ラントテ云捨テ、河ヲ颯ト打渡セハ、饗庭カ子、黒革威ノ腹巻着テ、黒キ馬ニ乗タルカ、続テ河ヲ馳渡シ、敵ノ陣ニ懸入ハ、是ヲ討セシト小貳五百」（下21オ）余騎、轡ミヲ並テ呼テ懸レハ、武敏叶ハテ引ニケリ。其時御方勝ニ乗テ逃ルヲ追事急ナレハ、菊池纔ニ討成レ其任遂ニ没落セリ。其《ソコ》ニテ饗庭父子大事ノ疵ヲ数箇所ニ蒙リシカ共、不思議ニ存命シテンケリ。サレハ将軍帰洛ノ後、天下安危ノ戦ノ金目入タル者也トテ、御腰物共給リケリ。鞴濱ノ軍ノ破シハ酉ノ剋ニテソ侍シ。頭殿ハ小貳召具テ、猶モ敵ノ跡ヲ追ヒ、其夜ハ太宰府ニ陣取テ、妙恵カ焼跡御覧シテ御愁歎ソ切也ケル。其合戦ニ討勝給シモ、併ラ両将ノ武略ノ至リニテソ御座シケル。将軍ノ御陣ハ筥崎ノ寺ニテアリシニ、当社ノ祠官等賞翫シ奉事」（下21ウ）限リナシ。御奉幣ノ儀ハ合戦触穢ノ間、憚リ有トテ御湯懸アリテ廻廊ノ前ニテ八幡宮ヲ拝シ奉給ヒ、吉良殿ヨリ進セラレシ四目結作ノ白キ御鈒ヲ宝前ニ納メラル。即寄府ノ地アルヘシトテ、為文章ノ社家ノ古文ヲ被シ召内ニ、鎮西ノ八郎為朝寄府ノ状アリシカハ、昔ヨリ当家ノ祖神ニテ御座シケリトテ、御社ニ向合掌シテ、御喜悦ノ色不浅カラ。三月三日、頭殿ヨリ少貳カ一族武藤豊前ノ次郎ヲ以テ被申ケルハ、昨日ノ合戦ニ討勝條、更ニ人力ニ非ス。誠ニ以テ神ノ加護也。夜前宰府原山ニ打入所ニ降参之輩数多也。即頼尚執申ス所也。」（下22オ）　感悦之余、当所ノ入御ヲ不及待奉。先以テ令啓候ト云々。筥崎ト宰府ノ間五里ナレハ、午剋許ニ此御使ヲ案内者トシテ、将軍原山一ノ坊ニ入御有テ、両将一所ニ御座シケリ。イツシカ昨日ノ降参人等、門守護ヲコソ致シケレ。一向加様ノ事共ハ小貳申沙汰スル所也。於当前ニ妙恵カ最期ノ振舞、子共一族等討死シケル次第、閑ニ尋聞食レテ、御悲歎斜メナラサリケリ。両御所共ニ彼カ忌中ノ間ハ御精進有ヘシトテ、人ノ高声ヲタニモ被謹慎テ、御落涙ノミニテ御座セハ、頼尚ハ又上意ノ忝サニ裏ム涙モセキアヘス。然トモ角テハ不可叶トテ、」（下22ウ）　種々ノ駄餉ヲ持参シテ申上ケルハ、武士タル者、命ヲ君ニ奉事、昔ヲ聞ニ、三浦ノ大介義明、狩野介義光、佐那田与一義忠以下、其数ヲ不知。亡父一人ニ不限事也。不便ニ思シ召ル、条ハ面目タリト云共、片時モ武敏御誅伐ノ事イソカルヘシトテ、自ラ魚鳥ヲ捧テ御酌ニ参間、無ク力其夜ノ酒宴以後コソ人々ノ御対面モアリケレ。則一色ノ禅門、仁木ノ右馬助両大将トシテ、九州ノ輩、松浦党ヲ先トシテ肥後ノ菊池ヘ発向ス。彼城ニ於テ散々ニ戦テ、一日ノ中ニ責落サレシカハ、九国ノ中ニ残ル凶徒モナカリケリ。然間御船ニ乗後レシ人々連々ニ」（下23オ）　参着シケレハ、京都ノ事又日ニ随テ聞ヘシカハ、昔奥ノ秀衡カ、飛脚ヲ結番シテ洛中ノ事ヲ聞ケルモ加様ニヤトソ被仰ケル。サテ御帰洛ノ事ニ両議アリ。一ニハ諸国ノ御方力ヲ落サヌ前ニ急カルヘキ歟、一ニハ兵糧ノ為トテ、余ニ兵ノ疲レタレハ、息《イキ》ヲツク程秋マテ待タルヘキ歟トテ、三月三日ヨリ卯月三日マテ宰府ニ御座ノ所ニ、播州ヨリ赤松飛脚ヲ以テ申ケルハ、新田ノ金吾大将トシテ猛勢ヲ以テ当城ヲ取巻、円心カ一族并ニ京都ヨリ九州ヘ参スル輩馳籠間、勢ハ満足スト云共、兵糧無用意ノ故ニ、御帰洛延引セハ、堪忍難儀也。急々ニ御進発アル」（下23ウ）　ヘシト云々。備前国三石ノ大将尾張親衛申テ云、新田、脇屋大将トシテ向当城ニ軍勢ハ雖無ト不足、以前ヨリ兵糧米無用意ノ間、御京上遅々セハ合戦難儀ナルヘキ由ヲ被申ケリ。依之九国ニハ一色入道、仁木右馬助、松浦党并国勢以下被留置テ、建武三年卯月三日、太宰府ヲ立テ御進発アリ。大友、小弐其外九国ノ輩ハ博多ノ津ヨリ纜ヲ解ク。両将ハ長門ノ国府ニ暫ク御逗留有テ、其ヨリ御乗船アリ。御舟ハ元暦ノ古ヘ、延尉義経、壇浦ノ軍ニ被乗タリシ当国串崎ノ船十二艘ノ船頭カ子孫ノ船也。判官平家追討ノ後、」（下24オ）於ハ此船ニ日本国中ノ於津泊ニ不ト可有公役自筆ニ書給御下文于今帯之ヲ。今又御乗船此舟也。尤モ嘉躅ニ相叶者歟。是ハ守護人厚東ノ入道カ計ヒ也。五月五日ノ夕ヘ、備後ノ鞆ニ着給。此津ニ御逗留ノ時分、諸国ノ御方同シク申テ云、御帰洛遅々ノ趣ナレハ、即合戦ノ意見区也。一議ニ云、両将ハ御船、四国中国ノ兵ハ陸地ヲ可発向ト云々。一議ニハ両将ハ陸ヲ御向アルヘシト云々。各両方ニ引別レテ不定ノ処ニ、太宰ノ小弐申テ云、両将共ニ御舟ニテ御進発不可然歟。天下ノ是非ハ今度ノ御手分ニ依ヘシ。其故ハ、敵既ニ備前播磨ノ両城ヲ」（下24ウ）圍ムナレハ、先ツ是等ヲ退治シテ中国ヲ鎮メスハ、御在京叶カタシ。船軍許リニテハ落居難シ。幸ニ両将御座ノ上ハ、将軍ハ御船、頭殿ハ陸地ヲ御上リアルヘシ。頼尚岳ノ先陣ヲ承テ、亡父カ遺言ニ任テ百箇日ノ追善ニ此合戦ヲ仕リ、御敵ヲ打平テ妙恵カ仏事ニ可擬スト申ケレハ、此義尤モ可然トテ即手分アリ。海上ノ御共ニハ執事師直ヲ始トシテ、関東并ニ京都ヨリ供奉シ奉ル宿老、四国、九国ノ兵也。陸ノ手ニハ高越後守ヲ始テ、京、鎌倉ノ壮年ノ人々、小弐、大友、并ニ長門、周防、安芸、備後、備中ノ御家人等也。去ヌル二月御下向ノ時、」（下25オ）国ノ大小ニ随テ、馬鞍、物ノ具、弓矢、楯ノ板、兵糧米以下用意ヲ可至ス由、諸国ノ守護人等ニ厳密ニ被シ仰含間、各当所ニ運送ス。是皆遼遠ノ境ヨリ供奉ノ輩ニ可被配分御計也。然ハ五月十日比ヤラン、海陸ノ両将同日ニ備後ノ鞆ヲ立給フ。船ハ纜ヲ解キ、岳ハ轡ヲ並テ急キ給。頼尚二千余騎ニテ先陣ヲ打ケルカ、旗ノ横上ニアヤヰ笠ヲ付タリシソ面白カリシ。是ハ天満大神御影向有テ、蝉口ニ御座アル故ニ、昔ヨリ当家ノ庭訓也。海陸互ニ見通ハカシタリシニ、御舟五十余町過シカハ、木ノ葉ノ浪ニ浮タル如也。前船ニハ少々御文ノ幕ヲ引レタリ。又細川ノ」（下25ウ）人々、土岐ノ伯耆六郎、河野ノ一族、其外四国ノ兵五千余騎、兵船五百余艘ニテソ参リ合ケル。楠木カ謀ニ、御方ト称シテ漕向ナント聞ヘシハ此事ニテソ侍リケル。五月十五日ニハ、備前国小嶋ニ着給。彼コニ加治筑前守、汀近ク仮御所ヲ造リ、御風炉ナント立テ、入申シカハ、御休息アリシニ、其夜ノ満月ニ黒雲二筋引渡シテ、数剋見ヘシカハ、軍勢共モ合掌シテ拝シ奉ル。是モ一ノ奇瑞也。今度九州御座ノ間、諸社ノ不思議共多キ間、記スルニ不遑一。中ニモ宰府ニ御座ノ時、博多ノ櫛田宮住吉御社卑シキ少女ニ託シテ、我今両将ヲ守護シテ都マテ安穏ニ送ルヘシ。」（下26オ）然ハ合戦ノ為、白簱一流、鎧冑、御釼、弓、征矢《ソヤ》、上矢ノ鏑ヲ差副テ奉ルヘシト曰ヒケレハ、悉ク調進セラレケルニ、御使ノ見前ニテ又前ノ少女、弓ヲ張、矢ヲ取テ云ク、我ヲ疑事ナカレ。武将今度ハ天下ヲ取ヘシ。然《シカラ》ハ此矢ハツルヘカラストテ、樗ノ木ノ細キ枝ヲ的ト定テ射事三度、一モハツル、事ナシ。更ニ卑賤ノ少女ノ態ニ非ス。又天神ノ仕者、御霊其上ニ光ヲ耀カシ給事、合戦ノ度毎也。又御下ノ時、霊夢ノ子細アリトテ、白葦毛ナル御馬ヲ船端ニ立テ、御座舟ニ引副ラル。又両将ヨリ始奉テ諸軍勢ニ至マテ、冑ノマツカウニ南無三宝観世音菩薩ト書付給、毎月十八日ニハ観音懺」（下26ウ）法ヲ読セラル。御帰洛ノ時ハ人数弥多カリケリ。五月十七日ニ、頭殿ノ御陣、備中ノ軽辺《カルヘ》河原児嶋ノ間三里ヨリ申サレケルハ、当手ニハ備後并ニ当国ノ者共連々参スル上、三浦美作国ヨリ昨日馳参シテ軍勢数ヲ不知一。御勢ニモ又四国ノ人々参着ノ由承候。目出候。但播州、備州ノ合戦最中之由聞候処ニ、結句新田大枝大将トシテ馳下リ、当国福山ニ楯籠候間、今夕手分ヲシ、明日払暁ニ追落テ焼払ヘク候。彼城御陣ニ近所ノ間、御用心ノ為ニ告申所也ト云々。次ノ日十八日、例ノ観音懺法行レ、満散過テ、当所ノ景物楊梅取ニ上ノ山ニ登ル」（下27オ）者共、走下テ申ケルハ、既ニ御方ノ大勢福山ノ城ヲ責落テ火ヲ懸ル間、敵ハ皆落行ク由ヲソ申上ケルヲリカラ、誠ニ仏神ノ加護モアルカト憑敷ソ覚ヘシ。則陸ノ寄手備前国ヘ責入シカハ、義助モ没落ノ由聞ヘシニ依テ、急キ此由ヲ被申一ケレハ、聽テ御舟ヲ出サル。海陸ノ御陣日夜ニ相図ノ火ヲ揚ラレシカハ、山ヲ隔テナカラ、互ニ御陣ノ在所ヲ知シ召レシソ面白カリシ。備前ノ三石城ノ寄手モ落上リヌレハ、義貞モ赤松カ城ノ圍ヲ解テ引テ上ル。陸ノ大勢ハ播磨ノカク河ニ陣ヲ取御舟ハ同国室ノ泊ニ着給ヘハ、翌日赤松入道御船ヘ馳参リ、今度」（下27ウ）円心カ城ニ馳籠軍勢ノ着到并ニ敵敗北ノ時、責口ニ捨置所ノ旗百余流持参シケレハ、一々ニ御覧セラレテ被仰一セケルハ、此家々ノ紋ヲ見ニ、本ヨリ敵キナルハ不及云二、御方ニテ戦功有シ輩ノ旗モ少々交ハレリ。一旦ノ害ヲ脱レン為ニ、義貞ニ属シケル心中コソ不便ナレ。哀レ疾々ク降参申セカシトテ、御落涙アリケレハ、此紋共ヲ見テ憎ミ誹レル者共モ、興醒テコソ覚ヘケル。誠ニ忝ナキ御意ニテソ侍シ。サテ此旗共ヲハ数ヲ記シテ、円心ニソ預ケ置レケル。室ト兵庫トノ間ハ播磨ナタトテ、押手ニテハ叶ハス、順風ヲ不得一外渡ヌ大事ノ難所也。」（下28オ） 然ニ五月廿三日戌剋ニ、雨交リタル西風少シ吹出タリ。尊氏悦ヒ給テ、此風ハ天ノ与ル所也。早ク纜ヲ解ヘシト被仰一ケレハ、面々海上ノ事ハ其道ヲ不レハ得一意見ニ及難シ。船頭共ヲ召レテ可有御尋一ト云々。仍テ御座船串崎ノ船頭ヲ始トシテ、十余人御前ニ列参シテ、各此風ハ今ハ順風也ト云共、月ノ出シホニ吹替テ可向一歟。御舟ヲ出サレテハ、若途中ニテ難儀アルヘキ歟ト申ケレハ、上杉豆州ノ船ハ、今度舟ト名付テ、長門国安武郡椿ノ浦ノ船也。彼ノ船頭孫七ト云者一人申テ云ク、是ハ可然一順風也。雨ハ風ノ吹出ニ降候ヘハ、月出候ハ、雨ハ止ミ候ヘシ。少ハ強クハ候共、追手ナルヘシト」（下28ウ） 申上ケレハ、此義御意ニ叶テ御舟ヲ可ニ被出一定マリケル時、多分ハ危カルヘキ由ヲ申ニ、一人カ説ヲ御許容不可然一ト内々申人々アリケレハ、将軍曰ヒケルハ、元暦ニ廷尉義経カ渡辺神崎ヨリハ大風ナレトモ順風ナレハコソ出シカ、其上運命ヲハ天道ニ任セタリ。何ソ暫モ猶豫セントテ、既ニ御舟ヲ被出一ケリ。惣シテ五千余艘ノ船ナレトモ、其夜御共ニ出シハ卅艘ニハ過サリケリ。月ノ出塩ヲ侍テ室ヨリ五十町東ナル杓子《ヒシヤコ》ノ浦ニソ懸リケル。申ツル如ク雨止シカハ月ト共ニ御舟モ出ケルニ、誠ニコハカリシカトモ、追風ナレハ帆ヲ挙テ馳ケルニ、夜モホノ〱ト」（下29オ） 明ヌレト、山モ見ヘヌ海上ニ、浦浪屏風ヲ立タル如クナレハ、心細カリシカ共、廿四日ノ暮程ニハ御船大倉谷ノ澳ニハ沈石《イカリ》ヲ下シテ懸リ給。然ハ彼ノ船頭ヲ召レテ左衛門尉ニ成レ、忝ク御小袖ヲソ被下一ケル。四国ノ舟ハ本船ニテ御先ニ走リシカ、是モ淡路ノ瀬戸、須磨、明石ノ澳ニソ留マリシ。艫舳ニ燃ス篝リ火ハ、誠トニ浪ヲ焼カトソ見ヘシ。陸ノ御勢ハ一ノ谷ヲ前ニ当テ、塩屋尻ヨリ大倉谷、猪名美野辺マテソ陣ヲ取タリシ。然レハ海陸ノ御陣見渡ナリシ間、明日五月廿五日、兵庫ノ合戦ノ事御談合ノ御使、夜中ニ往復度々ニ及。当所ニ於テ手分アリ。大手ハ下御前、」（下29ウ） 副将軍ハ越後守師泰、大友、三浦、赤松以下播磨、美作、備前三箇国ノ軍勢也。山ノ大将軍ハ尾張守殿、安芸、周防、長門ノ守護人、国人、濱ノ手ハ太宰小貳ヲ大将トシテ山鹿《カ》、麻生ヲ始テ、筑前、豊前、肥前、大隅、薩摩ノ軍勢相随テ可向一ニソ定リシ。五月ノ短夜ノ明易キ天ヲ待カネテ、我モ々ト人ニ先ヲセラレシト独言セシソ哀ナル。明レハ廿五日ノ卯ノ
剋ニ、細川ノ人々四国ノ船五百余艘本船トシテ、猶追手ナレハ昨日ノ如ク帆ヲ上テ、敵ノ引ヘタル湊河、兵庫ノ嶋ヲハ左ニ成テソ走リ
ケル。是ハ凶徒ノ跡ヲ塞カン為也ケリ。武将ノ」（下30オ）御船ニハ錦ノ御旗ノ日出シタルヲ、手ヲ下サレシカハ、浦風ニ翻リタルニ、
数千艘ノ舟同時ニ帆ヲ揚テ、頻ニ責鼓ヲ打テ、淡路ノ瀬戸五十町ヲセハシト漕並テ、海ノ面モ見ヘサリケリ。陸地ノ御勢モ周ク打立
テ、一ノ谷ヲ馳越ヘシカハ、辰ノ剋ノ終リ程ニ、兵庫ノ嶋ヲ見渡シタレハ、湊河ノ後ノ山ヨリ里マテ、旗ヲ靡カシ楯ヲ突並テ雲霞ノ如磐ヘタ
リ。是ハ楠木判官正成トソ聞ヘシ。播磨海道ノ須磨口ヘモ大勢向テ支ヘタリ。濱ノ手ハ和多ノ見崎ノ小松原ヲ後ニ当テ、中黒ノ旗差テ、
一万余騎モ有覧ト見ヘシカ、三所ニソ磐ヘタル。先陣ハ二千騎許リ、其次ハ三四千騎、後陣ハ松原ヲ」（下30ウ）懸テ引ヘタリ。巳
剋許ニ御方三方ヨリ同時ニ責セシ。濱手小貳カ勢ソ一番ニ馳合セシ。旗下ニハ二千余騎シツ〳〵ト歩セタリ。是ニ一町許リ先立テ五
百騎許リ、又是ニ十枚許リ先立テ黒馬ニ白糸ノ甲着テ薄紅ノ母衣懸タル武者ト、河毛ナル馬ニ黄糸ノ鎧着タル兵二騎、武藤ノ豊前次郎、
同対馬小次郎ト名揚テ呼テ懸ク。共ニ早レル若者也。船ト陸トノ間三町許也シカハ、船ヨリハ桟敷ノ前ノ見物ニテソ有シ御座船ノ乱声ヲ
始トシテ、海上ヨリ作リ始シ時ノ音ヲ、陸ノ大勢請取テ山モ崩ル、許リ三度作テ、上矢ノ鏑ヲ射懸シニ、敵ノ先陣引退テ、次ノ陣ニソ」（下
31オ）加リケル。先懸ノ二騎弥ヨ勇テ懸入ケレハ、是ヲ打セシト跡ノ大勢続キシカハ、則和多ノ見崎ノ軍破テ、兵庫ノ端ノ在
家ニ煙リ上リシカハ、大手モ山ノ手モ皆京方ソ討負ケル。四国ノ勢ハ兵庫ノ敵ヲ落サシトテ、生田森辺ヨリアカリケル所ニ、ハヤ義
貞討負テ三千騎許リニテ引ケルニコソ行合タレ。敵ハ馬ニ乗設ケタリ。御方ハ舟ヨリヲリカネケル所ニ、卿公定禅弟帯刀先生、古
山、杉田、宇佐美、大庭ヲ先トシテ、船ヨリ馬ヲ追下シ、ヒタ〳〵ト打乗テ、先八騎連レテ大勢ノ中ヘ懸入テ、散々ニ戦ヒケルカ、
多勢ハ凌クニ叶ネハ、引退キ馬打浸シ、又船ニ乗ントシケル所ニ、」（下31ウ）讃岐ノ国人ニイノミノ某ト云兵、大将ノ命ニ代奉トテ、
馬踏放歩立ニ成テ、返合テ戦ケルヲ見給テ、定禅重テ十六騎ニテ懸上リ戦ハレケルヲ見テ、残者無ク船ヨリ上リテ懸シカハ、義貞遂
ニ討負テ、都ヲ指テ落ニケリ。定禅是ニハ目モ不懸一、湊河ニ正成残テ大手ノ合戦最中ノ由聞シカハ、頭殿ノ御勢ニ馳加テ責シ程ニ、

申ノ終リ許ニ、楠木判官并弟七郎左衛門以下自害ノ輩五十余人、一所ニ於テ討死スル者三百余人、惣シテ濱手湊河ニテ打ル、頸ノ数七百余人トソ聞ヘシ。是程ノ戦ナレハ御方ニモ手負討死多カリケリ。湊河ノ軍破シカハ、」（下32オ）将軍又兵庫ノ魚ノ御堂ニソ御座アリケル。高越後守ノ手者討取シカハ、正成カ頸持参セラル。則実検アリケリ。哀ナル哉。文武二道ノ達者トシテ、君ニ忠厚ク、民ニ情ケ深クシテ、謀ニ勝レ、勇ニ長セシ兵也。春、将軍并ニ頭殿御没落ノ聞ヘアリシカハ、叡慮快ク、諸卿今ハ何事カ可レ有一悦ヒ被申一ケル時、正成奏聞シテ云ク、義貞ヲ誅伐セラレ候テ、尊氏ノ卿ヲ召返レ、君臣和睦候ヘカシ。其ソ始終ノ無為ニテハ候ハンスレ。此間モ此趣キ申上タキ所存ニテ候トモ、弱キヲ捨ルハ弓矢ノ義理ニ非ル上、敵キヨモ勅定ニ応シ候ハシ。今適マ勝ニ乗時、其分思食定メラレハ、御使ニ」（下32ウ）於テハ正成可勤スレ由言上シケレハ、人々、不思議ノ事申タリトテ、様々ノ嘲哢也シカハ、重テ申云ク、君先代ヲ追討セラル、ハ、併尊氏ノ忠功也。関東ヲ落ス事ハ義貞ノ高名タリト云共、猶東士四歳ノ義詮ニ属シ、其外天下ノ諸侍、彼将ニ属スル者也。其証拠ハ、敗軍ノ武家ニハ元ヨリ在京ノ輩相随テ落行キ、君ノ勝軍サヲハ捨奉ツル。是ヲ以テ武運ノ薄キ事ヲ思食知ヘシ。倩ラ事ノ心ヲ案スルニ、両将西国ニ下リ、四国、九州ヲ討靡シ、季月ノ中ニ責上給ハン時ハ、更ニ防戦術アルヘカラス。然レハ千慮無シト云共、於武略ノ道一ニ正成カ申状不可違一。只今思」（下33オ）食合ヘシトテ、涙ヲ流シケリ。誠ニ遠慮有シ勇士也。此義不申違一シテ、案ノ如ク武将上洛ニ及テ、為討手一ノ楠木尼崎ニ下向シテ相待ケル間ニ、使者ヲ以テ京都ヘ申ケルハ、今度ハ官軍必ス敗北シ、御運危ニ近カルヘシ。其故ハ竊ニ人ノ化ヲ以テ量リ見ルニ、去シ元弘ノ始、潜ニ勅命ヲ含テ金剛山ノ城ニ籠シ時、試ニ私ノ計略ニモテナシテ国中ヲ語ニ、皆付随ニ依テ其功ヲ成セリ。爰ニ知ヌ、君ノ徳他（ママ）ニ依テ也。今度正成和泉、河内ノ守護トシテ勅命ヲ蒙テ軍勢ヲ催ニ、親類一族猶以難渋ノ色アリ。何ニ況ヤ国人等ニ於テヲヤ。百姓等ニ於テヲヤ。是則君ノ政天ニ背ケル」（下33ウ）謂レ、戦ニ可失理一ヲ証拠也。然則正成カ存命無益ノ間、最前ニ討死可仕一由申切タリシカ、最後ノ振舞符合スルノミナラス、申所モ違ハサリシソ不思議ナル。翌日廿六日、兵庫ヲ立テ西宮ニ御陣ヲ召ル。都ニハ楠木討レテ大勢既ニ責上ルト聞シカハ、廿七日ノ夕ヘ、去ヌル如ク正月一ノ、又山門ヘ臨幸成ル。洛中ヘハ先丹波ヨリ仁木兵部大輔頼章ラ于時伊州、今河駿河守于時掃部、丹後、但馬両国ノ軍勢ヲ相随テ、各錦ノ御旗ヲ先立テ、数千騎ニテ入ラレケリ。将軍ハ八幡ノ山上ニ御座有テ、同キ晦日ニ御上洛ノ間、此春御乗船ノ時捨奉輩、多ク降参仕ル。今度九」（下34オ）州マテ供奉シテ戦功ヲ致ス仁等列座ノ間、憂喜顔色ニ顕ル、コソ哀レナレ。即山上ヲ可被責トテ、六月五日、細川ノ人々為先陣ト、西坂本ヨリ歩立ニ成テ、雲母坂マテソ責付タリシ。此時千種殿以下官軍アマタ討レケリ。敵ハ大嶽ノ上ニ陣ヲ取シカハ、御方ハ山中ノシケミヲ過テ支ヘタリ。大将頭殿ノ御陣ハ赤山ノ社ノ前也。三手ニ候テ責ラレシカハ、今道越ヲハ三井寺法師ヲ先トシテ中国勢、大手雲母坂ハ細川ノ人々、四国勢并ニ諸軍勢也。横川通リ篠ノ峯ハ太宰小弐、九州ノ兵発向ス。三方共ニ毎日合戦アリ。御方ノ軍サ利ニ」（下34ウ）見ユル時ハ、三井寺法師松明ヲ用意シテ、山門ヲ焼払ハントト勇メル体、理リナカラ浅猨シカリシ事共也。六月廿日、今道越ノ手ヨリ御方討負テ引退キシカハ、残ノ一手モ同時ニ捲リ立ラレテ、坂本マテ追下サル。其時高豊前守以下数十人、山上ニシテ討死ス。此上ハ赤山ノ御陣無益也トテ、御勢悉ク洛中ニ引籠ル。大将左馬守殿ハ三條坊門ノ御所ニ御座シ、将軍ハ又東寺ヲ城槨ニ構ヘ、皇居トシテ警固申サレケリ。去ヌル春、両将浮勢ニテ河原ニ御磬ヘアリシ故ニ、士卒ノ心ソロハスシテ利ヲ失キ。今度ハ縦ヒ軍サ」（下35オ）難儀ニ及共、誰カ東寺ヲ可捨トソ沙汰有ケル。諸国ノ軍勢洛中ニ満々シカハ、狼藉不可説也。去程ニ山上ノ官軍京中ヘ寄来由、空ラ躁《サハキ》連日也シカハ、都ニモ手分有テ、例ノ細河ノ人々、四国勢ヲ召具テ内野ニ陣ヲ取テ相待、法城寺河原ニハ師直大勢ニテ待受タル処ニ、六月晦日払暁ニ、義貞大将ニテ大勢内野ニ推寄タリ。細川ノ人々身命ヲ捨テ防戦ト云共、討負テ引退キ畢ヌ。然ハ敵一手ニ成テ、大宮、猪熊ヲ下ニ所々ニ火ヲアク。河原ニモ同時ニ合戦アリシカ、御方討勝ヌ。大将頭殿ハ三条河原ニ打立テ四方ヲキト御覧セラレシニ、敵既ニ八条坊門辺マテ乱」（下35ウ）入ヌト覚テ、煙所々ニ見シ間、東寺ノ様不審ナシトテ既ニ引返サントシ給所ニ、太宰小弐カ陣ハ綾小路大宮官ノ長者達《ミチ》遠カ宿所也シカ、当手ノ者ハ三條河原ニ馳集テ、何方ヘモ将命ヲ請テ可発向由、兼テ約束シケル間、悉ク河原ニ打寄テ二千余騎ニテ磬ヘタルカ、頼尚此ノ体ヲ見テ申ケルハ、東寺ハ多勢ノ上、可然勇士多ク候ヘハ、敵、縦屏、鹿垣ニ付ト云共、何程ノ事カ候ヘキ。合力ノ御為也共、御馬ノ鼻南ニ向ハ、、師直河原ノ合戦難儀ナルヘシ。是非ニ於テ御馬ノ足ヲ一足モ南ヘハ動カサルヘカラス。先ツ東寺ヘハ頼尚参テ見申ヘシトテ、三条ヲ西ヘ向処ニ、」（下36オ）大宮ハ義貞、猪熊ハ長年、敵二手ニテ八條坊門マテ責下シ間、東寺ノ北ノ門ヲ開テ仁木兵部大輔頼章、上杉伊豆守重能以下打テ出テ防戦ヒシカハ、敵タマラスシテ本ノ如ク二手ニテ引テ上ル処ニ、例ノ細川兄弟、頼尚等、横少路ヨリ懸切々々責シ間、敵多亡ヒニケリ。伯耆守長年モ三条猪熊ニテ肥前国住人草野左近将監ニ討取レ畢。義貞ハ僅カ二三百騎ニ打成レ、長坂ニ懸テ引トソ聞ヘシ。南ハ畿内ノ凶徒作道ヨリ寄来シヲ、越後守師泰、敵大勢討取テ、則時ニ追散シ畢。宇治ノ手ハ法性寺辺マテ責入タリシヲ、細川源侍中、」（下36ウ）内野ノ手也シヲ、召抜レテ大将トシテ菅谷辺ニ馳向ヒ、数剋相戦テ打散シ畢。竹田ハ今河駿河守頼貞于時栖掃大将トシテ丹波但馬ノ勢相向テ追落ス。今日六月卅日、数箇所合戦悉ク未剋（ママ）以前ニ討勝シソ、誠ニ仏神ノ加護ト覚テ目出カリシ。明レハ七月朔日、三條河原ニ於テ実検ノ頸千余人トソ聞ヘシ。宮方諸方同時ニ攻合セ、既ニ洛中マテ責入シカハ、今度ハサリトモトコソ思シニ、剰ヘ長年以下多ノ者共討レテ其任破レシモ、故有覧トソ覚ヘ侍リシ。爰ニ不思議也シ事ニハ、山王権現多ノ人ノ夢ニ忿怒ノ御姿ニテ、山上ニテ合戦破レナハ、我山ノ」（下37オ）仏法可滅一ス。先戦場ヲ他所ニ可移一ス。雌雄ハ天ノ定ムル所也ト見ヘサセ給由、口々ニ申セシカ、果シテ御方利ヲ失テ山上ヲ追下サレシカ、六月晦日ノ合戦ニ遂ニ討勝ニケリ。然トモ猶南方ノ凶徒、宇治、八幡ニ充満テ責来由、毎日ニ風聞アリシカトモ、七月モ過ヌ。八月廿日比ニテ有シヤラン、宇治ノ敵可払一トテ、細川ノ人々大将トシテ、河野対馬入道カ一族ヲ始トシテ二千余騎ニテ向タリシカ、打負テ引退間、敵勝ニ乗リ、小幡手向、稲荷山ヲ経テ、今比叡ノ上阿弥陀カ峯ニ陣ヲ取リ、篝ヲ焼ヲ見テ、高大和守、カウソ口チスサマレケル。」（下37ウ）

多共四十八ニハヨモスキシ阿弥陀カ峯ノ夜ノ灯

ヤサシクコソ聞シカ。

八月廿三日ノ暁天ニ、賀茂多々須河原ニ於テ又終日合戦アリ。大将師直身命ヲ捨テ防戦間、両所疵ヲ蒙ル。官軍多ク討レシカハ、義貞敗北シ畢ヌ。雖然一阿弥陀カ峯ノ敵相支間、翌日廿四日ノ夜、於東寺一ニ合戦ノ義勢区《マチ〳〵》也。一義ニハ皆歩立ニ成テ楯ヲ突シトウテ壁、鹿垣ヲ切破テ責落サント云々。爰ニ細川帯刀先生申テ云、阿弥陀〔※「阿」を消して朱筆で「陀」と訂正〕カ峯ニ籠所ノ敵、思ニハカ〳〵シキ者ナルヘカラス。畿内近国ノ山人ナルヘシ。乍去一精兵ナントハ候覧。歩立ニ成テ責上ランハ」（下38オ）彼等カ好ム所歟。我等カ親類四国ノ勢ヲ召具シテ、先ツ淀、竹田ヨリ向、足キ、ノ奴原ヲ懸立々々河ニ追潰シテ、小幡山ニ馳上リ、稲荷山ヲ経テ、峯続キニ敵ノ後ヨリ懸落ヘシ。シカモ敵、城ノ後ヲコシラヘス。追散サン事案ノ内也。但シ敗軍必ス久々目路、白河ヲ上リニ粟田口ヘ趣クヘシ。頭殿、七條河原辺ニ御磬ヘアリテ、面ヨリ責ル体ヲ可被見一ト被申一ケレハ、尤此義可然一トテ、夜ノ明ルヲ遅シト例ノ細川ノ人々、阿弥陀カ峯ニハ目モ懸ス、河原ヲ下ニ南ヘ向シ程ニ、淀、竹田ニ充満タル敵共、竹田縄手ノ小キ所ヲ堀切テ、鹿垣結、矢倉カキ、城戸ヲ打テ」（下38ウ）相待所ニ、御方大勢向ケリ。向勢ノ中ヨリモ一町許先立テ、武者三騎一足ヲ出シテ懸シカ、黒キ馬ニ乗タル武者、矢倉ノ限ニ馬ヲ颯ト懸居ヘ、抜タル太刀ヲ鞘ニ納メ、大手ヲ広ケテ矢倉ノ下ノ城戸ノカウシヲ下サセシト取付テ、馬ニ乗ナカラ冑ノシコロヲ傾シ所ニ、二騎ノ武者ツト馳来テ、歩立ノ敵ヲ蹴散シテ、三騎ナカラ城戸ノ内ヘ懸入シニ、後ノ大勢続テ乱入シカハ、則竹田ノ要害破シカハ、一人モ不残一淀河ニ追漬サレシ也。一昨日廿三日ノ夕ヘヨリ昨日マテノ大雨ニ大洪水也シカハ、河ニ入者一人トシテ助カル者ソ無カリケル。此時真前懸シ黒馬ノ乗主ハ、細川帯刀」（下39オ）先生也。木戸ニ取付シ所ニテ、内冑ニ疵ヲ蒙リ、乗馬モ数箇所切レシカ共、阿弥陀カ峯ヲ追落テ、東寺ニ帰参ルマテハ無ソ相違一侍シ。一騎ハ帯刀先生ノ郎、等古山平三也。其日ノ敵ノ大将鑒賢法師其時還俗ヲ押並ヘテ組落シ、生捕タリシ兵ナリ。一騎ハ伊勢国ノ住人、工藤三郎左衛門尉号ス長野也。何レモ不思議ノ振舞トテ再三御感ニ及シ也。其任此人々、小幡山ニ打上リ、稲荷山ヲ経テ、阿弥陀カ峯ノ敵ノ後ニ近付シカハ、大手六条河原ノ御勢モ攻合ス。先陣ハ太宰小貳頼尚也。城中ノ凶徒等是ヲ見テ仰天スル所ニ、透モ無ク山ノ手ヨリ」（下39ウ）懸入シカハ、一軍ニモ及ス没落ス。ソコニテ数輩討レテ、遁ル、者モ手負テ、久集滅道、白河ヲ上リニ引シカ、残少ナニソ聞ヘシ。又八月廿八日、山勢最後ノ合戦スヘシトテ、君ノ火ノ御袴ヲ申下シテ引裂々々笠符ニ着テ、夜ノ中ヨリ寄来間、又師直大将トシテ、御方所有ル大勢一手ニ成テ、入替々々今日ヲ限ト防戦上ヘ、去ヌル七月晦日ヨリ今月廿三日五日度々ノ軍ニ討勝テ、諸軍勢皆気ニ乗テ勇諍ソフ兵ナレハ、今度モ遂ニ討勝ヌ。其日ソ都ノ合戦ノ極メ也シ。雖然一ト猶山上ノ敵不退散一間、山徒一ト云兵粮一ト云、江州ノ力ヲ以テ支ヘタレハ、」（下40オ）御勢ヲ差遣シ、先江州ヲ打取テ東坂本ノ兵粮ノ通路ヲ可塞一ト云御沙汰最中ノ所ニ、九月中旬、小笠原信濃守貞宗、甲斐、信濃ノ一族并ニ国人ヲ卒シテ、三千余騎山道ヨリ近江国ヘ打出、勢多近ク望所ニ、山徒等橋ヲ引間、野路野辺ニ陣ヲ取ケルニ、脇屋義助大将トシテ海ヲ渡テ散々ニ責戦シカ、貞宗討勝一ト云共、要害ノ地無ニ依テ、先引退テ鏡山ニ取上ル処ニ、敵重テ寄来シ間、相戦テ大勢打取リ追散シテ、伊吹ノ山中ニ馳籠リ、事ノ由ヲ京都ヘ註進申シカハ、折ヲ得テ既ニ小笠原合戦ニ及上ハ、合力ヲ加ヘ江州ヲ打平ク」（下40ウ）ヘシトテ、佐々木佐渡判官入道道誉ニ被仰一テ、九月ノ末ノ比、丹波路ヨリ若狭小濱ニ出テ、案内者タル間、北近江ヨリ国中ニ打出テ、小笠原ト一手ニ成リ、一国ヲ打取間、山徒モ官軍モ力ヲ落ス故ニ、建武三年十一月廿三日ノ夜、君ハ和睦ト号シテ都ヘ還幸アリ。御迎ノ為、武家ノ輩、賀茂川原辺ニ参向ス。同夜義貞ハ内々勅ヲ蒙テ、春宮ト一ノ宮ヲ取奉テ、関東ヲ志シテ先北陸道ヘ没落ス。此時義貞重代ノ赤威号薄金トヲ山王ニ献シ奉ル。于今一社頭ニ有ト也。其時ノ別哀也シ事多カリキ。荒地ノ中山ニテ、大雪ニ合テ軍勢等寒《コヽヘ》死ヌル者」（下41オ）多カリケリ。雖然一ト義貞ヲ始テ可然一人々ハ恙無テ越前国ニ令下着一、敦賀津金カ崎一ト云無双ノ要害ニ楯籠間、当国ノ守護人尾張守、高越後守、仁木、細川ノ人々発向セシメ給。君ヲハ花山院殿ニ入奉テ、武家ヨリ四面ヲ警固セシメ、只准后并ニ女房達両三人許ソ祗候セラレケル。去ヌル元弘元年ノ秋、笠置ヨリ六波羅ヘ入セ給シヲタニ思ノ外ニ申セシニ、御一代ノ内ニ又斯《カヽル》御目ニ合セ給事、何ナル故ニヤ。今度ハ何レノ国ヘカ遷サレサセ給ハンスランナント沙汰セシ時分、竊ニ花山院ヲ出御有シカハ、洛中ノ騒動申許ナシ。」（下41ウ）定テ京中ニ御敵出来ヌ覧トテ、急キ東寺ヘ警固ヲ遣ハサル、程ノ事ナレハ、諸人冑ノ緒ヲ縮テ、将軍ノ御前ヘ馳参リタリシカハ、武将ハ少シモ御驚動ノ気色モ無クシテ、宗トノ人々ニ御対面有テ被仰一シハ、此間君花山院ニ御座ノ故ニ、警固其期無ニ依テ、以外ノ武家ノ煩也。元弘ノ如ク遠国ニ移シ奉ランモ其恐アル間、迷惑ノ所ニ、今ノ御出ハ甚以吉事也。定テ畿内ノ山中ニ御座アルヘシ。御進退ヲ叡慮ニ任セラレ、自然ト御落居ハ可然一也。運ハ天ノ定ムル所也。浅智ノ強弱ニ不可有一者也トテ、推静リテ御座アリシカハ、是ヲ見」

（下42オ）奉人々、誠ニ天下ノ将軍、武家ノ棟梁ニテ渡セ給ヘキ御所存哉。大敵ノ君ヲ逃シ奉テ驚ケル御気色モ見ヘサセ給ハサリシト、面々申合レシ也。去程ニ君ハ大和国アナト云山中ニ御座ノ由聞ヘシカハ、名全自声不可然ナントロ々ニ申ケルカ、遂ニ崩御成テンケリ。越前国金崎ハ明ル建武四年三月六日ニ責落サル。義貞ハ先立テ圍ヲ出ヌ。子息越後守義顕自害ト云々。一ノ宮モ御自害ト聞ユ。春宮ヲハ武士取奉テ入洛ス。此城ニ籠輩、兵粮絶シケレハ、馬ヲ害シテ食セシメ、廿日余堪忍シケルト云リ。生ナカラ鬼類ノ身ト成ル」（下42ウ）凶徒等ノ後生ノ程コソ不便ナレ。此城没落セシヨリ東西南北静リテ、日本国中惣テ御旗ノ向所、凶徒ノ誅罰踵ヲ不廻サ、月日ヲ追テソ静謐セシ。

一　或時夢窓国師談義ノ次ニ両将ノ御徳ヲ條々褒美被申ケリ。先将軍ノ御事ヲハ、国王大臣凡テ人ノ首頂ト生ル、ハ、過去ノ善根力ナル間、一世ノ事ニ非ス。殊ニ将軍ハ君ヲ護リ国ヲ治ムル職ナレハ、ヲホロケノ事ニ非ス。異朝ノ事ハ先置ク、昔ノ田村、利仁、頼光、保昌ハ名将タリト云共、威ヒ国ニ不及。治承ヨリ以来、鎌倉ノ右幕下頼朝卿、」（下43オ）征夷大将軍ノ職ニ居シ武家トシテ、政務《(朱)世》ヲ自専シ、賞罰私無シト云共、罰ノ辛故ニ仁ノ闕タル歟ト見ユ。今ノ征夷大将軍尊氏ハ、仁徳ヲ兼給上ニ、三ノ大徳御座ス也。第一ニ、御心飽マテ剛ニシテ、合戦ノ間ニ命終ニ臨給事度々ニ及ト云共、笑ヲ含テ敢テ恐怖ノ色ナシ。第二ニ、慈悲心天性備テ、敵ヲモ憎給事ナシ。凡テ人ヲ憎シト云事ヲ不知給シテ、多ノ怨敵ヲ寛宥アル事一子ノ如シ。第三ニ、御意広大ニシテ一切ノ物ニ於テ物惜ノ気マシマサス。金、銀、五穀ヲモ平均ニ思召テ、武具、御馬以下ノ物ヲ人々ニ下給ニ、財ト人トヲ」（下43ウ）不御覧シ合セ、御手ニ任セ、見ルニ随テ給シ也。八月朔日ノ憑ナントニ、諸人ノ進上物山ノ如ク有シカ共、皆々人ニ下シ給シ間、夕ヘニハ何有共不覚由ヲソ近習ノ人々モ語リ給ヘ。此三ノ御徳ハ末代ニ難有将軍トソ談義ノ次テ毎ニハ申サレシ。

一　聖徳太子四十九院ヲ作置、天下ニ齋日ヲ禁戒シ、聖武天皇ノ東大寺、国分寺ヲ立給、淡海公ノ興福寺ヲ建立シ給シ等ハ、上古ノ事、皆応化ノ所変也。今ノ両将モ凡《タヽ》人トハ申難シ。専仏法ニ帰シ、殊ニ夢窓国師ヲ開山トシテ天龍寺ヲ造立シ、一切経書写ノ御願ヲ発シ、自ラ毎日地蔵菩薩ノ」（下44オ）像ヲ図画シ、自讃御判アリ。又何ナル大飲急劇ノ後モ、一座数剋ノ工夫ヲハ闕給事無カリシナリ。

一　又下御所左馬頭殿号錦小路殿ハ、六十六箇ノ国毎ニ寺ヲ一宛立テ、各安国寺ト号シ、又塔婆一基ヲ造立シテ所領ヲ寄ラル。御身ノ振舞ハ廉直ヲ先トシテ、事ニ触テケニ〳〵シク偽レル御気色無リシ也。此故ニ政道ノ事ヲ将軍ヨリ一向譲与シ奉リ給シニ、固辞再三ニ及ト云共、上ノ御所強ニ御懇望ノ間、無レ力御領状アリ。其後ハ政務ノ事ニ於テハ、一塵モ将軍ヨリ御口入ノ儀ナシ。或時両将御対面ノ次ニ、将軍、頭殿ニ被レ仰云ク、「国ヲ治ムル職ニ居シ給上ハ、イカニモ〳〵御身ヲ重クシテ、仮染ニモ遊覧ノ儀無ク、徒ラニ暇ヲ尽サルヘカラス。政道ニ私無クシテ、而モ諸人ヲ羽含ミ給ヘシ。是レ尊氏私ニ申ニ非ス。太宗ノ重ク誡シメ給所也。且ハ存知シ給覧。乍レ去花紅葉ナント苦シカラヌ見物ハ境《ヲリ》ニ依ヘシ。弟ニ御身ヲ重ク持給ヘト申スモ、我レ文道闕タルニ依テ、世務ヲ一向譲リ奉レハ、国家ノ為メナリ。サテ我身ハ非器ノ上ハ、軽シク振舞、諸侍ニ近付、人々ニ思付レテ朝家ヲ守護シ奉ラント思故也。全ク自由ノ儀ニ非ストソ被レ仰ケル。此重凡慮ノ可レ及所ニ非ルナリ。」（下45オ）

一　又或時両御所御会合アリ。師直并ニ故キ評定衆アマタ召レテ御沙汰ノ規式少々被レ定ケル時、将軍被レ仰テ云ク、「昔ヲ聞ニ頼朝卿廿年カ間伊豆国ニ於テ辛労シテ、義兵ノ遠慮ヲ廻ラサレシ時分ニ、平家ノ悪逆積ニ依テ、受テ天ニ与スル人ノ間、治承四年ニ義兵ヲ起シ、元暦元年ニ朝敵ヲ平ケシ合戦、首尾五箇年歟。其ヨリ以来武家ヲ立テ、政道ヲ行ニ、賞罰分明也。其趣尤先賢ノ好スル所也。雖レ然ト猶罰ノ辛キ方多カリキト聞ユ。是ニ依テ氏族ノ輩以下疑心ヲ残シシカハ、雖レ無ト失錯多ク誅伐セラレキ、最ト不便ノ事也。」（下45ウ）当代ハイカニモ人ノ歎無シテ天下治ラン事、予カ本意タル間、今度ハ怨敵ヲモ能ク宥メテ、本領ヲ安堵セシメ、忠功ヲ致サン輩ニ於テハ恩賞ヲ可レ行也。此趣ヲ以テ面々可レ被レ補佐也ト仰出サレケレハ、頭殿モ同シ御所存也トテ殊ニ御悦喜アリケリ。是ヲ承シ師直并評定衆各忝ナキ御意共ヲ感シ奉テ、涙ヲ拭ヌ人ソ無カリケル。尓《シカシ》ヨリ後ハ頭殿、弥ヨ御学問可レ有トテ、天下無双ノ名匠玄恵法印ト云人ヲ被レ召テ師範トシ、聖談底ヲ究メラレシカハ、御政道誠ニ正シカリキ。唐尭、虞舜ハ異朝ノ事、延喜、天暦ハ上古ノ様シナレハ不レ及是非ニ、末代ナカラ斯《カヽ》ル将軍ニ生逢奉ソ」（下46オ）万民ノ幸ナル。去程ニ春宮、光厳院ノ御子受禅アルヘシトテ、大嘗会ノ御沙汰有テ、公家モ誠ニ花メキテ、都モ弥繁昌セリ。諸国ノ凶徒モ或ハ降参シ、或ハ退散セシカハ、四海ノ逆浪理リテ、将軍ノ威風ニ靡カヌ草木モ無カリケリ。然ハ合戦ト云事モ近クハ無シ。サレハ天道ハ慈悲ト憲法トヲ加護シ給ナレハ、此趣キヲタニ違ヘ給ハスハ、彼ノ御子孫ニ於テハ周ノ八百余歳ヲモ超過シ、アリソ海ノ濱ノ真砂ハ算ヘ尽ス共、此御代ノ子孫相続シ給ハン事ハ譬モ無ヤ侍ラン。

サテモ少人ノ仰セ背難ニ依テ、鎮西御没落マテ申侍ヌ。筑紫人ノ物語リナランカラニ、空言シケリトハ不可思食ス。殊更当社ノ御前ニテ」（下46ウ）争テカ虚言ヲ申ヘキ。只耳目ニ触ル、所ヲ、私無ク有ノ侭ニ申シ侍也。詞コソ拙ク侍レ共、偽リナキ軍サ物語ニテ候ト被申ケレハ、少人、賢コクソ先代様ト云不審申出テ、面白キ御物語承リヌト悦ヒ給ケリ。其時法印倩《ツラツラ》聞テ曰ヒケルハ、誠ニ両将ノ御意共コソ殊勝ニ侍レ。慈悲憲法ニ与シテ天亦時ヲ与ヘ申シケンモ理リニヤ。乍去元弘建武ノ合戦ハ、開闢以来無キ比ヒ大乱トコソ承リ侍レ。然ラハ又罪業モ随テ広大ナラン。責一人ニ帰スナレハ、先皇并ニ大御所ノ御罪ノ程コソ痛シケレ。先世ノ十善等ノ戒行ニ依テ、今斯ル御果報共ニ生レ給ヘ共、又此罪」（下47オ）業ニ依テ、未来永々必ス地獄ニ堕給ヘシ。爰ヲ以テ福ハ第三生ノ怨《アタ》トハ申タル也。儒教ニモ是ヲ誠テ情欲無ラン事ヲ思ヘリ。殊ニ合戦ハ欲ノ極メナレハ、専ラ是ヲ誹ル。サレハ唐シノ古人ハ百戦百勝不如一忍ト云文ヲ守テ一期ヲ持ツト云リ。道士モ偏ヘニ虚無自然ノ道ヲ立ツ。情欲有ニ依テ諍ヒ起ル。諍起ル故ニ国家乱レ民庶亡フ。爰ヲ以テ万物皆自然也ト云ヘリ。老子ノ大意ハ、上世ヨリ以来、争ソヒ天下ヲ貪テ功名ヲ、煩シ四海ヲ悩マス億兆ヲ類ヒ、遂ニハ又亡ホシ身ヲ殞《ヲト》ス命ヲ。此根元ヲ見聞クニ、有欲ニ依テ也。故ニ無欲ニシテ可向道ニ理ヲ示スト也。然ハ道徳」（下47ウ）二篇五千言ニモ偏ニ述此義ヲ。仏教又不及申。無欲清浄ナラン事ヲ本意トセリ。サレハ大般若経ニハ十八皆空ヲ説テ、畢竟空ノ理ヲ明スモ、有執ヲ遮セン為也。悲シキ哉。三毒五欲ノ狂人ハ、無始無明ノ執深ク、六趣四生ノ迷類ハ、自業自得ノ苦ヲ招ク事ヲ、罪ニ々ヲ重ネ、冥ヨリ々ニ入ラン事ソ歎カ敷侍ル。哀レ此武士達ノ、欲情ニ引レ戦場ニ望テ勇猛ナル如ク、仏法ニ入リ、道念ヲ発シテ、暫ク也共修行シ給ヘカシト曰ヒテ、落涙セラレケルソ貴トカリシ。

予垣ヲ隔テ此物語ヲ聞ツ、書付侍余リ、名ヲハイカニト」（下48オ）思程ニ、処カラ北野ノ宝前也。御当家ノ栄花梅ト共ニ開ケ、御子孫ノ長久松ト徳ヲ均クスヘシ。其上ヘ当社ハ飛梅老松ヲ以テ要臣トス。然ハ少童ノ花ヤカナル問ヲ梅ニ擬ヘ、老僧ノ答詞ノ不ル偽一貞心ヲ松ニ譬ヘテ、梅松論トヤ可申侍一トナン。

梅松論巻下　」（下48ウ）

等持院殿御昇進次第

元応元年十月十日　任治部大輔二十五歳
同　　　日　叙従五位下
元弘三年六月一日　鎮守府将軍廿九歳宣下
同　　月五日　昇殿　　同月十三日任左兵衛督
同　　　　　改高字一賜尊字一　同日叙従四位下
同　年八月五日　兼武蔵守　　同日叙従三位
同　四年正月五日　叙上三位　建武正月廿五日改元元年九月十四日任参議
同　二年八月九日　征東大将軍　宣下　」（下49オ）
同　　月卅日　叙従二位　是ハ皆後醍醐院御代也
同　三年　　　叙正二位　征夷大将軍　宣下
　　　　是ハ光明院御代　　当代始ノ事也

于時嘉吉第二暦孟春仲旬之天夜々於燈下而令書写畢　比興々々　桑門行誉

」（下49ウ）

（空　白）

」（下50オ）

一名字

設楽《シタラ》　安保《アホ》

鞆《トモヘ》備後在所名　串崎《クシサキ》也

此銘歎（ママ）心得所ニ縁而梅松ハ然也。論字不謂。物語ナレハ談トイハレン歟。　壌云言之

」（下50ウ）

結　語

本書の目的は、『壒囊鈔』を従来のように資料としてではなく、行誉という一人の真言僧の思想を表明するところの作品として再評価し、さらには『壒囊鈔』を生み出した室町時代の文化的状況を明らかにしようとするものであった。そのために、行誉自身の言葉の志向性を探ることから始め、そこに現れた政道論の同時代における位置づけと、行誉が『壒囊鈔』をものするに至った背景を考察するという過程を通して、『壒囊鈔』という作品の輪郭と、そこに現れた時代精神のようなものを明らかにしようと試みてきた。それがどれほど達成できたか甚だ心許ないが、ここで今一度全体を振り返り、本書の結論と今後の展望を述べたい。

第一編「編者自身の言葉」

本編では、『壒囊鈔』の特徴である雑纂性と問答形態に注目した。

まず、巻一から巻四までの奥書と最終条を素問の成立過程を表すものとして辿ってみたのだが、その作業の中で、巻一の奥書が往来物の『東山往来』とその続編『東山往来拾遺』の序文を組み合わせたものであり、『壒囊鈔』の中にもこの『東山往来』正・拾からの引用が多くなされることを指摘し、往来物である『東山往来』が、単なる引用書にとどまらない影響を『壒囊鈔』に与えていたことを確認した。それは、道を志すものにはあらゆる知識に通じることが必要であり、それらを問答による良質な耳学問によって身につけることが大切であるという、『壒囊鈔』の根幹に関わる考え方であった。また、素問の最後に当たる巻四最終条は、『壒囊鈔』がここで終わることを示す後書きとでもいうべき性格を持つものであり、しかも、そこには学習過程における『壒囊鈔』の位置づけと、読み手への期待が込められていたこともわかった。

次に、『壒囊鈔』の特徴である問答形態に注目し、答えの内容が問いの範囲から脱線する、答えの〝脱線〟の例を挙げ、そこに展開される行誉自身の主張を分析した。そこでは既存の説話集などからの説話を巧みに配置しながら勧学・世相批判が展開されるが、それらは政道論に帰着することがわかった。

第一編の結論は以下の通りである。行誉の『壒囊鈔』編述姿勢は、読み手（依頼主）を常に意識していたものであり、「雑談」による良質の耳学問を勧めながらも、最終的にはそれを脱して書物による正統な学問に至ることを望むものであった。そして、行誉がこのように勧学を説くのは、行誉が学問で得た知を政道に役立てることのできる人物の養成を目指していたからである可能性が高いのである。

第二編「行誉の政道観」

本編では、第一編に見た政道論に注目をした。

まず、『壒囊鈔』の政道論の中に『御成敗式目』を聖典化する思想が見られ、しかも、その前後の条項が当時の幕府奉行人・評定衆らの扱う法制関係に関わる内容や、『御成敗式目』の注釈書である式目注釈書と共通する部分が見出されること、同時代に式目講義を行っていた大外記清原業忠との交際を表す記事が見られることなどから、『壒囊鈔』が当時盛んに成りつつあった式目注釈学と関わりを持っていた可能性を指摘した。「律令・式目同源説」をその思想の根底に持つ式目注釈学は、皇統思想のもとに幕府の権威が成り立つという国制モデルの定着と同時に広まったものといわれるが、『壒囊鈔』の政道観もその思想史的な流れの中に位置付けることができるのではないかと考えた。

それを裏付けるのが『壒囊鈔』における『神皇正統記』の引用である。『神皇正統記』の記事は『壒囊鈔』の政道論の展開にとって重要な論拠となっているが、思想的に受け入れられない部分は修正が行われていた。行誉が『壒囊鈔』に取り入れた『神皇正統記』の政道論は、皇統思想を枠組みとした儒教的徳治主義・無民思想であった。『壒囊鈔』および同じく行誉による天理本『梅松論』は室町幕府政権下の『神皇正統記』享受の早い例であり、その後公武の知識層の間で『神皇正統記』への関心が高まってゆく。この背景には式目注釈学流行に象徴される政道観・国制モデルの定着が指摘できる。『壒嚢鈔』が書かれたのは、幕府による朝廷への綸旨発給要請がしばしば行われた、いわば皇室権威の相対的回復の時代であり、治天制（天皇制）・皇統思想に裏付けられた幕府権威の荘厳化が行われた時代であった。『神皇正統記』を政道論の拠り所として引用する『壒嚢鈔』の政道論には、そのような思想的な背景があったものと筆者は考える。

次に、『壒嚢鈔』の政道論の中で二番目に分量が多い巻四―5条（巻⑨―42）「怨深子推恨ト云ハ、何事ソ」（「子推恨」）において、介子推説話の主題である賞罰論から、一転して女人政治容喙批判を基調とする后宮婦人論が説話と評論を巧みに組み合せながら展開される点に注目した。説話は主に後嗣問題と嬖妾政治との関わりを主題とした漢故事説話が中心であったが、最後の締め括りが天下国家から「家」の問題に言及するところから、筆者はこれが単なる一般的な教訓ではなく、有力守護家の家督争いが世の混乱を招き、しかも将軍不在のため、前将軍生母の日野重子による幕政への容喙が行われるという、当時の社会状況を反映した政道論であったという視点を提示した。

ここで第二編の結論を述べると、『壒嚢鈔』において行誉が説く政道論は、決して一般的なものではなく、皇室権威の相対的回復という当時の政治的・思想的状況を反映したものであり、将軍暗殺や女人政道、有力守護の家督争いなど、当時の混迷する社会状況を背景に、指導者はいかにあるべきかを説くものであった。行誉の政道観は儒教的な思想を基調としながらも、当時の思想史的な流れを汲んでいたのであり、あくまでも社会の現状に即したものであったと考えられる。

第三編「緇問に見る成立の背景」

本編では、『壒嚢鈔』全七巻のうち、五～七の後半三巻、「仏教に関する質問」である緇問の記事を中心に、『壒嚢鈔』という作品が誕生した背景を、真言寺院観勝寺の僧としての行誉の立場という視点から考えてみた。

まずは、『壒嚢鈔』巻七で観勝寺に関する解説を述べる部分、すなわち〈観勝寺縁起〉に注目すると、それが正式な「観勝寺縁起」に行誉が手を加え、開山大円上人の事跡の強調という方向性を持たせたものであること、巻七全体の配列の仕方と〈観勝寺縁起〉の位置から、観勝寺を他の有力寺院と比肩するものとして喧伝しようという行誉の意図が読み取れることがわかった。そして、当時の観勝寺が将軍家や朝廷の庇護を受け、公武の実務官僚との繋がりを持つ新興勢力としての立場にあったこと、そして、縁起における大円上人の事跡の強調が、観勝寺の宣伝としての意味を持っていると同時に、当時武家の庇護を受け隆盛していた禅宗、特に隣接する南禅寺に対する優位性の主張ともなっていたことなどを明らかにした。

次に、緇問の冒頭に当たる『壒嚢鈔』巻五（緇問上）において、説話引用を伴いながら思想的な主張が展開される部分のほとんどが、王法と仏法に関わる問題であることに注目した。とくに宮中における仏教儀礼の正統性を述べるところには、真言僧としての己の立場を自覚し、仏法のありかたを正そうとする行誉の姿勢が見えるのだが、これが行誉の置かれていた立場や同時代の思想と密接な関係があった可能性に言及した。

また、同じ巻五（緇問上）の中でも分量が多く、説話を多く引用する35条「僧不可礼神明」は、中国仏教史の中でもしばしば問題となった「沙門不敬王者論」、すなわち王法に対する仏法の優位性を主張するものであった。そこで、緇問上における行誉の関心の傾向と当時の社会的状況を踏まえながら、この「僧不可礼神明」をその出典の問題や展開の仕方を中心に分析した。

その結果、当条における主張の行き着く先が、同時代における寺院・宗派の現状や、それを助長させる政道のあり方への批判にあることが判明した。このことは、〈観勝寺縁起〉を『壒嚢鈔』の緇問に入れた行誉の姿勢と一致するものであり、観勝寺の真言僧行誉の危機意識が『壒嚢鈔』編述動機の一要因となっていたことを裏付けるものといえよう。

第四編「『壒嚢鈔』と雑談」

本編では、『壒嚢鈔』の特徴である問答体と辞書的分類意識の稀薄さに注目し、その話題の内容や問答の展開のしかたの発想が同時代の雑談にあるのではないかという仮説のもとに考察を進め、同時代の『康富記』の雑談記事や伊勢貞親、伏見宮貞成親王らの雑談奨励の態度が、『壒嚢鈔』に共通するものであったことを指摘した。また、当時の雑談流行の背景には公武による故事先例を中心とした雑学的知識への強い欲求があり、そのため清原業忠や中原康富のような知識人が重宝されたことから、行誉の場合も同様の事情で雑談の延長としての「注」の依頼をされたものである可能性を指摘した。

第三編・第四編を通して得られた結論を述べると、行誉が『壒嚢鈔』を編述するに至った背景には次の事情が推測される。当時幕府に庇護され経済力を伸ばしていた五山の禅院が旧仏教系の寺院を圧迫する中で、南禅寺に隣接していた新興真言寺院である観勝寺の行誉は、寺の経営や存続をかけて観勝寺をアピールする必要があった。そのような折り、行誉は自らの知的財産を有力者に供給する機会に恵まれた。それが「注」の依頼である。おそらく雑談を得意としていた行誉は、依頼された質問に自ら新たな問いをつけ加え、雑談の連想的展開を意識した配列によって『壒嚢鈔』を編述したのであろう。現在の段階では具体的には示し得ないが、第一編、第二編を通して明らかになった特徴からみて、そこに政道論が述べられるのも、その読み手が政道を担うべき有力武家階層に属する子弟であったからであろう。おそらく、編述の背景には寺院経営という現実的な事情に加え、混迷する世の中を少しでもよい方向に導くことのできる指導者が育ってほしいという、行誉の強い願いがあったものと思われる。

第五編「行誉書写本『梅松論』」

本編では、『壒嚢鈔』編述の四、五年前の嘉吉二年（一四四二）に行誉によって改作された天理図書館本『梅松論』を翻刻紹介し、その改作がどのような志向を持っていたのかを明らかにした。天理本『梅松論』は語り手と批評役とを二人の人物に分担させるという他の古写本とは違った構成を持つが、それは行誉によってなされた改変である可能性が高い。また、この評者の言葉に注目すると、天理本が従来の『梅松論』の尊氏賛美の姿勢を相対化し、代わりに直義を賞賛するような姿勢で改作が為されていることがわかる。さらに、『神皇正統記』による増補の仕方には、『梅松論』の先代（鎌倉幕府）を理想とする基本的な政道観を一歩進め、皇統思想の枠組みの中での武家による徳政を強調する方向性が見られることが明らかとなった。このような『梅松論』改作には、行誉自身が置かれていた社会状況が反映しているものと考えられる。具体的には、永享の乱や嘉吉の乱とその収束の仕方に代表される、幕府・将軍家の権威の低下と皇室権威の相対的回復という政治情勢である。一見趣味的にも見える行誉の『梅松論』改作は、足利政権誕生の歴史を振り返ることで武家の政道のあるべき姿を示そうとした結果である可能性が高い。

さて、本書では如上の結論に至ったが、ここでもう一つ、『壒嚢鈔』成立に関わる大事な問題に触れておかなければならない。それは巻一から四までと巻五から七までの依頼主の違いである。素問と緇問の依頼主が違うという問題は、前述の結論を覆すように思える。だが、笹川祥生氏の指摘される再稿本の存在の可能性(1)や、依頼主が違うのにも関わらず、素問・緇問を併せて七巻にしていたという事情を考えると、『壒嚢鈔』は少なくとも二部編述されて緇素両方に伝えられたと見るのが自然であろう。そして、そうであれば本書の結論に矛盾はないのである。

以上、本書では行誉という室町時代の真言僧が編述した作品としての『壒嚢鈔』の側面に迫り、『壒嚢鈔』の成立事情やその社会的背景を考察してきたが、まだ解明しなければならない問題は多い。

たとえば、室町時代における『壒嚢鈔』の享受の例はあまり多いとはいえないが、『壒嚢鈔』を引用する『太平記賢愚抄』や、『壒嚢鈔』の抜き書きに近い吉田幸一氏蔵『古事因縁集』の存在など[2]を手がかりにすれば、その実態が見えてくるかもしれない。

また、今回は行誉書写本については『梅松論』のみを取り上げたが、序論で触れたように、行誉による書写本は他にも存在する。とくに天理本『梅松論』と同筆と判断でき、行誉自筆本と見なされる京都国立博物館蔵『八幡愚童訓』には、他の『八幡愚童訓』諸本との異同部分に、『壒嚢鈔』の記述と共通する箇所がいくつか見られる。これも『梅松論』同様、行誉による改作の結果である可能性が高く、行誉の思想を考える上では重要な手懸かりの一つとなる可能性がある。同筆で行誉の奥書を持つ西教寺正教蔵本『舎利講式聞書』巻上の分析と併せて検討する必要があろう。加えて、これら行誉自筆本が伝えられた経路がわかれば、行誉の交友関係や『壒嚢鈔』の制作事情がもう少しはっきりと見えてくるかもしれない。いずれにせよ、これらの問題を解決するには、もう少し時間が必要である。今後の課題として残しておきたい。

さらに、『壒嚢鈔』の成立や享受の土壌には『庭訓往来』や『御成敗式目』、『職原抄』などの享受や注釈活動、『下学集』のような他の古辞書の享受や連歌連句の流行などがあることは間違いなく、その方面からのアプローチも必要であろう。また、『壒嚢鈔』に引用される寺社縁起や説話引用のしかたから、唱導という観点からの読みも可能かもしれない。

課題は山積している。今後はこれらの課題に取り組むことで、『壒嚢鈔』という作品の輪郭をより明確にし、室町時代から江戸初期に至る中世後期の日本における文化や思想、歴史といった文脈の中での位置づけを明らかにしていきたい。このように『壒嚢鈔』の作品としてのありかたを再評価することは、室町時代の一真言僧の個人的営為の発見に留まらず、中世の社会を支えてきた学問や知のありかたの解明に繋がるはずである。

（1）笹川氏は『塵添壒嚢鈔・壒嚢鈔』解題において、大東急記念文庫本の巻四（文安二年十二月完成）の書写奥書の一つに、文安三年三月に書き終えた由を記す記述があることから、

文安三年三月に書き終えたという『壒嚢鈔』は、文安二年十二月に完成したものの忠実な模本であるのか、あるいは再稿本とよぶべきものなのかわからない。諸本の異同の状態からみて、初稿本と再稿本が存在した可能性もないとはいえない。

とされる。

（2）『太平記賢愚抄』は天文十二年（一五四二）、「江州住侶乾三」著。『古事因縁集』は古典文庫に影印されるが、室町後期成立とする。

初出一覧

序　論→書き下ろし

第一編・第一章　『壒嚢鈔』の勧学性

→『論究日本文学』六七号、一九九七年十二月（原題「『壒嚢鈔』の勧学性――素問を中心に――」）

第一編・第二章　『壒嚢鈔』における知

→『論究日本文学』七〇号、一九九九年五月（原題「『壒嚢鈔』における知――答えの逸脱と説話引用に見る政道論をめぐって――」）

第二編・第一章　『壒嚢鈔』と式目注釈学

→『説話文学研究』三五号、二〇〇〇年七月（原題「『壒嚢鈔』と式目注釈学――政道観を中心に――」）

第二編・第二章　『壒嚢鈔』の『神皇正統記』引用

→『伝承文学研究』五〇号、二〇〇〇年五月（原題「『壒嚢鈔』の『神皇正統記』引用――政道論を中心に――」）

第二編・第三章　『壒嚢鈔』の后宮婦人論

→『説話・伝承学』一〇号、二〇〇二年三月（原題「『壒嚢鈔』の后宮婦人論――「子推恨」考――」）

第三編・第一章　『壒嚢鈔』の〈観勝寺縁起〉

→（前半）『仏教文学』二六号、二〇〇二年三月・（後半）『伝承文化の展望――日本の民俗・古典・芸能――』、三弥井書店、二〇〇三年（原題「『壒嚢鈔』の「観勝寺縁起」」・「『壒嚢鈔』の大圓伝――「『壒嚢鈔』の観勝寺縁起」続考――」）

第三編・第二章　『壒囊鈔』における神と仏
→『立命館文学』五八三号、二〇〇四年二月（原題「『壒囊鈔』における神と仏――緇問上における大神宮関係記事を中心に――」）
第三編・第三章　『壒囊鈔』の王法仏法相依論
→『唱導文学研究』第四集、三弥井書店、二〇〇四年（原題「僧不可礼神明」考――『壒囊鈔』緇問上に見る王法仏法相依論――）
第四編　『壒囊鈔』と「雑談」→『中世文学』四七号、二〇〇二年五月（原題同じ）
第五編・第一章　天理図書館本『梅松論』考
→『唱導文学研究』第三集、三弥井書店、二〇〇一年（原題「天理図書館本『梅松論』考」）
第五編・第二章　翻刻　天理大学附属天理図書館本『梅松論』上下
→書き下ろし
結
→書き下ろし

あとがき

「一度『壒嚢鈔』を最初から読んでみたら?」

私が『壒嚢鈔』を博士論文のテーマに選んだきっかけは、名古屋市立大学教授服部幸造先生のひと言だった。私が大学院博士後期課程に進学して、最初に発表した伝承文学研究会関西例会の席上である。発表テーマは「流布本『保元物語』の無塩君説話」であった。恥ずかしい話だが、今でも「あれは酷かった」と言われるほど、散々な内容であった。だが、幸い私はすでに一度研究に挫折した人間だった。四年間勤めた札幌の私立中高を辞め、再び研究に専念できることに喜びを感じていたので、どんな辛辣な批評も自分の糧になると思っていた。服部先生のおっしゃったひと言で、「それなら『壒嚢鈔』を最初から最後まで読んでやろう」と決意した。ただし、そのときは軍記の研究をしたいと考えており、『壒嚢鈔』そのものを研究対象にしようなどとは思ってもいなかったのである。

ところが、『壒嚢鈔』を通読するうちに、編者行誉の発しているメッセージに気がついた。感動を覚えると同時に、大きな鉱脈を掘り当てたような気がした。最初の論文「『壒嚢鈔』の勧学性」からは、今読み返してみても、その興奮が伝わってくる。その後、研究会や学会、論文等で『壒嚢鈔』に見られる行誉のメッセージを紹介し、四年後、その成果を「行誉編『壒嚢鈔』の研究」と題する学位申請論文にまとめて立命館大学に提出した。本書の内容は恩師である福田晃先生がつけてくださった同名の博士論文に、その後発表した論文および天理図書館本『梅松論』の翻刻を加え、それぞれ手直しをして全体の統一を図ったものである。とくに第一章第一編のもとになった「『壒嚢鈔』の勧学性」は、九年も前に発表したものであるため、全面的に改稿を行っている。

先に述べたように、私は一度研究に挫折した人間である。私が修士課程に入学したころは、今とは違い、大学院に進学した以上は博士課程まで進むのが常識であった。ところが、生活費と学費を稼ぐためのアルバイトに毎週徹夜続きの発表準備、そして、大学院生なら誰でも通過する、研究発表に対する先輩研究者からの徹底的な批判。一敗地に塗れた私は、自分の努力不足を棚に上げて恩師を恨んだ挙げ句、研究を続ける意欲を失い、いい加減な修士論文でお茶を濁し、半ば逃げるようにして大学院を去った。

だが、札幌で新設の中学校教員として、将来を夢見て日々成長してゆく教え子たちを見ているうちに、一見、金にもならず、苦しいだけにしか見えない研究が、いかに自分にとって価値あるものであったかを痛感した。そこで私は札幌大学の故高橋伸幸先生を頼ることにした。先生は私が修士課程に在籍していたときに、内地留学で京都に来られており、同郷の私を気に入ってくださり、「君の面倒は僕が見てやる」と言ってくださったことがあった。それを当てにしたのである。先生のご紹介で私は北海道説話文学研究会のメンバーに温かく迎えられたが、残念ながら、先生はまもなく発病され、他界された。残されたメンバーのうち、細田季男氏が中心となって始めた『孝子伝』の輪読が、私のその後を決定づけた。私は福田先生に相談し、大学院に戻り博士課程に進学することを決意したのである。

人がある特定の道を選ぼうとするとき、その背景には「自分もこんな人になりたい」という憧れの存在があるのではないか。私の場合幸いにしてそういう人たちに出会ってしまった。専門を極めた人間には、普通の人間には見えないものが見える。とくに大学二年のときの、福田晃先生と能楽研究者である味方健先生との出会いは、結局その後の私の生き方にずっと影響を与え続けているように思う。また、修士課程時代に大阪・神戸の研究会でお世話になった伊藤正義先生にも憧れた。今思うと、自分も恩師たちのような〝眼〟が欲しいと強く思ったことが、私のあきらめの悪さの原因となっているのだ。残念ながら私は恩師たちに憧れながらも、未だ恩師たちの足元にも及ばない。だが、いつか自分も恩師たちと同じものを見てみたいという気持ちは持ち続けている。

博士課程に進学してからは、いろいろな方にお世話になった。

何と言っても福田晃先生である。先生の弟子の中では異端児であり、しかも、反抗して大学院を一度飛び出したこの不肖の弟子を、先生はときには叱り、ときには励ましながら、いつも温かく指導してくださった。大きな学会発表のときには、必ず顔を出してくださった。本書の刊行にあたっても、先生が仲介の労を執ってくださった。本当に感謝の申しあげようもないくらいお世話になっている。福田先生は、研究者として、教師として、人として、私が最も尊敬する人といっても過言ではない。

その他、すべてのお名前を挙げることは紙面上難しいが、伝承文学研究会関西例会でいつも叱咤激励してくださった美濃部重克先生と服部幸造先生、唱導文学研究会で御指導いただいた廣田哲通先生、その他研究会や学会で御指導いただいた堤邦彦先生、徳田和夫先生、石井由紀夫先生、石井行雄先生、小林幸夫先生、中世における注釈、とくに式目注釈学に関する問題を御教示くださった相田満氏、軍記関係でいつも有益な御教示をしてくださる小秋元段氏、仏教文学関係での御教示をいただいた橋本章彦氏、菊池政和氏、原田信之氏には、とくに記して感謝申しあげる。

また、博士論文を書くに当たり、大学院では、指導教官でいらっしゃった真下厚先生にはいろいろと気にかけていただき、いつも温かい励ましをいただいた。また、学部のときからお世話になり博士論文の主査をしてくださった伴利昭先生、大学入学当初から常に私を温かく励ましてくださった上田博先生と彦坂佳宣先生、先輩でもある滝本和成先生、そして、博士課程時代から御教示をいただいている中本大先生にも御礼を申しあげたい。

また、大学、大学院をとおして先輩、友人として私を常に励ましてくれた三浦俊介氏、中村史氏、金賛會氏、山本欣司氏、藤井佐美氏、山本淳氏の諸氏、私の再起のきっかけとなった細田季男氏を初めとした北海道説話文学研究会のメンバー、その他、名前は挙げないが、学会等で交流を深めてきた、とくに若手の研究者仲間にも感謝したい。

北海道にいる両親と京都にいる妻の両親にはいろいろな面で迷惑をかけている。こんな息子、婿で申し訳ない。そして、結婚してからずっと苦労をかけっぱなしの妻にも。とくに安定した職を捨てて博士課程に進学したときには、経済面、精神面の両面から支えてもらった。もちろん今でも私の一番の味方である。こんな夫で本当に申し訳ない。そして、ありがとう。

最後に、本書の出版を快くお引き受け下さった三弥井書店の吉田栄治社長に改めて御礼申しあげたい。とくに、企画の段階からいろいろとアドバイスをいただき、優柔不断で仕事の粗い私をしっかりとサポートしてくださった三弥井書店の吉田智恵さんには、本当にお世話になった。　初めての単著を三弥井書店から出すことができ、本当に良かったと思っている。

出版にあたり、行誉書写本の『梅松論』の翻刻掲載を許可してくださった、天理大学附属天理図書館に記して感謝申しあげる。なお、本書は独立行政法人日本学術振興会平成十八年度科学研究費補助金（研究成果公開促進費）の交付を受けて刊行したものである。

二〇〇六年九月

小助川　元太

索　引

凡　例

○本索引は、本書中の要語のうち、人名、書名、作品名、研究者名、キーワードなどを中心に配列したものである。
○採録は主に本文より行い、引用文・注・図表などは原則として対象外とした。
○書名・論文名・章段名等に含まれる要語については、原則として採用していない。
○また、『壒囊鈔』・「行誉」の語は採録しなかった。
○なお、本索引には天理図書館本『梅松論』翻刻中の要語は含まれていない。

―あ行―

赤松　234
赤松氏　99
赤松満祐　103・234
足利学校　233
足利学校系　69
足利将軍家　103・135
足利政権の正当性　215・218・224
足利尊氏　220・221・223・224・225
足利直冬　225
足利直義　224・225・226・234
足利義勝　103・119
足利義教　66・103・233・234
足利義政　119・203
足利義満　98・135・233・234
足利義持　98・233
敦親　46
吾妻鏡　65
阿刀家　12
阿野廉子　107・108・110
安保氏　69
天照　96
天照太神（天照大神）　93・95・155
天照大神の本地垂迹　163
粟田口神明の湯立　199
池内義資　69
池辺本御成敗式目注（池辺本）72・73・74
意見　66・68
意見状　67
夷吾　105
伊弉諾尊・伊舎那天同体説　159
伊勢　157
為政者　95・118
為政者のあるべき姿　48
伊勢貞親　201・202・203・206
伊勢貞親教訓　201・202・203
伊勢貞宗　202
伊勢大神宮　154・155・156・157・158・159・160・161・163・164・165・174・175
一条兼良　69
一種王氏　97
伊藤慎吾　203
飯尾為種（永詳）　67・103・104・135
飯尾肥前入道　67
依頼者　173・194
依頼人　56
依頼主　53・153・173・204

岩蔵　133
岩蔵流　136
岩佐正　98
允恭天皇　51
院政　91・229・230・232
院政批判　56・86・91・92
印増　26
殷（の）紂王　95・113
印融　70
上杉禅秀の乱　197
宇多天皇　225
宇多天皇御遺戒（寛平ノ御誡メ・寛平(宇多)天皇の御遺誡）　51・64・65・225
優填王　170
梅坊　133
盂蘭盆　53
永享の乱　98・99・234・235
永正十四年清原宣賢式目聞書（永正聞書）　72
叡尊　143
慧遠　180
易姓革命思想　95・96・233
袁盎　113
延喜天暦　225
円融院　55・56
延暦寺　130
応永本論語抄　76
王権　92・95・97・231
王権簒奪計画　98・233
王嗣　110
応仁の乱　69・124・132・233
王法守護としての仏法　161
王法と仏法　154・173・176
王法仏法相依論　180・181・186・182
往来物　9・9・31・36
大隅和雄　10
大太刀　45
岡田希雄　9
小川信　213・214・217
小槻晴富　98
主だった真言寺院　131
尾張国勝福寺　134
園城寺　130
遠法師沙門不敬王者論五篇　179・180

―か行―

介子推　105・106
下学集　194
加賀元子　132
加賀両流相論　118
嘉吉の乱　98・99・103・234・235
革命思想　97・98・181
学問　27・32・37・46・52・56・65・87・88・90・146・225
学問の勧め　33
勘解由小路　74
籠谷真智子　200・201
笠松宏至　66・226
鵝珠抄　171・172・173・174・185
語りの相対化　220
家督争い　118・119
鎌倉公方　98・99
鎌子　197
釜田喜三郎　214
亀山院（亀山上皇）　128・132・140・141・142・143
唐鏡　111・112・113・114・115
川瀬一馬　9・18・23・24
勧学　24・26・27・34・35・37・49・51・52・53・56・63・65・86・88・90・97・123・146・205・225
漢景帝　107・111・112・113

漢書 113
観勝寺縁起 16・16・124・127・128・130・131・135・136・139・140・143・147
観勝寺寺領目録 128・132
関東御式目 69・71
漢武帝 116
管領 66・74・103・233
管蠡抄 108
祈雨 175
祈雨祈祷 184
綺語 35・205
起請 50・51・52・64・65
起請の失 65
起請文 64
北畠親房 90・90・92・93・99・229・231・232・233
尭 71
行円 128
行基 135
行基自作の観音像 127
行基菩薩草創 127
教行信証 180
教訓 46・201・202・206
狂言綺語 35
京都国立博物館 12
行誉自身の言葉 7・8・43
行誉自身の主張 8・169
行誉自身の編述意図 14
行誉自筆本 12・13
行誉の意図 11
行誉の思想 10・11・12・15・163
行誉の主張 11・14・15・105・153・154・163・173
玉体安穏 165
清原家（清家） 74・76・233
清原系 69
清原業忠 67・68・69・70・76・77・103・104・132・135・198・199・200・206・226・233
清原宣賢 67・72・75・76
清原宣賢式目抄 73・74・75・76
清原宗業 133
清原良賢 67
訖哩枳王（の）十夢 170・171・183
禁中（の）仏事 158・162
探湯 51
公験契券 143
屈原 53
弘明集 179
訓釈得意抄 70
群書治要 51・225
君子論 104
君徳涵養論 97
奚齊 105
血脈記 126
玄恵 225・226
献公 105
元寇 128・140
元亨釈書 126・128・136・137・139
勧賞 55
建武式目 69・226・233
小秋元段 10・218
宏学博覧 51
後宮惑溺 110
孝経 33・48
后宮婦人 114・117・118
后宮婦人論 15・110
江源武鑑 9
宏才博覧（洪才博覧） 204・203・225
孔子 97
後嗣 113・114・116
後嗣決定 110
皇室権威の回復 234

皇室権威の相対的回復　99・234・235
後嗣問題　110・114・118
後宇多院　128
皇統思想　77・98・99・229・231・232・233・234
高師直　225
高師直師泰　226
興福寺　130
公武の実務家　104
弘法大師　131・157・158・184
弘法大師行状絵巻　157
高野山　130
鉤弋　115
鈎翼　115
杲隆　205
呉王夫差　95
後漢書　95
虎関師錬　142
後京極女院　128
国書総目録　12
五刑　68
後光厳院　128
後小松天皇　135
御式条　51・64・67
古辞書　7・8・23・24・31・194
伍子胥　95
古辞書叢刊　18
古辞書の研究　9・23
後七日　155・156・158・159
後七日修法　157・158・159・161・175・184・186
御成敗式目　15・51・52・64・65・66・68・69・71・75・76・123・226
御成敗式目永正十四年聞書　233
御成敗式目講釈　104・233
御成敗式目の講義　135
後醍醐天皇　108・220・221・223
国家（的）祈祷　184・185
後鳥羽院　229
古文真宝　65・225
古列女伝　110
金剛王院流　136
金剛三昧院蔵血脈記　134
今野達　177

―さ行―

槎安（査安）　13
載渕　196
罪科（罪過）　73
西大寺　143
西大寺本妻鏡　132
斉藤家　69・76
斉藤家系式目注（注釈書）　70・71・76
斉藤浄円　69
斉藤唯浄　69
笹川祥生　9・12・24・25・56
沙汰　72
佐竹昭広　9
雑纂　23・24・193・194
撮壌集　67・135
三国三生之秘仏　127
三国伝記　109・177
三十三所観音　139
三条実雅　205
讃仏乗　35
三閭太夫　53
三論宗　131
四箇（ノ）大寺　130・131
史記　111・112・113・114・115・117・195
式目講義　226
式目講釈　67・68・69・72・73・76・77
式目注　15・68・72・73・74

式目注釈　68・70・76・77・135・226
式目注釈学　15・64・67・68・69・70・71・76・77・83・104・226・233
式目注釈書　65・66・67・69・71・72・76・77・226・233
紫毫筆　48
辞書的分類意識　17
子推恨　104・105・108・110
自是非他　184
実務官僚　103・104・135・147・206
事典　23
地頭　92
斯波　104・233
斯波義将　74
師蛮　126
四分律　170・177
慈遍　16・159・162・163・164
緇問　7・23・24・26・31・123・124・146・147・148・153・154・169・170・173・186
釈氏某比丘　7・193
沙石集　36・128・136・137・138・139
若機　196
沙門不敬王者論　169・170・178・179・180・182・185
舎利講式聞書　12
周　95
十五冊本　13・18
十獅猢　170・183・185
周幽王　113・114
主基　68
儒教思想　14
儒教的　94・97
儒教的徳治主義　93・97・99・233
儒教的徳治論　98・231
守護・地頭の設置　92・230
準后之御口入　108
守護家　118・119
守護国界主陀羅尼経　183
修正会　175
舜　56・71・89
春秋戦国時代　104
順正理論　170・178
貞観政要　48
常喜院心覚　171
承久の乱　229
将軍家　134・135
将軍権力　119
尚書　33
定深　27
樵談治要　69
聖徳太子作　127
浄土宗・浄土真宗　147
賞罰　65
賞罰明　71・76
正保刊本（正保三年整版本）13・18・25・26
聖武天皇　158
職原抄　69・233
職原抄注釈　233
諸寺（の）縁起　130・131
初心ノ行者　146・147・148
白河院　91
晋　104・105
塵芥　75
心覚　173・185
真覚（心覚）秘雑抄　170
心覚ノ口伝　173
心覚秘雑抄　173・185
真覚秘雑抄　171・173
新楽府　45・48
晋恵公　105
神護寺　130
真言　131

真言院　157
真言宗　16・124・126・130・131・145・148・153
真言宗の優位性　131
新序　110
晋書　199
申生　105
信西　46・51・52・65・90・92・202・225
新撰消息　9
神孫為君説　93・96・97・98・99・181・233
塵滴問答　197
塵添壒囊鈔　7・13・18・25・31・126・131・193
塵添壒囊鈔・壒囊鈔　9・18
神皇正統記　15・17・64・77・83・85・86・87・88・89・90・91・92・93・96・97・98・99・123・173・181・195・204・220・225・227・228・229・230・231・232・233・234
神仏関係記事　16
神仏習合　158
晋文公　105
晋文公遍歴譚　105
神本仏従・半本地垂迹　163
親鸞　180・181
推答　35・36
随筆　23
推量　35・46・202
西教寺正教蔵　12
清家文庫蔵本　24
制札　48
政治思想　104
政治容喙　107・108・110・117・119
斉宣王　109
正直　52・65
正直為先　51・64・65・71
正直ヲ先トス　76
正直ヲ先トセバ　71
政道　52・56・57・65・76・88・90・91・92・95・97・110・123・181・206・223・225・230・232
政道観　17・64・65・71・76・77・83・88・104・222・224・225・227
正当な賞罰　108
政道に携わる者　119・193・204
政道批判　110
政道論　14・15・17・33・52・56・63・64・65・68・71・77・83・85・86・92・93・96・97・98・99・104・107・108・110・111・118・123・148・181・193・195・204・206・214・222・223
制法　48
是円　226
是円抄　69・226
世相批判　46・48・63・118
利利居士（の）懺悔　93・118・148・181
禅院　143
千字文　74
禅宗　53・143・145・147・184・185
禅宗寺院　184・185・186
禅宗の隆盛　144・145
禅宗批判　147
宣政門女院　128
禅門　131
雑談　17・35・194・198・199・200・201・202・203・204・205・206
僧尼不拝君親　180・181
宗廟　96
僧不可礼神明　16・169・170
僧不敬王者論　16
蘇我入鹿　197
続群書類従　12
続古事談　46・51・52・55・56・65・91・159・

161・165・173・202・225
則身則仏　147
続神皇正統記　98
俗人の法師姿　48
麁言煙語　35
蘇悉地経　170・174・176
訴訟　66・72
素問　7・23・24・26・27・31・33・34・36・37・45・63・123・153・169
孫子　45

―た行―

大円　9・126・128・134・136・137・138・139・140・141・147
大円伝　124・126・136・137
大円房良胤　124
大学　104
大覚寺　124
大覚寺文書　127・128
醍醐寺　130・132・136・158
醍醐天皇（の）堕地獄説話　223
退座　65
タイサノ意見　66
大神宮参詣記　16
大神宮の本地　157・158・159・163・164・165
大神宮の本地垂迹　164
泰中吟　48
大東急記念文庫本　18・24
大日経　131
大日山　124
太平記　10・15・74・107・108・173・220・222・223・225・226
　西源院本　225
大有有諸　143
第六天魔王・伊弉諾尊契約説　159
尊氏賛美　224・234
尊氏批判　224
武内宿祢　51
武田昌憲　215
正しい恩賞　108
正しい政道　87
妲己　113
脱線　8・14・43・44・46・48・49・51・52・53・56・63・64・65・83・123・154・171・173・193
玉懸博之　93・163・233
知（智）　65
智・仁・勇　56
治世安民論　233
チチクル　66
治天　77・98
治天制　98
地方官吏　95
忠孝　86・89
忠孝論　90
忠臣への恩賞　106
中世法制資料集　69
重耳　105
長舌　110
朝鮮使節　104
釣弋　115
塵袋　7・9・13・25・31・44・51・69・193・194
鎮護国家　165
椿葉記　203・204
追加法　65・66・68・77・226
追加法令集　65
通海　158
通海参詣記　16・154・155・157・158・159・160・161・164・175・186
通信使　103
帝王経世の学　53

帝王経世の書　48
帝王論　110
庭訓往来　9・31
帝徳論　77
田嬰　195
天下南禅寺記　143
伝灯広録　124・126・128・140
天皇制　98
天理大学附属天理図書館　12・17・18
天龍寺　199
等意房　133
竇嬰　113
等月房　133
東山往来　27・28・29・31・36・44・195
東山往来拾遺　27・28・29・195
東山往来正・拾　31・195
東寺　130・131
竇大后　107・110・113・115
東大寺　130・157・158
等日御房（等日房）　133・200
東福寺　141・143
童蒙書　31・32・43
塗炭に堕つ　93・95
豊葦原神風話記　16・154・159・162・163・164
豊臣秀吉　132

―な行―

内閣文庫蔵本　24
内奏　108・110・118
長澤規矩也　25
中原是円　69・226
中原康富　67・103・104・132・133・134・135・198・199・200・203・204・205
七巻本　13・18
南禅寺　124・141・142・143・147・169・185・186
南朝　98・227
二階堂行貳　67
二階堂忠行　67
西山克　160
日蓮　180
日光山天海蔵本　25
新田一郎　66・69・77・98・99・233
女人政治容喙　108・118・119
女人政道　114
女人と政道　104・107
仁宗皇帝勧学　65
仁和寺　130・135
念仏宗　147
短刀　45
野太刀　45

―は行―

梅松論　12・17・77・98・99・213・214・215・218・220・224・227・232・233・235
　京大本　214・217・218・219・220・227
　寛正本　214・217・220
　天理本　17・18・98・213・214・216・217・218・219・220・221・223・224・225・227・228・229
配列意識　31・131
白山系　98
幕府・将軍家の権威の低下　235
幕府の権力　98
幕府評定衆（評定衆）　66・67・68・70・77
幕府奉行人（奉行人）　66・68・70・135
幕府政所執事　202
白楽天　45・48
長谷寺霊験記　12
畠山　66・104
畠山持国　103

八幡 96
八幡愚童訓 12
濱田敦 9・23
隼人正康顕 205
東岩蔵寺 124・132・133・134・135
東岩蔵寺僧衆等申状案 127・140
東岩蔵山観勝寺 7・11・12・16・24・103・104・124・126・131・132・133・134・135・136・137・139・141・142・143・147・148・153・169・185・186・200
東岩蔵山観勝寺関係文書 128
東山安井 124
日野（裏松）重子 119
白衣 174・175・176
百科事彙 9
百科辞書 7・23
百科事典 8・23・36・43・63・153・154
百科辞典 193
百科全書 15
評定 65
賓頭盧尊者 170・177・178
諷諭詩 48
無塩 109
無塩君説話 108・110
武王 95
武家教訓書 201・202
武家政権 92・235
武家政治 99
武家政治制度 92
武家の権威 77
武家の子弟 45・123
武家の政道 232・235
伏見宮貞成親王 203・204
藤原四家 197
藤原信頼 142
藤原頼長 52・225
婦人孌幸 113
二間供 155・158
仏説給狐長者女得度因縁経 183
仏法による王法守護 158・164
仏法の王法からの独立 165
仏名会 175
不拝王者論 181
撫民思想 88・93・94・95・97・98・231
普門（無関和尚） 143
武烈天皇 96
文応皇帝外紀 142
平家物語 195
平原君 116・117
弁通伝 110
法苑珠林 170・176・177・178
褒姒 113
北条高時 227・232
北条泰時 71・92・223・232
宝物集 48・93・94・181
北朝 98・224
細川 66・104
牡丹芳 45・48
法性神・有覚神・実冥神 164
堀川院 128・132
本地垂迹 96・164・181
本朝高僧伝 126
梵網経（梵網菩薩戒経） 170・180

―ま行―

町野加賀守淳康 67
政に携わる者 49・56
政ヲ行道 51
御斎会 157・158・159
密花院 133
源為義 89
源義朝 89・71・92・229・230・231・232

美濃国衣斐寺　134
耳学問　33・35・36・201・205・206
行幸　56
明恵上人　223
妙吉侍者　226
向坊　133
無関和尚　141
無住　36
夢窓国師　226
室生寺　130
室町殿　205
明衡往来　31
明文抄　108
名分論　233
蒙求　113・117
孟子　33・89
孟嘗君　116・195
文集　45
問注所　67
問答　9・11・14・17・26・28・29・31・32・33・36・43・44・46・53・55・56・63・67・68・193・194・196・197・198・206・215・218
問答体　13・17・18・53・123
問答の連関　196

―や行―

薬師寺　130
安井門跡　124
安田章　75
康富記　67・103・104・132・184・199・200・205・233
野沢大血脈　126
幽王説話　110・114
悠紀　68
悠紀主基　52
猶子　73・74
祐宝　124
湯起請　51・64・199
湯立　199
有徳者為君説　233
容喙　110・113・227
横井清　203
義満将軍愛女　135

―ら行―

礼記　33
洛陽三十三所観音　135
驪姫　106・105
驪姫説話　104・108
理想の帝王像　56
律令・式目同源説　71
律令・式目同源論　77・233
理非　52・64
理非の決断　51・65
梁孝王　107・111・113・115
梁高僧伝　179
良日　134・135
呂后　116
旅宿問答　17・197・198
呂大后（呂后）　116
綸旨　135
綸旨（の）発給　77・99・234
類書　7・11・23・24
盧舎那仏　157・158・165
流布本保元物語　15・89・109
鹿苑院　74
六親　73
六波羅奉行人　69
盧山慧遠法師　170・179
論語　33・104・202
論語抄　76

和漢朗詠集注　15
倭朝論抄　67

—わ行—

若狭国藤井保　135

著者略歴

小助川　元太（こすけがわ　がんた）

1966年2月　北海道に生まれる。
立命館大学大学院文学研究科博士前期課程修了後、中学校・高等学校教諭を経て、立命館大学大学院文学研究科博士後期課程に進学。2001年、同大学院文学研究科博士後期課程修了。博士（文学）。現在、呉工業高等専門学校一般科目助教授。

主要論文に「申生説話考～『孝子伝』とその影響について」（『伝承文学研究』46号、1997年）、「『庭訓私記』の注釈説話」（『説話・伝承学』7号、1999年）、「秦川勝」（『講座日本の伝承文学第８巻 在地伝承（西日本）』、2000年、三弥井書店）、「庭訓往来注と雑談――『庭訓私記』の注釈説話を中心に――」（『枯野』12号、2002年）などがある。

行誉編『壒嚢鈔』の研究

平成18年9月9日　初版発行

定価は函に表示してあります。

発行者　吉田栄治
発行所　株式会社 三弥井書店
〒108－0073東京都港区三田3－2－39
電話03－3452－8069
振替00190－8－21125

ISBN4-8382-3147-4 C3395　整版・印刷　富士リプロ